„Demokratie braucht Bürgerbeteiligung, Meinungsaustausch und transparente Entscheidungen. Sie sind das beste Mittel gegen Politikmüdigkeit und Demokratieverdrossenheit."

Wolfgang Schäuble, Präsident des Deutschen Bundestages

Jörg Sommer (Hg.)

Kursbuch
Bürgerbeteiligung #4

Bibliographische Informationen der Deutschen Nationalbibliothek:
Die Deutsche Nationalbibliothek verzeichnet diese Publikation in der Deutschen Nationalbibliographie;
detaillierte bibliographische Daten sind im internet über: https://portal.dnb.de/opac.htm abrufbar.

Jörg Sommer (Hg.): Kursbuch Bürgerbeteiligung #4

Redaktion: Jörg Sommer & Bernd Marticke
Redaktionsassistenz: Mona Höver, Anna Runte & Jonatan von Moltke

Autor*innen:
Markus Berchtold, Matthias Simon Billert, Stephanie Bock, Michael Bolte, Frank Brettschneider, Guy Féaux de la Croix, Geertje Doering, Christine Dörner, Martina Eick, Thomas Fischer, Rolf Frankenberger, Thorsten Frei, Brigitte Geißel, Vera Grote, Dominik Hierlemann, Katharina Hitschfeld, Stefan Jung, Danuta Kneipp, René Lohe, Meike Lücke, Dirk Manthey, Bernd Marticke, Marita Meissner, Oliver Müller, Anja Neumann, Monika Ollig, Andreas Paust, Thomas Perry, Christoph Peters, Bettina Reimann, Anna Renkamp, Diana Runge, Valentin Sagvosdkin, Thilo Schlüßler, Barbara Schwarz, Lena Siepker, Jörg Sommer, Lisa Stoltz, Heike Walk, Sina Wohlgemuth.

Satz: Cedric Sommer
Buchgestaltung: Celin Sommer (www.celinsommer.de)

Verlag:
Republik Verlag,
Greifswalder Str. 4, 10405 Berlin
kontakt@republik-verlag.de

Internet: www.kursbuch.info

Herstellung: BoD – Books on Demand, Norderstedt

ISBN : 978-3942466-51-6
© 2021 Republik Verlag
Alle Rechte vorbehalten.

Dieses Buch, einschließlich aller seiner Teile, ist urheberrechtlich geschützt. Vervielfältigungen, Übersetzungen, Mikroverfilmungen sowie Einspeicherung und Verarbeitung in elektronischen Systemen bedürfen der schriftlichen Genehmigung des Verlages.

Das Buch bemüht sich um eine gendersensible Sprache. Dazu wird an Wortendungen mit Personenbezug, ausgenommen Anglizismen, ein Genderstern verwendet, um zu verdeutlichen, dass sich die Ausführungen der Autor*innen stets gleichermaßen an alle Geschlechter richten.

Inhalt

Vorwort 9

1. Stand und Perspektiven der politischen Teilhabe in Deutschland

Jörg Sommer
10 Jahre Bürgerbeteiligung in Deutschland – Erfahrungen
und Herausforderungen 14

Thorsten Frei
Rezepte zur Stärkung der Demokratie in Deutschland 24

Dr. Andreas Paust
Zwei verfeindete Schwestern und ihr vermittelnder
Bruder. Repräsentative, direkte und dialogorientierte
Partizipation auf lokaler Ebene 39

Prof. Dr. Frank Brettschneider
Dialog-orientierte Bürgerbeteiligung und Bürgerentscheide 50

Prof. Dr. Brigitte Geißel, Stefan Jung
Der Beteiligungsrat – institutionalisierte
Bürgerbeteiligung auf Bundesebene 69

Dr. Rolf Frankenberger
Die unterschätzte Gefahr? Rechtspopulismus und
Bürgerbeteiligung 81

Valentin Sagvosdkin
Beteiligungsprozesse als Resonanzräume in Zeiten
sozial-ökologischer Krisen 96

Guy Féaux de la Croix
Wie relevant sind die Erfahrungen der attischen
Demokratie noch heute? 112

Jörg Sommer
Die Zukunft ist digital – aber ist sie auch demokratisch?...............131

2. Bausteine und Konzepte erfolgreicher Bürgerbeteiligung

Dr. Christine Dörner
Bürgerbeteiligung gemeinsam lernen 142

Lena Siepker
Die Herausforderung ungleicher Teilhabechancen........................158

Sina Wohlgemuth, Oliver Müller
Partizipation als rituelle Performance 173

Dr. Stephanie Bock, Dr. Bettina Reimann
Mit dem Los zu mehr Vielfalt in der Bürgerbeteiligung?
Chancen und Grenzen der Zufallsauswahl 184

Martina Eick
Umfeldanalyse macht den Unterschied...200

Barbara Schwarz, Geertje Doering, Thilo Schlüßler
Facetten partizipativer Pädagogik...211

3. Erwartungen und Perspektiven unterschiedlicher Akteure

Monika Ollig
Die Bundesregierung stärkt die frühe Beteiligung
Betroffener bei der Gesetzgebung und politischen Initiativen....226

Jörg Sommer
Parteien und Bürgerbeteiligung: Konkurrenz, Instrument
oder ein großes Missverständnis?..236

Thomas Fischer, Dr. Michael Bolte
Dabei sein ist alles? – Betriebsräte zwischen
Stellvertreterpolitik und Mitarbeiterbeteiligung 251

Vera Grote, Diana Runge, Lisa Stoltz
Not macht erfinderisch. Wie Dialogkritik und Covid-19
Partizipation langfristig verbessern können 264

Katharina Hitschfeld, Thomas Perry
Partizipation: eher Alibi als Qualität? 278

4. Praktische Beispiele und Methodenerfahrungen

Marita Meissner
Monitoring als Grundlage und Chance für partizipative
Prozesse in Kommunen 292

Markus Berchtold Ph. D., René Lohe
Partizipative Garantiesysteme – Qualitätsmanagement
und Evaluation durch Beteiligung 309

Anja Neumann, Prof. Dr. Heike Walk
Auf dem Weg zu einer „Kultur der Innovation und
Beteiligung" in strukturschwachen Regionen 326

Meike Lücke
Partizipationsprinzip LEADER: Wissens- und
Entscheidungsnetzwerke in der nachhaltigen ländlichen
Entwicklung 347

Matthias Simon Billert, Prof. Dr. Christoph Peters
Gelebte Demokratie in der Stadt der Zukunft –
Entwicklung einer digitalen Bürgerbeteiligungsplattform 364

Jörg Sommer, Bernd Marticke
Bürgerbudgets als Katalysator kommunaler Teilhabe 377

Dr. Danuta Kneipp, Dr. Dirk Manthey, Dr. Andreas Paust
Neun Jahre frühe Öffentlichkeitsbeteiligung bei 50Hertz
für den Umbau des Stromnetzes – eine Zwischenbilanz 391

Anna Renkamp, Dr. Dominik Hierlemann
Grenzen überschreiten, Europa vereinen: Chancen,
Risiken und Herausforderungen transnationaler Beteiligung 407

Anhang

Unsere Autor*innen 430

Das Berlin Institut für Partizipation 439

Vorwort

Mit der vorliegenden vierten Ausgabe des KURSBUCH BÜRGERBETEILIGUNG, der ersten im Republik Verlag, können wir fast schon von einer Tradition sprechen. Erneut dokumentieren die Beiträge den aktuellen Stand der Bürgerbeteiligung in unserem Land, lenken den Blick auf neue Entwicklungen, innovative Ansätze, aber auch auf ungelöste Fragen und problematische Tendenzen. Wo stehen wir heute in der Beteiligung? Was haben wir gelernt? Was läuft gut? Wo bedarf es dringender Innovationen? Renommierte Autor*innen aus Theorie und Praxis diskutieren diese und weitere Fragen, werten die gemachten Erfahrungen aus und stellen Bausteine erfolgreicher Beteiligungskonzepte für die Zukunft vor.

Wir beginnen mit einem umfassenden Rückblick auf eine gerade stürmische Dekade deliberativer Beteiligung, der ergänzt wird durch Beiträge, die den Fokus auf bestimmte Entwicklungen legen. So betrachtet Andreas Paust unter dem bezeichnenden Titel „Zwei verfeindete Schwestern und ihr vermittelnder Bruder" das Verhältnis von repräsentativer, direkter und dialogorientierter Partizipation auf lokaler Ebene. Thorsten Frei, stellvertretender Vorsitzender der CDU/CSU-Bundestagsfraktion, analysiert die Erosion der Demokratie und diskutiert, wie direkte und deliberative Teilhabeangebote unser Gemeinwesen stärken können. Der Kommunikationsexperte Frank Brettschneider setzt sich anhand praktischer Beispiele mit dem Verhältnis von dialogorientierter Bürgerbeteiligung und Bürgerentscheiden auseinander. Das nicht immer einfache Verhältnis von Rechtspopulist*innen zu Beteiligungsangeboten – und umgekehrt – untersucht Rolf Frankenberger.

Monika Ollig aus dem Bundeskanzleramt schildert die Überlegungen der Bundesregierung zur Stärkung einer frühen Beteiligung Betroffener in Gesetzgebungsverfahren. Das Berlin Institut für Partizipation hat die Entwicklung der beteiligungspolitischen Positionen aller im Bundestag vertretenen Parteien unter die Lupe genommen und zieht eine durchwachsene Bilanz.

Besonders viel hat sich in den vergangenen Jahren bei der frühen Beteiligung im Rahmen großer Infrastrukturprojekte getan. Die Erfahrung zeigt jedoch: Akzeptanz und Dialogbereitschaft sind auch dann nicht garantiert, wenn die planende Seite „ordentliche Prozesse" aufsetzt und transparente Verfahren anbietet. Warum das so ist und was sich daraus für die praktische Umsetzung ergibt, schildern Vera Grote, Diana Runge und Lisa Stoltz. Ebenfalls eine Bilanz formulieren Danuta Kneipp, Dirk Manthey und Andreas Paust vom Stromübertragungsnetzbetreiber 50Hertz. Sie betrachten neun Jahre Praxis früher Öffentlichkeitsbeteiligung beim Umbau des Stromnetzes und lassen uns einen Blick hinter die Kulissen einer Institution werfen, für die Beteiligung zwischenzeitlich ein unverzichtbarer Teil ihrer DNA geworden ist.

Wie eine „Kultur der Innovation und Beteiligung" gerade in strukturschwachen Regionen etabliert werden kann, beschreiben Anja Neumann und Heike Walk. Auch Meike Lücke betrachtet diese Räume und geht auf die Bedeutung des europäischen Förderprogramms LEADER zur Stärkung der Selbstwirksamkeit regionaler Akteur*innen ein. Über Deutschlands Grenzen hinaus geht der Blick von Anna Renkamp und Dominik Hierlemann. Sie schildern den Anspruch grenzüberschreitender Bürgerdialoge und zeigen anschaulich, wie transnationale Dialoge gelingen können.

Brigitte Geißel und Stefan Jung stellen mit dem Beteiligungsrat ein Konzept zur integrierten Beteiligung auf Bundesebene vor, das den aktuell erprobten Bürgerräten ähnelt, aber insbesondere eine wirksame, klare Einbindung in Gesetzgebungsprozesse anbietet. Stephanie Bock und Bettina Reimann diskutieren Chancen und Grenzen der Zufallsauswahl und stellen die Fragen, ob und wie man mit dem Los tatsächlich zu mehr Vielfalt in der Bürgerbeteiligung gelangen kann.

Ungewohnte Perspektiven und häufig unzureichend beleuchtete Beteiligungsaspekte werden von weiteren Autor*innen thematisiert. Sina Wohlgemuth und Oliver Müller untersuchen Partizipation als rituelle Performance. Ihre kulturanthropologische Perspektive auf einen allumfänglichen Begriff bereichert unsere Sichtweise und wirft interessante Fragen auf. Katharina Hitschfeld und Thomas Perry fragen, ob Beteiligung tatsächlich immer in der gebotenen Qualität stattfindet oder (noch) zu oft als Alibi-Veranstaltung umgesetzt wird. Valentin Sagvosdkin setzt sich kritisch mit der übergeordneten Frage auseinander, welche Bedeutung und Funktion Partizipation in Zeiten zunehmender sozial-ökologischer Krisen einnehmen kann.

Lena Siepker lenkt unseren Blick auf die nach wie vor ungleichen Teilhabechancen verschiedener Bevölkerungsgruppen. In praktischer Hinsicht wurde dazu in Gelsenkirchen 2015 ein lokaler Partizipationsindex entwickelt und seitdem fortgeschrieben. Er zeigt die Teilhabechancen von Kindern und Jugendlichen sozialräumlich differenziert auf und hilft dabei, Bedarfe zu identifizieren und Zugänge zu Kindern, Jugendlichen und Familien zu ermitteln. Marita Meissner diskutiert, ob dieses Modell auch für andere Kommunen wertvolle Impulse bieten kann. Die Grundlagen partizipativer Pädagogik stellen Barbara Schwarz, Geertje Doering und Thilo Schlüßler vor.

Martina Eick formuliert ein leidenschaftliches Plädoyer für eine professionelle Umfeldanalyse vor jedem Beteiligungsvorhaben. Thomas Fischer und Michael Bolte betrachten ein oft übersehenes Feld der Teilhabe und schildern die Rolle von Betriebsräten zwischen Stellvertreterpolitik und Mitarbeiterbeteiligung. Für viele unserer Leser*innen neu dürfte das Konzept der Partizipativen Garantiesysteme (PGS) sein. Deren Ziel ist ein aktives Qualitätsmanagement durch Beteiligung. Markus Berchtold und René Lohe bieten uns dazu eine Einführung. Die Erwartungen, Chancen und Herausforderungen, die mit der Einführung von Bürgerbudgets in Kommunen einhergehen, betrachtet eine neue Studie des Berlin Institut für Partizipation, deren Ergebnisse die Autoren hier vorstellen.

Guy Féaux de la Croix, ehemaliger Botschafter der Bundesrepublik Deutschland in Griechenland, gibt uns einen modernen, beteiligungsorientierten Blick auf die attische Demokratie und fragt: Wie relevant sind die Erfahrungen der alten Griechen noch heute? Eher in die Zukunft schaut ein Beitrag aus dem Berlin Institut für Partizipation, der sich mit den Herausforderungen der Beteiligung in einer zunehmend digitalen Welt befasst. Digital geht es auch im Beitrag von Matthias Simon Billert und Christoph Peters zu. Sie stellen das Projekt einer digitalen Beteiligungsplattform in einer deutschen Großstadt vor – und leiten daraus konkrete Tipps und Empfehlungen für ähnliche Projekte ab. Christine Dörner fragt, wie man Beteiligung lernen und lehren kann und formuliert Überlegungen zum Aufbau von Beteiligungskompetenz in einer Organisation.

Erneut bietet diese Ausgabe des KURSBUCH BÜRGERBETEILIGUNG also eine Vielzahl interessanter Impulse namhafter Autor*innen aus Politik, Wissenschaft und Beteiligungspraxis. Ich bedanke mich bei allen Autor*innen, Redaktionsmitgliedern und sonstigen Unterstützer*innen für die engagierte, streitbare und produktive Zusammenarbeit. Sie, liebe Leserin, lieber Leser, möchte ich ausdrücklich dazu ermuntern, Beitragsvorschläge für das kommende KURSBUCH BÜRGERBETEILIGUNG #5 einzureichen, an dem unsere Redaktion bereits arbeitet.

Herzlichst,

Jörg Sommer

Herausgeber des KURSBUCH BÜRGERBETEILIGUNG,
Gründungsdirektor des Berlin Institut für Partizipation

Stand und Perspektiven der politischen Teilhabe in Deutschland

Jörg Sommer

10 Jahre Bürgerbeteiligung in Deutschland – Erfahrungen und Herausforderungen

Die Beteiligung in Deutschland hat sich im vergangenen Jahrzehnt stürmisch entwickelt. Sie ist geprägt von quantitativem und qualitativem Fortschritt. Wir beteiligen heute mehr, intensiver und besser, dennoch stehen wir aktuell vor entscheidenden Herausforderungen.

Die Geschichte der Bürgerbeteiligung in Deutschland ist älter als allgemein wahrgenommen. Schon 1971 stellte Peter C. Dienel sein Konzept der Planungszelle vor (Dienel 1971). Anfang der 80er Jahre gab es bereits umfangreiche Erfahrungen mit beteiligungsorientierten Formaten in der außerschulischen Kinder- und Jugendarbeit (Sommer 1983). Doch über viele Jahre blieb es bei eher experimentellen Projekten und Umsetzungen in eher übersichtlichen gesellschaftlichen Handlungsfeldern.

Reaktion auf Frustrationen

Um die Jahrtausendwende kündigte sich der Aufschwung in der Beteiligung langsam an. Um 2010 wurde er dann breit sichtbar. Erste Kommunen gaben sich Leitlinien, auf Beteiligung spezialisierte Dienstleister*innen entstanden, auf Bundesebene wurden die Kompetenzen im Bundesumweltministerium gebündelt. Auslöser waren nahezu überall Frustrationen der Bürger*innen bezüglich mangelnder Mitwirkungsmöglichkeiten, sinkende Akzeptanz für Großprojekte, Industrieansiedlungen und andere Vorhaben, die erkennbaren Herausforderungen der Energiewende und eine allgemeine „Politikverdrossenheit".

In den vergangenen zehn Jahren erlebte die Bürgerbeteiligung deshalb einen dramatischen Aufschwung in vielen Bereichen. Es wurde viel beteiligt, oft gut, manchmal schlecht, es gab überwältigende Erfolge und krachendes Scheitern. Die Zahl der beteiligenden Kommunen stieg rasant, die Zahl der Verfahren ebenso wie jene der Beteiligten. Später kamen erste Evaluationsprojekte hinzu.

Wir haben in der vergangenen Dekade also viel beteiligt – und dabei viel gelernt. Aber was genau? Eine nationale Bilanz gibt es nicht, sie ist auch nicht in Arbeit. Es gibt immer wieder Versuche der Standardisierung, gar der Normung oder zumindest der Einführung von Qualitätskriterien. Verbindlich oder auch nur breit anerkannt ist davon nichts.

Keine verbindlichen Standards

Tatsächlich ist auch heute, im Jahr 2021, die Beteiligung von organisierten und nicht organisierten Bürger*innen in weiten Teilen und vielen Regionen unseres Landes noch immer ein fröhliches Experimentierfeld.

Und das hat durchaus berechtigte Gründe. Im Grunde ist jeder Beteiligungsprozess unterschiedlich. Man muss tatsächlich immer genau hinschauen, um zu verstehen, was funktioniert hat, was nicht – und warum.

Damit sind wir schon bei der ersten Erfahrung: Ein typisches Phänomen in der Bürgerbeteiligung ist, dass sie immer wieder von neuen Akteur*innen neu erfunden wird.

Es gibt Methoden und Formate, die sich bewährt und an Beliebtheit gewonnen haben, doch zugleich entdeckt immer noch Woche für Woche irgendwo in Deutschland eine Kommune erstmalig die Möglichkeiten und Potentiale von Beteiligung ihrer Bürger*innen.

Immer mehr Kommunen geben sich Leitlinien oder gar Beteiligungssatzungen. Über 100 solcher Prozesse sind es bereits in Deutschland, dennoch ist natürlich bei insgesamt über 10.000 Gemeinden noch eine Menge Luft.

Das Faszinierende an diesen Leitlinien-Prozessen ist jedoch: Fast immer werden sie nicht schlicht von existierenden Dokumenten kopiert, sondern vor Ort partizipativ neu verhandelt. Und das ist gut so. Denn wenn wir eines in der vergangenen Dekade gelernt haben, dann das:

Vielfalt der Leitlinien

Beteiligung ist kein standardisierter Verwaltungsakt, sondern eine Kultur. Und Kulturpraktiken müssen sich entwickeln, man kann sie nicht verordnen. Kultur ist auch nichts Statisches oder Fertiges. Sie entwickelt sich stetig fort, getragen von den Menschen, die sie praktizieren.

Diversität der Beteiligungskulturen

Die hohe Diversität der Beteiligungskulturen in allen Teilen Deutschlands gehört deshalb quasi zur Genetik der Beteiligung. Jeden Tag machen irgendwo Menschen neue Erfahrungen mit Beteiligung – und die sind so unterschiedlich, bunt und vielfältig wie sie selbst.

Kann man also gar nichts verallgemeinern?

Vielfalt heißt nicht Beliebigkeit

Doch. Man kann. Denn unterschiedliche Erfahrungen heißen nicht, dass alles funktioniert. Vielfalt heißt nicht Beliebigkeit. Im Gegenteil:

Durch die große Vielfalt konnten wir in den vergangenen Jahren sehr viel in sehr unterschiedlichen Konstellationen erproben. Wir wissen heute weit mehr über Beteiligungsprozesse, ihre Anforderungen, ihre Potentiale und auch ihre Risiken, als möglich gewesen wäre, wenn wir alle nach irgendeiner DIN-Norm stur dieselben Prozesse abgewickelt hätten.

Wir haben Erkenntnisse, was funktioniert, wann es funktioniert, wie es funktioniert und zum Teil auch, wie es wirkt.

Vor diesem Hintergrund gibt es einige, aktuell verallgemeinerbare Erfahrungen. Wir konzentrieren uns auf sechs davon, weil diese von herausragender Bedeutung sind.

Tatsächlich sind es weit mehr. Aber diese sechs sind zentral. Im Grunde sind es zwei Erwartungen an Beteiligung, die uns in die Irre führen und vier Erwartungen an Beteiligung, die sie erfolgreich machen. Beginnen wir mit den ersten beiden:

Beteiligung ist nicht Akzeptanzbeschaffung

Wer beteiligt, um Akzeptanz für längst beschlossene Vorhaben zu erreichen, kann es auch gleich lassen. Denn dieses Motiv führt unmittelbar und regelmäßig zu inhaltlichen Fehlern, mangelnden Ressourcen, manipulativen Methoden und frustrierten Teilnehmer*innen.

Gefahr der Akzeptanzbeschaffung

Das Wesen von Beteiligung ist Deliberation, also Diskurs mit Verhandlungscharakter. Dazu gehört auch der erklärte Wille der Beteiligenden dazuzulernen.

Steht das Ergebnis fest und die Beteiligung dient lediglich als legitimatorisches Beiwerk oder gar als didaktische Bürgerbelehrung geht das, das haben wir in der vergangenen Dekade gelernt, regelmäßig gründlich schief.

Beteiligung beseitigt keine Konflikte

Tatsächlich wird Beteiligung immer dann schwierig, wenn ihr ein falsches Verständnis von Konflikten zugrunde liegt. Konflikte sind kein Problem für Beteiligung, Konflikte sind ihr Treibstoff.

In Beteiligung geht es immer um Konflikte, um unterschiedliche Einschätzungen, Erwartungen, Interessen. Genau darum gibt es Beteiligung. Gäbe es keine Konflikte, bräuchte es sie nicht.

Und so wie die repräsentative Demokratie keine Konflikte löst, sondern sie gesellschaftlich handhabbar macht, so ist es auch nicht die Aufgabe der Beteiligung, Konflikte zu vermeiden, aus dem Weg zu schaffen oder gar zu ignorieren. Beteiligung ist diskursives Konfliktmanagement. Nichts mehr. Und auch nicht weniger.

Keine Konfliktlösung

Diese beiden Erwartungen sind also gefährlich. Immer wenn Beteiligung Akzeptanz beschaffen und Konflikte vermeiden soll, tut sie sich im besten Fall schwer, im Regelfall scheitert eines von beiden: der Beteiligungsprozess oder das Vorhaben der Beteiligenden. Oder beides. Kommen wir nun zu den vier Erwartungen, die wir an Beteiligung haben sollten, wenn wir wollen, dass sie nachhaltig erfolgreich wird.

Frühe Beteiligung

Gelingende Beteiligung beginnt im frühen Planungsstadium. Denn dann ist die Ergebnisoffenheit am größten, die Chance auf qualitative Verbesserung vorhanden und die Verwerfungen sind am geringsten.

Zudem gibt es nur in diesem Stadium auch die Möglichkeiten, nicht nur zu den eigentlichen Plänen, sondern auch zu den Prozessen zu beteiligen, denn: Beteiligung auf Augenhöhe gibt es nur, wenn nicht nur eine Seite die Spielregeln bestimmt.

Deshalb wird der Beteiligungsrahmen für die gesamte Projektphase gemeinsam mit den Beteiligten erarbeitet und nicht vorgegeben.

Kultur statt Meilenstein

Entsprechend ist Beteiligung kein Prozessmeilenstein, der irgendwann abgehakt wird, sondern Grundlage von Beteiligungskultur – die im Idealfall auch die gesamte Umsetzungsphase begleitet.

Grundsätzlich sollte Beteiligung also nicht nur so früh wie möglich beginnen, sondern auch so lange wie möglich andauern. Man kann Beteiligung nie zu früh starten, aber zu früh beenden.

Breite Beteiligung

Beteiligung muss breit sein. Sie nur anzubieten, und dann darauf zu hoffen, dass nur die „üblichen Verdächtigen" kommen, wird immer mal wieder praktiziert, funktioniert aber nicht.

Beteiligung ist kein Angebot, sondern eine Aufgabe von Politik, Verwaltung und Vorhabenträger*innen.

Es ist ihre Aufgabe, genau zu recherchieren, wer betroffen sein könnte und deshalb zu beteiligen ist. Bei bestimmten Gruppen reicht es auch nicht, sie über die Medien einzuladen, sie müssen gezielt angesprochen und motiviert werden.

Dabei bleibt die Herausforderung immer: Menschen dann ein Beteiligungsangebot zu machen, wenn sie einen Beteiligungsimpuls verspüren. Denn oft erfahren viele Betroffene spät von Vorhaben und Beteiligungsangeboten – und irgendeine Gruppe vergisst man fast immer.

Beteiligungsimpulse

Gute Beteiligung

Frühe und Breite Beteiligung nutzen nichts, wenn sie nicht gut gemacht ist. Und wir wissen heute sehr gut, was gut ist.

Die Allianz Vielfältige Demokratie (2017) hat 10 Grundsätze Guter Beteiligung entwickelt, die entsprechende Arbeitshilfe kann ich hier nicht vollständig wiedergeben, nur wärmstens empfehlen.

Im Kern geht es darum, den Prozess offen, also flexibel zu halten und die Beteiligten nicht zu Objekten einer Dramaturgie zu machen, sondern als Partner*innen einer gemeinsamen Deliberation zu sehen.

Es geht darum, Konflikte anzunehmen, keine falschen Vorstellungen über den Wirkungsrahmen zu wecken, Informationen als Grundlage und nicht als Manipulationsmittel zu sehen und vor allem: wirklich miteinander in den Diskurs zu kommen.

Beteiligung ist deshalb auch keine Dienstleistung, die man extern delegiert, sondern ein Prozess, an dem sich auch die Beteiligenden beteiligen müssen.

Wirksame Beteiligung

Zu guter Letzt geht es bei Beteiligung immer um Wirkung. Es ist nicht „Gut, dass wir darüber gesprochen haben", sondern „Gut, dass wir etwas bewegt haben".

Wirkung

Ziel ist deshalb nicht die Akzeptanz vorgegebener Pläne, sondern die Entwicklung akzeptierbarer Pläne.

Dazu gehört von Anfang an Klarheit über den Wirkungshorizont und im Nachhinein eine seriöse Dokumentation der tatsächlichen

Wirkung sowie eine Berichterstattung gegenüber Öffentlichkeit und Beteiligten.

Werden Beteiligungsergebnisse nicht umgesetzt, kann es dafür gute Gründe geben, in diesem Fall müssen sie aber transparent gemacht werden, nach dem Prinzip des „do it or explain it".

Sollten wir also 10 Jahre Beteiligungserfahrung in einem Satz zusammenfassen, würde er so lauten:

„Die Qualität, der Erfolg und damit auch die Akzeptanz von Beteiligung hängen davon ab, dass sie früh beginnt, breit beteiligt, gut aufgesetzt und letztlich wirksam ist."

Aktuelle Herausforderungen

Dies sind – kompakt zusammengefasst – die zentralen Lektionen, die wir in der Beteiligung gelernt haben. Wobei dieser Lernprozess weder abgeschlossen ist noch synchron verlief und verläuft.

Positiver Trend

Nach wie vor werden Tag für Tag irgendwo in Deutschland gute, ja ausgezeichnete Beteiligungsprozesse durchgeführt, aber eben auch missglückte Akzeptanzbeschaffung, wirkungslose Gesprächssimulationen, als „Dialoge" verkaufte PR-Kampagnen und desinteressierte NGO-Anhörungen. Insgesamt ist der Trend allerdings positiv, nicht nur was den Umfang, sondern auch was Vielfalt und Qualität von Beteiligung angeht.

Es ist also viel passiert in der vergangenen Dekade. Es muss aber auch noch viel passieren. Betrachten wir nachfolgend einige der zentralen Lern- und Klärungsprozesse, die uns noch bevorstehen.

Das Verhältnis von Öffentlichkeits- zu Bürgerbeteiligung

Organisierte Stakeholder agieren völlig anders als normale Bürger*innen. Sie haben andere Ressourcen, andere Verpflichtungen, andere Interessen. Wann beteiligen wir wen? Wen zuerst? Wen wozu? Muss man das trennen? Kann man das überhaupt? Bislang verwechseln wir noch viel zu häufig beide Gruppen, oder beteiligen beide, ohne es zu reflektieren.

Das Verhältnis von formeller zu informeller Beteiligung

Erstere ist in vielen Verfahren gesetzlich vorgeschrieben. Aber ist eine Auslegung von Bebauungsplänen wirklich schon Beteiligung? Und muss deliberative Beteiligung wirklich ohne Verpflichtung bleiben? Muss man, kann man sie überhaupt regulieren? Führt das zu mehr Beteiligung oder zu lustlosen Standardprozessen?

Das Verhältnis von Zufallsauswahl zu Betroffenheit

Es kann einen Prozess wunderbar kreativ machen, wenn die Beteiligten ohne persönliche Betroffenheit wenige Konflikte mitbringen. Allerdings liegt die Stärke von Diskursprozessen eben darin, potentielle oder existierende Konflikte miteinander zu entschärfen. Brauchen wir also mehr Zufall? Mehr Betroffenheit? Oder klare Regeln, wann welcher Teilnehmerkreis sinnvoll ist?

Das Verhältnis von Prozess zu Kultur

Liegt die Zukunft in klaren, vorgeschriebenen, verbindlichen Beteiligungsprozessen oder in der Entwicklung einer breiten Teilhabekultur? Stärken wir unsere Demokratie durch mehr, auch konfliktgetriebenen, Diskurs oder durch mehr Teilhabeprozessmanagement?

Das Verhältnis von digital zu analog

Corona hat nach anfänglichen Schwierigkeiten gezeigt: Vieles geht auch digital. Man erreicht sogar neue Zielgruppen – andere aber fallen aus dem Fokus. Ist eine umfassende Digitalisierung also eher eine Chance – oder doch ein Risiko? Muss echter Diskurs dauerhaft analog gedacht werden?

Digitalisierung

Das Verhältnis von Beschleunigung zu Beteiligung

Macht Gute Beteiligung Vorhaben schneller oder langsamer? Ist Beteiligung Bremse oder Beschleuniger? Oder doch eher Medizin für schiefgelaufene Akzeptanzpläne? Aktuell sagen sogar viele Vorhabenträger*innen: Gute Beteiligung beschleunigt. In der Politik ist dies noch nicht bei allen Akteur*innen angekommen.

Fazit

Wir haben in den vergangenen zehn Jahren einen weiten Weg zurückgelegt, viele Erfahrungen gesammelt.

Die deliberative Beteiligung als dritte Säule der Demokratie (neben repräsentativen und direktdemokratischen Strukturen) hat in der vergangenen Dekade erheblich an Umfang und Bedeutung gewonnen.

Sie wird zunehmend akzeptierter und weniger als Konkurrenz, sondern als Chance zur Stärkung unserer Demokratie begriffen.

Qualität als Schwerpunkt

Nachdem wir in der vergangenen Dekade insbesondere einen quantitativen Ausbau von Beteiligung gesehen haben, wird in der kommenden Dekade die Qualität im Mittelpunkt stehen.

Aktuell diskutieren wir in Deutschland insbesondere im Deutschen Bundestag folgende Herausforderungen:

- eine rechtlich verbindliche frühe und durchgängige Öffentlichkeitsbeteiligung durch Vorhabenträger*innen,
- eine Mitwirkungspflicht der beteiligten Behörden und ggf. auch der politisch verantwortlichen Entscheider*innen,
- eine notwendige Aufstockung der Personalmittel in den Verwaltungen, denn Offenheit für Beteiligung kann von überlasteten Mitarbeiter*innen nicht erwartet werden,
- die Festlegung verbindlicher Mindeststandards Guter Beteiligung, zum Beispiel die 10 Grundsätze Guter Beteiligung, wie sie die Allianz Vielfältige Demokratie entwickelt hat und

- die Schaffung einer nationalen Kompetenzstelle Bürgerbeteiligung unter zivilgesellschaftlicher Beteiligung, die Standards definiert, Beratung von Politik, Zivilgesellschaft und Behörden anbietet sowie Erfahrungen sammelt, aufbereitet und der Öffentlichkeit zur Verfügung stellt.

Insgesamt können wir konstatieren: Wir beteiligen heute mehr, intensiver und besser. Aber wir lernen noch immer jeden Tag dazu – und stehen nun vor der Aufgabe, die Stärkung unserer repräsentativen Demokratie durch eine Weiterentwicklung zur Vielfältigen Demokratie zu organisieren.

Die damit verbundenen Herausforderungen sind weitgehend bekannt. Bewältigt sind sie noch lange nicht. Wir kennen die Richtung. Aber der Weg ist noch weit – und anspruchsvoll.

Literatur

Allianz Vielfältige Demokratie (Hg.) (2017): Qualität von Bürgerbeteiligung. Zehn Grundsätze mit Leitfragen und Empfehlungen, Gütersloh.

BDI (2011): Positionspapier: Die Zukunft von Infrastrukturprojekten. Akzeptanz steigern, Vorhaben beschleunigen, Planung vorantreiben, BDI-Drucksache Nr. 454, Berlin.

Deutscher Städtetag (2013): Thesen zur Weiterentwicklung lokaler Demokratie, Berlin.

Dienel, P. (1971): Was heißt und was will Partizipation? Wie können Bürger an Planungsprozessen beteiligt werden? Planwahl und Planungszelle als Beteiligungsverfahren. In: Zeitschrift Der Bürger im Staat. Heft 3/1971. S. 151–156.

Flasbarth, J. u. a. (2012): Öffentlichkeitsbeteiligung in Planungs- und Genehmigungsverfahren neu denken, Dessau.

Hilpert, J. (Hg.) (2011) - Nutzen und Risiken öffentlicher Großprojekte: Bürgerbeteiligung als Voraussetzung für eine größere gesellschaftliche Akzeptanz, Stuttgart.

Linder, W./ Vatter A. (1996) – Kriterien zur Evaluation von Partizipationsverfahren, Stuttgart.

RWE (2012); Akzeptanz für Großprojekte. Eine Standortbestimmung über Chancen und Grenzen der Bürgerbeteiligung in Deutschland, Essen.

Senatsverwaltung für Stadtentwicklung Berlin (2011); Handbuch zur Partizipation, Berlin.

Sommer, J. (1983): Einführung in die partizipative Jugendbildung, Leinfelden.

Staatsministerium Baden-Württemberg (2014): Leitfaden für eine neue Planungskultur.

Städtetag Baden-Württemberg (2012) - Hinweise und Empfehlungen zur Bürgermitwirkung in der Kommunalpolitik, Stuttgart.

Wulfhorst, R. (2013): Konsequenzen aus »Stuttgart 21«: Vorschläge zur Verbesserung der Bürgerbeteiligung, Stuttgart.

Thorsten Frei

Rezepte zur Stärkung der Demokratie in Deutschland

Das Modell der westlichen Demokratien steht unter großem Legitimationsdruck gegenüber der eigenen Bevölkerung, obwohl es am besten geeignet ist, den Menschen zu dienen und ihre Interessen zu berücksichtigen. Dennoch fordern immer mehr Menschen, mehr direkte Mitbestimmung zu ermöglichen. Dieser Weg erscheint jedoch aus den Erfahrungen mit den Instrumenten direkter Demokratie in Deutschland nur bedingt geeignet, um das Vertrauen in demokratische Prozesse und Prinzipien zu stärken.

Auswirkungen von Globalisierung und Digitalisierung auf Gesellschaft und Politik

Transformation und Beschleunigung

Die Menschen in den westlichen Industrieländern durchleben aktuell die Transformation von Industrie- zu Informationsgesellschaften. Daten und Informationen, ihre Verarbeitung und Auswertung spielen zunehmend eine zentrale Rolle in allen Bereichen. Viele Kinder besitzen bereits im Grundschulalter ein Smartphone. Informationen sind immer und überall abrufbar. Die damit verbundene Datenflut ist unvorstellbar. Jeden Tag erschaffen Menschen und Maschinen zehnmal mehr Daten als Wissen in allen Büchern der Welt steht. Dieses Überangebot an Informationen schafft ungeahnte Möglichkeiten, aber auch immense Herausforderungen.

Dieser Wandel macht vor nichts und niemandem halt. Auch politische Prozesse unterliegen den veränderten Rahmenbedingungen. Dies betrifft in erster Linie politische Entscheidungsprozesse und die politische Kommunikation. Viel schneller als bisher müssen Politiker*innen reagieren und aus einer viel größeren Menge an Informationen Wichtiges von Unwichtigem unterscheiden.

Im Zuge dieser Entwicklungen erleben aber auch die Bürger*innen eine neue Mündigkeit im Umgang mit Politiker*innen. Durch hyperschnelle Kommunikationskanäle werden Meinungen und Erwartungen per Mausklick übermittelt, oft auch anonym.

Daneben sehen wir, dass durch die Kommunikation über das Internet eine neue Beteiligungskultur entstanden ist. Größere Personengruppen lassen sich kostengünstig und einfach mobilisieren. Dabei zeigt sich, dass vielen Bürger*innen die Entwicklungen im eigenen Land wichtig sind. Nicht nur bei Umweltthemen wie bei „Fridays for Future" besteht ein großes Interesse, die eigene Meinung kundzutun und mitzugestalten. Insofern verwundert es nicht, dass von verschiedenen Seiten gefordert wird, mehr direkte Mitbestimmung zu ermöglichen und die Bürger*innen nicht nur alle vier beziehungsweise fünf Jahre an die Wahlurnen zu rufen. Auf den ersten Blick scheint dies die beste Grundlage für stabile demokratische Verhältnisse.

Digitalisierung forciert Mobilisierung

Erosion der Demokratie

Doch das genaue Gegenteil ist der Fall. Überall in den westlichen Demokratien erleben wir, dass politische Gewissheiten über den Haufen geworfen werden. Wir erleben den Niedergang der bisher staatstragenden konservativen und sozialdemokratischen Volksparteien, die Europa nach dem Zweiten Weltkrieg in eine blühende Zukunft geführt haben. Parteien wie auch andere gesellschaftliche Großorganisationen verlieren aufgrund der zunehmenden Individualisierung und der Sättigung durch einen überbordenden Wohlfahrtsstaat generell an Bindekraft. Das führt zu den immer gleichen erschreckenden Befunden, für die bisher kaum ein/e Politiker*in ein überzeugendes Rezept gefunden hat.

Allensbach ging kürzlich sogar so weit, von einer Zerstörung des Vertrauens in die Stabilität des Staates zu sprechen. Andere Umfragen kommen zu ähnlichen Schlüssen. Forsa zufolge schenken nur 41 Prozent der Deutschen dem Bundestag ihr Vertrauen. Den Parteien trauen gerade einmal 16 Prozent. Im Eurobarometer vom

Zerstörung des Vertrauens

Herbst 2019 bekunden zwei Drittel der Deutschen, kein Vertrauen in politische Parteien zu haben. Laut Allensbach haben 80 Prozent der Jüngeren das Vertrauen in die Problemlösungskompetenz der Parteien verloren.

Getrieben ist diese Entwicklung vor allem durch die massenhafte Durchdringung der Gesellschaft mit sozialen Medien und dem Internet. Unbestritten sind die damit verbundenen Vorzüge beispielsweise in der Wirtschaft, der öffentlichen Verwaltung oder in der Medizin. Es gibt aber auch Schattenseiten. Das Netz als Echokammer der eigenen Vorurteile. Unwahrheiten verdrängen rasend schnell Fakten und können von niemandem mehr eingefangen werden. Die Anonymität in der virtuellen Welt ist der perfekte Nährboden für Hass und Hetze. Die technischen Möglichkeiten von Algorithmen sowie die Manipulierbarkeit von technischen Systemen laden zur Steuerung von Aggressivität und sozialem Hass ein. Das reale Ergebnis davon lässt sich aktuell im blutigen Terrorakt von Hanau ablesen.

Individualisierung erschwert Politik

Dazu kommt, dass Konsens und Kompromiss immer öfter als Schwäche ausgelegt werden und dadurch in Verruf geraten. Das ist nicht zuletzt das Ergebnis einer zunehmenden Individualisierung von Lebensweisen und damit verbunden die zunehmende Individualisierung von Interessen. Die eigene Sicht wird zur unverrückbaren und unverhandelbaren Wahrheit. Diese unterschiedliche Wahrnehmung der Realität erschwert Politik.

Erschwerend wirkt die nun mehr fehlende gesellschaftspolitische Klammer, die es bis zur Jahrtausendwende auf die eine oder andere Art immer gegeben hat. Heute vermissen die Menschen Zukunftsvisionen wie die deutsche Einheit oder Frieden in Europa. Längst sind diese zur Realität geworden und haben durch Selbstverständlichkeit an Reiz verloren. Und auch die notwendigen Visionen für die großen Debatten der Zeit wie etwa die Rentenpolitik, der Klimawandel, Migrationspolitik oder die Digitalisierung lassen auf sich warten oder sind nicht überzeugend. Das liegt nicht zuletzt daran, dass sich Politik viel zu oft im Klein-Klein von Krisenmanagement und Kommunikation verheddert.

Somit verwundert es nicht, dass autokratische Länder wie China und Russland keinen Versuch unterlassen, unser Modell der freiheitlich demokratischen Gesellschaft schlecht zu reden und zu sabotieren, um im Gegenzug die Vorzüge des eigenen autokratischen Systems zu preisen.

Demokratie braucht Wandel

Hierauf muss Politik Antworten finden und den Menschen Orientierung bieten. Dennoch ist unser politisches System am besten geeignet, um den Menschen, dem Volk als Souverän zu dienen. Das Grundgesetz ist ein Anker der Stabilität. Zustände wie am Ende der DDR, wie sie gerne von Politiker*innen der AfD mit reiner Westbiografie herbeigeredet werden, gibt es nicht. Deutschland ist unverändert eine der stabilsten Demokratien der Welt. Das Grundgesetz ist eines der am meisten benutzten Blaupausen für die Verfassungen anderer Länder.

Damit dies so bleibt, müssen wir unsere Demokratie einer Immunisierung gegen Radikale und Populist*innen unterziehen. Die Erfolgsrezepte des vergangenen Jahrhunderts passen heute nicht mehr uneingeschränkt. Wir müssen uns eingestehen, dass wir vor lauter wirtschaftlichem Erfolg gesellschaftlich saturiert sind. Aufgrund der längsten Friedensphase des Kontinents müssen wir uns zum Glück nicht mehr um die großen existenziellen Fragen kümmern. Das führt aber dazu, dass wir uns in Details verlieren und Nebensächlichkeiten überbewerten.

> Saturierung

Zwar ist unser politisches System bisher weitgehend stabil geblieben und hat im europäischen Vergleich damit schon fast eine Sonderrolle eingenommen. Aber nun merken auch wir, dass auch bei uns immer mehr scheinbar Unverrückbares ins Rutschen gerät. Bewährtes erschöpft sich und wird hinterfragt. Wir müssen auf unsere rechtsstaatliche Demokratie achten. Liberale, offene, pluralistische, rechtsstaatliche und sozialstaatliche Demokratien sind in der

Welt nicht die Regel. Sie sind eher die Ausnahme. Demokratie ist zerbrechlich. Demokratie ist selbst in Europa gefährdet. Da sie aber das beste Modell für unser Land ist, braucht sie keinen Abgesang, sondern Erneuerung. Gustav Heinemann hat einst gesagt „Wer nichts verändern will, wird auch das verlieren, was er bewahren möchte." Bewahren wollen wir Wohlstand, Frieden und Stabilität.

Erneuerung statt Abgesang

Starker Rechtsstaat

Als ersten Ansatzpunkt müssen wir sicherstellen, dass Hass und Hetze als geistiges Gift keinen Platz in unserer Gesellschaft haben. Es kann nicht sein, dass wenige Brandstifter*innen für den Großteil entsprechender Kommentare und Kampagnen im Netz verantwortlich sind, aber nicht verantwortlich gemacht werden. Und vor allem darf nicht länger sein, dass aus virtueller Brandstiftung reelle Brände werden.

Terror gegen die eigene Bevölkerung, 1.200 politische Straftaten gegen Mandats- und Amtsträger*innen, also Menschen, die sich größtenteils ehrenamtlich für die Gesellschaft einsetzen, sind inakzeptabel. 85.000 versuchte und vollendete Straftaten gegen Polizist*innen, sowie unzählige Angriffe auf Rettungskräfte unterstreichen einen großen Handlungsdruck.

Aber auch andere Entwicklungen wie etwa Extinction Rebellion, die den zivilen Ungehorsam einfordern, weil ihnen aufgrund selbst gesteckter höherer Ziele bestehende Gesetze oder die geltende Rechtsprechung nicht ambitioniert genug erscheinen, sind nicht mit den Grundsätzen unseres Rechtsstaates vereinbar. Ziviler Ungehorsam ist kein Kavaliersdelikt. Niemand steht über dem Gesetz! Und vor allem werden Gesetze und Politik mit Argumenten im Parlament gemacht und nicht mit Gewalt und Rechtsbruch auf der Straße.

Diskurs statt Rechtsbruch

Deshalb müssen wir erstens sicherstellen, dass im Netz die gleichen Regeln gelten wie in der analogen Welt. Insbesondere müssen Menschen dort genauso spüren, dass der Staat ganz genau auf ihr Handeln blickt und sie jederzeit zur Rechenschaft gezogen werden können. Dazu müssen wir zweitens unseren Rechtsstaat weiter personell und finanziell stärken, sodass Gesetze lückenlos durchgesetzt werden und Ermittler*innen auch das Internet viel genauer im Blick haben.

Demokratie setzt einen starken wehrhaften Staat voraus. Deshalb haben wir im vergangenen Jahr den Pakt für den Rechtsstaat gemeinsam mit den Ländern beschlossen. 15.000 zusätzliche Polizist*innen und 2.000 neue Richter*innen und Staatsanwälte*innen, aber auch neue Gesetze werden dafür sorgen, dass Recht und Gesetz schneller als bisher zur Geltung kommen und rechtsfreie Räume verschwinden.

Mehr direkte Beteiligung der Bürger*innen

Daneben ist die stärkere Einbindung der Bürger*innen ein weiterer vielversprechender Ansatz für die Stärkung unserer Demokratie. „Mehr Demokratie wagen", forderte vor 50 Jahren bereits Bundeskanzler Willy Brandt. Dies unterstreicht, dass die Diskussion – ähnlich wie in vielen anderen Feldern – nicht neu ist und sich zyklisch wiederholt.

Dennoch nehmen wir das Anliegen der Menschen nach mehr Mitbestimmung sehr ernst. Schließlich legt das Grundgesetz in Artikel 20 fest: „Alle Staatsgewalt geht vom Volke aus." Und in Artikel 21 GG: „Die Parteien wirken bei der politischen Willensbildung des Volkes mit". Der Wille des Volkes ist entscheidend. Deshalb haben wir im Koalitionsvertrag verabredet, dass wir eine Expertenkommission einsetzen werden, die Vorschläge erarbeiten soll, ob und in welcher Form unsere bewährte parlamentarisch-repräsentative Demokratie durch weitere Elemente der Bürgerbeteiligung und direkter Demokratie ergänzt werden kann. Zudem sollen Vorschläge zur Stärkung demokratischer Prozesse erarbeitet werden. Tatsächlich steckt in solchen Beteiligungsprozessen das Potenzial, das Vertrauen der Bürger*innen in die Demokratie zu stärken.

Vertrauen durch Beteiligung

Klar ist für mich aber auch, dass wir sehr behutsam vorgehen sollten, um Gefahren für die Demokratie abzubauen und nicht im Gegenteil noch zu vergrößern. Schließlich haben die Feinde unserer

Demokratie erst kürzlich eindrücklich am Beispiel der Ministerpräsidentenwahl in Thüringen unterstrichen, dass sie jederzeit bereit sind, Spielräume und offene Flanken des Systems zu nutzen, um das Grundvertrauen der Bevölkerung in das System zu erschüttern.

Nicht umsonst hat sich der Parlamentarische Rat nach den Erfahrungen, die in der Weimarer Republik mit dem Instrument des Volksentscheides gemacht worden sind, für eine streng repräsentative Demokratie entschieden. Lediglich die Frage der Neugliederung des Bundesgebietes soll durch Volksentscheid geregelt werden. Andere plebiszitäre Elemente haben die Mütter und Väter des Grundgesetzes absichtlich ausgeschlossen und unserer Verfassung damit ganz bewusst einen repräsentativen Charakter verliehen. Deshalb definiert Art. 20 Abs. 2 GG, dass alle Staatsgewalt „vom Volke in Wahlen und Abstimmungen und durch besondere Organe der Gesetzgebung, der vollziehenden Gewalt und der Rechtsprechung ausgeübt" wird.

Repräsentativität bleibt die Grundlage

Dieses System der repräsentativen Demokratie hat sich im Laufe von mehr als 70 Jahren bewährt. Es ist ein Garant für Ausgleich und zeichnet sich durch eine durchgehende Legitimationskette aus.

Mitbestimmung, Transparenz und Einfluss vielfältig wie nie zuvor

Und mitnichten ist die Zeit seitdem stehen geblieben. Im Feld der direkten Demokratie hat sich in den Ländern und auf kommunaler Ebene sehr viel getan. Auf allen Ebenen haben die Bürger*innen heute so viele Mitwirkungsmöglichkeiten wie noch nie. Deutschland braucht einen Vergleich mit anderen Staaten der Welt nicht zu scheuen. Neben allgemeinen Wahlen auf allen föderalen Ebenen gehören Volksentscheide, Bürgerbegehren, Einwohnerfragestunden, Bürgerhaushalte, Bürgerinitiativen, das Petitionsrecht oder auch das Einspruchsrecht bei Bauplanungsverfahren, das Informationsfreiheitsgesetz etc. heute zum Alltag der Deutschen. Transparenz und Kostenbewusstsein in der Bevölkerung, aber auch in der Politik sind aufgrund der freien Presse in Deutschland groß wie nie.

Der Volksbegehrensbericht 2019 des Vereins „Mehr Demokratie" listet allein im Jahr 2018 17 direktdemokratische Verfahren in sieben verschiedenen Bundesländern aus. Das ist eine Verdopplung im Vergleich zum Vorjahr und unterstreicht eindrücklich die lebendige Beteiligungskultur in Deutschland.

Volksentscheide auf Bundesebene

Folglich erschiene es aus Sicht mancher als konsequent, wenn nunmehr der Ruf nach Referenden auf Bundesebene erhört würde. Ein solcher Schritt ist aus verschiedenen guten Gründen mit Vorsicht zu sehen. Die bekanntesten nationalen Volksentscheide der letzten Jahre belegen dies. Die 2014 abgehaltene Schweizer „Masseneinwanderungsinitiative" ist mit 50,3 Prozent zu 49,7 Prozent noch deutlich knapper ausgegangen als das Brexit-Referendum von 2016, bei dem die „Brexiteers" mit 51,9 Prozent zu 48,1 Prozent obsiegten. Bis heute sind die offenen Fragen im Zusammenhang mit beiden Volksabstimmungen nicht abschließend geklärt und die dadurch provozierte Spaltung der Gesellschaft ist nicht ansatzweise überwunden worden. Auch das Beispiel von Stuttgart 21 und die noch immer stattfindenden Montagsdemos zeigen, dass es selbst bei eindeutigeren Ergebnissen fast neun Jahre nach der Abstimmung keinen Frieden gibt.

Spaltung durch Volksentscheide?

Die den Volksentscheiden oft zugrunde liegenden Ja-Nein-Fragen sind nicht geeignet, um die heutige Komplexität und bestehenden Interdependenzen von Sachverhalten abzubilden. Dies auch vor dem Hintergrund, dass die Bürger*innen über hochkomplexe, meist gesellschaftspolitisch heikle Sachverhalte entscheiden sollen, ohne sich intensiv damit befasst zu haben.

Beim Volksentscheid können die Bürger*innen durch geschickte Emotionalisierung manipuliert werden. Sie sind vor dem Entscheid anfällig für Stimmungsmache aus den extremen politischen Lagern. Illiberale Vorstellungen lassen sich damit am besten durchsetzen. Gute Politik lebt zwar von Emotionen. Aber Entscheidungen lediglich auf Basis von Emotionen führen nicht zu guten Ergebnissen.

Dazu kommt, dass Plebiszite statt zu einen eher ausgrenzen. Bei allgemeinen Wahlen kommen immer Gewinner*innen und Verlierer*innen ins Parlament. Durch Koalitionen gibt es Kompromisse und auch gute Argumente der Opposition fließen ebenso wie die Standpunkte der Zivilgesellschaft oder aus den Ländern in den parlamentarischen Prozess ein. Bei Volksentscheiden hingegen gibt es zumeist knappe Mehrheiten, der Rest fällt schlicht unter den Tisch und findet keine weitere Beachtung. Politik durch Volksentscheide benachteiligt genau diejenigen, die eine Demokratie eigentlich zu schützen hat: Minderheiten. Minderheiten haben anders als im repräsentativen Parlamentarismus keinen Schutz. Volksentscheide fördern Lobbys und extreme politische Lager.

Rechtspopulistische Hoffnungen

Kein Wunder, dass Rechtspopulist*innen am lautesten nach direkter Demokratie rufen. Für sie ist es ein geeignetes antiparlamentarisches Kampfmittel, um den Menschen Volksnähe vorzugaukeln und fehlende Legitimität und fehlende Mehrheiten auszugleichen.

Die AfD fordert beispielsweise, dass keine Grundgesetzänderung mehr ohne Zustimmung des Volkes möglich sein soll und dass es ein Vetorecht für Parlamentsbeschlüsse durch Referenden geben soll. Dies ist aber weniger eine Ergänzung der bewährten repräsentativen Demokratie, sondern eine Beschneidung. Damit soll das Parlament als Ort der kontroversen Debatte und des gesellschaftlichen Kompromisses ausgehebelt werden. Wohin dies führen kann, hat uns unsere Vergangenheit gelehrt.

Direkte Demokratie: Mittel, um fehlende Legitimation auszugleichen

Kurzum: Direkte Demokratie hat keine befriedende und stabilisierende Wirkung auf die Gesellschaft, wie es ihre Befürworter*innen gerne betonen. Und sie ist beileibe auch kein Allheilmittel gegen Politikverdrossenheit. Im Vergleich zu Ländern mit großer direktdemokratischer Tradition wie beispielsweise die USA oder die Schweiz haben wir bei der letzten Bundestagswahl eine sehr hohe Wahlbeteiligung von 76,2 Prozent erlebt. Bei den Volksabstimmungen und Nationalratswahlen in der Schweiz nehmen durch die häufigen Abstimmungen kaum mehr als 45 Prozent der Stimmberechtigten teil, was zu einer nicht sehr breiten demokratischen Legitimation führt – vor allem wenn man den zumeist knappen Ausgang der Abstimmungen berücksichtigt.

Und nicht zu vergessen, gibt es in unserem repräsentativen System durch die direkt gewählten Abgeordneten die direkte Rückkopplung von den Bürger*innen in Reinform. Insofern ist es für mich absolut fraglich, warum im Zuge einer notwendigen Wahlrechtsreform zur Begrenzung der Abgeordnetenanzahl die Zahl der Wahlkreise reduziert und damit verbunden die Rückkopplungsmöglichkeiten beschnitten werden sollen.

Politikberatung durch Bürger*innen

Rückkopplung ist aber auch anders vorstellbar. Einen interessanten, wenn auch nicht neuen, aber zumindest neu entdeckten Ansatz verfolgt der Verein „Mehr Demokratie" mit dem Projekt „Bürgerrat". Schon im Athen der Antike wurden fast alle politischen Positionen ausgelost, sodass die Bürger*innen in politische Prozesse einbezogen wurden. Die Idee dahinter: Wenn es ein Problem gibt, sollte man die Bürger*innen hören. Man spricht von Aleatorischer Demokratie, welche bis in das 13. Jahrhundert hinein in Italien weit verbreitet war und beispielsweise auch in Frankfurt oder Münster praktiziert wurde. Das System verschwand erst mit der Französischen Revolution von der politischen Bildfläche.

Losverfahren haben Tradition

Jetzt erlebt es eine Art Renaissance. Bereits 2004 wurde es in der kanadischen Provinz British Columbia in Form einer „Citizens Assembly" zur Ausarbeitung einer Wahlrechtsreform erfolgreich revitalisiert. Im erzkatholischen Irland wurde 2014 die Einführung der sogenannten „Homo-Ehe" durch einen Bürgerrat gelöst. Seit 2019 gibt es in der deutschsprachigen Gemeinschaft in Ostbelgien den ersten institutionalisierten Bürgerrat, der sich mit unterschiedlichsten Themen befasst. In Deutschland selbst wurde mit diesem Instrument in Baden-Württemberg vor drei Jahren die hoch politische und ebenso umstrittene Frage der Altersversorgung von Abgeordneten neu geordnet und befriedet. So wundert es nicht, dass auch das Saarland angekündigt hat, Bürgerforen etablieren zu wollen.

Diese Bürgerräte sind aus zufällig, aber repräsentativ ausgewählten Bürgern*innen zusammengesetzte Gremien, die zur Erörterung eines konkreten Problems einberufen werden, öffentlich tagen und am Ende eine Stellungnahme in Form eines Bürgergutachtens verfassen. Aber auch Bürgerräte sind nicht unumstritten.

Nachteilig ist offenkundig, dass unser ohnehin oft schwerfälliges System mit den Bürgerräten als weitere Instanz zusätzlich verkompliziert würde. Auch wenn die Teilnehmer*innen zufällig ausgewählt sind und zu bestimmten Themen als Lai*innen gelten, so haben sie doch auch bestimmte Haltungen und Positionen, agieren also nicht neutral. Gleiches gilt für die von den Organisator*innen bereitgestellten Informationen und Präsentationen. Die Bürgerräte sind folglich ebenso politische Akteure, die sich durch einen Dschungel von Eigen- und Fremdinteressen kämpfen müssen. Im Ergebnis entstehen Parallelstrukturen. Dabei fehlt solchen Bürgerräten durch ihre zufällige temporäre Berufung jegliche demokratische Legitimation. Und sie können faktisch auch nicht in Verantwortung genommen werden, wenn etwas grundsätzlich schief gelaufen ist. Schließlich steht die zentrale Frage im Raum, ob einige zufällig ausgewählte Bürger*innen nach kurzer Zeit Lösungen für hoch komplexe Probleme finden können, woran unmittelbar Betroffene, Sachverständige, Politiker*innen und Wissenschaftler*innen oft auch nach monate- oder gar jahrelangen Debatten und Prozessen scheitern.

Grenzen der Laienbeteiligung

Unbestritten positiv ist, dass Bürgerforen im Gegensatz zu Volksentscheiden der Polarisierung und Spaltung der Gesellschaft entgegenwirken. Sie zeichnen sich durch ein hohes Maß an Ausgleich und eine befriedende Wirkung aus. Der Einfluss von Lobbygruppen wird deutlich reduziert. Dadurch sind solche Formate weniger anfällig für demagogische Argumente. Sie können die Komplexität der Realität besser abbilden, da es mehr Optionen als ja, nein und Enthaltung gibt. In ihnen ist die Möglichkeit des Kompromisses systemisch angelegt. Und durch die zusätzliche Bürger-Komponente – und hier sehe ich den entscheidenden Punkt – könnte die demokratische Legitimation von Politik und damit die Demokratie insgesamt gestärkt werden.

Ergänzende Bürgerräte als konsultative Gewalt

Insofern wäre es einen Versuch wert, dass in Deutschland bewährte Modell der repräsentativen Demokratie auf Bundesebene mit deliberativen Elementen anzureichern. Entscheidend ist die Frage, wie dies geschehen könnte.

Hilfreich ist in diesem Zusammenhang der Blick auf die Empfehlungen des von Mehr Demokratie e.V. organisierten ersten Bürgerrates, der sich mit erweiterten Möglichkeiten direkter Demokratie in Deutschland befasst und die Ergebnisse im November 2019 an Bundestagspräsident Wolfgang Schäuble übergeben hat.

Sinnvoll und schnell realisierbar erscheint die Einrichtung einer unabhängigen Stabsstelle für Bürgerbeteiligung und direkte Demokratie. Als erste Anlaufstelle für alle Bürger*innen könnte sie in rechtlichen und organisatorischen Fragen beraten. Diese könnte beispielsweise an die jüngst geschaffene Ehrenamtsstiftung oder an das Forum Recht angedockt werden.

Stabsstelle für Bürgerbeteiligung

Daneben wäre denkbar, dass bei bestimmten Themen Bürgerräte parallel zu Gesetzgebungsprozessen einberufen werden könnten. Hier böte sich an, eine zeitliche Verortung zwischen Verbändeanhörung und Kabinettsbeschluss zu definieren. In Ergänzung könnten die Bürgerräte in der Folge einen festen Platz mit Rederecht in Anhörungen und Expertengesprächen der Bundestagsausschüsse erhalten, um das legislative Blickfeld zu weiten.

Und natürlich muss die Frage geklärt werden, wann, wie oft und zu welchen Themen Bürgerräte berufen werden sollen. Das Instrument sollte nicht zu oft eingesetzt werden, da damit eine Entwertung einhergehen könnte. Zunächst erscheint vorstellbar, dass mögliche Koalitionspartner direkt in ihrem Koalitionsvertrag Themen benennen, die durch einen begleitenden Bürgerrat aufgewertet werden sollen. Ansonsten könnten Schwellenwerte – auch diese sind in Koalitionsverträgen, aber auch durch Gesetz definierbar – herangezogen werden. Als Orientierung vorstellbar sind Gesetzesinitiativen, die finanzielle Folgekosten von mindestens 5 Milliarden Euro p. a. nach sich ziehen oder von denen mindestens 25 Prozent der Bundesbürger*innen mittelbar betroffen sind. Dadurch wird die Konzentration auf die großen gesellschaftlichen Fragestellungen wie die Sozialversicherungssysteme, Steuern oder die Klimapolitik garantiert.

Themen und Auslöser für Bürgerräte

Wichtig ist, dass die gewählten Volksvertreter*innen und die von ihnen getragene Regierung weiterhin die Gestaltungshoheit besitzen, disruptive Entwicklungsimpulse setzen und für diese auch in Verantwortung genommen werden können. Das Parlament darf nicht an das Bürgergutachten gebunden sein müssen. Es muss im Gesetzgebungsprozess aber verpflichtet werden, zu Vorschlägen der Bürgerräte Stellung zu nehmen und Ablehnungen zu begründen.

Die Kombination von deliberativen Elementen und repräsentativer Demokratie würde es den Bürger*innen ermöglichen, noch öfter mitzugestalten und Politik entsprechend im Dialog sowie auf Augenhöhe zu erleben. Das könnte eine echte Chance sein, unserer Demokratie mehr Resilienz zu verleihen. Insofern wäre es einen Versuch wert, Bürgerräte in einem der kommenden Koalitionsverträge zu verankern.

Gesellschaftlicher Zusammenhalt und Engagement des Einzelnen – jede/r Bürger*in ist gefragt

Aber auch ohne große politische Kenntnisse dürfte jedem Menschen allein schon beim Blick in die Nachrichten klar sein, dass bessere Ermittlungsmöglichkeiten im Internet, gepaart mit neuen Gesetzen sowie Bürgerräten als Erweiterung des parlamentarischen

Prozesses nicht ausreichen werden, um die anfangs beschriebene Erosion der Demokratie abzuwenden. Genauso wenig ist allein die Politik für gesellschaftliche Entwicklungen verantwortlich.

Und dennoch obliegt der Politik eine besondere Verantwortung, die vor allem durch ihre gesetzgeberische Tätigkeit und ihren Gestaltungsspielraum begründet ist. Politiker*innen haben somit bessere Möglichkeiten, Dinge zu ändern. Deshalb müssen sie Vorbild sein, Orientierung geben und sich an die neuen Herausforderungen anpassen. Sie müssen wieder näher an die Bürger*innen rücken, ins Gespräch kommen, hören wo der buchstäbliche Schuh im Alltag drückt, Argumente austauschen. Rausgehen, Politik und die immer kompliziertere Welt erklären. Das ist anstrengend, bringt aber auch die Bürger*innen wieder näher an die Politik und fördert das gegenseitige Verständnis. Dauerempörung über die Anderen ist hilflos. Besser ist der Versuch, falsche Behauptungen sachlich richtigzustellen. Leider sind wir damit auch im Bundestag noch nicht dort angekommen, wo wir hinwollen.

Aber ebenso müssen sich auch alle Bürger*innen in diesem Land selbst reflektieren. Es braucht wieder mehr Gemeinschaftssinn, statt Egoismus. Es braucht mehr Zusammenhalt, statt Ausgrenzung. Es braucht mehr Engagement, statt nur wegschauen oder mit dem Finger auf andere zeigen. Es braucht die Erkenntnis, dass jeder einen kleinen Beitrag leisten kann, um unser Land jeden Tag ein Stück lebenswerter zu machen. Diese Anpackmentalität unserer Eltern und Großeltern, die Deutschland nach dem Zweiten Weltkrieg wieder aufgebaut haben, um ihren Kindern, um uns ein besseres Leben zu ermöglichen, braucht es auch heute als DNA für Deutschland.

Anpackmentalität

Dazu zählt auch, bereit zu sein, selbst politisch Verantwortung zu übernehmen. Menschen müssen sich in Parteien und Parlamenten füreinander engagieren. Schließlich legen Parteien ein breites Programm vor. Das ist dem heftigen Auf und Ab einer populistischen Stimmungsdemokratie meilenweit überlegen. Deshalb genießen Parteien zu Recht Verfassungsrang. Umso enttäuschender ist, dass es heute in immer mehr Städten und Gemeinden nicht mehr gelingt, genügend Kandidaten bei Kommunalwahlen zu finden und den Parteien die Mitglieder weglaufen. Hier ist jeder Einzelne gefordert für unsere Demokratie einzustehen. Denn Demokratie ohne Demokrat*innen kann nicht funktionieren.

Dr. Andreas Paust

Zwei verfeindete Schwestern und ihr vermittelnder Bruder. Repräsentative, direkte und dialogorientierte Partizipation auf lokaler Ebene

Zahlreiche Beispiele aus den Kommunen zeigen, dass eine Verknüpfung der drei Partizipationsformen in der Vielfältigen Demokratie möglich ist und zunehmend praktiziert wird. Das ist aber nur dann möglich, wenn alle Akteur*innen gewillt sind, gewissermaßen über ihren Schatten zu springen, und sich auf neue Rollenverständnisse einzulassen.

Seit Jahren werden zurückgehende Wahlbeteiligungen und sinkende Parteimitgliedschaften als Indikatoren für eine Krise der repräsentativen Demokratie angesehen. Dennoch stellt repräsentative Partizipation nach wie vor die tragende Säule (oder – je nach Sichtweise – das Fundament) des kommunalen politischen Systems dar. In jeder Kommune nominieren Parteien und Wählergemeinschaften Kandidat*innen für die Gremien, die dann in den regelmäßig stattfindenden Kommunalwahlen zu Mandatsträger*innen gewählt werden. Deren Hauptaufgabe ist es, im Rahmen der kommunalen Selbstverwaltung über Themen zu entscheiden, die das lokale Gemeinwesen betreffen. Auch wenn Parteien immer weniger Mitglieder haben und immer weniger Bürger*innen zu den Kommunalwahlen gehen, ist nicht zu erkennen, dass dieses System der Repräsentation in naher Zukunft kollabieren könnte.

<small>Stabile Kommunalpolitik</small>

Jedoch hat das repräsentative System schon länger kein Monopol mehr auf die Entscheidungsfindung. In ganz Deutschland nimmt die Zahl der von Bürger*innen initiierten Bürgerbegehren und Bürgerentscheide zu (vgl. Mehr Demokratie e.V. 2018). Abstimmungen in Räten und Kreistagen sind heute nicht mehr der einzige Weg, verbindliche Beschlüsse auf kommunaler Ebene herbeizuführen. Insbesondere mit Hilfe kassierender Bürgerbegehren nehmen die Bürger*innen immer mal wieder den gewählten Repräsentant*innen die Entscheidung aus der Hand. Auch wenn dann vereinzelt Kritik an „Entscheidungen aus dem Bauch heraus" geäußert wird, gibt es keinerlei Anzeichen dafür, dass direktdemokratische Partizipation nicht auch zukünftig fester Bestandteil des politischen Entscheidungssystems deutscher Kommunen sein wird.

Das Gleiche gilt für die in den letzten Jahren verstärkt zu beobachtende Bürgerbeteiligung. Während zahlreiche Verwaltungsgesetze immer schon für formelle Bürgerbeteiligung in Form von früher Bürger- und Öffentlichkeitsbeteiligung sorgten, wenden sich Kommunen heute zunehmend der informellen Bürgerbeteiligung zu. Sie führen Zukunftskonferenzen durch, lassen Bürgergutachten erarbeiten oder setzen Runde Tische ein. Sie geben sich Leitlinien für Bürgerbeteiligung, richten Ausschüsse für Bürgerbeteiligung ein und bestellen Beauftragte für Bürgerbeteiligung (vgl. Allianz Vielfältige Demokratie/Bertelsmann Stiftung 2018b). Für diese freiwillige, in keinem Gesetz normierte Partizipationsform haben sich die Begriffe deliberative (Ottmann 2008), kooperative (Holtkamp/Bogumil/Kißler 2006) oder dialogorientierte (Kamlage/Richter/Nanz 2018) Demokratie herausgebildet. Für einen Rückgang der informellen Beteiligung gibt es keine Anzeichen, im Gegenteil steigt die Zahl der Kommunen, die sich – zum Beispiel durch Bürgerbeteiligungssatzungen – freiwillig selbst zu mehr Beteiligung verpflichten.

Vielfältige Demokratie

Die Erweiterung der repräsentativen Partizipation um direktdemokratische und dialogorientierte Beteiligungsformen ist eine Entwicklung, die von der Fachwelt mit Begriffen wie „Hybride Demokratie" (Kersting 2013) oder „Vielfältige Demokratie" (Bertelsmann Stiftung/Staatsministerium Baden-Württemberg 2014) belegt wurde.

Da jedoch einerseits direktdemokratische Instrumente auf Bundesebene (noch) fehlen beziehungsweise auf Landesebene (mit

Ausnahme der Stadtstaaten Hamburg und Berlin) eher selten Anwendung finden, und sich andererseits dialogorientierte Partizipationsformen auf Bundes- und Landesebene noch in der Entwicklungsphase befinden, ist es vor allem das kommunale politische System, auf das diese Bezeichnungen zutrifft.

Die Beobachtung, dass in deutschen Kommunen eine Vielfältige Demokratie existiert, wirft die Frage auf, wie das Zusammenwirken der drei Partizipationsformen Repräsentation, Direktdemokratie und Dialog funktioniert. In welchem Verhältnis stehen sie zueinander? Blockieren sie sich gegenseitig? Ergänzen sie sich? Kann man sie in einem konstruktiven Prozess miteinander verknüpfen? Diese Fragen werden nachfolgend mit Blick auf ihre jeweiligen Funktionslogiken beantwortet.

Verhältnis der demokratischen Säulen

Zwei verfeindete Schwestern und ein kleiner Bruder: die Funktionslogiken der politischen Partizipation

Die repräsentative, die direktdemokratische und die dialogorientierte Partizipation folgen je unterschiedlichen Funktionslogiken (vgl. Allianz Vielfältige Demokratie/Bertelsmann Stiftung 2018a).

Die wichtigste Funktion der repräsentativen Partizipation liegt darin, in regelmäßigen Wahlen Mandatsträger*innen zu bestimmen, damit diese verbindliche Entscheidungen treffen. Dazu finden – in der Regel nach einem längeren Meinungsbildungs- und Beratungsprozess in politischen Gremien (Fraktionen, Parteiversammlungen etc.) und kommunalen Gremien (Ausschüsse, Räte, Kreistage etc.) – Abstimmungen statt, bei denen die Mandatsträger*innen Beschlüsse fassen. Deshalb herrscht in kommunalpolitischen Gremien – unabhängig davon, ob sie in konkordanz- oder konkurrenzdemokratischen Entscheidungsstrukturen (Bogumil/Holtkamp 2016) angesiedelt sind – ein Konkurrenzmodus vor. Die politischen Akteur*innen treten in einen Wettbewerb ein, bei dem sie ihre Positionen, die sie im Wahlkampf eingenommen haben, oder die sie in innerparteilichen und außerparlamentarischen Beratungen gefunden haben, in einer Abstimmung gegen den politischen Gegner durchsetzen wollen. Bürger*innen kommen in diesem Konstrukt indirekt vor, indem sie – als Wähler*innen – pauschal im Rahmen der Stimmabgabe oder später durch Kontaktaufnahme mit Mandatsträger*innen mittelbar Einfluss auf Entscheidungen nehmen.

Auch bei der direktdemokratischen Partizipation geht es darum, zu verbindlichen Entscheidungen zu kommen. Diese werden allerdings nicht von gewählten Mandatsträger*innen getroffen, sondern unmittelbar von den Bürgern*innen. Auch in diesem Konstrukt herrscht ein Konkurrenzmodus vor. Die Akteure – im klassischen Fall eines kassierenden Bürgerbegehrens sind das Ratsmehrheit versus opponierende Bürgerschaft – spitzen ihre Positionen zu, denn ihr Ziel ist, eine Abstimmung zu gewinnen. Auf diese Weise werden Bürger*innen in der Abstimmungskabine zu Entscheider*innen, die anstelle des Rates handeln. Sie nehmen daher eine direkte Rolle ein.

In beiden Fällen – repräsentative wie direkte Partizipation – sind die Beschlüsse verbindlich. Sie sind von der Verwaltung nach bestem Wissen und Gewissen umzusetzen.

Beteiligung als Beratung

Das ist der entscheidende Unterschied zur dialogorientierten Partizipation. Diese ist grundsätzlich unverbindlich, denn ihre Funktion liegt nicht im Treffen verbindlicher Entscheidungen, sondern in der Entscheidungsvorbereitung.[1] Alle Verfahren zur Bürger- und Öffentlichkeitsbeteiligung dienen dazu, Bürger*innen zu konsultieren und ihre Meinungen, Hinweise, Anregungen und Vorschläge in den Entscheidungsprozess zu integrieren. Da die Letztentscheidung bei den gewählten Repräsentant*innen verbleibt, nehmen die Bürger*innen in diesem Konstrukt die Rolle von Berater*innen ein, die im Rahmen des parlamentarischen Prozesses Entscheidungen mittelbar beeinflussen. Sie stehen daher nicht in einem antagonistischen Verhältnis zu den Mandatsträger*innen. Deshalb zeichnet sich dieses Modell durch einen Konsensmodus aus.

Repräsentative und direktdemokratische Partizipation sind sich insofern ähnlich, als beide Konkurrenzmodelle sind. Sie handeln nach der gleichen Logik, wonach jede/r Akteur*in eine Abstimmung gewinnen will. Während aber im Fall der Repräsentation die Gegensätzlichkeit als Parteienkonkurrenz systemimmanent ist, verläuft im Fall der direktdemokratischen Partizipation der Graben zwischen Mandatsträger*innen und Bürgerschaft. Weil Repräsentation und Direktdemokratie sich hinsichtlich ihrer Art, Entscheidungen zu treffen, so ähnlich sind, stehen sie in einem direkten Konkurrenzverhältnis zueinander. Salopp formuliert, könnte man sie die *verfeindeten Schwestern der Partizipation* nennen.

Ergänzung oder Konkurrenz?

Demgegenüber beschränkt sich die dialogische Bürgerbeteiligung darauf, Hinweise und Anregungen zur Entscheidungsvorbereitung zu geben. Sie handelt innerhalb der repräsentativen Strukturen und setzt nicht die Mechanismen des konkurrenzgetriebenen Entscheidungsprozesses außer Kraft. Sie ist gewissermaßen der *kleine Bruder der Partizipation*. Abbildung 1 stellt die unterschiedlichen Funktionslogiken tabellarisch dar.

	Repräsentative Partizipation	Direktdemokratische Partizipation	Dialogorientierte Partizipation
Hauptmerkmal	Wahl mit Parteienwettbewerb	Abstimmung mit thematischer Zuspitzung	Dialog mit inhaltlichem Austausch
Ziel	Entscheidung	Entscheidung	Ideensammlung, Verständigung
Verbindlichkeit der Ergebnisse	verbindlich	verbindlich	unverbindlich
Rolle der Bürger*innen	Wähler*in	Entscheider*in	Berater*in, Ideengeber*in
Bürgerschaftliche Willensbildung	indirekt	direkt	indirekt
Modus	Konkurrenz	Konkurrenz	Konsens

Abbildung 1: Funktionslogiken demokratischer Partizipationsformen (überarbeitet und ergänzt nach: Allianz Vielfältige Demokratie/Bertelsmann Stiftung 2018a, S. 11)

Die Beobachtung, dass die drei Partizipationsformen im Einzelnen unterschiedlichen Logiken folgen, lässt befürchten, dass sie kaum produktiv zusammenwirken können. Jedoch zeigen Beispiele aus ganz unterschiedlichen Kommunen, dass eine konstruktive Verknüpfung sehr wohl möglich ist.

Unterstützung von Macht: Verknüpfung von repräsentativer und dialogorientierter Partizipation

Weil repräsentative und dialogorientierte Partizipation Entscheidungsstrukturen darstellen, die nicht in einem Konkurrenzverhältnis zueinanderstehen, lassen sich in zahlreichen Kommunen Bürgerbeteiligungsverfahren beobachten. Beispiele finden sich in diesem und den vorangegangenen Ausgaben des KURSBUCH BÜRGERBETEILIGUNG zur Genüge. Sie alle illustrieren, dass kommunale Mandatsträger*innen grundsätzlich keine Probleme damit haben, Ideen und Anregungen der Bürger*innen in ihre politischen Entscheidungsprozesse einzubeziehen, wenn das Letztentscheidungsrecht bei ihnen verbleibt.

Beteiligungsbereitschaft der Politik

Deshalb sind auch zunehmend mehr Mandatsträger*innen damit einverstanden, wenn in ihrer Kommune feste Strukturen für Bürgerbeteiligung etabliert werden. Ausgehend vom Beispiel der Stadt Heidelberg geben sie sich „Leitlinien für mitgestaltende Bürgerbeteiligung" mit Vorhabenlisten und Beteiligungsbeauftragten beziehungsweise Stabs- und Koordinierungsstellen für Bürgerbeteiligung (vgl. Allianz Vielfältige Demokratie/Bertelsmann Stiftung 2018a und 2018b). Indem sie als Auftraggeber*innen von Bürgerbeteiligung fungieren, deren Rahmenbedingungen festlegen und selbst in Beteiligungsausschüssen mitarbeiten, behalten sie das Heft des Handelns in der Hand. Und das Letztentscheidungsrecht verbleibt sowieso bei ihnen.

Teilung von Macht: Verknüpfung von repräsentativer und direkter Partizipation

Schwieriger scheint die Verknüpfung von repräsentativer mit direkter Partizipation. Denn hier geht es um die Machtfrage: Haben Bürger*innen „die Chance (…), den eigenen Willen auch gegen Widerstände (der Kommunalpolitiker*innen, A.P.) durchzusetzen" (Weber 1980)? Auf den ersten Blick ist die Sachlage eindeutig: Wenn Bürger*innen mit Hilfe eines Bürgerbegehrens gegen einen Beschluss der Vertretungskörperschaft vorgehen, stellen sie

– jedenfalls in dem konkreten Einzelfall – die Legitimation der gewählten Mandatsträger*innen in Frage. Sie drängen diese in eine Verteidigerrolle. Ein konstruktives Zusammenwirken der beiden Partizipationsformen scheint nicht möglich.

Tatsächlich aber gibt es in der Praxis nur selten die Konfrontation „Gemeinderat versus Bürgerschaft". Häufig werden Bürgerbegehren von aktiven Kommunalpolitiker*innen auf den Weg gebracht oder zumindest organisatorisch unterstützt (vgl. Paust 2000, 78 ff.). Oppositionelle Mandatsträger*innen, die bei Gremienabstimmungen unterlegen sind, nutzen direktdemokratische Instrumente in der Hoffnung, auf diesem Wege ihre Positionen doch noch durchsetzen zu können. Wenn Bürgerbegehren dadurch zu „Parteibegehren" werden, mögen manche das „Missbrauch eines bürgerschaftlichen Rechts" nennen. Aber in dem Maße, wie gewählte Repräsentant*innen zu direktdemokratischen Instrumenten greifen, leisten sie einer Verknüpfung von repräsentativer mit direktdemokratischer Partizipation Vorschub.

Fließende Fronten

Das gilt erst recht, wenn kommunale Vertretungskörperschaften sogenannte „Ratsreferenden" auf den Weg bringen.[2] Wenn ein Stadtrat die Durchführung eines Bürgerentscheids beschließt, bestimmen die Repräsentant*innen das direktdemokratische Verfahren: Sie legen fest, dass überhaupt abgestimmt wird, sie bestimmen den Abstimmungstermin, sie formulieren die Abstimmungsfrage. Ob sie das tun, weil es keine Mehrheiten in den Gremien gibt, ob sie ein strittiges Thema aus dem Wahlkampf heraushalten wollen oder ob sie ein ungültiges Bürgerbegehren doch noch zur Abstimmung bringen wollen (vgl. Paust 2000, S. 81. ff.), ist dabei nicht wichtig. Entscheidend ist, dass das repräsentative System mit Hilfe eines Ratsbegehrens direktdemokratische Partizipation erst möglich macht.

Unterschiedliche Motive

Ein relativ neuer Weg, Repräsentation mit direkter Demokratie zu verbinden, ist der Bürgerhaushalt/das Bürgerbudget. Zunehmend mehr Städte ermöglichen den Bürger*innen nicht nur, Vorschläge zur Verwendung von Haushaltsmitteln zu machen, sondern auch

Freiwilliger Machtverzicht

darüber zu entscheiden. Hier haben die Ratsgremien offenbar keine Probleme damit, einen Teil ihrer politischen Macht, nämlich ihr „Königsrecht" Budgethoheit, an die Bürgerschaft abzutreten (vgl. Neunecker 2016, S.238).

Einzelne Ratsmitglieder führen Bürgerbegehren durch, komplette Räte geben wichtige Entscheidungen an die Bürgerschaft ab und beschneiden ihr eigenes Budgetrecht. Die Verknüpfung repräsentativer mit direktdemokratischer Partizipation wird in vielen deutschen Kommunen zunehmend Realität, ohne dass es bisher groß aufgefallen ist.

Versachlichung von Macht: Verknüpfung von direkter und dialogorientierter Partizipation

Direkte Demokratie sieht sich regelmäßig dem Vorwurf ausgesetzt, dass sie zuspitzt, komplexe Sachverhalte vereinfacht und zur Spaltung ganzer Stadtgesellschaften beiträgt. Alle drei Kritikpunkte sind im Einzelfall durchaus berechtigt, deshalb stellt sich die Frage: Kann dialogorientierte Beteiligung die genannten Defizite der direktdemokratischen Partizipation ausgleichen?

Große Hoffnungen werden in die dialogische Vorbereitung von Abstimmungen gesetzt. Das Beteiligungsverfahren zum Bau einer Umgehungsstraße in Waren/Müritz (vgl. Kubicek 2014) kann ebenso als gelungenes Beispiel hierfür gelten, wie das Verfahren beim Bau einer Stadtbahn in Karlsruhe[3] oder dasjenige zur Errichtung einer Justizvollzugsanstalt in Rottweil (vgl. Broß 2016).

Dialoge und direkte Demokratie

In allen diesen Fällen gab es vor der eigentlichen Abstimmung vielfältige Bürgerbeteiligungsverfahren, die von Workshops über Ortsbegehungen bis hin zur gemeinsamen Erarbeitung von Abstimmungsinformationen reichten. Ziel der dialogorientierten Partizipation war es, die Abstimmungen durch eine sorgfältige Deliberation vorzubereiten und die Diskussionen im Vorfeld zu versachlichen.

Fazit: Vielfältige Demokratie bedarf eines neuen Rollenverständnisses der politischen Akteur*innen

Zahlreiche Beispiele aus den Kommunen zeigen, dass eine Verknüpfung der drei Partizipationsformen in der Vielfältigen Demokratie möglich ist und zunehmend praktiziert wird. Selbst die repräsentative und die direktdemokratische Partizipation lassen sich miteinander verzahnen. Als verbindendes Glied hat sich dabei die dialogorientierte Partizipation mit ihren vielfältigen Methoden der Bürgerbeteiligung herausgestellt. Offenbar kann – um ein letztes Mal das Bild von den Geschwistern zu bemühen – der kleine Bruder zwischen den verfeindeten Schwestern vermitteln.

Das ist aber nur dann möglich, wenn alle Akteur*innen gewillt sind, gewissermaßen über ihren Schatten zu springen, und sich auf neue Rollenverständnisse einzulassen. Insbesondere kommunale Mandatsträger*innen tun sich damit jedoch noch schwer. Dass der vermeintliche Verzicht auf Entscheidungsrechte im Bürgerentscheid mit neuen Handlungsoptionen durch eben diese Partizipationsform einhergeht, wird noch zu wenig verstanden. Dass die Förderung von und die aktive Mitarbeit an Bürgerbeteiligungsprojekten dazu dienen kann, ihre Vermittlerrolle zwischen Verwaltung und Bürgerschaft zu stärken, haben viele Mandatsträger*innen noch nicht erkannt. Die Erkenntnis, dass die neuen Säulen der direktdemokratischen und der dialogorientierten Partizipation die Säule des repräsentativen Systems entlasten können, ist noch nicht überall angekommen (vgl. Paust 2019).

Verschiebung der Rollen

Das mag allerdings auch daran liegen, dass die kommunalen Beispiele immer noch zu wenig überregionales Interesse finden. Solange der Blick der Medien auf kontroverse Streitfälle und der Blick der Wissenschaft vornehmlich auf die Landes- und Bundesebene gerichtet ist, wird sich daran auch nichts ändern. Tatsächlich aber entwickeln sich gerade auf der kommunalen Ebene Entscheidungsstrukturen, die mal die eine, mal die andere, mal alle drei Partizipationsformen erfolgreich miteinander verknüpfen.

Literatur

Allianz Vielfältige Demokratie/Bertelsmann Stiftung (2018a): Bürgerbeteiligung, Volksabstimmungen, Parlamentsentscheidungen. Empfehlungen und Praxisbeispiele für ein gutes Zusammenspiel in der Vielfältigen Demokratie, Gütersloh.

Allianz Vielfältige Demokratie/Bertelsmann Stiftung (2018b): Bürgerbeteiligung in Kommunen verankern. Leitlinien, Mustersatzung und Praxisbeispiele für ein verlässliches Zusammenwirken von Politik, Verwaltung und Bürgerschaft, Gütersloh.

Bertelsmann Stiftung/Staatsministerium Baden-Württemberg (Hg.) (2014): Partizipation im Wandel. Unsere Demokratie zwischen Wählen, Mitmachen und Entscheiden, Gütersloh.

Bogumil, Jörg/Holtkamp, Lars (Hrsg.) (2016): Kommunale Entscheidungsstrukturen in Ost- und Westdeutschland. Zwischen Konkordanz- und Konkurrenzdemokratie, Wiesbaden.

Broß, Ralf (2016): Die Bürgerbeteiligung zum Neubau der JVA Rottweil. Ein Lehrbuchbeispiel direkter Demokratie?, in: Glaab, Manuela (Hrsg.) (2016): Politik mit Bürgern – Politik für Bürger. Praxis und Perspektiven einer neuen Beteiligungskultur, Wiesbaden, S. 289-302.

Holtkamp, Lars/ Bogumil, Jörg/Kißler, Leo (2006): Kooperative Demokratie. Das politische Potenzial von Bürgerengagement, Frankfurt/New York.

Kamlage, Jan-Hendrik/Richter, Ina/Nanz, Patrizia (2018): An den Grenzen der Bürgerbeteiligung: Informelle dialogorientierte Bürgerbeteiligung im Netzausbau der Energiewende. - In: Holsten, L., Radtke, J. (Eds.), Handbuch Energiewende und Partizipation, Wiesbaden, S 627-642.

Kersting, Norbert (2013): Hybride Partizipation - Verknüpfung von direkter und deliberativer Demokratie anhand zweier internationaler Beispiele, in: eNewsletter Netzwerk Bürgerbeteiligung 02/2013 vom 09.07.2013.

Kubicek, Herbert (2014): Beteiligung gut, Bürgervotum klar, Ende noch offen. Wissenschaftliche Evaluation des Modellprojekts Innovative Bürgerbeteiligung Ortsumgehung Waren, Bertelsmann Stiftung, Gütersloh 2014.

Mehr Demokratie e.V. (2018): Bürgerbegehrensbericht 2018, Berlin.

Neunecker, Martina (2016): „Kein Geld, geht nicht, machen wir schon". Der Einfluss von Bürgerbeteiligung auf kommunalpolitische Entscheidungen, in: vhw FWS 5/2016, S. 233-238.

Ottmann, Henning (2008): Liberale, republikanische, deliberative Demokratie. In: Patzelt, Werner J./Sebaldt, Martin/Kranenpohl, Uwe (Hrsg.): Res publica semper reformanda. Festschrift für Heinrich Oberreuter zum 65. Geburtstag. Wiesbaden, S. 104-113.

Paust, Andreas (2000): Direkte Demokratie in der Kommune. Zur Theorie und Empirie von Bürgerbegehren und Bürgerentscheid, Bonn.

Paust, Andreas (2019): Neue Chancen für Kommunalpolitiker: Bürgerbeteiligung initiieren, konzipieren, kontrollieren, in: Kursbuch Bürgerbeteiligung #3, S. 88-98.

Weber, Max (1980): Wirtschaft und Gesellschaft. Grundriss der verstehenden Soziologie. 5. Auflage, Tübingen.

Anmerkungen

1. Eine Ausnahme sind Mediations- und Schlichtungsverfahren, bei denen sich die Teilnehmer im Vorfeld verpflichten, das Verhandlungsergebnis zu akzeptieren.

2. So wurden zwischen 1956 und 2017 6.261 Bürgerbegehren durch Bürger*innen und 1.242 Ratsreferenden durch den jeweiligen Gemeinderat eingeleitet; vgl. Mehr Demokratie 2018, S. 7.

3. Siehe dazu: https://de.wikipedia.org/wiki/Kombilösung_(Karlsruhe)

Prof. Dr. Frank Brettschneider

Dialog-orientierte Bürgerbeteiligung und Bürgerentscheide

Auch die umfangreichste dialog-orientierte Bürgerbeteiligung verhindert nicht, dass es zu kassatorischen Bürgerbegehren kommt. Aber sie führt dazu, dass Bürgerentscheide dann weniger erfolgreich sind. Dialog-orientierte Bürgerbeteiligung führt auch dazu, dass Ratsbegehren im Anschluss an die Beteiligung erfolgreich sind. Eine dialog-orientierte Bürgerbeteiligung in der Zeit zwischen dem Rats-/Bürgerbegehren und dem Bürgerentscheid führt zu Fairness und Verfahrensakzeptanz.

Einleitung und Forschungsfragen

Ausgangsszenarien

Bauprojekte stoßen oft auf Proteste in Teilen der Bevölkerung. Stets artikulieren lokale Bürgerinitiativen ihren Unmut. Umweltverbände springen ihnen bei. Und meist werden die Konflikte auch von Parteien aufgegriffen, teilweise für Wahlen instrumentalisiert. Bei kommunalen Projekten münden die Proteste nicht selten in Bürgerbegehren. Eine Bürgerinitiative wähnt sich in der Mehrheit und fühlt sich vom Gemeinderat nicht ausreichend repräsentiert. Sie versucht, mittels eines Bürgerbegehrens einen Bürgerentscheid zu erzwingen – in der Hoffnung, dann zu gewinnen und einen Gemeinderatsbeschluss zu kippen (kassatorisches Bürgerbegehren). Mitunter legt der Gemeinderat selbst die Entscheidung in die Hände der Bürger*innen (Ratsbegehren). Meist erhofft er sich davon eine stärkere Legitimation für ein umstrittenes Projekt. Oder er kommt so der Forderung nach einem Bürgerentscheid aus den Reihen der Projektgegner*innen zuvor.

Unter anderem um eskalierende Konfliktsituationen rund um Bauprojekte zu vermeiden, werden inzwischen auf kommunaler Ebene häufig dialog-orientierte Beteiligungsverfahren durchgeführt (vgl.

Brettschneider/Müller 2020). Gemeinderäte und Verwaltungen versprechen sich davon, dass Interessen und Anregungen der Bürger*innen frühzeitig in die Planungen einfließen können. Ein Bürgerbegehren, so die Erwartung, sei dann nicht mehr wahrscheinlich.

Sowohl zu Bürgerentscheiden als auch zu dialog-orientierten Beteiligungsverfahren existieren zahlreiche Studien. Das Zusammenwirken beider Elemente kommt jedoch bislang in der Forschung zu kurz. Dieses Zusammenwirken steht daher im Mittelpunkt des vorliegenden Beitrags. Auf der Basis von sieben Case-Studies aus Baden-Württemberg werden erste Erkenntnisse zu den folgenden Fragen dargestellt:

Bürgerentscheide und Beteiligung

- Verhindert dialog-orientierte Beteiligung, dass es zu kassatorischen Bürgerbegehren kommt?
- Führt dialog-orientierte Beteiligung dazu, dass kassatorische Bürgerentscheide weniger erfolgreich sind?
- Führt dialog-orientierte Beteiligung dazu, dass die Bürgerschaft nach einem Bürgerentscheid stärker befriedet ist?

Vielfältige Demokratie als Antwort auf Legitimationsdefizite

Um mit unterschiedlichen Ansprüchen in einer pluralistischen Gesellschaft umzugehen, gibt es verschiedene Ansätze: die repräsentative Demokratie, die direkte Demokratie und die deliberative Demokratie. Vereinfacht ausgedrückt, treffen in der *repräsentativen Demokratie* die auf Zeit gewählten Repräsentant*innen der Bürger*innen die gesellschaftlich verbindlichen Entscheidungen. Auf der kommunalen Ebene sind dies die Gemeinderäte sowie die (Ober-)Bürgermeister*innen. Sie haben die Aufgabe, Individualinteressen so gegeneinander abzuwägen, dass eine gesellschaftlich tragfähige Lösung gefunden wird. Dabei kommt den Parteien und Wählervereinigungen eine besondere Rolle bei der Meinungsbildung zu (vgl. u. a. Vetter/Remer-Bollow 2017). Auch wenn die repräsentative Demokratie in der Vergangenheit ihre Funktion erfüllen konnte, sind in den letzten Jahren vermehrt Zweifel aufgekommen, ob sie dazu nach wie vor in ausreichendem Umfang in der Lage ist. Zum einen sinkt das Vertrauen in Parteien und in Repräsentativorgane. Zum anderen fordern viele Bürger*innen über Wahlen hinausreichende Möglichkeit der politischen Einflussnahme (vgl. Glaab 2016; Baden-Württemberg Stiftung 2019).

Als Alternative zur repräsentativen Demokratie wird die *direkte Demokratie* propagiert. Hier treffen die Bürger*innen die gesellschaftlich verbindlichen Entscheidungen selbst (vgl. Kost 2013; Schiller/Mittendorf 2003; Merkel/Ritzi 2017). Der Streit über direkt-demokratische Verfahren wird gelegentlich verbissen geführt. Die einen sehen in ihnen ein Allheilmittel gegen Politikverdrossenheit. Sie meinen, Bürgerentscheide führen per se zu einem „guten" Ergebnis. Andere verteufeln Bürgerentscheide als ein Untergraben der repräsentativen Demokratie. Sie lehnen dieses Instrument daher grundsätzlich ab.

Direkte Demokratie als Ergänzung

In der Praxis hat sich eine differenzierte Sicht entwickelt. In ihr werden Bürgerentscheide nicht *prinzipiell* als „gut" oder als „gefährlich" eingeschätzt. Stattdessen werden sie als ein Element vielfältiger Demokratie verstanden (vgl. Bertelsmann Stiftung/Staatsministerium Baden-Württemberg 2014), das die repräsentative Demokratie nicht ersetzt, sondern ergänzt. Vor allem sollen kassatorische Bürgerbegehren den Bürger*innen die Möglichkeit geben, einen Bürgerentscheid zu erwirken, falls ihre Interessen von den gewählten Repräsentant*innen nicht ausreichend berücksichtigt wurden. Die direkt-demokratischen Verfahren wirken dann als Korrektiv.

Neben der repräsentativen und der direkten Demokratie findet die *deliberative Demokratie* zumindest auf der kommunalen Ebene des politischen Systems immer mehr Anklang. Gesellschaftlich tragfähige Entscheidungen seien nur dann möglich, wenn zuvor ein freier Austausch unter Gleichen stattgefunden habe, ein rationaler öffentlicher Diskurs (vgl. Goodin 2000; Habermas 1996).

Die dialog-orientierten Verfahren der Bürgerbeteiligung folgen dieser Logik. Sie beinhalten keine Entscheidung durch die Bürger*innen. Die direkte Interaktion zwischen Vorhabenträgern, Politik, Verwaltung und der Öffentlichkeit hat stattdessen *beratenden* Charakter. In einem systematischen Prozess werden konkrete Vorschläge diskutiert sowie Ideen und Handlungsempfehlungen für Vorhabenträger und Politik erarbeitet. Zu den entsprechenden Formaten zählen u. a. Open Space-Veranstaltungen, Szenario-Workshops, Fokusgruppen, Zukunftswerkstätten und World Cafés (vgl. VDI 2014; Nanz/Fritsche 2012; Holtkamp/Bogumil/Kißler 2006; Vetter/Remer-Bollow 2017; Staatsministerium Baden-Württemberg 2014). Mit Runden Tischen und Mediationsverfahren wird zudem im Konfliktfall versucht, eine auf Ausgleich zwischen den unterschiedlichen Interessen gerichtete Problemlösung zu finden. Mittels einer gemeinsamen Faktenklärung soll mindestens eine Versachlichung eines Konfliktes ermöglicht werden (vgl. VDI 2014).

Fokus auf Dialog

Die Voraussetzungen für gelingende Dialoge sind bekannt:

- Es muss Entscheidungsspielräume geben. Dialog-orientierte Beteiligung macht sonst keinen Sinn; es würde sich um eine Schein-Beteiligung handeln.
- Die Bürger*innen sowie die zivilgesellschaftlichen Akteure müssen frühzeitig einbezogen werden, denn zu Beginn einer Planung gibt es noch Entscheidungsspielräume.
- Es müssen unterschiedliche Interessen einbezogen werden – auch unter Einsatz von aufsuchender Beteiligung und von Zufallsbürger*innen.
- Es bedarf auf allen Seiten einer respektvollen, wertschätzenden Grundhaltung. Dazu zählt auch, den „Anderen" keine „bösen Absichten" zu unterstellen. Und dazu zählt eine Offenheit für andere Meinungen.
- Dialoge sollten professionell gestaltet werden, um Fairness und Transparenz zu gewährleisten. Auch bedarf es klarer Rahmenbedingungen für ein dialog-orientiertes Beteili-

gungsverfahren (Klarheit über Mandat, Dauer, Umgang mit Ergebnissen). Bestenfalls werden die entsprechenden Regeln gemeinsam erarbeitet – zum Beispiel in einer Begleitgruppe.

Unabhängig davon, ob repräsentative, direkt-demokratische oder deliberative Elemente der Demokratie betrachtet werden, ist die frühzeitige und transparente Information über Bauprojekte notwendig. Sie schafft die Grundlage für alle weiteren Verfahren. Diese Information muss verständlich sein. Beispielsweise sollten im Rahmen von Fakten-Checks die verhandelten Sachverhalte von einer Experten-Sprache in eine laiengerechte Sprache übersetzt werden. Zu den Informationsinstrumenten zählen unter anderem Informationsveranstaltungen, Broschüren, Plakate, eine Webseite und die klassische Pressearbeit.

In der vielfältigen Demokratie (siehe Abbildung 1) sind Elemente der repräsentativen, der direkten und der deliberativen Demokra-

DIREKTE DEMOKRATIE

Funktion: Entscheidung

Land: Volksbegehren, Volksentscheid
Kommunen: Bürgerbegehren, Ratsbegehren, Bürgerentscheid

DELIBERATIVE DEMOKRATIE

Funktionen: Beratung, Entscheidungsvorbereitung

Landesgesetzgebung: Beteiligungsportal, Bürger-Foren, Verbändeanhörung
Landesprojekte: Beteiligungsportal, Formate nach VwV, Öffentlichkeitsbeteiligung und Planungsleitfaden
Kommunale Projekte: Planungswerkstatt, Szenario-Workshops, World Café, Fokusgruppen, Bürgerforen, Runder Tisch, Mediation, Online-Beteiligung, etc.

REPRÄSENTATIVE DEMOKRATIE: LANDTAG UND GEMEINDERÄTE

Funktionen: Diskussion und Entscheidung

INFORMATION

Funktionen: sachliche Grundlage und größtmögliche Transparenz

Pressearbeit, Veranstaltungen, Print (Broschüren, Plakate, Infoblätter), Online (Webseite, Beteiligungsportal)

Abbildung 1:   Vielfältige Demokratie bei Sachentscheidungen in Baden-Württemberg

tie miteinander verknüpft (vgl. auch Allianz Vielfältige Demokratie 2018). Im Folgenden geht es vor allem um die Kombination dialog-orientierter Formate mit direkt-demokratischen Verfahren.

Mögliche Kombinationen von dialog-orientierten Formaten mit direkt-demokratischen Verfahren

Dialog-orientierte Formate können auf unterschiedliche Art und Weise mit direkt-demokratischen Verfahren kombiniert werden. Dabei können dialog-orientierte Verfahren zu unterschiedlichen Zeitpunkten stattfinden:

- Zu Beginn eines Projektes, bevor es zu einem Bürger- oder Ratsbegehren kommt: Hier interessiert vor allem, ob frühzeitige, dialog-orientierte Bürgerbeteiligung verhindert, dass es zu einem kassatorischen Bürgerbegehren kommt. Wenn der Gemeinderat die Anregungen aus dialog-orientierten Verfahren in seine Entscheidung über ein Projekt aufnimmt, besteht für die Bürger*innen eigentlich keine Notwendigkeit mehr, den Ratsbeschluss mittels eines kassatorischen Bürgerbegehrens und eines Bürgerentscheids zu korrigieren. Sollte es dennoch dazu kommen, müsste der Ratsbeschluss im Bürgerentscheid Bestand haben. Außerdem interessiert, ob ein Gemeinderat nach einer frühzeitigen, dialog-orientierten Bürgerbeteiligung mittels eines Ratsbegehrens die endgültige Entscheidung über das Projekt in die Hände der Bürger*innen legt. Dann müsste der Bürgerentscheid zugunsten des in der Bürgerbeteiligung erarbeiteten Vorschlags ausgehen. *(Vorgelagerte Beteiligung)*

- Zwischen einem Bürger- oder Ratsbegehren und dem Bürgerentscheid: Hier interessiert vor allem, ob die dialog-orientierte Beteiligung dazu führt, dass der Ausgang des Bürgerentscheids von allen Konfliktparteien akzeptiert wird und dass nach dem Bürgerentscheid der Konflikt in der Kommune befriedet ist. Ein mögliches Format ist die Einsetzung einer Begleitgruppe durch den Gemeinderat. Deren Aufgabe ist es, gemeinsam Spielregeln für den „Wahlkampf" festzulegen *(Integrierte Beteiligung)* sowie Absprachen über eine gemeinsame Informationsbroschüre und über gemeinsame Informationsveranstaltungen zu treffen.

- Nach dem Bürgerentscheid: Auch nach einem Bürgerentscheid können noch dialog-orientierte Beteiligungsverfahren stattfinden. Sollten die Bürger*innen in einem Bürgerentscheid nach einem kassatorischen Bürgerbegehren den Ratsbeschluss mehrheitlich ablehnen, kann in einem dialog-orientierten Beteiligungsverfahren das weitere Vorgehen geklärt werden. Sollte der Bürgerentscheid zugunsten des Ratsbeschlusses ausgehen, kann in einem dialog-orientierten Beteiligungsverfahren die Ausgestaltung des beschlossenen Projektes geklärt werden. Dabei geht es dann um das Wie des Projektes, nachdem das Ob im Bürgerentscheid entschieden wurde.

Nachgelagerte Beteiligung

Case-Studies aus Baden-Württemberg

Eine Annäherung an die oben genannten Forschungsfragen erfolgt auf der Basis von sieben Case-Studies zu Bürgerentscheiden in Baden-Württemberg zwischen 2013 und 2018 (siehe Tabelle 1). Studierende der Universität Hohenheim haben die Beteiligung zu diesen Vorhaben untersucht.[1] Dabei prüften sie auch, ob vor den Bürgerentscheiden dialog-orientierte Beteiligungsverfahren stattgefunden haben und ob dabei die Regeln für erfolgreiche Dialoge eingehalten wurden.

Mannheim: Bundesgartenschau (BUGA)

Der Gemeinderat beschloss im Februar 2013, Mannheim solle sich für die BUGA 2023 bewerben. Im Mai 2013 erhielt die Stadt den Zuschlag. Von einigen Politiker*innen wurden Forderungen nach einem Bürgerentscheid laut. Und in der Bürgerschaft regte sich Protest gegen das Projekt. So beschloss der Gemeinderat im Juni 2013, einen Bürgerentscheid durchzuführen.

Vorhaben	dialog-orientierte Beteiligung	Bürgerentscheid
Mannheim: Bundesgartenschau	wenig Dialog; Mängel in der Information	Basis: Ratsbegehren 22.9.2013 Beteiligung: 59,5 % Ergebnis: 50,7 % für den Ratsbeschluss
Bietigheim-Bissingen: Biogutvergärungsanlage	kein Dialog; späte und unvollständige Information	Basis: kassatorisches Bürgerbegehren 17.7.2016 Beteiligung: 45,3 % Ergebnis: 80,5 % gegen den Ratsbeschluss
Markdorf: Umzug des Rathauses ins Bischofsschloss	keine dialog-orientierte Beteiligung; viel Information	Basis: kassatorisches Bürgerbegehren 16.12.2018 Beteiligung: 49,2 % Ergebnis: 50 % (+ 5 Stimmen) gegen den Ratsbeschluss
Freiburg: Stadionneubau	umfangreiche dialog-orientierte Beteiligung	Basis: Ratsbegehren 1.2.2015 Beteiligung: 46,5 % Ergebnis: 58,2 % für den Ratsbeschluss
Rottweil: Justizvollzugsanstalt	sehr umfangreiche dialog-orientierte Beteiligung	Basis: kassatorisches Bürgerbegehren 20.9.2015 Beteiligung: 48,5 % Ergebnis: 58,4 % für den Ratsbeschluss
Rottweil: Hängebrücke	umfangreiche dialog-orientierte Beteiligung	Basis: Ratsbegehren 19.3.2017 Beteiligung: 48,4 % Ergebnis: 71,6 % für den Ratsbeschluss
Metzingen: Zukunft der Bäder	sehr umfangreiche dialog-orientierte Beteiligung; starke Verzahnung von Online- und Offline-Verfahren	Basis: kassatorisches Bürgerbegehren 18.11.2018 Beteiligung: 47,8 % Ergebnis: 71,4 % für den Ratsbeschluss

Tabelle 1: Die untersuchten Bürgerentscheide

Kurz darauf formierten sich Bürgerinitiativen pro und contra BUGA. Die Auseinandersetzung wurde sehr hitzig und emotional geführt. Einige Bürger*innen warfen der Stadt vor, zu wenig und teilweise falsch zu informieren und die Bürgerschaft nicht ausreichend einzubeziehen. Der Bürgerentscheid endete knapp pro BUGA. Die Gräben in der Bürgerschaft hat er jedoch weiter vertieft. Die Bürgerinitiative „Mannheim 23 – Keine BUGA 2023" reichte vor dem Verwaltungsgericht Klage gegen den Bürgerentscheid ein. Sie begründete dies unter anderem mit einer angeblichen Verletzung des Sachlichkeitsgebots. Auch hielt sie die Abstimmungsfrage für tendenziös.

Die Studierenden gelangten zu der Einschätzung, dass es an einer aufgeschlossenen und wertschätzenden Grundhaltung auf beiden Seiten gemangelt habe. Zudem seien die umfassende Faktenklärung, eine Diskussion über Alternativen und die Transparenz über die Finanzierung zu kurz gekommen.

Bietigheim-Bissingen: Biogutvergärungsanlage

Die Stadt Bietigheim-Bissingen wollte eine Biogutvergärungsanlage bauen. Im April 2015 wurde das Projekt für den Standort „Waldhof" im Gemeinderat präsentiert. Die für den Juni geplante Abstimmung wurde jedoch aufgrund von Widerständen aus den Reihen der CDU und der Grün-Alternative-Liste (GAL) im Gemeinderat vertagt. Im Juli beschloss der Gemeinderat die Gründung der Biogutvergärung Bietigheim GmbH. Im September gründeten die Projektkritiker*innen die Bürgerinitiative „Es gärt". Im gleichen Monat gab die Stadt einen alternativen Standort im „Steinbruch Fink" bekannt, und der Gemeinderat diskutierte die beiden Standorte. Eine Diskussion mit der Bürgerschaft fand im Oktober nur im Rahmen eines allgemeinen Dialogs zu Bauprojekten der Stadt statt. Ebenfalls im Oktober beschloss der Gemeinderat den Vorrang für den Standort „Steinbruch Fink"; der Standort „Waldhof" war damit vom Tisch und ein Teil der Bürgerinitiative beendete ihre Aktivitäten. Es bildete sich jedoch eine neue Bürgerinitiative „Weder BIO noch GUT". Im Dezember 2015 beschloss der Gemeinderat nach einer sehr emotional geführten Debatte den Bau der Anlage im „Steinbruch Fink". Die Kritik blieb. Kritisiert wurden unter anderem das zu erwartende Verkehrsaufkommen an dem Standort, etwaige Geruchsbelästigungen sowie die intransparente Kommunikation von Seiten der Stadt. Die BUND-Ortsgruppe stellte dazu fest: „Projektträger haben die Anlage so lange wie möglich unter der Decke ge-

Kassatorischer Bürgerentscheid

halten. Sind erst aus der Deckung gekommen, als eigentlich schon alles gelaufen war." Der Bürgermeister von Bietigheim-Bissingen hingegen meinte: „Wenn man die Öffentlichkeit informiert, sollte man das erst tun, wenn man schon ein paar Fakten auf dem Tisch hat und nicht wenn man erst vage Informationen hat."

Die Bürgerinitiative „Weder BIO noch GUT" erwirkte mittels eines kassatorischen Bürgerbegehrens einen Bürgerentscheid. Dabei ging es um die Aufstellung des Bebauungsplans für den Steinbruch. Der Bürgerentscheid fand am 17. Juli 2016 statt. An ihm nahmen 45,3 Prozent der Stimmberechtigten teil. Sie lehnten die Aufstellung des Bebauungsplans eindeutig ab – mit 80,5 Prozent der Stimmen.

Markdorf: Umzug des Rathauses ins Bischofsschloss

Auch ein Vorhaben des Bürgermeisters und der Ratsmehrheit in Markdorf scheiterte an einem durch ein kassatorisches Bürgerbegehren herbeigeführten Bürgerentscheid – und zwar mit fünf Stimmen Unterschied. Es ging um den Umzug des sanierungsbedürftigen Rathauses in ein leerstehendes Schloss, das sich im Eigentum der Stadt befindet. Dagegen gründete sich 2017 eine Bürgerinitiative. Sie kritisierte unter anderem die Kosten für den Umbau sowie ein fehlendes Stadtentwicklungskonzept und forderte einen Bürgerentscheid. Die Mehrheit im Gemeinderat stimmte jedoch gegen einen Bürgerentscheid und beschloss den Umbau des Bischofsschlosses zum Rathaus. Daraufhin leitete die „Initiative Bischofsschloss" ein kassatorisches Bürgerbegehren ein, das zum Bürgerentscheid am 16. Dezember 2018 führte. Zwischen Bürgerbegehren und Bürgerentscheid gründete sich eine Bürgerinitiative „Unser Rathaus ins Bischofsschloss". Es folgte ein öffentlicher Diskussionsabend. Die Stadt gab eine Abstimmungsbroschüre mit den Stellungnahmen des Bürgermeisters, der Gemeinderatsfraktionen und der Bürgerinitiative gegen den Umzug heraus. Dialog-orientierte Bürgerbeteiligung hat hingegen nicht stattgefunden.

Das sehr knappe Ergebnis änderte jedenfalls das Verhalten des Gemeinderates und des Bürgermeisters. Nach der Abstimmungsniederlage stießen sie einen extern moderierten, dialog-orientierten Beteiligungsprozess mit den Bürger*innen an. Ziel war es, Lösungen für das Schloss und für das Rathaus zu finden.

Während in den drei bislang betrachteten Case-Studies vor dem jeweiligen Rats- beziehungsweise Bürgerbegehren vor allem Informationsveranstaltungen dominierten, setzten die Oberbürgermeister und Gemeinderäte in den folgenden vier Fällen auf eine Vielzahl dialog-orientierter Beteiligungsformate.

Freiburg: Fußballstadion

Dialoge sichern Zustimmung

Die Diskussion über den Neubau eines Fußballstadions in Freiburg begann sehr frühzeitig, wurde offen geführt (inklusive der Diskussion über mögliche alternative Standorte) und erfolgte in zahlreichen dialog-orientierten Beteiligungsformaten. Dazu gehörten neben moderierten Bürgerversammlungen auch Gespräche mit der Bürgerinitiative gegen den geplanten Standort. Sie setzte sich überwiegend aus Anwohner*innen zusammen, die vor allem Lärm und Parkplatzsuchverkehr befürchteten. Im September 2014 beschloss der Gemeinderat einen Bürgerentscheid zum Neubau des Stadions. Im Oktober fand ein Dialogforum statt, an dem alle betroffenen Akteursgruppen beteiligt waren. Der Bürgerentscheid am 1. Februar 2015 endete mit gut 58 Prozent Zustimmung zum Neubau am vorgesehenen Standort. Das Ergebnis wurde von den meisten Akteuren akzeptiert.

Rottweil: JVA und Hängebrücke

Noch intensiver war die Beteiligung bei zwei Projekten in Rottweil. Bei der Diskussion über den Neubau einer Justizvollzugsanstalt (JVA) setzten Stadt und Land auf umfassende dialog-orientierte Bürgerbeteiligung. Nach einer langen Vorgeschichte der Standortsuche für eine JVA in Baden-Württemberg startete das Land als Vorhabenträger 2014 einen neuen Suchlauf. Dazu gehörten auch

Areale in Rottweil. Zu diesen Standorten führte das Land Informationsveranstaltungen in Rottweil durch. Auch die Stadt Rottweil startete umfassende Informations- und Dialogmaßnahmen. Im April 2015 sprach sich der Rottweiler Gemeinderat für den Standort Esch aus. Im Mai folgten ein Runder Tisch mit 40 Vertreter*innen aller Akteursgruppen sowie eine Bürgerversammlung zur geplanten JVA. Danach startete die Bürgerinitiative „Neckarburg ohne Gefängnis" ein Bürgerbegehren. Im August rief die Stadt eine Begleitgruppe zum Gefängnisneubau ins Leben. In ihr waren Befürworter*innen wie Gegner*innen, Politik und Verwaltung vertreten. Die Begleitgruppe sollte sicherstellen, dass der Bürgerentscheid zu dem strittigen Thema sachorientiert, gemeinschaftlich und mit gegenseitigem Respekt durchgeführt wird. Dort wurden die Inhalte der Informationsbroschüre zum Bürgerentscheid ebenso besprochen wie die Organisation der Informationsveranstaltungen und die Pressearbeit.

Fokus auf Beteiligung

Auch auf dem Beteiligungsportal des Landes wurden umfassende Informationen zur Verfügung gestellt. Dort konnten auch die Protokolle der Begleitgruppe, Gutachten und Planungsunterlagen eingesehen werden. Am 20. September 2015 ging der Bürgerentscheid mit 58,4 Prozent für den Standort Esch aus. Im Anschluss setzte die Begleitgruppe ihre Arbeit fort – nun mit dem Schwerpunkt der Bürgerbeteiligung bei der Planung und Umsetzung der Baumaßnahme.

Zu der sehr sachlichen Atmosphäre haben einerseits die dialog-orientierten Formate, die Transparenz und die Ergebnisoffenheit beigetragen. Darüber hinaus haben die Lokalzeitungen mit ihrer an Sachthemen orientierten Berichterstattung zu dem respektvollen Umgang beigetragen. Auch wenn die Gegner*innen des Standortes Esch vom Ergebnis des Bürgerentscheids enttäuscht waren, einen Graben in der Stadtgesellschaft hat der Bürgerentscheid – anders als in Mannheim – nicht aufgerissen.

Die gesammelten Erfahrungen flossen auch in die Prozessgestaltung zur Hängebrücke in Rottweil ein. Die bewährte Vorgehensweise bei der Diskussion über den JVA-Standort wurde erneut eingesetzt und verfeinert: Das von einem privaten Investor vorgeschlagene Projekt wurde im Januar 2016 vom Oberbürgermeister Rottweils angekündigt. Im Februar und März folgten Gespräche der Stadtverwaltung mit den Anwohner*innen, im Mai dann eine Einwohnerversammlung. Zudem setzte der Gemeinderat eine Dialoggruppe ein. Sie tagte zweimal. An ihr haben 50 eingeladene Bürger*innen teilgenommen, die im Plenum und in Kleingruppen an Themen rund um das Projekt gearbeitet haben. Die Arbeit mündete in eine Empfehlung an den Gemeinderat. Zwischen den beiden Runden der Dialoggruppe gründet sich die Bürgerinitiative „Rottweil ohne Hängebrücke". Am 19. Oktober 2016 stimmte der Gemeinderat jedoch für die Hängebrücke und für die Durchführung eines Bürgerentscheids. Er wurde mit einer Abstimmungsbroschüre sowie mit Informationsveranstaltungen vorbereitet. Im Bürgerentscheid am 19. März 2017 stimmten 71,6 Prozent für den Bau der Hängebrücke.

Metzingen: Zukunft der Bäder

Noch ausgiebiger war die dialog-orientierte Bürgerbeteiligung zur Zukunft der Bäder in Metzingen. Den Ausgangspunkt bildete der stark sanierungsbedürftige Zustand der beiden städtischen Bäder – des Hallen- und des Freibades an zwei unterschiedlichen Standorten. Statt mit einem fertigen Verwaltungsvorschlag in die öffentliche Diskussion zu gehen, entschieden sich der Oberbürgermeister und der Gemeinderat für einen offenen, transparenten und dialog-orientierten Beteiligungsprozess, in dem zunächst über das *Wo* der künftigen Schwimmbadlösung diskutiert wurde. Drei Varianten standen zur Diskussion: 1) Beide Bäder werden an den bestehenden Standorten saniert. 2) Es wird ein neues Kombibad an einem neuen Standort gebaut. 3) Das Hallenbad wird am bestehenden Standort saniert, das Freibad wird an einem neuen Standort neu gebaut.

Dieser erste Teil des Bürgerdialogs dauerte von Oktober 2017 bis Mai 2018. Es gab unter anderem eine Informations- und Auftaktveranstaltung, eine moderierte Online-Plattform, auf der Argumen-

Transparenz, Offenheit und Dialog

te gesammelt und ausgetauscht wurden, einen Marktstand und eine begleitende Projekt-Homepage für maximale Transparenz. Den Kern des Dialogprozesses bildete eine Konsensuskonferenz mit 20 zufällig ausgewählten Bürger*innen sowie mit Schlüsselakteuren (Schulen und Elternbeirat, Schwimmsportvereine, Jugendgemeinderat etc.) und externen Expert*innen. Der Prozess wurde von einer Begleitgruppe vorbereitet und extern moderiert. Aus den über 1.000 Pro- und Contra-Argumenten für die drei unterschiedlichen Varianten und im Abgleich mit den Bedarfen der Schlüsselakteur*innen sowie der Bevölkerung entwickelte die Konsensuskonferenz in zwei Sitzungen eine Empfehlung an den Gemeinderat. Sie wurde im Rahmen einer öffentlichen Gemeinderatssitzung übergeben und plädierte eindeutig für den Neubau eines Kombibades. Der Gemeinderat folgte dieser Empfehlung. Trotzdem sammelte eine Bürgerinitiative gegen das Kombibad Unterschriften für ein kassatorisches Bürgerbegehren. Nachdem diese in ausreichender Zahl vorlagen, kam es am 18. November 2018 zum Bürgerentscheid. In der Zwischenzeit gab es einen von beiden Seiten intensiv geführten „Wahlkampf". Daran beteiligten sich auch zahlreiche Akteur*innen, die im Bürgerdialog die Kombibad-Lösung entwickelt hatten, sowie eine Bürgerinitiative „Pro Kombibad Metzingen". Bei vielen dieser Akteur*innen stieß das Vorgehen der Kombibad-Gegner auf Unverständnis. Schließlich richtete sich das Bürgerbegehren inhaltlich nicht gegen eine Vorlage der Verwaltung, sondern gegen die von Bürger*innen entwickelte Empfehlung.

Der Bürgerentscheid ging sehr eindeutig aus: 71,4 Prozent entschieden sich für den Bau des Kombibades. Es folgte ein zweiter Teil des Bürgerdialogs. In ihm ging es um das *Wie*, also um die Ausgestaltung des Kombibades. Dabei wurden wiederum Online-Instrumente mit vielfältigen Offline-Formaten verknüpft – unter anderem mit zwei öffentlichen Planungswerkstätten.

Beteiligungsorientierte Umsetzung

Fazit

Vor dem Hintergrund der untersuchten Fälle (siehe Abbildung 2) lässt sich festhalten:

Beteiligung verhindert kein Bürgerbegehren

- Auch die umfangreichste dialog-orientierte Bürgerbeteiligung verhindert nicht, dass es zu kassatorischen Bürgerbegehren kommt. Zahlreiche Bauprojekte berühren sehr unterschiedliche Interessen. Oft können diese auch durch transparente Information und durch einen intensiven Dialog nicht so zum Ausgleich gebracht werden, dass alle Bürger*innen das Ergebnis akzeptieren. Es lässt sich dann nicht vermeiden, dass diejenigen, die sich im Dialog nicht durchsetzen konnten, zum Instrument des kassatorischen Bürgerbegehrens greifen. Aber die Beispiele aus Metzingen und zum Bau der Justizvollzugsanstalt in Rottweil zeigen, dass der Bürgerentscheid dann wahrscheinlich zugunsten der Bürgerempfehlung aus dem Dialog-Prozess ausgeht.

- Dialog-orientierte Bürgerbeteiligung führt dazu, dass kassatorische Bürgerentscheide weniger erfolgreich sind. Kassatorische Bürgerbegehren dienen im Wesentlichen dazu, einen Gemeinderat zu korrigieren, falls sich Bürger*innen mehrheitlich bei einer Entscheidung übergangen fühlen. Wenn

Fall	Phase 1	Phase 2	Phase 3	Phase 4	Phase 5
Metzingen: Bäder	Beteiligung zum Projekt	kassatorisches Bürgerbegehren	Beteiligung vor Entscheid	Bürgerentscheid pro Gemeinderat	Beteiligung nach Entscheid
Rottweil: JVA	Beteiligung zum Projekt	kassatorisches Bürgerbegehren	Beteiligung vor Entscheid	Bürgerentscheid pro Gemeinderat	Beteiligung nach Entscheid
Rottweil: Hängebrücke	Beteiligung zum Projekt	Ratsbegehren	Beteiligung vor Entscheid	Bürgerentscheid pro Gemeinderat	
Freiburg: Stadionbau	Beteiligung zum Projekt	Ratsbegehren	Beteiligung vor Entscheid	Bürgerentscheid pro Gemeinderat	
Mannheim: BUGA	Information zum Projekt	Ratsbegehren	keine Beteiligung vor Entscheid	Bürgerentscheid pro Gemeinderat	
Bietigheim-B.: Biogutvergärung	späte Information zum Projekt	kassatorisches Bürgerbegehren	keine Beteiligung vor Entscheid	Bürgerentscheid contra Gemeinderat	
Markdorf: Bischofsschloss	Information zum Projekt	kassatorisches Bürgerbegehren	keine Beteiligung vor Entscheid	Bürgerentscheid contra Gemeinderat	Beteiligung nach Entscheid

Abbildung 2: Die untersuchten Fälle im Vergleich

in einer dialog-orientierten Bürgerbeteiligung eine gesellschaftlich tragfähige Lösung gefunden wurde, entfällt diese Korrektur-Notwendigkeit. Wird das Instrument des kassatorischen Bürgerbegehrens dennoch angewendet, haben die Initiatoren damit beim Bürgerentscheid jedoch keinen Erfolg. Anders ist dies bei Projekten, bei denen keine Beteiligung stattgefunden hat. Dann wird der Gemeinderatsbeschluss im Bürgerentscheid wahrscheinlicher „gekippt". Dies zeigen die Beispiele aus Markdorf und aus Bietigheim-Bissingen. Dies gilt umso mehr, wenn im Vorfeld noch nicht einmal die Information frühzeitig und transparent erfolgte (wie im Fall Bietigheim-Bissingen).

Beteiligung reduziert Kassationsrisiko

- Dialog-orientierte Bürgerbeteiligung führt dazu, dass Ratsbegehren im Anschluss an die Beteiligung erfolgreich sind. Wenn ein Gemeinderat beschließt, die Bürgerschaft über die in einem Dialog entwickelten Ergebnissen abstimmen zu lassen, erhält er im Bürgerentscheid wahrscheinlich eine Zustimmung zu diesen Ergebnissen. Dies zeigen die Bürgerentscheide zur Hängebrücke in Rottweil und zum Stadionneubau in Freiburg. Aus Sicht des Gemeinderates kann dies sinnvoll sein, um ein Projekt mit noch mehr Legitimation auszustatten. Allerdings zeigt das Beispiel der Bundesgartenschau in Mannheim, dass auch Ratsbegehren ohne vorherigen Dialog vom Gemeinderat „gewonnen" werden können.

Beteiligung fördert Zustimmung

- Dialog-orientierte Bürgerbeteiligung in der Zeit zwischen dem Rats- oder Bürgerbegehren und dem Bürgerentscheid führt zu Fairness und Verfahrensakzeptanz. In vier Fällen fand eine solche Beteiligung statt. Dabei spielte jeweils eine Begleitgruppe eine wichtige Rolle. Die Begleitgruppe setzt sich aus unterschiedlichen Akteur*innen in dem Prozess zusammen. Sie diskutiert nicht über Sachfragen, sondern über Verfahrensfragen. Ihre Aufgabe ist es, dass es zu einem fairen Wettbewerb von Argumenten kommt und dass sich keine Seite übervorteilt fühlt. Ohne einen solchen auf das Verfahren bezogenen Dialog kann das Ergebnis des Bürgerentscheids

Beteiligung fördert Verfahrensakzeptanz

sogar noch weiter spalten – wie im Fall von Mannheim, als die unterlegene Bürgerinitiative sogar klagte und dabei von ihr wahrgenommene Verfahrensmängel ins Feld führte.

- Dialog-orientierte Bürgerbeteiligung nach dem Bürgerentscheid kann „Gewinner" und „Verlierer" wieder zusammenführen. In drei der untersuchten Fälle fand dialog-orientierte Beteiligung nach dem Bürgerentscheid statt. Die Fälle sind aber sehr unterschiedlich gelagert. Beim klaren Ausgang des Bürgerentscheids über die Metzinger Bäder war die zweite Beteiligungsrunde bereits frühzeitig angekündigt. Ihre Funktion war ebenfalls klar: Die Ausgestaltung des neuen Kombibades sollte im Dialog entwickelt werden. Auf die beim Bürgerentscheid „unterlegene" Bürgerinitiative hat dies aber offenbar nicht motivierend gewirkt. Bei der Diskussion über die JVA in Rottweil hatte die Fortsetzung des Dialogs nach dem Bürgerentscheid andere Folgen. Hier haben sich die im Bürgerentscheid „Unterlegenen" konstruktiv in die Diskussion über die Ausgestaltung der JVA eingebracht. Somit entstand in der Rottweiler Bürgerschaft keine Spaltung in „Gewinner" und „Verlierer". Nochmals anders gelagert war der Fall in Markdorf. Dort hatte vor dem Bürgerentscheid keine systematische dialog-orientierte Bürgerbeteiligung stattgefunden. Angesichts des 50:50-Ergebnisses und der ungeklärten Frage, was nun mit dem Rathaus und mit dem Schloss geschehen sollte, wagten Bürgermeister und Gemeinderat einen Neustart: Der Dialog sollte die Kluft in der Stadt überbrücken und eine gesellschaftlich tragfähige Lösung nach dem Bürgerentscheid ermöglichen.

> Beteiligung deeskaliert

- Diese Ergebnisse sind nicht repräsentativ und bedürfen einer Ergänzung um weitere Case-Studies und um quantitative Analysen. Die bisherige Evidenz scheint aber klar: Dialog-orientierte Bürgerbeteiligung hat viele Vorteile. Ihre Durchführung „lohnt" sich für die Verwaltung und den Gemeinderat, denn mit ihr werden gesellschaftlich tragfähige Lösungen wahrscheinlicher. Und die Diskussionen im Vorfeld eines Bürgerentscheids werden sachlicher, Fake News haben es hingegen schwerer, Teile der Bevölkerung zu manipulieren. Alleine deshalb schon sollten vor Bürgerentscheiden immer dialog-orientierte Beteiligungsverfahren stattfinden.

Literatur

Allianz Vielfältige Demokratie: Bürgerbeteiligung, Volksabstimmungen, Parlamentsentscheidungen. Empfehlungen und Praxisbeispiele für ein gutes Zusammenspiel in der Vielfältigen Demokratie, Gütersloh, 2018.

Baden-Württemberg Stiftung (Hrsg.): Demokratie-Monitoring Baden-Württemberg 2016/2017. Studien zu Demokratie und Partizipation, Wiesbaden, 2019.

Bertelsmann Stiftung; Staatsministerium Baden-Württemberg (Hrsg.): Partizipation im Wandel. Unsere Demokratie zwischen Wählen, Mitmachen und Entscheiden, Gütersloh, 2014.

Brettschneider, Frank; Müller, Ulrich: Vorhabenträger auf dem Weg zu gesellschaftlich tragfähigen Lösungen. Dialogorientierte Kommunikation bei Bau- und Infrastrukturprojekten. In: Brettschneider, Frank (Hrsg.): Bau- und Infrastrukturprojekte. Dialogorientierte Kommunikation als Erfolgsfaktor, Wiesbaden, 2020, S. 1-39.

Glaab, Manuela: Hohe Erwartungen, ambivalente Erfahrungen? Zur Debatte um „mehr Bürgerbeteiligung" in Wissenschaft, Politik und Gesellschaft. In: Dies. (Hrsg.): Politik mit Bürgern – Politik für Bürger. Praxis und Perspektiven einer neuen Beteiligungskultur, Wiesbaden, 2016, S. 3-26.

Goodin, Robert E.: Democratic Deliberation within. In: Philosophy & Public Affairs 20, 2000, S. 81-109.

Habermas, Jürgen: Die Einbeziehung des Anderen. Studien zur politischen Theorie. Frankfurt a. M., 1996.

Holtkamp, Lars; Bogumil, Jörg; Kißler, Leo: Kooperative Demokratie. Das politische Potenzial von Bürgerengagement, Frankfurt a. M. u. a., 2006.

Kost, Andreas: Direkte Demokratie. Elemente der Politik, Wiesbaden, 2013.

Merkel, Wolfgang; Ritzi, Claudia (Hrsg.): Die Legitimität direkter Demokratie. Wie demokratisch sind Volksabstimmungen? Wiesbaden, 2017.

Nanz, Patrizia; Fritsche, Miriam: Handbuch Bürgerbeteiligung, Bonn, 2012.

Schiller, Theo; Mittendorf, Volker (Hrsg.): Direkte Demokratie. Forschung und Perspektiven, Wiesbaden, 2003.

Staatsministerium Baden-Württemberg: Leitfaden für eine neue Planungskultur, Stuttgart, 2014.

VDI: VDI-Richtlinie 7001 – Kommunikation und Öffentlichkeitsbeteiligung bei Planung und Bau von Infrastrukturprojekten. Standards für die Leistungsphasen der Ingenieure, Berlin, 2014.

Vetter, Angelika; Remer-Bollow, Uwe: Bürger und Beteiligung in der Demokratie – Eine Einführung, Wiesbaden, 2017.

Anmerkungen

1. Die Berichte zu den vorgestellten Fallstudien können über folgenden Link abgerufen werden: https://komm.uni-hohenheim.de/case_studies).

Prof. Dr. Brigitte Geißel, Stefan Jung

Der Beteiligungsrat – institutionalisierte Bürgerbeteiligung auf Bundesebene

Bürgerbeteiligung wird immer häufiger auch auf nationaler Ebene angewendet. Mit diesem Trend stellen sich Fragen nach Gestaltung, Chancen und Herausforderungen einer dauerhaft institutionalisierten Bürgerbeteiligung an der Bundespolitik. In diesem Beitrag zeigen wir am Beispiel des in der Studie „Mehr Mitsprache wagen" entwickelten Beteiligungsrats wie Bürgerbeteiligung auf Bundesebene die Gesetzgebung effektiver, inklusiver und transparenter gestalten kann.

Bürgerbeteiligung hat im Laufe des letzten Jahrzehnts in vielen Ländern die Begrenzung auf die lokale und regionale Ebene überwunden und wird nun vermehrt auch auf *nationaler Ebene* angewendet. Eine besondere Dynamik für diesen Trend entstand in Europa durch Beteiligung an Verfassungsänderungen wie beispielsweise in Irland und Island. Auch in der Bundespolitik ist Bürgerbeteiligung angekommen, wobei hier bisher vor allem umweltpolitische Themen im Vordergrund standen (zum Beispiel Klimaschutzplan 2050, Endlagersuche). Oft spielen bei der Erprobung von Bürgerbeteiligung auf nationaler Ebene zivilgesellschaftlich organisierte Verfahren eine Vorreiterrolle (zum Beispiel G1000 in Belgien, Bürgerrat Demokratie in Deutschland). Wie schon zuvor auf der lokalen und regionalen Ebene stellen sich mit dem Trend zu mehr Bürgerbeteiligung auf nationaler Ebene Fragen nach der möglichen Gestaltung sowie den Chancen und Herausforderungen einer dauerhaft institutionalisierten Bürgerbeteiligung.

Beteiligung auf nationaler Ebene

In diesem Beitrag zeigen wir am Beispiel des Modells eines Beteiligungsrats wie Bürgerbeteiligung auf Bundesebene frühzeitig gesellschaftliche Probleme auf die politische Agenda bringen sowie die Gesetzgebung mitgestalten und transparenter machen kann.

Das Modell des Beteiligungsrats wurde im Rahmen der Studie „Mehr Mitsprache wagen: ein Beteiligungsrat für die Bundesrepublik" (Geißel und Jung 2019) für die Friedrich-Ebert-Stiftung (FES) entwickelt.

Das Modell Beteiligungsrat

Der vorliegende Beitrag greift die zentralen Ergebnisse der FES-Studie auf. Zunächst stellen wir theoretische Überlegungen und praktische Vorschläge zu Beteiligungsverfahren auf nationaler Ebene vor. Wir leiten daraus ab, dass die Chancen von Bürgerbeteiligung auf Bundesebene vor allem in der Problemdefinition, im Agenda-Setting und in der Unterstützung einer transparenten Politikformulierung liegen. Die möglichst umfassende Einbeziehung gesellschaftlicher Interessen sowie die effektive Einbettung in politische Entscheidungsprozesse sind dabei die zentralen Herausforderungen. Daraufhin stellen wir ein Modell für einen Beteiligungsrat dar, das diese Anforderungen erfüllt. Zu den zentralen Merkmalen gehören eine unabhängige Koordinationsstelle, die gesetzliche Verankerung sowie die Zufallsauswahl der Beteiligten. Durch diese Merkmale verspricht Bürgerbeteiligung auf Bundesebene eine Stärkung der repräsentativen Demokratie, der Zivilgesellschaft und des Vertrauens der Bürger*innen in Parlament, Regierung und Parteien.

Chancen und Herausforderungen von Bürgerbeteiligung auf Bundesebene

In den letzten 10 Jahren lassen sich sowohl in der wissenschaftlichen Debatte als auch in der praktischen Anwendung ein Trend zu Beteiligung auf nationaler Ebene beobachten. Nicht zuletzt die Anfälligkeit direkter Demokratie gegenüber Fehlinformationskampagnen, die im Zuge des Brexit-Referendums deutlich wurden, hat den Ruf nach anderen Formen der Bürgerbeteiligung verstärkt (Offe 2017). Hierbei stehen sogenannte deliberative Verfahren besonders hoch im Kurs. Dabei diskutieren Bürger*innen politische Themen unter fairen Gesprächsregeln. Meist geben sie Empfehlungen an politische Entscheider*innen ab und haben damit in der Regel beratenden Charakter. Die Teilnehmer*innen dieser deliberativen Verfahren werden zunehmend per Zufallsauswahl rekrutiert (sogenannte Mini-Publics) (Rohr u. a. 2019:45ff.). Trotz der breiten Befürwortung von Mini-Publics, die sich auch in Bevölkerungsumfragen zeigt (Decker u. a. 2019:51), werden diese bislang selten institutionalisiert.

Häufig werden Mini-Publics zu Beginn eines Entscheidungsprozesses eingesetzt. Auch aktuelle Vorschläge für deren Einbettung auf Bundesebene setzen hier an, zum Beispiel bei den „Zukunftsräten" von Nanz und Leggewie (2018) oder der „Bundesbeteiligungswerkstatt" von Rohr et al. (2019). In beiden Fällen soll die frühzeitige Beteiligung gewährleisten, dass gesellschaftliche Probleme möglichst früh benannt werden. Mini-Publics können aber auch bei der Beratung von konkreten Gesetzesinitiativen eingesetzt werden. Sie sorgen dann dafür, dass Bundesregierung und Bundestag bisher nicht artikulierte und unterrepräsentierte Perspektiven berücksichtigen und tragen darüber hinaus zu Transparenz und der öffentlichen Diskussion von Gesetzesinitiativen bei. Wenn Mini-Publics auf Bundesebene eingeführt werden, sind verschiedene Herausforderungen zu bewältigen. Erstens ist zu klären, wie Mini-Publics und Gesetzgeber effektiv zusammenarbeiten können. Zweitens muss sichergestellt werden, dass die Empfehlungen der Mini-Publics aufgegriffen werden. Mini-Publics auf Bundesebene sollen die Beratungs- und Entscheidungsprozesse in Bundestag und Bundesregierung nicht ersetzen. Stattdessen sollen deliberative Verfahren Nanz und Leggewie (2018:11) zufolge als vierte konsultative (das heißt beratende) Gewalt die Parlamente und Regierungen stärken. Mini-Publics definieren in diesem Sinne gesellschaftliche Probleme, die dann beispielsweise von Parteien und der Zivilgesellschaft aufgegriffen werden. Ebenso werden die Anhörungen in Bundesregierung und Bundestag um eine Bürgerperspektive ergänzt.

Erfahrungen mit Mini-Publics

Wichtig ist, dass die Empfehlungen der Mini-Publics von den Entscheidungsträger*innen aufgegriffen werden und nicht „versanden". Daher fordern Rohr et al. (2019:28) zurecht, dass sich Bundestag und Bundesregierung verpflichtend mit den Empfehlungen befassen müssen. Noch mehr Einfluss erhielten Mini-Publics durch ein ebenfalls von Rohr et al. (2019) vorgeschlagenes Recht, einzelne Empfehlungen direkt als Gesetzesinitiative in den Bundestag einzubringen oder zu diesen ein Referendum abzuhalten. Um die Funktionen von Mini-Publics klar zu bestimmen und einen angemessenen Umgang mit deren Empfehlungen zu gewährleisten, ist eine gesetzliche Regelung notwendig.

Je mehr Einfluss Mini-Publics auf politische Willensbildung und Entscheidungsfindung haben, desto wichtiger ist es, die unterschiedlichen Meinungen und Interessen in der Bevölkerung möglichst adäquat abzubilden. Durch die Zufallsauswahl erhalten alle Bürger*innen eine gleiche Teilnahmechance (vgl. Allianz Vielfältige Demokratie 2017). Gleichzeitig wird so verhindert, dass die Mini-Publics von Interessengruppen 'unterwandert' werden (Buchstein 2010:437f).

Um zielführend diskutieren zu können, ist bei Mini-Publics die Anzahl der Teilnehmer*innen begrenzt. Durch zusätzliche Online-Beteiligung können jedoch mehr Bürger*innen ihre Interessen artikulieren. Darüber hinaus müssen Mini-Publics allerdings noch ergänzende Maßnahmen treffen, um Minderheiten und sozial Benachteiligte einzubinden (Geißel und Jung 2019:7f; vgl. Rohr u. a. 2017).

Ein Beteiligungsrat für die Bundespolitik

Für ein Mini-Public auf Bundesebene gibt es bereits verschiedene Vorschläge, die jeweils unterschiedliche Schwerpunkte in Bezug auf Ziele und Design setzen. Während bei Buchstein (2013) sogenannte „Loskammern" Fragen zu Wahlrecht, Abgeordnetenbezügen und Parteifinanzierung behandeln, sollen die „Zukunftsräte" bei Nanz und Leggewie (2018) Lösungen für bedeutende Zukunfts- und Nachhaltigkeitsthemen finden. Dagegen werden in der „Bundesbeteiligungswerkstatt" bei Rohr et al. (2019) Beteiligungsverfahren individuell für ein von Zivilgesellschaft oder Politik eingebrachtes Thema entwickelt.

Verschiedene Konzepte

Unser Vorschlag eines Beteiligungsrats ist nicht thematisch eingegrenzt, hat aber ein festgelegtes Design. So können Beteiligungsräte eine Vielzahl gesellschaftlicher Probleme bearbeiten. Damit nur Themen von hoher gesellschaftlicher Relevanz behandelt werden, sind bei der Initiierung durch die Zivilgesellschaft oder die Opposition im Bundestag Quoren, das heißt ein Mindestanteil der Bevölkerung beziehungsweise der Abgeordneten, notwendig. Durch das festgelegte Design ist der Umgang mit den Mini-Publics und ihren Ergebnissen für Bürger*innen und Politiker*innen besser nachvollziehbar und jedes Thema wird von Beteiligungsräten auf gleiche Weise bearbeitet. Das bedeutet jedoch nicht, dass das Modell des Beteiligungsrats nicht auch sukzessive angepasst und verbessert werden kann.

Mit Beteiligungsräten, die an den Bundestag angeschlossen sind, werden Mini-Publics in den Gesetzgebungsprozess integriert. Beteiligungsräte lassen sich sowohl vor Beginn als auch während des Gesetzgebungsprozesses einsetzen (siehe Abbildung 1). Übergeordnetes Ziel ist es, den Gesetzgebungsprozess um eine Bürgerperspektive zu bereichern und für Bürger*innen zugänglicher und besser nachvollziehbar zu machen. Beteiligungsräte sollen, erstens, im Vorfeld eines Gesetzgebungsprozesses noch nicht aufgegriffene Themen auf die politische Agenda setzen. Zweitens beraten Beteiligungsräte den Bundestag zu konkreten Gesetzesentwürfen und machen den Gesetzgebungsprozess für alle Bürger*innen transparenter. Die Empfehlungen eines Beteiligungsrats sollen damit entweder der Entwicklung einer Gesetzesinitiative oder der Überarbeitung eines bereits eingebrachten Gesetzesentwurfs dienen.

Integrierte Beteiligung bei der Gesetzgebung

Über ein Online-Beteiligungsportal können Bürger*innen zudem die Beratungen mitverfolgen und die Empfehlungen kommentieren sowie priorisieren.

Die Beteiligungsräte werden von einer zentralen Koordinationsstelle für Bürgerbeteiligung organisiert und im Rahmen des Online-Beteiligungsportals öffentlich begleitet. Zusammen sorgen

Koordinationsstelle und Beteiligungsportal für den Austausch der Beteiligungsräte mit Politik und Öffentlichkeit.

Bundestag und Bundesregierung verpflichten sich, Rechenschaft über den Umgang mit den Empfehlungen der Beteiligungsräte in Form von Stellungnahmen abzulegen. Diese Stellungnahmen werden ebenfalls im Online-Beteiligungsportal veröffentlicht.

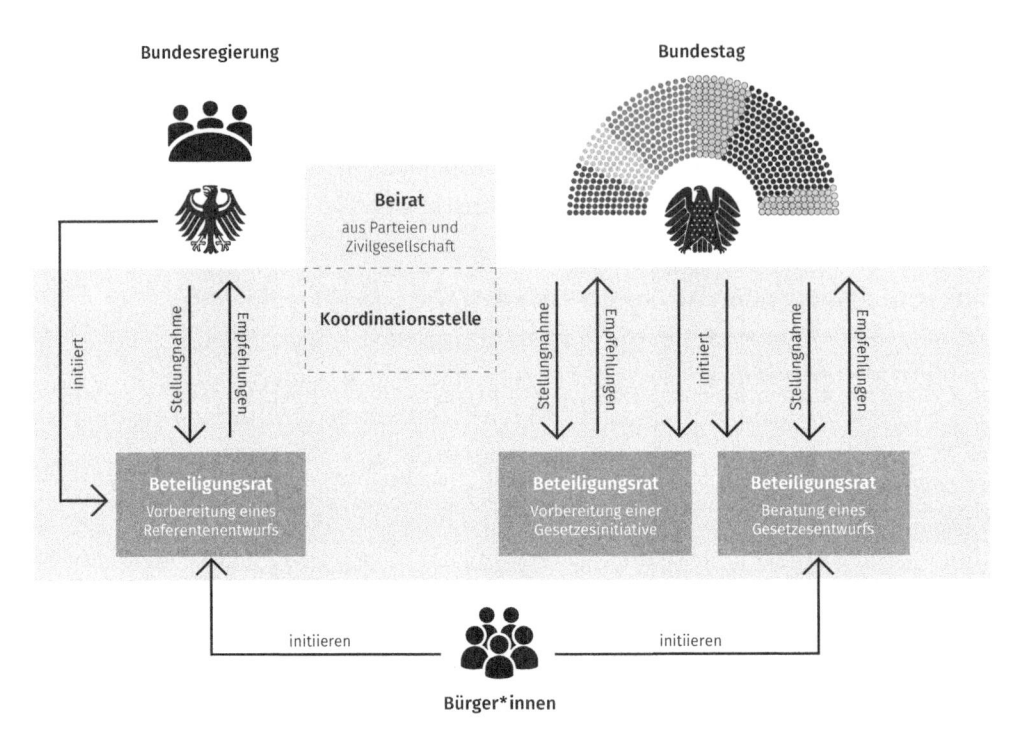

Abbildung 1: Das Modell eines nationalen Beteiligungsrates

Wir schlagen ähnlich wie Rohr et al. (2019) vor, dass ein Beteiligungsrat sowohl durch die Politik als auch die Zivilgesellschaft eingeleitet werden kann. So können gesellschaftliche Probleme frühzeitig behandelt und ein möglichst breites Spektrum an relevanten Themen abgedeckt werden. Beteiligungsräte sind demnach keine ständig tagenden Gremien, sondern werden bei Bedarf initiiert. Zur Vorbereitung einer Gesetzesinitiative können Beteiligungsräte sowohl von der Bundesregierung, von Bundestagsfraktionen beziehungsweise -abgeordneten sowie von Bürger*innen eingeleitet werden. In den beiden letztgenannten Fällen sind Quoren nötig, damit Beteiligungsräte vor allem bei gesellschaftlich relevanten Themen eingesetzt werden und Bundestag und -regierung nicht überlasten. Durch die Initiierung eines Beteiligungsrats erhalten Bürger*innen auf diese Weise die Möglichkeit, die politische Agenda mitzugestalten. Sollen im Zuge des Gesetzgebungsprozesses bereits eingebrachte Gesetzesentwürfe beraten werden, können Beteiligungsräte durch die zuständigen Bundestagsausschüsse, eine bestimmte Zahl von Bundestagsabgeordneten oder Bürger*innen initiiert werden. Wiederum sind in den letzten beiden Fällen Quoren nötig. Die Empfehlungen des Beteiligungsrats ergänzen hier die bereits von den Ausschüssen praktizierte Verbändeanhörung. Damit die Bürger*innen einen Überblick über in Planung befindliche Gesetzesinitiativen der Bundesregierung beziehungsweise des Bundestags erhalten, müssen die Ministerien und Fraktionen entsprechende Vorhaben über das Online-Beteiligungsportal kommunizieren. Gleiches gilt für bereits eingebrachte Gesetzesentwürfe. Dies garantiert eine transparente und nachvollziehbare Gesetzgebung.

Orientierung an Verbändeanhörung

Eine zentrale Rolle für die Beteiligungsräte spielt die Koordinationsstelle, die eine professionelle und unabhängige Organisation gewährleistet und die Verbindung zu Bundesregierung und Bundestag sicherstellt. Die Koordinationsstelle sollte Teil der Bundestagsverwaltung sein und durch einen von zivilgesellschaftlichen Organisationen und den im Bundestag vertretenen Parteien paritätisch besetzten Beirat beaufsichtigt und unterstützt werden. Die Koordinationsstelle übermittelt die Empfehlungen der Beteiligungsräte an Bundesregierung beziehungsweise Bundestag und stellt sicher, dass diese dazu Stellung nehmen.

Über den Betrieb und die Nutzung eines Online-Beteiligungsportals macht die Koordinationsstelle die Beratungen der Beteiligungsräte öffentlich sichtbar und zugänglich. Das Online-Beteiligungsportal informiert über Gesetzesvorhaben und zeigt einen laufend aktualisierten Stand der durch Beteiligungsräte begleiteten Gesetzgebungsprozesse. Darüber hinaus ermöglicht es allen Bürger*innen, eine Initiative für einen Beteiligungsrat einzureichen.

Beteiligungsräte können in diesem Rahmen als Erweiterung der (öffentlichen) Anhörungen der Bundesregierung und der Bundestagsausschüsse betrachtet werden. Die Initiierung von Beteiligungsräten durch die Bürger*innen ähnelt technisch den bereits bestehenden öffentlichen Petitionen im Petitionswesen des Bundestags. Entgegen der Petitionen besteht für die Initiativen kein im Grundgesetz verankerter, sondern nur einfachgesetzlicher rechtlicher Anspruch und sie richten sich nicht allein an den Petitionsausschuss, sondern an das Bundestagsplenum. Beteiligungsräte sollten alle Themen behandeln können, lediglich die Beratungen zum Bundeshaushalt und zu Verschlusssachen nach der Geheimschutzordnung des Bundestags sollten ausgeschlossen werden. Grundsätzlich gilt, dass Themen und Empfehlungen nicht im Widerspruch zur freiheitlich demokratischen Grundordnung stehen dürfen.

Initiierung durch Bürgerschaft

Für die Teilnahme an einem Beteiligungsrat können alle Bürger*innen, die in der Bundesrepublik Deutschland gemeldet sind sowie Jugendliche ab 14 Jahre und mindestens drei Monate in Deutschland wohnhafte Ausländer*innen zufällig ausgewählt werden. Die ausgewählten Bürger*innen sollten einen rechtlichen Anspruch auf Freistellung bei Übernahme des Lohns durch den Staat für die Zeit der Teilnahme erhalten, wie dies bereits für ehrenamtliches Engagement in einigen Bundesländern der Fall ist. Ein Beteiligungsrat besteht aus den ausgewählten Bürger*innen sowie zur Unterstützung aus Expert*innen und Interessenvertreter*innen, die ihre Stellungnahmen zum behandelten Thema abgeben können. Letztere werden von der Koordinationsstelle im Einvernehmen mit den Teilnehmer*innen ausgewählt, wobei die Bürger*innen hierzu im Vorfeld Vorschläge einreichen können. Je nach Thema können Regierungsmitarbeiter*innen und/oder Mitglieder der berührten Bundestagsausschüsse hinzukommen. Die Bürger*innen stellen mindestens zwei Drittel der Teilnehmer*innen. Um auch sozial Benachteiligten und Minderheiten eine Teilnahme zu ermöglichen, kann ein von der Koordinationsstelle bestimmtes oder bereits bei der Initiierung genanntes Kontingent der Teilnehmer*innen gezielt rekrutiert werden.

Unabhängig von der Form der Initiierung gliedert sich der Ablauf eines Beteiligungsrats in zwei Schritte (siehe Abbildung 2). Der erste Schritt ist die Online-Beratung, bei der mehrere hundert Teilnehmer*innen eine Woche lang gemeinsam mit Abgeordneten oder Regierungsmitarbeiter*innen über das politische Thema beziehungsweise den Gesetzesentwurf diskutieren. Expert*innen bereiten hierfür Stellungnahmen als Diskussionsgrundlage vor und stehen für Fragen zur Verfügung. Moderator*innen strukturieren und moderieren die Online-Beratungen, die in Online-Diskussionsrunden aus circa zehn bis 20 Personen bestehen. Ziel dieses ersten Schritts ist, dass in den Online-Diskussionsrunden erste Empfehlungen entwickelt werden, die im zweiten Schritt aufgenommen werden können. Damit werden gesellschaftliche Einstellungen möglichst breit ermittelt und kreative Lösungsvorschläge entwickelt.

Zweistufiges Verfahren

Online-Beteiligungsportal

Beteiligungsrat

Online-Beratung	Beratungstagung
Bürger*innen und Politiker*innen diskutieren Stellungnahmen von Expert*innen und geben erste Empfehlungen ab.	Bürger*innen diskutieren erste Empfehlungen, hören Expert*innen an und fassen priorisierte Empfehlungen in Beratungsbericht zusammen.
→ Erste Empfehlungen	→ Beratungsbericht

veröffentlicht erste Empfehlungen und Beratungsbericht

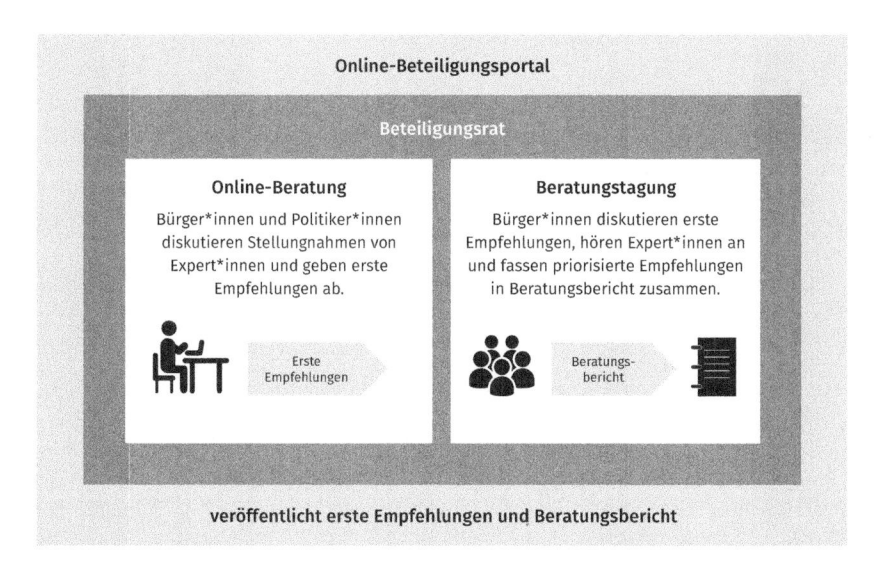

Abbildung 2:   Die zwei Schritte eines Beteiligungsrats

Im zweiten Schritt eines Beteiligungsrats werden diese ersten Empfehlungen von zufällig ausgewählten Bürger*innen an einem Wochenende auf einer *Beratungstagung* diskutiert. Auch hier können Expert*innen angehört werden. Die Teilnehmer*innen werden in kleinere Arbeitsgruppen aufgeteilt, in denen sie Empfehlungen aus der Online-Beratung zusammenfassen, weitere Empfehlungen entwickeln und alle Empfehlungen nach ihrer Priorität ordnen. Die so geordneten Empfehlungen werden in einem finalen Beratungsbericht zusammengestellt, der von der Koordinationsstelle an Bundesregierung beziehungsweise Bundesrat überreicht und auf dem Online-Beteiligungsportal veröffentlicht wird. Hier können nun alle Bürger*innen die Empfehlungen kommentieren und priorisieren. Die Dauer der beiden Schritte kann je nach Umfang und Komplexität des Themas beziehungsweise Gesetzesentwurfs auch verlängert werden.

Offen für breite Mitwirkung

Durch das zweistufige Verfahren mit Online-Beteiligung und zufällig ausgewählten Bürger*innen können möglichst viele Bürger*innen an Beteiligungsräten teilhaben. Gleichzeitig werden durch staatliche Freistellung und Lohnfortzahlung sowie eine gezielte Rekrutierung auch sozial Benachteiligte und Minderheiten miteinbezogen.

Beteiligungsräte als Schritt zu einer Beteiligungsrepublik

Wir haben in diesem Beitrag anhand des in der Studie „*Mehr Mitsprache wagen*" (Geißel und Jung 2019) entwickelten Modells eines Beteiligungsrats deutlich gemacht, dass Mini-Publics Bundestag und Bundesregierung bei der Gesetzgebung unterstützen können. Vor Beginn des Gesetzgebungsprozesses helfen sie bei der Erkennung gesellschaftlicher Probleme. Während des Gesetzgebungsprozesses erleichtern sie die Berücksichtigung unterschiedlicher, auch weniger stark organisierter gesellschaftlicher Interessen. Dabei binden Beteiligungsräte die breite Öffentlichkeit, aber auch Minderheiten und sozial Benachteiligte ein und sorgen für eine transparentere Politik. Dies geschieht mittels einer Initiierung durch die Bundesregierung, den Bundestag oder die Zivilgesellschaft sowie durch ein zweistufiges Verfahren mit zufällig ausgewählten Bürger*innen und der Nutzung von Online-Beteiligung. Eine unabhängige Koordinationsstelle und eine gesetzliche Verankerung stellen dabei einen wirksamen Umgang mit den Empfehlungen der Beteiligungsräte sicher.

Das Modell des Beteiligungsrats beleuchtet nur einen Ausschnitt der politischen Willensbildungs- und Entscheidungprozesse. Um die repräsentative Demokratie für die Zukunft durch Bürgerbeteiligung gut aufzustellen, erscheint uns die Einbettung der Beteiligungsräte in ein umfassenderes Beteiligungssystem sinnvoll. Ein Beispiel hierfür wäre die auch von Rohr et al. (2019) vorgeschlagene Verbindung von deliberativen Verfahren und Volksinitiativen, die Themen verbindlich auf die Agenda des Bundestags setzen. So könnten erfolgreiche Volksinitiativen immer von Beteiligungsräten begleitet werden, um deren weitere Behandlung im Bundestag transparent zu gestalten.

> Einbettung in umfassendes Beteiligungssystem

Beteiligungsräte sollen letztendlich auch einen Beitrag dazu leisten, das Vertrauen in Parteien, Bundestag und Bundesregierung zu stärken und die Zufriedenheit mit der Demokratie in Deutschland zu erhöhen. Hierfür sind zusätzlich Maßnahmen in der demokratischen Bildung der Bürger*innen und in der Sozialpolitik nötig, die Bürger*innen Ressourcen und Motivation für politische Beteiligung vermitteln. Beteiligungsräte können entsprechende Gesetzesvorhaben effektiver, inklusiver und transparenter gestalten.

Literatur

Allianz Vielfältige Demokratie. 2017. Bürgerbeteiligung mit Zufallsauswahl. Das Zufallsprinzip als Garant einer vielfältigen demokratischen Beteiligung: ein Leitfaden für die Praxis. Gütersloh: Bertelsmann Stiftung.

Buchstein, Hubertus. 2010. „Reviving Randomness for Political Rationality: Elements of a Theory of Aleatory Democracy". Constellations 17(3):435–54.

Buchstein, Hubertus. 2013. „Lostrommel und Wahlurne – Losverfahren in der parlamentarischen Demokratie". Zeitschrift für Parlamentsfragen 44(2):384–403.

Decker, Frank, Volker Best, Sandra Fischer, und Anne Küppers. 2019. Vertrauen in Demokratie: Wie zufrieden sind die Menschen in Deutschland mit Regierung, Staat und Politik? herausgegeben von Friedrich-Ebert-Stiftung.

Geißel, Brigitte, und Stefan Jung. 2019. Mehr Mitsprache wagen: ein Beteiligungsrat für die Bundesrepublik. Bonn: Friedrich-Ebert-Stiftung.

Nanz, Patrizia, und Claus Leggewie. 2018. Die Konsultative: mehr Demokratie durch Bürgerbeteiligung. Erweiterte Neuauflage. Berlin: Verlag Klaus Wagenbach.

Offe, Claus. 2017. „Referendum vs. Institutionalized Deliberation: What Democratic Theorists Can Learn from the 2016 Brexit Decision". Daedalus 146(3):14–27.

Rohr, Jascha, Hanna Ehlert, Sonja Hörster, Daniel Oppold, und Patrizia Nanz. 2019. „Bundesrepublik 3.0 Abschlussbericht" herausgegeben von Umweltbundesamt. TEXTE 40/2019.

Rohr, Jascha, Hanna Ehlert, Benjamin Möller, Sonja Hörster, und Marie Hoppe. 2017. „Impulse zur Bürgerbeteiligung vor allem unter Inklusionsaspekten – empirische Befragungen, dialogische Auswertungen, Synthese praxistauglicher Empfehlungen zu Beteiligungsprozessen" herausgegeben von Umweltbundesamt. TEXTE 36/2017.

Dr. Rolf Frankenberger

Die unterschätzte Gefahr?
Rechtspopulismus und Bürgerbeteiligung

Demokratie und Populismus stehen in einem Spannungsverhältnis. Denn obwohl Populist*innen einen Mangel an (direkter) Demokratie beklagen, verfolgen sie meist eine autoritäre Agenda. Sie erzeugen Feindbilder, grenzen aus und spalten. Beteiligung, und insbesondere dialogische Beteiligung, jedoch basiert auf gegenseitiger Anerkennung und Respekt sowie einem Miteinander ohne Zwang oder Gewalt. Dazu braucht es klare Regeln, die auch durchgesetzt werden. Gerade gegenüber Populist*innen.

Demokratie und Populismus – ein Spannungsverhältnis

Demokratie ist ein umstrittenes Konzept. Im Alltagsleben wie in der Wissenschaft gibt es viele Definitionen von Demokratie – aber keine einheitliche. Als Herrschaftsform lässt sie sich im Kern als eine „Ordnung der Institutionen zur Erreichung politischer Entscheidungen, bei welcher einzelne die Entscheidungsbefugnis vermittels eines Konkurrenzkampfs um die Stimmen des Volkes erwerben" (Schumpeter 2018, S.365) definieren. Neben freien und fairen Wahlen braucht Demokratie politische Gleichheit in Rechten, Pflichten und Einflussmöglichkeiten. Dazu gehören Meinungsfreiheit, Informationsfreiheit, Organisationsfreiheit und politische Inklusion (Dahl 2015, S. 85f). Wie die Ordnung der Institutionen ausgestaltet ist, unterscheidet sich von Land zu Land teils deutlich. Die repräsentative Demokratie, also das Übertragen von politischen Entscheidungsrechten durch Wahl auf Stellvertreter*innen, ist dabei das vorherrschende Modell. Dieses wird in unterschiedlichem Maß durch formale und informelle Verfahren der deliberativen und/oder direkten Demokratie ergänzt. Und obwohl in Deutsch-

Unterschiedliche Demokratiemodelle

land eine Mehrheit der Bevölkerung sowohl mit der Idee der Demokratie als auch der Umsetzung der Demokratie in der Praxis zufrieden ist, gibt es auch Kritik (vgl. z. B. Frankenberger/Seeleib-Kaiser 2020). Am lautesten tun sich dabei Populist*innen hervor. Einerseits sprechen sie den demokratischen Institutionen, Akteur*innen und Verfahren ihre Legitimität ab. Andererseits benennen sie die von ihnen wahrgenommenen gesellschaftlichen und politischen Probleme – meist in einer drastischen und vereinfachenden Weise.

Ursachen für Populismus

Es gibt nicht „die eine" Ursache für das Aufkommen und Erstarken des Populismus. Es ist viel eher ein Bündel von wirtschaftlichen, politischen und gesellschaftlichen Veränderungen, die den Boden für den Erfolg von Populist*innen bereiten. Zunehmende ökonomische Ungleichheit, Globalisierung und gleichzeitiger Abbau sozialer Sicherung erzeugen Verunsicherung. Wertewandel und Pluralisierung führen zu einem Bedeutungsverlust traditioneller Werte. Es entstehen neue kulturelle Konfliktlinien: zwischen Global- und Pluralismus auf der einen sowie Traditional- und Nationalismus auf der anderen Seite. Etablierte politische Akteur*innen und Institutionen verlieren ihre Bindungskraft. Nicht zuletzt führen diese Entwicklungen dazu, dass sich Einzelne und ganze Gruppen an den Rand gedrängt, benachteiligt und kulturell wie politisch entwurzelt fühlen (vgl. zu den Ursachen exemplarisch Müller 2016, Mudde/Kaltwasser 2017, Jörke/Selk 2017 sowie Frankenberger 2019). Populist*innen und insbesondere Rechtspopulist*innen nutzen diese Entwicklungen für ihre politischen Zwecke. Sie konstruieren Feindbilder und eine exklusive Wir-Identität. Und sie verkünden einfache, meist nationale und exklusive politische wie ökonomische Lösungen für die komplexen Probleme moderner Gesellschaften.

Populist*innen – oder besser deren Anhänger*innen – begegnet man vor allem online, aber auch zunehmend in Beteiligungsverfahren. Sie stellen dort eine besondere Herausforderung dar. Der Leitfrage, wie man mit Populist*innen in Beteiligungsprozessen umgehen kann, gehe ich in diesem Beitrag nach. In einem ersten Schritt werde ich dazu darlegen, dass Populismus sowohl eine Ideologie als auch ein politischer Stil ist. Zweitens lassen sich daraus Aspekte des Populismus ableiten, die direkt Einfluss auf die Durchführung und das Gelingen von Beteiligungsverfahren haben. Dazu gehören das Konstruieren von Feindbildern und Gegensätzen ebenso wie ein ausgeprägter Anspruch, im Besitz der einzigen Wahrheit zu sein. Abschließend skizziere ich in Anschluss an Grundsätze guter Beteiligung die Strategien des Ein- und Ausschließens als möglicher Umgangsformen mit Populist*innen.

Was ist Populismus?

Populismus ist ein Modebegriff geworden – und ein politischer Kampfbegriff. Um das Vorgehen und die Strategie von politischen Gegner*innen zu beschreiben und mitunter abzuwerten. Oder um gleich ganze politische Bewegungen und Parteien in eine Schublade zu stecken und ihren Erfolg zu erklären. Gleichzeitig ist Populismus auch Gegenstand wissenschaftlicher Beschäftigung mit eben diesen mehr oder weniger neuen politischen Phänomenen: politische Akteur*innen, die sich volksnah geben, stark zuspitzen, Autoritäten anzweifeln und gegen die politischen „Eliten" hetzen. Als ein solcher wissenschaftlicher Begriff ist Populismus vielschichtig und mehrdeutig. Populismus kann als „dünne" Ideologie (Mudde 2008), als politischer Stil oder als politische Strategie verstanden werden. Es wird dabei jeweils ein unterschiedlicher Schwerpunkt bei der Analyse ein und desselben Phänomens gewählt.

Politischer Kampfbegriff

Populismus als Ideologie

Eine häufig verwendete Definition von Populismus betont ideologische Inhalte, die sich auf den Gegensatz, ja geradezu einen „Kampf" zwischen einem als homogen, rein und wahrhaftig verstandenen Volk auf der einen und einer korrupten, eigennützigen oder gar degenerierten Elite auf der anderen Seite zuspitzen lassen (vgl. Mudde 2008, Mudde/Kaltwasser 2015). Populistische Ideologien sind darüber hinaus dadurch gekennzeichnet, dass sie

- einen Volksbezug herstellen und dieses Volk moralisch überhöhen,

- eine Gemeinschaft durch Ab- und Ausgrenzung herstellen,
- einen Alleinvertretungsanspruch des Volkswillens reklamieren und
- jeglichen Widerspruch moralisch und politisch zu delegitimieren versuchen

(vgl. Müller 2016, S.130f, Frankenberger 2019, S. 167f).

Wenn man sich die Merkmale von Populismus etwas genauer anschaut, wird deutlich, dass hier nicht nur ein Spannungsverhältnis, sondern ein Widerspruch besteht: zwischen populistischem und demokratischem politischem Handeln. Die innere Logik des Populismus ist nicht nur antielitär, sondern auch antidemokratisch, wie Jan Werner Müller zeigt. Denn Populist*innen haben einen exklusiven Anspruch: „Wir – und nur wir – vertreten das wahre Volk. Und ihre politischen Entscheidungen laufen unweigerlich auf ein moralisches richtig oder falsch hinaus" (Müller 2016, S. 129). Anstatt in einem demokratischen Aushandlungsprozess Lösungen zu finden, behaupten sie, im Besitz einer Wahrheit zu sein. Diese leiten sie direkt aus vermeintlich besonderen Kenntnissen des Volkswillens ab. Das wiederum führt dazu, dass Populist*innen Widerspruch, Kritik, Opposition und einen offenen Diskurs ablehnen. Diese antidemokratische Haltung von Populist*innen zeigt sich in mehreren Punkten. Erstens in der Konstruktion des Gegensatzes zwischen „unten und oben", zwischen „Volk und Eliten". Dabei werden die Eliten als Feind des Volkes stilisiert. Zweitens in der Ablehnung anderer Meinungen als „Abweichung vom wahren Willen des Volkes". Und drittens mit der Beschwörung eines einheitlichen „Wir", das in der Regel „national, kulturell, religiös, männlich, politisch und rassistisch von anderen abgegrenzt" wird (Demirović 2018, S. 36ff).

Ablehnung von Diskursen

Sobald sich solche nationalistischen, rassistischen, menschenverachtenden Motive der Aus- und Abgrenzung an den Populismus anlagern, spricht man von Rechtspopulismus. Vertreter*innen des Rechtspopulismus sind in ihrer Rhetorik und in ihren politischen Zielen oft nicht mehr von Rechtsextremist*innen zu unterscheiden.

Populismus als Strategie und politischer Stil

Praktisch umgesetzt wird populistische Politik mit sehr spezifischen Stilmitteln. Dazu gehören grobe Vereinfachungen, Tabubrüche und die Inszenierung von Krisen. Populismus als Stil beinhaltet das Heraufbeschwören des „Volkes" als ganz zentrales Element. Es wird zum Publikum und Subjekt populistischer Politik. Eliten, Staat und Establishment werden als Quelle von Krisen, Korruption und Zusammenbruch beschworen, um das „Volk" gegen sie zu positionieren. Krise und Bedrohung sind ein zweites zentrales Element populistischer Strategien (vgl. Taggart 2000, Moffitt 2015). Krisen erfordern ein unmittelbares und schnelles Handeln. Es wird die Dringlichkeit einfacher und direkter Lösungen suggeriert. Gleichzeitig werden die sogenannten Eliten als untätig und unfähig dargestellt und ein unangemessener Handlungsdruck erzeugt. Nicht zuletzt gehören zu den Stilmitteln von Populist*innen schlechtes Benehmen (Moffitt/Tomey 2014, S. 392) und der Tabubruch. Das beinhaltet Gossensprache ebenso wie das bildliche Überzeichnen und ein Tabus brechender Sprachgebrauch. Dies geschieht in Deutschland oft in Hinblick auf ein behauptetes Redeverbot und eine vermeintliche Einschränkung der Meinungsfreiheit. Dass dabei bewusste Verharmlosungen von NS-Verbrechen wie in Alexander Gaulands „Vogelschiss"-Rede oder Übernahmen nationalsozialistischer Sprache wie etwa in den Begriffen Umvolkung oder Lügenpresse verwendet werden, ist dabei kein Zufall. Mit Kurt Weyland (2001) lässt sich dieses Vorgehen zu einer politischen Strategie verdichten, durch die populistische Anführer*innen nach einer Macht streben, die auf direkter, unvermittelter und nicht institutionalisierter Unterstützung des „Volkes" beruht.

Stilmittel des Populismus

Populist*innen lehnen die Ideen von Pluralismus und Gleichheit ebenso ab, wie die Vorstellung mündiger Bürger*innen, die sich selbst vertreten können. Gegen die Vielfältigkeit und Komplexität moderner Gesellschaften stellen sie Vereinfachung, Schwarz-Weiß-Denken, Vorstellungen eines „einheitlichen Volkes" und autoritäre politische Lösungen. Sie beschwören die Krise und den Ausnahmezustand, um ihren Positionen Anerkennung und Unterstützung zu verschaffen. Gangbare Lösungen präsentieren sie in der Regel nicht. Empirische Beispiele, was Populist*innen behaupten und fordern, gibt es viele. Gerade die rechtspopulistische (vgl. Decker 2018; Häusler 2018) und in Teilen auch rechtsextreme (vgl. Verfassungsschutz 2020) Partei „Alternative für Deutschland" (AfD) liefert dafür zahlreiche Beispiele, die auch im öffentlichen Diskurs Anklang finden (vgl. Sinner 2020). So konstruiert sie etwa den Gegensatz zwischen Volk und Elite in Deutschland schon in ihrem Grundsatzprogramm. Sie skandalisiert gleichzeitig die repräsentative Demokratie als Elitenkartell und ruft das „Volk" als Souverän an. Dort heißt es: „Heimlicher Souverän ist eine kleine, machtvolle Führungsgruppe innerhalb der Parteien (…) Es hat sich eine politische Klasse von Berufspolitikern gebildet, deren vordringliches Interesse ihrer Macht, ihrem Status und ihrem Wohlergehen gilt. Es handelt sich um ein politisches Kartell, das die Schalthebel der staatlichen Macht, soweit diese nicht an die EU übertragen worden ist, die gesamte politische Bildung und große Teile der Versorgung der Bevölkerung mit politischen Informationen in Händen hat. Nur das Staatsvolk der Bundesrepublik Deutschland kann diesen illegitimen Zustand beenden". (AfD 2016, S.14-15). Gleichzeitig wird dieses Volk national und kulturell abgegrenzt: „Die Ideologie des Multikulturalismus, die importierte kulturelle Strömungen auf geschichtsblinde Weise der einheimischen Kultur gleichstellt und deren Werte damit zutiefst relativiert, betrachtet die AfD als ernste Bedrohung für den sozialen Frieden und den Fortbestand der Nation als kulturelle Einheit" (AfD 2016, S. 92). Andere, wie etwa der Bundestagsabgeordnete und kulturpolitische Sprecher der AfD, Marc Jongen, formulieren dies noch deutlicher und fügen eine biologisierte Dimension der Herkunft hinzu: „Die Identität des Volkes ist eine Mischung aus Herkunft, aus Kultur und aus rechtlichen Rahmenbedingungen. Der Pass alleine macht noch keinen Deutschen. Als AfD sind wir deshalb dafür, das sogenannte Abstammungsprinzip, das bis vor Kurzem noch gegolten hat, wieder einzuführen." (Die Zeit 2016). Schon diese kleinen Beispiele zeigen, wie

Die Idee des Staatsvolkes

Polarisierung und Identitätsbildung in der populistischen Rhetorik Hand in Hand gehen.

Was wollen Populist*innen?

Folgt man der Programmatik populistischer Parteien, so wollen sie vor allem auf Missstände aufmerksam machen. Missstände, die durch die Eliten, die Fremden, die Linksradikalen ausgelöst und ausgenutzt werden und gegen die Interessen des „Volkes" stehen. Marc Jongen spricht in diesem Zusammenhang beispielsweise vom „68er-verseuchten Deutschland" (Die Zeit 2016) und Björn Höcke vom „Merkel-System", das weg müsse: „dieses Merkel-System sind sämtliche Kartellparteien, die es nicht gut mit diesem Land meinen" (Twitter 2019). Und auch der schon zitierte Auszug aus dem Grundsatzprogramm der AfD verweist auf das von der Partei behauptete Elitenkartell. Populist*innen wollen also im Selbstverständnis denjenigen Geltung verschaffen, die durch dieses sogenannte Elitenkartell unterdrückt werden. Sie stehen der repräsentativen Demokratie und dem Parteiensystem kritisch bis ablehnend gegenüber. Und das, obwohl sie wie etwa die AfD selbst Teil der repräsentativen Demokratie und oftmals auch der von ihnen kritisierten Eliten sind. Dementgegen setzen sie eine Idee der Volkssouveränität, die sich an Plebisziten, an Volksentscheiden orientiert, bei denen das „Volk" seinen Willen direkt zum Ausdruck bringen soll. So fordert etwa die AfD: „… Volksentscheide in Anlehnung an das Schweizer Vorbild auch in Deutschland einzuführen. Wir wollen dem Volk das Recht geben, über vom Parlament beschlossene Gesetze abzustimmen" (AfD 2016, S. 16). Insofern sind Populist*innen oberflächlich an einer Stärkung der Demokratie interessiert. Diese Forderung haben sie weder exklusiv, noch ist sie generell schlecht. Denn eine Stärkung der Demokratie im Sinne einer vielfältigen Demokratie, die neben den repräsentativen Elementen auch deliberative und direktdemokratische Elemente kennt, ist wünschenswert und wird von vielen gesellschaftlichen Akteur*innen gefordert (vgl. z. B. Bertelsmann-Stiftung/Staatsministerium Baden-Württemberg 2014). Entscheidend ist vielmehr, dass Populist*innen die direkte Demo-

Vorgebliche Stärkung der Demokratie

kratie zur Durchsetzung ihrer autoritär-antidemokratischen Ziele nutzen wollen. Dazu eignen sich direktdemokratische Instrumente, weil sie zur Polarisierung und Mobilisierung besonders gut genutzt werden können. Denn Populist*innen geht es vor allem darum, Deutungshoheit und Macht zu erlangen. Sehr viel weniger geht es ihnen darum, gemeinsam mit anderen an Lösungen zu arbeiten, die für alle Beteiligten tragfähig und akzeptabel sind. Dazu jedoch wären Kompromisse oder gar eine Zusammenarbeit mit denen nötig, die als Gegner*innen, als Teil des „korrupten Systems" wahrgenommen und betitelt werden.

Populismus als Herausforderung deliberativer Praxis

Für Beteiligungsverfahren ergibt sich aus den Merkmalen des Populismus ein Spannungsverhältnis: Einerseits können die von Populist*innen vorgebrachten Positionen und Meinungen legitime Kritikpunkte enthalten. Denn Populismus kann durchaus die Funktion eines Korrektivs einnehmen, indem er Themen und Probleme benennt, die im alltäglichen politischen Diskurs keinen Platz finden, etwa weil sie von keiner relevanten politischen Partei vertreten werden oder weil keine politischen Lösungen für diese Probleme gefunden werden. Solche Repräsentations- und Leistungskrisen der repräsentativen Demokratie werden als wichtige Ursachen für den Erfolg von Populist*innen angesehen (vgl. Jörke/Selk 2017, S. 112 ff). Nicht berücksichtigte Interessen, Ängste und Nöte verschaffen sich in der Folge oft mit besonders radikal formulierten Parolen und Positionen Gehör. Als Ausdruck von wahrgenommenen Missständen sollten sie auch Eingang in politische Prozesse finden. Gerade deliberative Beteiligungsformate bieten Gelegenheit für die Verarbeitung von Positionen, die im politischen Prozess der repräsentativen Demokratie wenig Beachtung finden.

Konflikte und Polarisierung

Andererseits sind Populist*innen selten am Dialog interessiert, sondern an Konflikt und Polarisierung. Sie zweifeln die Legitimität von dialogorientierten Verfahren häufig an, weil sie diese als Instrumente von Elitenkartellen betrachten. Und weil sie unterstellen, dass es keine offenen, sondern gesteuerte Prozesse sind, bei denen die Ergebnisse von vorneherein feststehen. Oder weil sie nicht die von ihnen gewünschten Ergebnisse erzeugen. Es sind genau die darin zum Ausdruck kommenden Merkmale von Populismus wie Polarisierung, Aus- und Abgrenzung sowie Vereinfachung, die eine besondere Herausforderung für eine demokratische politische Praxis darstellen und ganz besonders in Beteiligungsverfahren zutage treten. Sie machen einen konstruktiven, einbindenden Umgang mit Populist*innen schwierig und manchmal unmöglich.

Es zeigen sich jedoch durchaus Unterschiede bei denen, die populistische Thesen und Positionen auch im öffentlichen Raum vertreten. Besonders schwierig ist dabei der Umgang mit Parteimitgliedern, Funktionär*innen und überzeugten Anhänger*innen populistischer Parteien. Eigentlich sollten sie aufgrund ihrer Klage, Politik sei abgehoben von den Interessen der Bürger*innen, ein hohes Interesse an Beteiligungsverfahren haben. Meist erschöpft sich dieses allerdings in lautstarker Kritik und Zweifeln an der Legitimität der Verfahren. Diese Personen verfolgen eine radikale politische Agenda, die zum Teil jenseits des freiheitlich-demokratischen Konsens ist. Sie sind daher an einer Radikalisierung und Eskalation und nicht an einer Verständigung interessiert. Beteiligungsverfahren, in denen diesem Personenkreis kein Einhalt geboten werden kann, sind zum Scheitern verurteilt. Allerdings gibt es auch diejenigen, die mit Positionen populistischer Parteien sympathisieren und deren Parolen wiedergeben (vgl. Sinner 2020). Sie sehen in Populist*innen Sprachrohre ihrer Sorgen und Nöte, ohne notwendigerweise deren ideologische Positionen zu teilen. Sie sind der repräsentativen Demokratie und ihren Vertreter*innen gegenüber kritisch eingestellt und wünschen sich mehr direkte Demokratie. Gleichzeitig werden sie jedoch kaum selbst politisch in Beteiligungsverfahren aktiv (vgl. Frankenberger, Buhr/Gensheimer 2019). Wenn sie dies jedoch tun, dann haben sie in der Regel eine starke Motivation, die sich aus wahrgenommenen Ungerechtigkeiten speist. Durch offene und aufnehmende Beteiligungsverfahren können sie durchaus aktiviert und integriert sowie für die Demokratie „zurückgewonnen" werden.

Unterschiedliche Grade von Diskursfähigkeit

Zwei Strategien im Umgang mit Populist*innen

Daraus ergeben sich letztlich zwei Strategien, die im Umgang mit Populist*innen in Beteiligungsverfahren nacheinander angewendet werden können: Einbinden und Ausschließen. Ihren Ausgangspunkt haben sie in der Idee der Öffentlichkeit als Raum, in dem Menschen gemeinsam tätig werden und rationale Entscheidungen treffen. So argumentiert Hannah Arendt, dass der öffentliche Raum, ja, das Politische selbst durch gemeinsames Handeln entsteht. In diesem öffentlichen Raum können sich die Handelnden über ihre Angelegenheiten verständigen. Sie argumentiert, dass dies erst durch Macht möglich ist. Denn „Macht entspricht der menschlichen Fähigkeit, nicht nur zu handeln oder etwas zu tun, sondern sich mit anderen zusammenzuschließen und im Einvernehmen mit ihnen zu handeln" (Arendt 1970, S. 45). Beteiligungsverfahren sind damit mächtige Orte, insoweit Menschen in der Lage sind, gemeinsam zu handeln und zu entscheiden. Sobald andere bedrängt oder bedroht werden, verschwindet Macht. Gewalt und totalitäre Herrschaft nehmen ihren Anfang.

Einbinden und ausschließen

Ganz ähnlich argumentiert Jürgen Habermas, wenn er strategisches und kommunikatives Handeln unterscheidet. Strategisches Handeln ist zielorientiert und der Zweck steht über den Mitteln. Kommunikatives Handeln wird durch das Erzeugen eines Einverständnisses koordiniert und zwar auf der Grundlage kritisierbarer Geltungsansprüche. Und nur wenn diese akzeptiert werden, können handelnde Personen ihre Ziele erreichen (vgl. Habermas 1981). Es geht ihm in ähnlicher Weise wie Hannah Arendt darum, dass Menschen sich nur dann rational organisieren können, wenn sie in Situationen der Herrschaftsfreiheit, der Gleichheit und Allgemeinheit sowie des Einsatzes des „zwanglosen Zwangs des besseren Arguments" (vgl. Habermas 1962, S.161-224) handeln können. Gültig sind dann gemäß dem von ihm formulierten Diskursprinzip „genau die Handlungsnormen, denen alle möglicherweise Betroffenen als Teilnehmer an rationalen Diskursen zustimmen können" (Habermas 1992, S.138).

Wer an echten Lösungen interessiert ist, ist zu Dialog und Deliberation bereit

Populist*innen handeln häufig strategisch und nicht kommunikativ im Sinne von Habermas. Im Gegenteil sind sie an gemeinsamem und einvernehmlichem Handeln nicht interessiert. Begeben sie sich dennoch in deliberative Beteiligungsverfahren, so bietet sich zunächst die Strategie des Einbindens an. Es geht darum, die Muster strategischen Handelns aufzubrechen. Durch Regeln für Beteiligungsprozesse soll kommunikatives Handeln ermöglicht werden. Mit Habermas und anderen lassen sich dazu Grundsätze guter Beteiligung formulieren, in denen die Idee des möglichst herrschaftsfreien Diskurses verwirklicht werden kann. So schlägt beispielsweise die Allianz Vielfältige Demokratie zehn Grundsätze guter Beteiligung vor, die in Einklang mit den genannten Aspekten sind (Allianz Vielfältige Demokratie 2017). Aus diesen zehn gleichberechtigten Grundsätzen möchte ich vier hervorheben, weil sie im Umgang mit Populist*innen besonders bedeutsam sind und sowohl das Einbinden als auch das Ausschließen ermöglichen.

Muster aufbrechen

Erstens leben Beteiligungsprozesse von der Bereitschaft zum Dialog. Dies gilt für die Veranstalter*innen, Moderator*innen und Teilnehmer*innen an solchen Prozessen gleichermaßen. Wenn eine einbindende Strategie verfolgt werden soll, müssen sich alle Akteur*innen darauf einlassen, offen und interessiert gegenüber den Meinungen und Vorschlägen der Beteiligten zu sein. Dabei müssen auch kritische oder sich widersprechende Beiträge berücksichtigt werden (vgl. Allianz Vielfältige Demokratie 2017, S.7). Und auch die Teilnehmer*innen müssen sich darauf einlassen, andere Meinungen zu hören und einen Perspektivenwechsel vorzunehmen, um Kritik nachvollziehen zu können. Kritik hört jedoch da auf, wo der gegenseitige Respekt abhandenkommt und Abwertung, Beleidigung und Rassismus anfangen. Hier muss von Seiten der Moderation eingegriffen werden, um Gleichberechtigung und Nichtdiskriminierung sicherzustellen.

Perspektivwechsel

Zweitens sind die Auftraggeber*innen, die Ziele und die Mitgestaltungsmöglichkeiten in einem Beteiligungsprozess transparent zu machen (vgl. Allianz Vielfältige Demokratie 2017, S.9). Dies hilft, falschen Erwartungen vorzubeugen. Und es erhöht die Legitimität des Prozesses. Gerade Populist*innen versuchen, diese zu untergraben und unterstellen „geheime Ziele". Wird aber offen kommuniziert, welche Ziele verfolgt werden, was Gegenstand des Prozesses ist und welche Gestaltungs- und Entscheidungsmöglichkeiten bestehen, so kann diese Kritik widerlegt werden.

Transparenz

Drittens soll Bürgerbeteiligung vielfältige Mitwirkung ermöglichen und nicht durch Einzelinteressen bestimmt werden (Allianz Vielfältige Demokratie 2017, S. 16f). (Nicht nur) Populist*innen neigen dazu, laut und dominant aufzutreten und abweichende Meinungen abzuwerten oder zu unterdrücken. Hier muss die Vielfalt von Meinungen und Interessen betont sowie im Idealfall durch die Moderation hervorgehoben werden. Zudem sollten sich möglichst viele betroffene Gruppen und Personen äußern können.

Sicherstellung von Meinungsbreite

Viertens sind Verfahrensregeln ein Schlüssel für gelingende Beteiligungsprozesse. Dazu gehören Regeln zum Umgang der Akteur*innen miteinander. Darüber hinaus braucht es Regeln zu Zweck, Ablauf und Formen der Beteiligung sowie zur Steuerung und Dokumentation sowie der Umsetzung der Ergebnisse des Beteiligungsprozesses (vgl. Allianz Vielfältige Demokratie 2017, S.18f). Wenn es sich um formale, durch Satzungen oder Gesetze festgelegte Verfahren handelt, sind darin diese Regeln vorab festgelegt. Gelegentlich werden auch zusätzlich Spielräume für weitere, dann meist informelle Beteiligungsprozesse eröffnet. Beispielhaft hierfür ist etwa die in Baden-Württemberg 2013 erlassene „Verwaltungsvorschrift der Landesregierung zur Intensivierung der Öffentlichkeitsbeteiligung in Planungs- und Zulassungsverfahren" (Landesregierung Baden-Württemberg 2013) mit dem dazugehörigen „Leitfaden für eine neue Planungskultur" (Staatsministerium Baden-Württemberg 2014). An formalen Beteiligungsprozessen kann nicht teilnehmen, wer sich nicht an die festgelegten Regeln hält. Auch bei informellen Verfahren ist es wichtig, solche Verfahrensregeln zu

Faire Prozesse

definieren. Durch die gemeinsame Festlegung unter Einbindung aller Beteiligten wird die Verbindlichkeit der Regeln erhöht. Gleichzeitig werden Möglichkeiten der Sanktionierung von Regelverstößen geschaffen.

Diese vier Grundsätze erscheinen besonders gut geeignet, Beteiligungsprozesse so zu gestalten, dass sie dem Ideal eines herrschaftsfreien öffentlichen Raums nahekommen. Wer an Dialog und gemeinsamen Lösungen interessiert ist, wird sich auf die damit formulierten Rahmenbedingungen einlassen.

Fazit: Wer grob foult, muss sich nicht über einen Spielausschluss wundern

An diesem Punkt hakt es gerade bei Populist*innen. Denn immer wieder geht es ihnen nicht um eine Lösung, sondern um das Verbreiten ihrer Botschaften. Fordert man dann die Einhaltung der gemeinsam formulierten Regeln ein, wird das oft zum Anlass weiterer Eskalation genommen und verstärkt ein Gefühl der Ausgrenzung. Das ist gerade in Beteiligungsprozessen ein Dilemma, denn sie sollen dazu dienen, möglichst viele Meinungen zu integrieren. Allerdings stellen sich Populist*innen mit einer Verweigerungshaltung selbst ins Abseits und diskreditieren ihre Position und Haltung als demokratisches Korrektiv. Denn sie verweigern sich damit demokratischen Prozessen des Dialogs und der Willensbildung. Und das muss auch klar benannt werden. Im Zweifel muss dann auf die zweite Strategie des Ausschließens übergegangen werden. Dies ist Aufgabe der Moderator*innen beziehungsweise derjenigen, die das Hausrecht im Verfahren ausüben. Ansonsten riskiert man das Scheitern des gesamten Beteiligungsprozesses. Es geht also darum, die einmal festgelegten Regeln zu kommunizieren und durchzusetzen. Wer ein wahrhaftiges inhaltliches Anliegen hat, wird die Regeln tendenziell auch akzeptieren. Sie dienen ja dazu, dass auch dieses Anliegen gleichberechtigt formuliert werden kann. Denjenigen, die auch nach Ermahnung weiter senden, aufwiegeln und stören wollen, muss man entschlossen entgegentreten. Denn Beteili-

Rückgriff auf Hausrecht

gung funktioniert nicht nach dem Prinzip „Ich habe Recht oder das Verfahren ist illegitim und ich mache nicht mehr mit".

Beteiligung basiert auf gegenseitiger Anerkennung und Respekt. Beteiligungsprozesse funktionieren auf der Basis eines Miteinander ohne Gewalt und Zwang. Und dazu braucht es klare Regeln, deren Einhaltung auch durchgesetzt wird. Gerade gegenüber Populist*innen.

Literatur

Allianz Vielfältige Demokratie (2017): Qualität von Bürgerbeteiligung. Zehn Grundsätze mit Leitfragen und Empfehlungen, Gütersloh, online unter: https://www.bertelsmann-stiftung.de/fileadmin/files/Projekte/Vielfaeltige_Demokratie_gestalten/Qualitaet_von_Buergerbeteiligung_final.pdf, zuletzt besucht am 14.04.2020.

Alternative für Deutschland (2016): Programm für Deutschland. Das Grundsatzprogramm der Alternative für Deutschland, online unter: https://www.afd.de/grundsatzprogramm/, zuletzt besucht am 14.04.2020.

Arendt, Hannah (1970): Macht und Gewalt, München.

Bertelsmann Stiftung und Staatsministerium Baden-Württemberg (Hrsg.) (2014): Partizipation im Wandel: Unsere Demokratie zwischen Wählen, Mitmachen und Entscheiden. Gütersloh.

Bundesamt für Verfassungsschutz (2020): Fachinformation: Einstufung des „Flügel" als erwiesen extremistische Bestrebung, online unter: https://www.verfassungsschutz.de/de/aktuelles/zur-sache/zs-2020-002-fachinformation-einstufung-des-fluegel-als-erwiesen-extremistische-bestrebung, zuletzt besucht am 14.04.2020.

Dahl, Robert (2015): On Democracy, 2. Aufl. mit einem Vorwort und zwei Kapiteln von Ian Shapiro. New Haven (zuerst 1998).

Decker, Frank (2018): Was ist Rechtspopulismus? Politische Vierteljahresschrift, 59(2), 353-369.

Demirović, Alex (2018): Autoritärer Populismus als neoliberale Krisenbewältigungsstrategie. PROKLA, 190, S. 27 – 42.

Die Zeit (2016): „Man macht sich zum Knecht". Interview mit Marc Jongen, online unter: https://www.zeit.de/2016/23/marc-jongen-afd-karlsruhe-philosophie-asylpolitik; zuletzt besucht am 14.04.2020.

Frankenberger, Rolf und Seeleib-Kaiser, Martin (2020): Krise der Demokratie oder Krise des Demos? In: Christian Timm and Konrad Hummel (Hrsg.), Demokratie und Wohlfahrtspflege. Blätter der Wohlfahrtspflege / Sozialwirtschaft Special Issue 2020, Baden-Baden, pp.113-140.

Frankenberger, Rolf, Buhr, Daniel und Gensheimer, Tim (2019): Zwischen Mitmachen und Dagegen sein. Politische Lebenswelten in Baden-Württemberg, in: Baden-Württemberg Stiftung (Hrsg.), Demokratie-Monitoring Baden-Württemberg 2016/2017, Wiesbaden, S. 149-172.

Frankenberger, Rolf (2016): Gegenbewegungen – rechtspopulistische Weltenentwürfe wider die offene Gesellschaft. In: Franz, Matthias und Karger, André (Hrsg.), Männer. Macht. Therapie, Göttingen, S. 161-180.

Habermas, Jürgen (1962): Strukturwandel der Öffentlichkeit. Untersuchungen zu einer Kategorie der bürgerlichen Gesellschaft, Neuwied.

Habermas, Jürgen (1981): Theorie des kommunikativen Handelns, Frankfurt am Main.

Habermas, Jürgen (1992): Faktizität und Geltung, Frankfurt am Main.

Häusler, Alexander (2018): Völkisch-autoritärer Populismus. Der Rechtsruck in Deutschland und die AfD, Hamburg.

Höcke, Björn (2019): Rede 2019, online unter: https://twitter.com/GodCoder/status/1088222897343287296?ref_src=twsrc%5Etfw%7Ctwcamp%5Etweetembed%7Ctwterm%5E1088222897343287296&ref_url=https%3A%2F%2Fwww.volksverpetzer.de%2Fkolumnen%2Fgauland-afd-rechtsextrem%2F ; zuletzt besucht am 14.04.2020.

Jörke, Dirk und Selk, Veit (2017): Theorien des Populismus zur Einführung, Hamburg.

Landesregierung Baden-Württemberg (2013): Verwaltungsvorschrift der Landesregierung zur Intensivierung der Öffentlichkeitsbeteiligung in Planungs- und Zulassungsverfahren (VwV Öffentlichkeitsbeteiligung), online unter: https://beteiligungsportal.baden-wuerttemberg.de/fileadmin/redaktion/beteiligungsportal/StM/131217_VwV-Oeffentlichkeitsbeteiligung.pdf, zuletzt besucht am 15.04.2020.

Moffitt, Benjamin (2015): How to perform crisis: A model for understanding the key role of crisis in contemporary populism, in: Government and Opposition, 50(2), S. 189-217.

Moffitt, Benjamin, und Tormey, Simon (2014): Rethinking populism: Politics, mediatisation and political style, in: Political Studies, 62 (2), S. 381-397.

Mudde, Cas und Kaltwasser, Cristobal Rovira (2017): Populism: A very short introduction. Oxford.

Müller, Jan Werner (2016): Was ist Populismus? Ein Essay. Frankfurt am Main.

Roth, Roland (2017): Direkte Demokratie und Bürgerbeteiligung in Zeiten des Rechtspopulismus, in: eNewsletter Netzwerk Bürgerbeteiligung 01/2017 vom 06.04.2017. Online unter: https://www.netzwerk-buergerbeteiligung.de/fileadmin/Inhalte/PDF-Dokumente/newsletter_beitraege/1_2017/nbb_beitrag_roth_170406.pdf, zuletzt besucht am 14.04.2020.

Schumpeter, Josef (2018): Kapitalismus, Sozialismus und Demokratie. 9., durchgesehene Aufl., Tübingen (zuerst 1947).

Sinner, Isabel (2020): Populist Political Communication: a comparison of Party officials and Voters of the AfD, in: Frankenberger, Rolf und Chernenkova, Elena (Hrsg.), Local Politics and Public Wellbeing, Baden-Baden (im Erscheinen).

Staatsministerium Baden-Württemberg (2014): Leitfaden für eine neue Planungskultur, online unter: https://beteiligungsportal.baden-wuerttemberg.de/fileadmin/redaktion/beteiligungsportal/StM/140717_Planungsleitfaden.pdf, zuletzt besucht am 15.04.2020.

Taggart, Paul (2000): Populism, Buckingham.

Weyland, Kurt (2001): Clarifying a contested concept: Populism in the study of Latin American politics, in: Comparative Politics, 2001, 34 (1).

Valentin Sagvosdkin

Beteiligungsprozesse als Resonanzräume in Zeiten sozial-ökologischer Krisen

Der Aufstieg der Mut- oder Wutbürger*innen hat in den letzten Jahrzehnten zu einem vielseitigen Ruf nach mehr Beteiligung geführt. Gleichzeitig muss der politischen Gegenwartsorientierung angesichts der ökologischen Vielfachkrise strukturell etwas entgegengesetzt werden. Ist Öffentlichkeitsbeteiligung Teil der Krise der Demokratie, weil sie als „neoliberales Herrschaftsinstrument" Konzerninteressen nutzt und Bürger*innen durch (Schein-)Beteiligung entpolitisiert? Oder vermag sie Resonanzräume zu eröffnen, das heißt in einer zunehmend polarisierten Gesellschaft Räume der Begegnung eröffnen und zukunftsfähige Ideen befördern?

Einleitung

Feindlichkeit statt Resonanz

„Alle denkbaren konkreten ökonomischen, politischen oder ökologischen Reformen – oder Revolutionen – greifen notwendig zu kurz (...) solange sie das Weltverhältnis oder die Weltbeziehung als solche nicht zu transformieren vermögen", schreibt der Soziologe Hartmut Rosa (Rosa 2019b: 39). Er charakterisiert das dominante moderne Weltverhältnis als *entfremdet*: Die Menschen stehen der Welt – sich selbst oder anderen Menschen – oft indifferent oder feindlich gegenüber, statt in *Resonanz* zu gehen (Rosa 2019a: 316). Befördert Bürgerbeteiligung gesellschaftliche Entfremdung, weil sie als Teil der „Krise der Demokratie" die Menschen entpolitisiert oder Frust gegen „die da oben" erzeugt? Oder kann Bürgerbeteiligung dazu verhelfen, dass Menschen in politische Entscheidungen konstruktiv eingebunden werden, miteinander in Resonanz gehen und so wesentlich zur Lösung sozial-ökologischer Krisen beitragen? Kurz: Was bedeutet Bürgerbeteiligung in Zeiten von Rechtspopulismus, Fridays-for-Future-Bewegung und Klimakrise?

Öffentlichkeitsbeteiligung und die Krise der Demokratie

Zunächst ist die Frage zu klären: Was meint Bürgerbeteiligung? Ein sehr weites Verständnis versteht darunter jedwede freiwillig ausgeübte Aktivität von Bürger*innen, die mit dem Ziel der politischen Einflussnahme ausgeübt wird (Vetter und Remer-Bollow 2017: 59). Um das Feld etwas einzugrenzen, wird in diesem Beitrag jedoch darunter die durch Verfahren und Prozesse strukturierte Einbeziehung von Bürger*innen beziehungsweise Anwohner*innen an (politischen) Entscheidungen außerhalb herkömmlicher Wahlen oder Abstimmungen verstanden. Zudem wird der Begriff der Öffentlichkeitsbeteiligung verwendet, weil dann auch Personen ohne Bürgerstatus einbezogen werden (können) (Alcántara et al. 2014: 18).

Wir leben in einer Zeit komplexer, miteinander verwobener sozial-ökologischer Krisen. Sie stellen wesentlich auch eine Krise der Demokratie dar oder schaffen zumindest für herkömmliche Entscheidungsverfahren große Herausforderungen. Zwei Problemfelder sind dabei besonders zentral: erstens der Aufstieg des Rechtspopulismus. Dieser wird mit vielfältigen zusammenkommenden Ursachen ökonomischer, sozialer, kultureller und politischer Natur zu erklären versucht: Zum einen schürte die wirtschaftliche Instabilität etwa im Zuge und nach der letzten Finanzkrise 2007/08 die Abstiegsangst insbesondere in abgehängten Regionen im ländlichen Raum. Doch auch in Städten scheint die Absicherung der Lohnarbeit angesichts von Digitalisierung und Automatisierung bedroht (Funke et al. 2016; Doerr et al. 2018). Zum anderen wird argumentiert, die Menschen seien nicht abgehängt, sondern haben schlicht eine fremdenfeindliche Einstellung (Schröder 2018), die im Zuge von „Filterblasen" digitaler Medien eigene Dynamiken entfalten kann (Müller und Schwarz 2019). Es fehlen offenbar Räume der Begegnung außerhalb der eigenen „Echokammer", denn es zeigt sich, „dass gerade in Regionen, welche sich durch einen sehr niedrigen Anteil von Migranten auszeichnen, ,der' Fremde, ,die'

Aufstieg des Rechtspopulismus

Asylbewerber oder ‚die' Muslime als Symbol und Projektionsfläche abstrakter Ängste von drohender gesellschaftlicher Desintegration, einer Ghettoisierung von Stadtbezirken sowie der Entstehung rechtsfreier Räume fungieren" (Vorländer 2018: 77). Gleichzeitig gehört es zum Muster rechtspopulistischer Kommunikation, Ängste anzuheizen und polarisierend ein (vermeintlich) homogenes „Wir" gegen ein (vermeintlich fremdes) „Anderes" zu suggerieren (Ötsch und Horaczek 2017). Hinzu kommt eine grundsätzliche Unzufriedenheit mit den politischen Eliten, die als Krise der Demokratie oder seit den 1990er Jahren unter dem Schlagwort der „Postdemokratie" diskutiert wird (Rancière 1997; Crouch 2008; Merkel 2016). Postdemokratie bedeutet etwa für den Politikwissenschaftler Colin Crouch (2008), dass in Gemeinwesen zwar formal Wahlen stattfinden und Regierungen (ab-)gewählt, Wahlkämpfe jedoch zu PR-Spektakeln verkommen, bei denen vorher von Expert*innen definierte Probleme diskutiert und die eigentlichen Entscheidungen von Wirtschaftseliten beeinflusst werden: „Die Mehrheit der Bürger spielt dabei eine passive, schweigende, ja sogar apathische Rolle, sie reagiert nur auf die Signale, die man ihnen gibt" (ebd. S.10). Dies sind unterschiedliche Ansätze, die zu erklären versuchen, warum viele Menschen den Eindruck haben, nicht mehr von der Politik gehört zu werden und nicht mehr in wirklich relevantem Ausmaß mitentscheiden zu können. Einige organisieren sich daher – je nach Lesart – als Wut- oder Mutbürger*innen. Immerhin suchen viele nicht unbedingt politisch rechts nach Antworten, sondern engagieren sich vielmehr zivilgesellschaftlich. Der Boom der Bürgerbeteiligung der letzten Jahrzehnte war jedenfalls auch ein Antwortversuch auf *vielseitige* Rufe nach mehr Partizipation.

Postdemokratie

Die Klimakrise als Demokratieproblem

Das zweite Problemfeld umfasst die ökologische Vielfachkrise, die meist vereinfachend als Klimakrise bezeichnet wird. Um eine Kettenreaktion katastrophaler Folgen zu verhindern und die Erderwärmung bzw. -erhitzung auf deutlich unter 2 Grad im Vergleich zur vorindustriellen Zeit zu begrenzen, müssten laut dem „Weltklimarat" innerhalb kürzester Zeit *einschneidende* politische Maßnahmen getroffen und umgesetzt werden (Masson-Delmotte et al. 2018). Diese bleiben aber bisher aus. Ohne hier näher auf mögliche psychologische Gründe einzugehen wie beispielsweise die Abstraktheit des Katastrophenausmaßes oder Verdrängung stellt sich das nicht ausreichende Handeln mindestens *auch* als ein Demokratieproblem dar. Es wird hier gerne auf eine Theorie der Politik zurückgegriffen. Sie bedient sich zur Erklärung einer bestimmten „ökonomischen" Denkweise und verortet die Schwierigkeit im Wesentlichen in falschen „Anreizen": Politiker*innen würden demnach aufgrund der Architektur der Demokratie beispielsweise wegen kurzer Legislaturperioden zu kurzfristigen Entscheidungen gedrängt. Sie richten sich in dieser Lesart nach denjenigen Stimmen und kurzfristigen Interessen, die ihre Wiederwahl sichern. Dies begünstige Lobbyismus und erzeuge Klientelpolitik, anstatt Entscheidungen im Sinne des gesamtgesellschaftlichen Gemeinwohls oder gar Interesses zukünftiger Generationen (Gesang 2014: 21f). Ebenso würden Wähler*innen zu dieser politischen *Gegenwartsorientierung* beitragen, indem sie ihre eigenen kurzsichtigen Interessen präferieren und die Kosten heutiger Politik externalisieren (ebd.: 25; Tremmel 2018: 107f). Sinnvoll ist dieser Erklärungsansatz dann, wenn er einlädt, über strukturelle und institutionelle Rahmenbedingungen der Demokratie zu reflektieren und in diesem Sinne Lösungsvorschläge zu unterbreiten. Beispielsweise könnten sogenannte „Ombudspersonen für zukünftige Generationen" mit einem politischen Mandat ausgestattet werden, ähnlich wie es in Israel (2001 bis 2006) und Ungarn (2008 bis 2011) zumindest kurzzeitig institutionalisiert wurde (Göpel 2014: 96f). Sie repräsentieren explizit die Stimme der zukünftigen Generationen und können – je nachdem, wie viel Gewicht man ihnen einräumt – bestimmte Gesetze blockieren oder zumindest wirksam kritisieren. Problematisch ist jedoch die Vorstellung, dass Individuen ihre „Präferenzordnung" in der Wahlentscheidung zur Geltung bringen, wobei „eine Gegenwartspräferenz in der Nutzenfunktion angenommen" wird (Stein 2014: 51). Was zudem als „die" ökonomische De-

> Kurzfristiges politisches Handeln

mokratietheorie gehandelt wird, entstammt lediglich dem Denken der Standardökonomie, das heißt einem Mainstream *bestimmter* ökonomischer Theorieschulen, von denen die neoklassische Variante, die mit mathematisierten Nutzenfunktionen arbeitet, die dominanteste ist. Zugrundeliegende Annahmen wie stabile Präferenzordnungen oder ein „rationales" (nutzenmaximierendes) durch „Anreize" gesteuertes Verhalten folgen einem fragwürdigen *mechanistischen* Menschenbild (siehe etwa Brodbeck 2013). In dieser Denklogik müssen die „richtigen", meist *monetären* Anreize gesetzt werden. Menschen erscheinen wie Automaten oder eben Maschinen, bei denen man – überspitzt gesagt – nur bestimmte Knöpfe zu drücken braucht, um das „richtige" Verhalten zu bewirken. Es wird ausgeblendet, dass Menschen sich etwa aufgrund von durch Bildung erlangten Einsichten zu einer anderen Haltung *entscheiden* können. In einer Demokratie sollten die Menschen in diesem Sinne als mündige Bürger*innen betrachtet werden, die sich ihre politische Meinung *bilden* können. Mit einer ökonomischen Brille allein wird jedoch das Problem der Gegenwartsorientierung in den von Eigeninteressen motivierten Individuen verortet, statt die Grundannahmen dieser Theorien selbst zu reflektieren.

Neoliberale Politik als Schutz der Märkte vor Demokratie

Neben der neoklassischen Theorieschule und dem „ökonomischen Denken" aus der Wirtschaftswissenschaft tritt die anhaltende Dominanz einer von ihren Kritiker*innen als neoliberal oder marktfundamental bezeichneten Wirtschaftspolitik: Seit den 1970er Jahren fand in zahlreichen westlichen Industrienationen ein (wirtschafts-)politischer Paradigmenwechsel statt. Er überkam die bis dahin maßgeblich von dem Ökonomen John Maynard Keynes geprägte westliche „keynesianische" Wirtschaftsordnung, die etwa regulierte Finanzmärkte und eine aktive Rolle des Staates in der Wirtschaftspolitik vorsah. Das neoliberale Programm dagegen beinhaltete die Privatisierung vieler Sektoren, eine Liberalisierung des Handels und De- beziehungsweise Re-Regulierung der Wirtschafts- und Finanzmärkte sowie einen Abbau des Sozialstaats (Butterwegge et al. 2017; Ötsch 2019).

Legitimiert wurde dieser politische Umbau durch das neoliberale Narrativ, wonach ein personifizierter „Markt" „Kräfte" oder einen durch Wettbewerb beförderten „Preismechanismus" entfaltet, der angeblich die effizientesten Lösungen erbringt.[1] Es geht jedoch in dieser Erzählung weniger um einen komplett „freien" als um eine Politik *für* „den Markt", um eine *Ummantelung*, ein Primat „des Marktes" (Ötsch 2019: 94f; Slobodian 2019: 13). Im Mittelpunkt steht nicht die Befreiung von Märkten, sondern die Gestaltung von Institutionen, „um den Kapitalismus gegen die von der Demokratie ausgehenden Bedrohung zu isolieren und einen Ordnungsrahmen zu schaffen" (Slobodian 2019: 8). Im Sinne dieser Denklogik kann dann auch die Politik *als Markt* interpretiert werden wie in der „Neuen Politischen Ökonomie" oder anderen ökonomischen Demokratietheorien[2]: Bürger*innen entscheiden entsprechend ihren Präferenzen aus den gegebenen Wahloptionen auf „dem Markt" der politischen Parteien.

_{Politik als Markt}

In den letzten Jahren hat sich ein eigener Forschungsbereich etabliert, der eine Ökonomisierung nahezu aller gesellschaftlichen Bereiche aufgrund des neoliberalen gesellschaftlichen Umbaus konstatiert (Schimank und Volkmann 2008). Von der (Schul-)Bildung (Höhne 2015) über Politik (Schaal et al. 2014), Zivilgesellschaft (Zimmer 2012) und Medien (Meier und Jarren 2001) bis zur Bestattung (Akyel 2013). Und auch Umwelt- und Klimapolitik verbleiben bisher noch weitgehend innerhalb einer solchen quantifizierenden ökonomischen (Markt-)Logik (Moreno et al. 2016; Heller und Sagvosdkin 2020b). Der Aufstieg des Rechtspopulismus und die Krise der Demokratie können auch als Folge dieser Entwicklungen betrachtet werden (z. B. Butterwegge 2009). Immerhin war die Finanzkrise 2007 mitsamt der demokratisch fragwürdigen Krisenpolitik und die daraus resultierende verstärkte Abstiegsangst erst die Folge „aktivierender" neoliberaler (Sozial-)Politik.

Bürgerbeteiligung – Lösung oder Teil der „Krise der Demokratie"?

Bürgerbeteiligung wird in dieser Lesart nicht als Antwort auf die Krise der Demokratie, sondern vielmehr als Teil von ihr gesehen. Sie stelle ein neoliberales Herrschaftsinstrument dar. So argumentiert etwa Wagner (2016: 124f), dass Beteiligungsverfahren im Kontext von Großbauprojekten oder in der Stadtentwicklung durchgeführt werden, um Proteste von Bürger*innen klein zu halten oder zu verhindern. Bürgerbeteiligung entpolitisiere so durch Einbindung (ebd.: 131). Letztlich seien sie daher ein strategisches Instrument, um Interessen von Großkonzernen oder neoliberale Sparpolitik durchzusetzen. So würden etwa auch Bürgerhaushalte eingesetzt, um Kürzungen in öffentlichen Haushalten zu legitimieren (ebd. 2013: 19 mit Verweis auf Kaul 2012). Ähnlich knüpft Eis (2016) an die Postdemokratiedebatte an, wonach alternativlose Entscheidungen implementiert und Bürger*innen nur im Nachhinein etwa bei der Umsetzung der Schuldenbremse im Bürgerhaushalt oder bei der Atommüll-Endlagersuche beteiligt werden. „Die entscheidenden Legitimationswege entziehen sich nach dieser These jedoch immer mehr den parlamentarischen Verfahren, was sich etwa im Zuge der ‚Eurorettung' anschaulich zeigte, wenn (sic!) das Bundesverfassungsgericht den Bundestag erst an die Wahrnehmung seines Haushaltsrechts erinnern musste" (ebd.: 110). Hedtke (2016: 134) kritisiert unter anderem, dass Partizipation systematisch Enttäuschung erzeuge und im Wesentlichen durch soziale Herkunft privilegierte Eliten zusammenbringe.

Beteiligung als politisches Instrument

Öffentlichkeitsbeteiligung, das wird durch die Kritik deutlich, ist kein „neutrales" Instrument, sondern politisch. Auch wer als Dienstleister*in Verfahren organisiert oder moderiert trägt daher Verantwortung. Doch ist Öffentlichkeitsbeteiligung per se elitär, exkludierend und neoliberal? Vieles deutet darauf hin, dass das nicht der Fall ist. So kamen beispielsweise Neblo et al. (2009: 17; 25) in einer Studie in den USA zu dem Ergebnis, dass junge Menschen, Personen mit geringem Einkommen oder Angehörige ethnischer

Minderheiten signifikant stärker zur Öffentlichkeitsbeteiligung bereit sind als andere Zielgruppen. Es müssen natürlich auch entsprechend Zugänge geschaffen werden. In Deutschland argumentiert etwa Landwehr (2014), wenn auch nur exemplarisch, dass sich innerhalb deliberativer Verfahren „kein *bias* in Richtung der Interessen sozial Privilegierter zeigt, sondern sich egalitaristische Argumente aufgrund ihrer kategorialen Logik besser durchsetzen als utilitaristische und Eigenverantwortungsargumente" (ebd.: 20).

Öffentlichkeitsbeteiligung ist nicht gleich Öffentlichkeitsbeteiligung

Grundsätzlich wäre zu fragen, welche Formen der Öffentlichkeitsbeteiligung zeitgemäße (Teil-)Lösungen auf die sozial-ökologischen Krisen bieten können. Eine einzige Antwort, der alle zustimmen würden, kann es aber kaum geben. In den verschiedenen Verfahren und Methoden spiegeln sich unterschiedliche Weltbilder – Wertvorstellungen, Haltungen und Theorieschulen – wider. Alcántara et al. (2013) unterscheiden daher zwischen vier „idealtypischen" Demokratiekonzepten, die mit unterschiedlichen Auffassungen von Öffentlichkeitsbeteiligung einhergehen[3]: neoliberal, funktionalistisch, deliberativ und emanzipatorisch. Diese Ansätze verfolgen je unterschiedliche Zielschwerpunkte. So würde verkürzt gesagt die neoliberale Sicht – wobei diese anders als von der oben dargestellten Kritik aufgefasst wird – individuelle Interessen und Präferenzen fokussieren und daher versuchen, Verfahren fair und repräsentativ durchzuführen (Alcántara et al. 2013: 36). Mit dem Ziel, Interessen kompromisshaft auszugleichen, seien vor allem Verhandlungen, Schlichtungen und Mediationen die Mittel der Wahl (ebd.: 38). Hauptziel funktionalistischer Partizipation dagegen sei es, die möglichst besten Lösungen durch die Einbeziehung von Expertenwissen zu finden (ebd.: 38f). Im deliberativen Verständnis wiederum gehe es, angelehnt an die Demokratietheorie des Philosophen Jürgen Habermas, um das „Erzielen von Übereinkunft durch den rationalen Austausch von Argumenten in einer Atmosphäre des Zuhörens und gegenseitigen Anerkennens" (ebd.:

Unterschiedliche Verständnisse von Beteiligung

40). Ziel dabei sei die Erhöhung von Inklusivität und die Verbesserung der Realität (ebd.: 41). Schließlich gehe es der emanzipatorischen Perspektive vorrangig um „die Aufdeckung und Beseitigung von verdeckten Machtstrukturen in einer Gesellschaft" (ebd). Daher werde der Fokus auf Ermächtigung (Empowerment) von Minderheiten beziehungsweise benachteiligten Gruppen gelegt (ebd.). Tabelle 1 zeigt einen vereinfachten Überblick der verschiedenen Auffassungen von Öffentlichkeitsbeteiligung.

Zumindest für Alcántara et al. (2013) gibt es in dieser Pluralität von Verfahren keinen Königsweg, sondern es müsste vielmehr situations- und kontextabhängig ausgewählt oder auch kombiniert werden. Wenn der Entscheidungsspielraum bereits eingeschränkt sei – wie beispielsweise beim Ausbau einzelner Trassenabschnitte im Zuge der Energiewende – könnten durchaus Mediationsverfahren neoliberaler Logik am besten geeignet sein (ebd.: 49f). Gleichzeitig müsse Öffentlichkeitsbeteiligung – anders als es bisher überwiegend Praxis ist – in jeder Phase des Politikprozesses ansetzen können. Es sei kein gutes Zeichen für den Zustand einer Demokratie, wenn Beteiligung viel zu spät beginnt wie etwa bei dem Bahnhofsprojekt Stuttgart 21, wo Planungsverfahren jahrelang intransparent verliefen (ebd.: 128).

Späte Beteiligung als Warnsignal

Kurz gesagt: Öffentlichkeitsbeteiligung sollte nicht pauschal als „Mitmachfalle" (Wagner 2013) verworfen werden. So merkt auch Brangsch (2016: 87) an, dass eine grundsätzliche Ablehnung, „ein tiefes Misstrauen in die Fähigkeit der „Anderen" – sprich der Mehrheit der Menschen – ein[schließt], irgendetwas Konstruktives zur Lösung der sie betreffenden unmittelbaren Probleme zu leisten."

Beteiligung ist auch nicht als solche „neoliberal", vielmehr kommt es auf die konkreten Verfahren und Methoden, die Zeit- und Themenkontexte sowie auf die Haltung der verantwortlichen Akteur*innen und der Moderation an. Anders könnte gesagt werden, nicht eine bestimmte Methodik ist per se neoliberal, funktionalistisch usw., sondern es kommt vielmehr auf die Gestaltung des Gesamtzusammenhangs an.

	Ziel-Schwerpunkte	Kritik
neoliberal	Präferenzen abbilden und Interessen ausgleichen (Bargaining)	Herrschaftsinstrument zur Durchsetzung von Konzerninteressen; Legitimation von Sparpolitik; Entpolitisierung durch Einbindung (aus emanzipatorischer Sicht)
funktionalistisch	Expertenwissen und beste Lösung in technokratischem Verständnis (Wissensintegration)	Fehlende Inklusion aller Argumente (aus deliberativer Sicht); Fehlendes Empowerment (aus emanzipatorischer Sicht)
deliberativ	Gegenseitiges Verständnis, transparente Entscheidungsfindung und Integration gesellschaftlicher und kultureller Werte (Arguing)	Privilegierung von Eliten (aus emanzipatorischer Sicht)
emanzipatorisch	Inklusion und Empowerment von Gruppen, die aufgrund ihrer Ressourcenausstattung momentan vom politischen System ausgeschlossen werden (Bildung und Inklusion)	Gesamtheit repräsentativer Präferenzen fehlt; Befriedungsfunktion bei emotional aufgeladenen Konflikten fehlt (aus neoliberaler Sicht)

Tabelle 1: Überblick verschiedener „idealtypischer" Auffassungen von Öffentlichkeitsbeteiligung in den Unterscheidungen neoliberal, funktionalistisch, deliberativ und emanzipatorisch (angelehnt an: Alcántara et al. 2013: 45; 56; Wagner 2013 und 2016; Eis 2016).

Es braucht Qualitätskriterien für gute und angemessene Beteiligung, wie sie inzwischen je nach Zielgruppe und politischer Ebene vielfach ausgearbeitet wurden (siehe etwa Alcántara et al. 2013: 131f; Netzwerk Bürgerbeteiligung 2020). Zugänge für benachteiligte Minderheiten können geschaffen (Inklusion) und Menschen mit weniger dominantem Redeverhalten befähigt sowie zur Teilnahme ermutigt werden (Empowerment). Themen und Verfahren sind je nach Kontext rechtzeitig und angemessen zu kommunizieren (Transparenz) und vieles mehr.

Qualitätskriterien

Inwiefern aber kann Öffentlichkeitsbeteiligung einen Beitrag angesichts der eingangs beschriebenen sozial-ökologischen Krisen leisten? Wie oben bereits skizziert, muss der derzeitigen politischen Gegenwartsorientierung strukturell und institutionell entgegengewirkt werden. Ein und sicherlich nicht der einzig mögliche Ansatz dies mittels Öffentlichkeitsbeteiligung zu tun, ist die Idee, vermehrt Bürger- und Zukunftsräte ins Leben zu rufen beziehungsweise institutionell zu verstetigen (Tremmel 2018; Leggewie und Nanz 2016). Als „vierte Gewalt" oder „Konsultative" – etwa durch ein Netzwerk dezentraler Zukunftsräte – sollen sie dabei die repräsentative Demokratie nicht ersetzen oder aushöhlen, sondern zeitgemäß ergänzen (Leggewie/Nanz 2016: 340). Öffentlichkeitsbeteiligung im Allgemeinen und Zukunftsräte im Besonderen bieten die Chance, gesellschaftlicher Polarisierung entgegenzuwirken. Um dies abschließend zu skizzieren, soll die Resonanztheorie des Soziologen Hartmut Rosa für den Kontext der Öffentlichkeitsbeteiligung fruchtbar gemacht werden. Denn wie bis hierhin deutlich gemacht werden sollte: Öffentlichkeitsbeteiligung ist kein neutrales Instrument für einen neutralen Zweck. Insofern geht es nicht nur um konkrete Ziele – etwa Lösungen im Zuge der Klimakrise zu erarbeiten –, sondern auch um den Prozess an sich.

Öffentlichkeitsbeteiligung ist kein Selbstzweck

Öffentlichkeitsbeteiligung als Resonanz- und Begegnungsräume

Die Moderne zeichnet sich nach Rosa durch Entfremdung als dominanter Weltbeziehung aus, „in der Subjekt und Welt einander indifferent oder feindlich" gegenüberstehen (Rosa 2019a: 316). In den letzten Jahrzehnten habe sich in modernen Gemeinwesen in diesem Sinne ein sozialantagonistischer Modus der politischen Begegnung eingestellt, der einem Täter/Opfer-Schema folge: Das Politische „erscheint (…) als Ort des Kampfes, in dem man sich entweder als Täter durchsetzt oder aber als Opfer sehen muss, wo man bleibt; bestenfalls versucht man Kompromisse zu schmieden" (Rosa 2019b: 50). Resonanz hingegen ist ein Beziehungsmodus, in dem die Menschen sich „als Wesen begegnen, die einander etwas zu sagen haben, die sich vom „Anderen" berühren lassen und ihm oder ihr selbstwirksam zu antworten vermögen, und zwar so, dass sich beide beziehungsweise alle dabei (auf ein Gemeinsames hin) verwandeln" (ebd.: 50). Resonanz meint dabei gerade nicht, in homogenen Echoräumen Streit und Kontroversen auszuweichen und damit alles Abweichende auszumerzen oder beherrschen zu wollen (Rosa 2019a: 317f). „Ein Herrschaftsverhältnis ist ein stummes Weltverhältnis" (Rosa 2019b: 51). Resonanz kann im Politischen auch ein „tönende[s] Widersprechen" (ebd. 2019a: 369) beinhalten, aber auch „sich von den anderen etwas sagen zu lassen" (ebd.: 2019b. 51). Resonanzmomente können sich als „Knistern' im Saal" äußern, als kollektives Geschehen, bei dem sich die Anwesenden gemeint fühlen und für sie „etwas auf dem Spiel steht" (ebd.: 335, Herv. i. O.). Gelingt Verständigung, so Rosa weiter, „gehen die Teilnehmenden geradezu verwandelt aus der Diskussion hervor – das aber ist ein ganz anderer Vorgang und ein anderes ‚Glück' als die Erfahrung sich durchgesetzt, seine Interessen verteidigt oder Recht bekommen zu haben" (ebd.). Viele „Debatten und Aktionen finden (wenigstens in Deutschland) in geschlossenen sozialen Räumen statt [sic], die zudem oft auch peinlichst gegen ‚die Anderen' abgeschottet werden. Bürgerbeteiligungsverfahren zwingen jedoch dazu, den eigenen sozialen Raum zu verlassen und bieten dazu oft die Möglichkeit" (Brangsch 2016: 88f). Das zeigt sich etwa an gelungenen Beispielen wie in Irland: 2012 wurden dort Bürger*innen per Los bestimmt, um ein gesellschaftliches Konfliktthema (das Abtreibungsrecht) zu diskutieren und einen Gesetzesvorschlag zu erarbeiten. Nach der professionell moderierten Auseinandersetzung mit dem Thema unter Einbezug von Expert*innen und Betroffenen wurde eine Liberalisierung des Abtreibungsrechtes vorgeschlagen. Im Anschluss fand ein Referendum statt, bei dem der Vorschlag von der Mehrheit der Bevölkerung im katholischen Irland angenommen wurde (Bürgerrat Demokratie 2020). Einem ähnlichen Konzept folgend wurde auch in Deutschland der „Bürgerrat Demokratie" ins Leben gerufen, der 2020 in die letzte Phase eintrat. Es wäre zu überlegen und auszuprobieren, wie Zukunftsräte bereits

Marginalie: Resonanzmomente

strukturell so angelegt werden können, dass der politischen Gegenwartsorientierung – sollte sie auch in diesem Setting vorherrschen – etwas entgegengesetzt wird. So könnten beispielsweise Jugendliche der Fridays-for-Future-Bewegung in einem Zukunftsrat zum Thema Klimakrise vertreten oder mindestens als Betroffene angehört werden. Oder es könnte ähnlich wie bei Konzepten zum kommunalen Klimanotstand festgeschrieben sein, dass alle Themen der Zukunftsräte durch entsprechende Experteninformationen einen Bezug zu Nachhaltigkeit aufweisen müssen.

Fazit: demokratische Kultur statt polarisierendes Gegeneinander

Kultur und Haltung

Bürger- oder Zukunftsräte können dabei sicher nicht alle Probleme lösen. Im Angesicht konflikthafter sozial-ökologischer Krisen eröffnet Öffentlichkeitsbeteiligung jedoch immerhin die Chance für Resonanz- und Lernräume, um den – oft vermeintlich – „Anderen" (Menschen, Themen oder Werten) zu begegnen und sich innerhalb einer demokratischen Kultur mit ihnen auseinanderzusetzen. Dies setzt zum einen die Bereitschaft zur Initialisierung entsprechender tatsächlich partizipativer Dialogangebote in Politik und Verwaltung voraus. Es verlangt zum anderen eine beteiligungsfreundliche Haltung und wertschätzendes Verhalten aller Prozessbeteiligten.

Literatur

Akyel, Dominic (2013): Die Ökonomisierung der Pietät: Der Wandel des Bestattungsmarkts in Deutschland. Bd. 76. Frankfurt/New-York: Campus Verlag.

Alcántara, Sophia, Rainer Kuhn, Ortwin Renn, Nicolas Bach, Birgit Böhm, Hans-Liudger Dienel, Peter Ullrich, Carolin Schröder, und Heike Walk (2014): DELIKAT–Fachdialoge Deliberative Demokratie: Analyse Partizipativer Verfahren für den Transformationsprozess. Dessau-Roßlau: Umweltbundesamt.

Brangsch, Lutz (2016): „Bürgerbeteiligung als Neuvermessung des Demokratischen". In Transformation der Demokratie – demokratische Transformation, herausgegeben von Alex Demirović, 84–103. Münster: Westfälisches Dampfboot.

Brodbeck, Karl-Heinz (2013): Die fragwürdigen Grundlagen der Ökonomie. Eine philosophische Kritik der modernen Wirtschaftswissenschaften. 6. Auflage. Darmstadt: WBG.

„Bürgerrat Demokratie" (2020): Online unter: https://www.buergerrat.de/fileadmin/Illustrationen_3/Konzept_Buergerrat_V3.pdf. Zugriff: 1.3.2020.

Butterwegge, Christoph (2009): „Globalisierung als Spaltpilz und sozialer Sprengsatz". In Zuwanderung im Zeichen der Globalisierung. Migrations-, Integrations- und Minderheitenpolitik, herausgegeben ders., 55–102. Springer.

Butterwegge, Christoph, Bettina Lösch, und Ralf Ptak, Hrsg (2017): Kritik des Neoliberalismus. 3., aktualisierte Auflage. Wiesbaden: Springer.

Crouch, Colin (2008): Postdemokratie. Frankfurt am Main: Suhrkamp.

Doerr, Sebastian, Stefan Gissler, José Luis Peydró, und Hans-Joachim Voth (2018): „From finance to extremism: the real effects of germany's 1931 banking crisis". CEPR Discussion Papers, Nr. 12806.

Eis, Andreas (2016): „Partizipation und politisches Lernen in der postdemokratischen Aktivgesellschaft". In Transformation der Demokratie – demokratische Transformation, herausgegeben von Alex Demirović, 104–122. Münster: Westfälisches Dampfboot.

Funke, Manuel, Moritz Schularick, und Christoph Trebesch (2016) „Going to extremes: Politics after financial crises, 1870–2014". European Economic Review 88: 227–260.

Gesang, Bernward (2014): Kann Demokratie Nachhaltigkeit? Springer.

Göpel, Maja (2014): „Ombudspersonen für zukünftige Generationen: Diktatoren oder Bürgervertreter?" In Kann Demokratie Nachhaltigkeit?, herausgegeben von Bernward Gesang, 89–108. Wiesbaden: Springer.

Hedtke, Reinhold (2016): Partizipation als politisches und pädagogisches Problem. In: Demokratiepolitik, 133–146. Wiesbaden: Springer.

Heller, Hannah und Valentin Sagvosdkin (2020a): Ideologie und Erzählung: Das marktfundamentale Metanarrativ in der Wirtschaftswissenschaft explizieren und seine Wirkung reflektieren. In: Jahrbuch „Ökonomie und Gesellschaft", herausgegeben von Wenzel Matiaske und Werner Nienhüser. Marburg: Metropolis.

Heller, Hannah und Valentin Sagvosdkin (2020b): Die narrative Krise der (Wirtschafts-) Wissenschaft und ihre Bedeutung in der globalen Umweltpolitik. In: Ötsch, Walter Otto und Steffestun, Theresa (Hrsg.): Wissen und Nichtwissen der ökonomisierten Gesellschaft – Aufgaben einer neuen Politischen Ökonomie. Marburg: Metropolis. Online abrufbar als Working Paper: https://www.cusanus-hochschule.de/wp-content/uploads/2020/11/64_Narrative-Krise.pdf.

Höhne, Thomas (2015): Ökonomisierung und Bildung: Zu den Formen ökonomischer Rationalisierung im Feld der Bildung. Wiesbaden: Springer.

Landwehr, Claudia (2014): Die Diagnose ohne den Patienten gestellt. Anmerkungen zu Postdemokratie und Bürgerbeteiligung. In: Politische Vierteljahresschrift, Nr. 55 (1): 18–32.

Leggewie, Claus, und Patrizia Nanz (2016): Stärkung der Demokratie durch Institutionalisierung von Bürgerbeteiligung? In: Zeitschrift für Politikwissenschaft 26 (3): 335–341.

Masson-Delmotte, Valérie, (Hrsg.) (2018): Sonderbericht über 1,5 °C globale Erwärmung. Intergovernmental Panel on Climate Change (IPCC). Online unter: https://www.de-ipcc.de/media/content/SR1.5-SPM_de_181130.pdf. Zugriff: 2.3.2020.

Meier, Werner A., und Otfried Jarren (2001): Ökonomisierung und Kommerzialisierung von Medien und Mediensystem. Einleitende Bemerkungen zu einer (notwendigen) Debatte. M&K Medien & Kommunikationswissenschaft 49 (2): 145–158.

Merkel, Wolfgang (2016): Ist die Krise der Demokratie eine Erfindung? In: Demokratiepolitik, herausgegeben von Werner Friedrichs und Dirk Lange, 25–27. Wiesbaden: Springer.

Moreno, Camila, Speich Chassé, und Lili Fuhr (2016): CO2 als Maß aller Dinge. Die unheimliche Macht von Zahlen in der globalen Umweltpolitik. Berlin: Heinrich-Böll-Stiftung. (Schriften zur Ökologie, Band 42). Online unter: https://www.boell.de/de/2016/06/16/co2-als-mass-aller-dinge.

Müller, Karsten und Carlo Schwarz (2019): Fanning the flames of hate: Social media and hate crime. Available at SSRN 3082972.

Neblo, Michael A, Kevin M Esterling und Ryan P Kennedy (2009): Who Wants to Deliberate – and Why?, American Political Science Review, Nr. 104: 566–83.

Netzwerk Bürgerbeteiligung (2020): Qualitätskriterien Bürgerbeteiligung, online unter: https://www.netzwerk-buergerbeteiligung.de/kommunale-beteiligungspolitik-gestalten/qualitaetskriterien-buergerbeteiligung/. Zugriff: 29.2.2020.

Ötsch, Walter und Nina Horaczek (2017): Populismus für Anfänger: Anleitung zur Volksverführung. Frankfurt am Main: Westend.

Ötsch, Walter Otto (2019): Mythos Markt. Mythos Neoklassik: das Elend des Marktfundamentalismus. Kritische Studien zu Markt und Gesellschaft, Band 11, Marburg: Metropolis.

Rancière, Jacques (1997): Demokratie und Postdemokratie. In: Politik der Wahrheit, herausgegeben von Alain Badiou, Rado Riha, Jacques Ranciére und Jelica Sumic, 94–122. Wien: Turia + Kant.

Renn, Ortwin (2008): Risk governance, coping with uncertainty in a complex world. London: Earthscan. London; Sterling: Earthscan.

Rosa, Hartmut (2019a.): Resonanz. Eine Soziologie der Weltbeziehung. Frankfurt am Main: Suhrkamp Taschenbuch Wissenschaft.

Rosa, Hartmut (2019b): Spirituelle Abhängigkeitserklärung. Die Idee des Mediopassiv als Ausgangspunkt einer radikalen Transformation. In: Große Transformation? Zur Zukunft moderner Gesellschaften, herausgegeben von Claus Dörre, Hartmut Rosa, Karina Becker, Sophie Bose, und Benjamin Seyd, 35–55. Wiesbaden: Springer.

Schaal, Gary S., Matthias Lemke, und Claudia Ritzi (2014): Die Ökonomisierung der Politik in Deutschland: Eine vergleichende Politikfeldanalyse. Wiesbaden: Springer.

Schimank, Uwe und Ute Volkmann (2008): Ökonomisierung der Gesellschaft. In: Handbuch der Wirtschaftssoziologie, 382–393. Wiesbaden: Springer.

Schröder, Martin (2018): AfD-Unterstützer sind nicht abgehängt, sondern ausländerfeindlich. SOEPpapers on Multidisciplinary Panel Data Research.

Slobodian, Quinn (2019): Globalisten: Das Ende der Imperien und die Geburt des Neoliberalismus. Frankfurt am Main: Suhrkamp.

Stein, Tine (2014): Zum Problem der Zukunftsfähigkeit der Demokratie. In: Kann Demokratie Nachhaltigkeit?, herausgegeben von Bernward Gesang, 47–63. Wiesbaden: Springer.

Tremmel, Jörg (2018): Zukunftsräte zur Vertretung der Interessen kommender Generationen. In: Die Demokratie und ihre Defekte, 107–143. Wiesabden: Springer.

Vetter, Angelika und Uwe Remer-Bollow (2017): Bürger und Beteiligung in der Demokratie. Eine Einführung. Wiesbaden: Springer.

Vorländer, Hans (Hrsg.) (2018): Migration und Populismus. Midem Jahresbericht. Dresden: Mercator Forum Migration und Demokratie (MIDEM). Online unter: https://forum-midem.de/cms/data/fm/download/TUD_MIDEM_Jahresbericht2018_WEB_RZ_2.pdf?fbclid=IwAR3JwC1NT2tD3MLyWRK0OcHdPasz9uORcKbr9Dlz4eT54Wn7qR84NDkGfOM. Zugriff: 2.3.2020.

Wagner, Thomas (2013): Die Mitmachfalle. Bürgerbeteiligung als Herrschaftsinstrument. Köln: PappyRossa.

Wagner, Thomas (2016): Der Mitmachfalle den Kampf ansagen. Eine bewegungsnahe Politik muss aus der wachsenden Kritik an Bürgerbeteiligungsverfahren Konsequenzen ziehen. In: Transformation der Demokratie – demokratische Transformation, herausgegeben von Alex Demirović, 122–34. Münster: Westfälisches Dampfboot.

Zimmer, Annette (2012): Die Zivilgesellschaft zwischen Ökonomisierung und Verbetriebswirtschaftlichung. Sozialwissenschaften und Berufspraxis 35 (2): 189–202.

Anmerkungen

1 Siehe weiterführend zum marktfundamentalen Narrativ: Heller und Sagvosdkin 2020a.

2 Siehe zur Kritik: Ötsch 2019: 232f.

3 Sie beziehen sich dabei stark auf die Vorarbeit von Renn 2008: 294f.

Guy Féaux de la Croix

Wie relevant sind die Erfahrungen der attischen Demokratie noch heute?

Die attische Demokratie kann uns noch heute viel Gutes lehren. Sie wurde und wird als ganz andersartig nur abgetan, um unsere heutigen demokratischen Verhältnisse nicht an grundlegenden und ewigen Maßstäben der Demokratie messen zu müssen, insbesondere am Grundprinzip der politischen Gleichheit.

Politische Relevanz und ideologische Geschichtsdeutung

Vor 2500 Jahren, im Herbst des Jahres 480 v. Chr., schlug eine panhellenische Flotte in den Meerengen von Salamis, einer Insel in Sichtweite der Athener Akropolis, eine zahlenmäßig weit überlegene Streitmacht der Perser zurück. Das Schlachten feiern ist zumindest uns Deutschen im 20. Jahrhundert gründlich vergangen. Dieser Jahrestag aber lohnt einen Rückblick. Denn der Sieg der Griechen war nicht nur Wendepunkt in einem Verteidigungskrieg gegen eine imperialistische Supermacht, sondern hatte auch weitreichende Folgen für die Stabilisierung und Vertiefung der damals noch jungen attischen Demokratie.

Erste Festredner sprechen schon von einer Geburtsstunde von Freiheit und Demokratie, von einer Sternstunde des westlichen Abendlandes. Und für manche war Salamis ein erster großer Beweis für die Überlegenheit des Westens. So suprematistisch wollen wir unsere Retrospektive gewiss nicht verstanden wissen. Wir wollen uns lieber eine kritische Reflexion vornehmen, darauf schauen, welche Folgen der athenische Triumph für den Gang der Geschichte hatte, was er für uns heute noch bedeuten möchte, für unsere demokratische Aktualität.

Ist es nicht eben dies, was uns an der alten Geschichte zu interessieren hat, nämlich ihre Bedeutung für uns in unserer eigenen Zeit? Müssen wir nicht die Chance nutzen, etwas aus den Ursprüngen der Demokratie zu lernen, die jetzt so vielen ernsthaft gefährdet erscheint? Und auch aus ihren Abwegen lernen.

Tatsächlich ist die „Relevanzforschung", so scheint es, den deutschen Altertumswissenschaften ein Fremdwort geblieben. Es gibt hierzulande jedenfalls keine Tradition, die der angelsächsischen annähernd vergleichbar wäre. Im 20. Jahrhundert steht für letztere zunächst der von R.W. Livingstone herausgegebene Sammelband „The Legacy of Greece", mit zwölf Artikeln von der Religion der Alten bis hin zu ihrer Architektur. Gleich eingangs bezeichnet Gilbert Murray die griechische Antike als ein uns verpflichtendes Vermächtnis. Moses Finley, vom Studium her Jurist und im Zuge der McCarthyistischen Verfolgungen nach Großbritannien emigriert, nahm den Faden in Cambridge wieder auf, gab dann im Jahre 1979 einen Essay-Band „The Legacy of Greece, A New Appraisal" heraus. Seinen eigenen Essay schloss er mit dem Satz: „It is in the field of political theory, not of institutions, that one must look for a possible legacy."

Die Frage nach der Relevanz

Finley bewegte sich damit im Mainstream der Altertumswissenschaften, die ganz überwiegend die athenische Demokratie, wenn sie denn überhaupt eine solche gewesen sei, für ein aliud gegenüber unserer Demokratie der Moderne erklären, für eine so andersartige Erscheinung also, dass es wenig sinnvoll erscheint, aus den demokratischen Erfahrungen der Antike etwas für unsere eigene Zeit lernen zu wollen.

In Cambridge ist die Stafette nun von Paul Cartledge übernommen worden, der eine Reihe von früheren Arbeiten in seinem Werk „Democracy, a Life" zusammengefasst hat. Für Cartledge ist die antike Demokratie von hoher Relevanz für unsere eigene Zeit, nur dass diese Relevanz auch bei ihm ein allgemeines Postulat bleibt, ohne dass er dazu ansetzte, die Erfahrungen der Alten in concreto in einen Bezug zu unseren heutigen Herausforderungen zu bringen.

Bleicken, in seinem Standardwerk zur athenischen Demokratie, stellt hingegen in der deutschen Wissenschaft ein großes Defizit mit den Worten fest: „Ich kenne kein Gesamturteil über die athenische Demokratie von einem deutschen Historiker der Nachkriegszeit, die den Namen verdiente." In einer ersten Überlegung möchten wir Gründe dieser Enthaltsamkeit in einem Pendelschlag auf den schändlichen Missbrauch des Altertums sehen, den die Nazi-Ideologen mit dem Altertum getrieben haben. Bleicken führt diese Abneigung allerdings viel weiter zurück in die deutsche Geistestradition, zum Beispiel auf Jacob Burckhardt (1819-1897), dessen Äußerungen zur athenischen Demokratie „von äußerster Distanz und schärfster Kritik" zeugten. Er sieht dafür „die tiefere Ursache der inneren Ablehnung bei den meisten an ihrem liberalen Weltbild, in dem die Freiheitsrechte den Mittelpunkt einnehmen." Noch kritischer äußert sich Bleicken zum Verriss der altgriechischen Demokratie, wie wir ihn bei einem weiteren Nestor der deutschen Althistoriker, Robert von Pöhlmann (1852-1914) finden: „Er wurde nicht müde, für sie (die antike Demokratie, d. Verf.) immer neue abwertende Wendungen zu erfinden: ‚Pöbelherrschaft', ‚Massenmehrheit', ‚Massentum', ‚Staatsform des Dilettantismus', ‚Demokratismus' usw."

<aside>Kritik des „Demokratismus"</aside>

Auch bei Werner Conze wurde deutlich, dass von der Reichsgründung an die Diskreditierung der attischen Demokratie einhergeht mit einer ganz allgemeinen Ablehnung des demokratischen Gedankens: „In den sechziger und siebziger Jahren (d. 19. Jh., d. Verf.), als die Reichsgründung vorbereitet, erkämpft und vollendet wurde, unterlag die ‚Partei' der Demokraten und der Sieg fiel denjenigen zu, die ‚Demokratie' aus der Tradition der ‚Partei der Aristokraten' oder des ‚Bourgeois-Liberalismus' begriffen. Das wurde maßgebend für das vorherrschende deutsche Verständnis von ‚Demokratie' ".

Die Verurteilungen der attischen Demokratie wirken nach Bleicken noch immer fort in einer „unvergleichbaren Abgeklärtheit": „Man könnte sie (die Demokratie, d. Verf.) ungeniert loben, aber davor scheut man sich, jedenfalls in Deutschland. Zu hart wirken die Urteile der Vergangenheit nach."

Anders betrachtet ist die Vehemenz, mit der die deutschen Altertumswissenschaften aus ihrer konservativen oder liberalen Klassenwarte den „Demokratismus" der alten Griechen verurteilten, lebendiger Ausdruck für ihre Befürchtung, welche politische Relevanz das klassische Vermächtnis doch entfalten könnte. Erklärungsbedürftig erscheint aber auch die Distanz, das Nichtverhältnis der historischen Linken zur antiken Demokratie, womöglich – in einer ersten Vermutung – Ausweis einer mangelnden Vertrautheit mit der Antike.

Dieser Enthaltsamkeit der einen wie der anderen Seite soll hier ein dezidiert demokratie-politischer Blick auf die Antike als Lehrstück gegenübergestellt werden. Ich gehe es an, in Umkehrung der üblichen Historiographie, mit einer „subsumtiven" Vorgehensweise. In einem ersten Schritt sollen Problemfelder unserer heutigen Demokratie identifiziert werden, um erst dann zu schauen, zu welchen Erfahrungen und Institutionen der Antike diese Sachverhalte in Bezug gebracht werden könnten.

Alternativer Blick auf die griechische Demokratie

Eine solche „Relevanzforschung" bedürfte eines großen und zudem noch interdisziplinären Werkes. So kann dies nur eine erste Skizze werden. In diesem der demokratischen Praxis dienenden Lehrbuch „Kursbuch Bürgerbeteiligung" werde ich meine Subsumtion in eine Reihe von Thesen kleiden, auch zuspitzen.

Zuvor aber scheinen mir einige Grundüberlegungen zur Entstehung des demokratischen Modells gerade im alten Griechenland und zu ihrem Wesen angezeigt.

Wie griechisch ist unsere demokratische Identität?

Es ist der Begriff der Identität wie kaum ein anderer mit semantischen Problemen verbunden. Wir sehen es in den aktuellen Debatten um unsere Identität und das „Identitäre". Die Sprachwissenschaftler*innen bezeichnen einen solchen Begriff als „Omnibus", in den ein jeder mit seinem Koffer voller Eigenschaften und Ideen einsteigen kann. Wenn wir Identität im Sinn der Gesamtheit unserer Eigenschaften verstehen und dazu auch unsere Herkunft zählen, weiter annehmen, dass unsere Herkunft eine für uns relevante Eigenschaft ist, dann kommen wir zu der Frage, ob wir ohne den Salamis-Sieg der Griechen über die Perser wirklich nicht die wären, die wir sind.

Wären wir sonst keine freien Menschen? Wären wir sonst keine Gleichen, in einer Demokratie lebend und gleichberechtigt die Geschicke unseres Gemeinwesens mitbestimmend? Ohne Salamis gewiss kein Perikles, kein Sokrates, kein Platon, kein Phydias, kein Praxiteles, kein Aristoteles. Die attische Demokratie hätte in einer solchen kontrafaktischen Geschichte schwerlich stattgefunden.

Demokratie als Ausnahmeerscheinung

Die These „ohne Salamis keine Demokratie" könnten wir weiter stützen mit der Feststellung, dass Demokratie in der ganzen langen Weltgeschichte eine absolute Ausnahmeerscheinung war. Wo sonst außer in Attika und einer Reihe von altgriechischen Stadtstaaten war es zur Demokratie gekommen? In einem Weltall undemokratischer Staatsformen der Menschheitsgeschichte war die attische Demokratie ein einsamer blauer Planet. So haben wir es jedenfalls gelernt. Für den geistesgeschichtlich-kausalen Zusammenhang sprechen Renaissance und Aufklärung, also die Wiederentdeckung des antiken Erbes und ihre philosophischen, wissenschaftlichen und schließlich politischen Folgen.

Bei näherem Hinsehen erweist sich die Demokratie der alten Griechen weit weniger als Vorbild der modernen, als wir dies gemeinhin annehmen möchten. In der Französischen Revolution folgte einem kurzen, fast schon obsessiven „Flirt" der Jakobiner mit der Polis der alten Athener alsbald eine Entlarvung des Ideals durch die Thermidorianer und wenig später die Fundamentalkritik der Liberalen und Sozialisten. In der abschreckenden Erfahrung der Französischen Revolution entwickelt sich auch Immanuel Kant, sonst durchaus Vordenker der parlamentarischen Demokratie, entschieden gegen die Demokratie im klassisch-griechischen Sinne. Später dann sahen Marx und Engels in der Verschärfung des Terreur den Gipfel des Bemühens, die „antike Demokratie" zu verwirklichen. Im geschichtlichen Weitergang lief die Französische Revolution in Bonapartes „Empire" aus, mit einer Orientierung vorwiegend an der römischen res publica, die Bleicken zu Recht als die erfolgreichste und langlebigste Oligarchie der Weltgeschichte bezeichnet.

Bleicken hat denn auch den Mainstream der Altertumswissenschaften im 19. Jahrhundert als eine traumatische Reaktion auf die Exzesse der Französischen Revolution eingeordnet, zum Beispiel die großen Griechenlandwerke von Jakob Burckhardt (1819-1897) und Robert von Pöhlmann (1852-1914). Wir begegnen hier dem großen Missverständnis des Bürgertums, die Französische Revolution für eine demokratische Veranstaltung zu halten, während sie doch in Wahrheit eine oligarchische war.

Gegenüber der Inanspruchnahme des alt-griechischen Vorbilds durch die moderne Demokratie, sofern sie es tut, kann die Radikalkritik an dieser Inanspruchnahme durch eine eurozentrismus-kritische Denkschule nicht übersehen werden. Prominentester Protagonist derselben ist Amartya Sen, der indische Nobelpreisträger für Wirtschaftswissenschaften. Sen macht geltend, dass die griechische Demokratie schon im Altertum keineswegs die einzige auf rationaler politischer Entscheidungsfindung aufbauende Zivilisation war, das griechische Erbe zudem eher in vorderasiatischen Gesellschaften weitergelebt habe, egalitäre Ansätze in anderen Völkern ignoriert würden, Indien die weitaus größte Demokratie sei und überhaupt das intellektuelle Erbe der großen asiatischen Nationen vernachlässigt werde.

Schauen wir noch einmal genauer zum Anfang der Geschichtsschreibung und die ersten Erwähnungen der demokratischen Idee, so finden wir bei Herodot selbst einen Hinweis, dass die Demokratie als Staatsform bereits vor Kleisthenes von den Persern erfunden worden sei. David Asheri und ihm folgend Lucian Canfora interpretieren es so, dass schon Herodot die griechische Überzeugung, die Demokratie sei eine eigene Erfindung, für ein Vorurteil hielt. Canfora zitiert Demosthenes dafür, dass nicht die Perser, sondern die Makedonen als die wahren Feinde des freien Athen anzusehen seien, im Zusammenwirken mit den antidemokratischen Parteigängern im Inneren.

Von einer Nutzbarmachung der attischen Demokratie für unsere eigene demokratische Praxis können uns Hinweise auf andere Demokratiemodelle im fernen Asien, von denen wir sonst nichts wissen, kaum irre machen. Um eine eurozentristische Präzedenz geht es hier mitnichten, erst recht nicht um einen abendländischen Suprematismus.

Athenische Singularität? „Nach allem was wir wissen", heißt es bei Paul Nolte, „war die klassische Demokratie nicht nur ein griechischer Sonderfall. Auch innerhalb der Stadtstaaten, der Poleis, hebt sich der Fall Athens ziemlich klar heraus. Die Verflechtung Athens in einen mediterran-westasiatischen Kulturraum wird damit gar nicht bestritten. Im Gegenteil: Wir – als moderne Europäer oder Nordamerikaner – müssen nur aufhören, in dem Athen vor 2500 Jahren einen unmittelbaren Teil von uns selber zu sehen. Dann kann man weiterhin guten Gewissens sagen wofür in der Forschung alles spricht: Die Griechen, die Athener haben die Demokratie erfunden, Aber sie taten es nicht als Teil des ‚Westens', geschweige denn in höherem Auftrag."

Eine weitere Gegenthese wäre dann die, dass es zur Demokratie auch ohne antikes Vorbild gekommen wäre, wenn auch womöglich langsamer und anderswie und anderswo. Aus diesem anderen Blickwinkel erscheint Demokratie als geschichtliche Notwendigkeit. Sie ergab sich aus den Erfordernissen zunächst des Handels in oberitalienischen Stadtrepubliken, dann des Freiheitsgedankens als Voraussetzung eines freien Welthandels, zum Beispiel in den Niederlanden, schließlich aus dem kapitalistischen Wirtschaften einer post-absolutistischen bürgerlichen Gesellschaft.

Marx und Engels haben in ihrem historischen Materialismus den Kapitalismus zu einer zwangsläufigen Entwicklung erklärt, wenn auch nur als Durchgangsstufe auf dem Wege zum ebenso zwangsläufigen Sozialismus und Kommunismus. Viel naheliegender, weil von der Geschichte als Erfolgsmodell bestätigt, als Form oder jedenfalls Anspruch der weitaus meisten Staaten der Moderne, könnten wir von der Demokratie als geschichtlich zwangsläufiger Regierungsform sprechen. Für eine moderne Demokratie sei die kapitalistische Marktwirtschaft ohne Alternative, schreibt Robert Dahl. Wir entdecken an dieser Stelle so etwas wie einen „demokratischen Materialismus" der Geschichte.

Demokratie nur mit Kapitalismus?

Die Gefallenenehrung, wie sie Perikles von Thukydides zugeschrieben wird, können wir als eine besonders prägnante und bewusste Zusammenfassung der kollektiven Identität der alten Athener lesen und ganz im Sinne unserer obigen Erwägungen als deren Herleitung aus den Taten der Altvorderen. Perikles preist die den Ahnen zu verdankende Freiheit, die Selbstbestimmung der Polis, sodann auch der Freiheit des Einzelnen in seinen privaten Dingen, sogar seine Freiheit, sich als Nichtsnutz (ἰδιώτης, *Idiot*) von den öffentlichen Dingen fernzuhalten.

Betrachten wir die klassische Epoche als Ganzes, so ist sie ein Zeugnis für die Wandelbarkeit kollektiver Identität, ihrer Entwicklung in vielen Schritten, teils evolutionären, teils revolutionären. Evolution wie Revolution wohnt nun gleichermaßen ein Wille des Kollektivs inne, seine überkommene Identität, seinen Ist-Zustand zu verändern, eine neue Identität anzunehmen. Das möge genügen, Identität nicht auf die Statik der Tradition beschränkt zu sehen, sondern sie auch als eine dynamische Größe zu begreifen, vor allem in der Demokratie als eine gestalterische, politische Aufgabe, als eine durchaus voluntaristische Identität.

Identität als dynamische Größe

Demokratische Ursprünge im alten Griechenland: Warum gerade dort?

Warum nur erblühte im Altertum die Demokratie in Griechenland und nicht in anderen Weltregionen? Why in Greece? So lautet doch die alte Frage. Lag etwa die Idee der Freiheit den aus dem Norden eingewanderten hellenischen Völkerschaften womöglich im Blute?

Das wäre eine nachgerade ethnische, um nicht zu sagen, rassistische Antwort.

Mitunter ist erwogen worden, ob nicht die ganze griechische Kultur der Kontemplation, der Vernunft, des Wissens und des Intellekts in der „Freiheit" der athenischen Sklavenhalter wurzelte, in ihrer „Freiheit", sich frei von alltäglichen Arbeitsbelastungen dem zeitaufwändigen Geschäft der Politik widmen zu können. Welch' düsteres Bild von den Anfängen der Demokratie. Dagegen steht doch: Sklaverei war im Mittelmeerraum und in Vorderasien bei weitem kein Alleinstellungsmerkmal der griechischen Zivilisation.

Es war wohl die Demokratie, unabhängig von den Völkerschaften, in der Beschaffenheit des Landes angelegt. Eine topographische Erklärung ginge zum Beispiel so, dass die Freiheit des menschlichen Individuums zum Wesen von Inselvölkern gehört, ebenso wie zu jenem der Bergvölker. Frei vom Tyrannen ist, wer ihm leicht mit einem Nachen zur nächsten Insel hin entkommen kann. Oder über die Bergpässe in das nächste Tal. Als die Grenzen nicht mehr dicht gehalten werden konnten, war das Unfreiheits-Regime der DDR am Ende.

Topografische Erklärungen

So stünde dann am Anfang der demokratischen Entwicklung der freie Grieche oder Protogrieche, der seine Freiheit in die Polis nur gegen eine gerechte und gleiche Teilhabe an der politischen Willensbildung einzubringen bereit war.

In den Verfassungen der Neuzeit wird die Freiheit des Einzelnen regelmäßig als Mutterboden der Demokratie unterstellt, als Ausgangspunkt für alles weitere. Zwischen den beiden Institutionen, Freiheit und Demokratie, scheint die Henne-und-Ei-Beziehung geklärt, die Freiheit ging voran.

Historische Erfahrung scheint eben diese Reihenfolge zu bestätigen: Am Beginn der Demokratie sehen wir in vielen Fällen Befreiungsakte, Befreiungen von undemokratischen und unfreien Systemen. Wir sehen den freien Menschen als Ergebnis der revolutionären Tat, bevor dann die Befreiten sich der Aufgabe widmeten, eine demokratische Gesellschaft aufzubauen. Allerdings irrten die Gründerväter der amerikanischen Revolution, wo sie annahmen, dass „all men by nature equally free and independent" seien. Die Menschheitsgeschichte steht eher dagegen: Der unfreie Einzelne war die Regel. Freiheit erscheint, so betrachtet, weniger als natürlicher Zustand des Menschen, denn als soziales Konstrukt.

Haben die alten Griechen also die Freiheit? Wahrscheinlich ist es treffender, dass die alten Griechen die Freiheit entdeckt haben. Die Freiheit mag sich im Wege eines institutionellen Darwinismus ergeben haben, nämlich aus dem Wettbewerb verschiedener gesellschaftlicher Modelle, in der sich die Allianz der Freien schließlich als vergleichsweise effizienteste Gesellschaftsform erwies, nicht zuletzt in der Landesverteidigung, siehe die Siege bei Marathon und Salamis.

Die Entdeckung der Freiheit

Im Lichte der Leistungen der alten Griechen ist also Freiheit nicht so sehr der Ursprung als vielmehr eine Bestimmung des einzelnen Menschen, freilich eingebunden in die Selbstbestimmung und das Wohlergehen des Gemeinwesens. Eine große Errungenschaft der alten Griechen war es, die intrinsische ethische Qualität der Freiheit zu erkennen und darauf ein institutionelles System aufzubauen, das dann die Potenziale der Freiheit stärkte und bekräftigte, die Freiheit des Denkens, der Rede, der Künste, die Freiheit der Wissenschaften und dies alles in einem die Effektivität fördernden Wettbewerb. Der Philosophenfürst Platon hat das alles gründlich verkannt, den Grund und Boden, auf dem er stand. In Sachen Freiheit halte ich Perikles für einen nicht weniger großen Philosophen, wie auch immer fragmentarisch sein politisches Denken uns überliefert sein mag.

Auch in der Beziehung von Freiheit und Gleichheit stellt sich die Frage, was ging dem anderen voran?

Schon in der Ilias, in Homers Trojanischem Krieg, sehen wir die danaischen (griechischen) Fürsten als freie Gleiche, nicht als Vasallen, Agamemnon nur als primus inter pares, mit Vorrechten, aber ohne durchgreifende Befehlsgewalt. In den historischen Anfängen der Demokratie und wie sie sich dann im sechsten und fünften Jahrhundert tatsächlich entwickelte, tritt nicht die Freiheit des Individuums, sondern die Gleichheit als Leitmotiv in den Vordergrund. Nicht mehr Freiheit, sondern mehr Gleichheit war es, mit der Solon in seinen Reformen zum Anfang des sechsten Jahrhunderts eine Revolte der Miserablen abzuwenden suchte. Er tat es zum Beispiel mit dem Ende der Schuldversklavung und Leibhaftung. Heißt es doch in den Elegien des Solon: „In gleicher Weise fügt' ich jedem gleiches Recht. Sie hab ich gemacht zu Freien."

Freiheit versus Gleichheit?

Die Befriedung unterprivilegierter Schichten durch immer mehr Gleichberechtigung, auf diese Formel lassen sich dann auch die Reformen zusammenfassen, mit denen Athen sich Schritt für Schritt in Richtung einer Demokratie nach unseren Vorstellungen entwickelte.

Eine vollkommene Gleichberechtigung wurde bis zum endgültigen Ende der attischen Demokratie unter der mazedonischen Oberherrschaft im Jahre 262 v. Chr. nie erreicht, auch nicht unter den anerkannten Bürgern, ganz zu schweigen von Sklaven, Frauen und Metöken. Uns hat vor allem die Richtung zu interessieren und diese war auf eine immer stärkere Gleichstellung der anerkannten Bürger gerichtet.

Die Freiheit des Individuums hatte demgegenüber eine akzessorische Bedeutung. Sie war eine Frucht der Gleichheit eher als dass die Gleichheit in der historischen Demokratieentwicklung eine Frucht der Freiheit gewesen wäre. Am Anfang der Demokratie stand die „Isonomie", die Gleichheit als Staatsräson.

Unsere moderne Demokratiegeschichte entspricht insoweit dem antiken Vorbild, den Reformen erst des Solon, dann des Kleisthenes, später auch des Ephialtes. Sofern in der Neuzeit mehr Demokratie gewährt wurde, geschah dies, mit Ausnahme der amerikanischen Befreiungsrevolution, nicht infolge von Volksaufständen, sondern in stufenweisen Konzessionen der Monarchien und Oligarchien. In Antike wie Neuzeit waren solche Akte der Demokratisierung Maßnahmen, mit denen Privilegierte weiteren Revolten unterer Schichten vorzubeugen trachteten. Im deutschen Kaiserreich betrieb Otto von Bismarck seine soziale Gesetzgebung ganz offen mit dem Ziel eines Machterhalts: „Mein Gedanke war, die arbeitenden Klassen zu gewinnen, oder soll ich sagen, zu bestechen, den Staat als soziale Einrichtung anzusehen." So lesen wir es in seinen Memoiren.

Die soziale Marktwirtschaft förderten ihre Väter nicht zuletzt zur Eindämmung der aus dem Osten drohenden sozialistischen Gefahr. Antike und moderne Erfahrungen zusammengenommen, ist dann kein Fortschritt in Richtung größerer demokratischer Gleichheit zu erwarten, wenn privilegierte Oberschichten die Gefahr von Volksaufständen für gebannt halten.

Mit großer Skepsis blickt Robert Dahl dann auf die Zukunft der politischen Gleichheit. Eine ungleiche Einkommensverteilung ziehe weitere Ungleichheiten nach sich, vor allem in ungleichen politischen Ressourcen: „Durch die ungleiche Verteilung der Mittel unter den Bürgern fördert die kapitalistische Marktwirtschaft auch unausweichlich die politische Ungleichheit unter den Bürgern eines demokratischen Landes."

Risikopotential der Ungleichheit

Weitere Kräfte der Erosion für die politische Gleichheit sieht Dahl in der Notwendigkeit nicht demokratischer internationaler Organisationen, der Zunahme von Krisen und Konflikten, die regelmäßig die Macht von den gewählten Repräsentant*innen und der Öffentlichkeit hin zur Exekutive verschieben.

Unsere demokratische Aktualität im Lichte der antiken Erfahrung

Wir sind schon mittendrin in einer Subsumtion unserer heutigen Demokratieprobleme unter die normativen Lektionen der Antike. Bezeichnen wir die heutigen Bedrohungen der Demokratie – gewiss nicht erschöpfend – mit folgenden Stichworten:

- Gleichheit vs. Freiheit
- Demokratie und Oligarchie

- Revolte gegen diskreditierte Eliten
- Partizipation und politische Kompetenz
- Interessendemokratie vs. Wertedemokratie
- Volksherrschaft und Populismus
- Volksherrschaft und ihre Grenzen
- Verteidigungsdemokratie
- Verfassungsschutz
- Digitalisierung: Chance oder Bedrohung
- Demokratischer Frieden
- Zukunftskompetenz der Demokratie

Dazu lassen sich nun aus der Erfahrung der antiken Demokratie heraus folgende Thesen formulieren:

1. **Relevanz oder Aliud?** Die attische Demokratie ist gegenüber der modernen kein „aliud"! Sie wurde und wird als ganz andersartig nur abgetan, um unsere heutigen demokratischen Verhältnisse nicht an grundlegenden und ewigen Maßstäben der Demokratie messen zu müssen, insbesondere am Grundprinzip der politischen Gleichheit. Um dies zu ändern, brauchen wir eine Allianz der Demokrat*innen.

2. **Gleichheit und Freiheit:** Leitmotiv der klassischen Demokratisierung war die schrittweise Gewährung politischer Gleichheit. Ein höheres Maß an Freiheit war Folge dieser Gleichberechtigung. Frei ist der demokratische Mensch nur unter Wahrung der politischen Gleichheit, die sich nicht in der rein formalen Gleichberechtigung erschöpft.

3. **Demokratie vs. Oligarchie?** Aristoteles lag wohl richtig damit, dass Demokratie und Oligarchie keine Gegensätze sind. Auch der Demokratie wohnen stets oligarische Züge inne, mal mehr, mal weniger. Am extremen, oligarchischen Ende der Skala steht die Scheindemokratie. Ein Protestwahlver-

halten gilt regelmäßig weniger den Programmen der Protestparteien, als einem Widerstand gegen eine als oligarchisch wahrgenommenen politischen Klasse. Ein Erkennungszeichen der Oligarchie ist die Haltung der Oligarch*innen, dem Volke keine Rechenschaft zu schulden. Das ist derzeit eine kritische Frage, die besonders an die Adresse der Europäischen Union und ihrer Institutionen gestellt werden muss. Ein erster Schritt demokratischer Opposition dagegen muss sein, auf der europäischen wie auf der nationalen Ebene, der Arroganz der Mächtigen entgegen zu treten.

4. **Elitendemokratie?** Die attische Demokratie entwickelte sich nicht als Folge demokratisch gesinnter Volksaufstände, sondern als Konstrukt der Aristokratie entstammender Staatsmänner. Auch wenn es ihnen zunächst um die Sicherung ihrer Privilegien ging, war das Ergebnis ein höheres Maß an Gleichheit und schließlich auch an Freiheit. Der Ausgleich, mehr noch: Das Bündnis zwischen Eliten und Volksmehrheit erwies sich als Grundvoraussetzung einer politisch, wirtschaftlich und kulturell äußerst erfolgreichen Demokratie. Gilt das auch heute noch? Wenn ja, dann muss nach den Gründen der Entzweiung von Eliten und breiten Volksschichten gefragt werden und danach, wie sich diese Entfremdung zum gemeinsamen Guten überwinden lässt.

5. **Kulturdemokratie:** Voraussetzung für die attische Demokratie war eine Reform, die unter Kleisthenes in den Jahren 508/507 v. Chr. die Bürger aus ihren bis dahin präponderanten Partikularinteressen herauslöste und in verstärktem Maße auf das Gemeinwohl hin orientierte. Voraussetzung war weiter der mündige und für die Mitwirkung an politischen Entscheidungen sowie die Wahrnehmung durch Losentscheid vergebener Ämter kompetente Bürger. Er erfuhr seine Bildung, wenn nicht als Sohn aristokratischer Familien in den Gymnasien, durch eine breite Teilhabe aller an der Hochkultur der Polis, in ständiger Anschauung herausragender Kunstwerke ebenso wie in Theatervorstellungen, deren

Besuch auch finanziell vom Staat gefördert wurde. Das alte Athen war eine Kulturdemokratie. Ist es eine richtige Wahrnehmung, dass unsere demokratischen Gesellschaften zunehmend von den Lebensgewohnheiten unterprivilegierter Schichten geprägt werden, von der Sprache bis zur Gewalt im täglichen Lebenskampf? Nach der Erfahrung der Antike muss jedenfalls Ziel einer demokratischen Kulturpolitik sein, möglichst viele Bürger*innen an den bestmöglichen kulturellen Errungenschaften teilhaben zu lassen, in jeder Hinsicht.

6. **Verteidigungsdemokratie:** Das klassische Athen war eine wehrhafte Demokratie, die sich in ihrer Verteidigung nach außen auf die Kampfbereitschaft des Volkes verlassen konnte, erst auf die Hopliten (schwerbewaffnete Infanteristen) der Ritterklasse, vom Flottenbau des Themistokles an auch auf den Einsatz von Schiffsmannschaften aus allen Schichten des Volkes. In der Schlacht von Salamis vor 2500 Jahren erkämpften sich, indirekt und in der Folge, bis dahin Unterprivilegierte eine verstärkte Teilhabe an der politischen Willensbildung. Althistorisch gibt es also zwischen Landesverteidigung und Demokratie eine für letztere sehr förderliche Wechselwirkung. Auch in den Streitkräften gab es ein Gleichgewicht und ein Zusammenwirken von Eliten und breiten Volksschichten, die heute verloren gegangen scheinen, nicht zuletzt durch die Abschaffung der Wehrpflicht. Auch für die Streitkräfte muss deswegen eine umfassende Bürgerbeteiligung neu durchdacht werden.

7. **Verfassungsschutz:** Gegenüber allzeit umsturzbereiten Fürsprechern einer oligarchischen Staatsführung konnte sich die attische Demokratie nur durch einen drakonischen Verfassungsschutz behaupten, beispielsweise durch die Verbannung als demokratiefeindlich geltender Politiker, durch Popularklagen gegen verfassungswidrige Gesetze, durch eine strikte Kontrolle der Beamtenschaft sowie die Pflicht aller Bürger, gegen Umsturzversuche Widerstand zu leisten. In Sachen Verfassungsschutz galt ein demokratisches Vorsor-

geprinzip. Hingegen erweist sich unsere Demokratie derzeit, wenn nicht als eine wehrlose, so doch als eine risikobereite, das Risiko ihrer Abschaffung in Kauf nehmend. Wo ist die rote Linie, ab der sich Demokratien zur Widerstandsdemokratie entwickeln müssen? Und der einzelne Bürger zum demokratischen Widerstandsbürger?

8. **Volksherrschaft**: Im alten Athen war das Volk mit seinen Institutionen allzuständig. Mit Ausnahme höherrangiger Gesetze und unter Wahrung der Verfassungsordnung hatte die Volksversammlung über alle Angelegenheiten zu entscheiden. Es gab nichts von Belang für das Gemeinwohl, was der Volksentscheidung entzogen gewesen wäre. Demgegenüber steht heute eine weitgehende Ohnmacht, Entmachtung des Volkes: Verfassung, Europa, internationale Vertragsbindungen und die Zwänge des globalisierten Wirtschaftens haben weite Bereiche politischen Handelns und Geschehens der Volksherrschaft entzogen. Insbesondere die Europäische Union ist im Wege mehrfacher Delegation zu einer Oligarchie mit nur sehr eingeschränkter demokratischer Legitimation geworden. Immer nur mehr davon ist keine Lösung des demokratischen Problems.

9. **Philosophendemokratie?** Sokrates, Platon und Aristoteles verwarfen die Demokratie als Regierungsform, weil sie den Demos (die Volksmassen) vernünftiger und tugendhafter Entscheidungen für unfähig hielten. Platon im Besonderen ignorierte, wie sehr er und seine Generation von Denkern, Wissenschaftlern und Künstlern von der geistigen Freiheit der demokratischen Verfassung profitierten. Platon und Aristoteles wollten die Staatsformen an ihren Erfolgen messen und bewerten. Sie nahmen dabei nicht wahr, wie sich die attische Republik zum wirtschaftlich und kulturell erfolgreichsten Staatswesen der klassischen Zeit entwickelte. Den platonischen Irrtum, die Philosophen zu unseren Königen zu erheben, wollen wir nicht wiederholen. Wohl aber soll für unsere Demokratie des 21. Jahrhunderts die Forderung gelten: mehr

Philosophie! Grundwertekommissionen leisten nicht, was sie sollten. Grundsatzprogramme werden nicht von Werten her durchdacht. Eben das muss angehen, wer einer weiteren Entfremdung der Bürger*innen von der Politik entgegenwirken will.

10. **Ethische Demokratie!** In „Flüchtlingskrise" wie Corona-Pandemie ist unserer politischen Führung ein ethisches Versagen vorzuhalten. Nicht, dass sie zu unmoralischen, sittlich unverantwortlichen Ergebnissen gelangt wäre. Ein ethisches Verhalten, wenn wir es nicht definitorisch den Philosophen als Monopol vorbehalten wollen, ist jedoch freilich ein solches, das mit gebotener Sorgfalt die Rechte und Pflichten der einen wie der anderen Seite ernst nimmt, sie bewertet und schließlich gegeneinander abwägt. Wenn wir Demokratie als eine ethisch fundierte Regierungsform betrachten, dann gehören der Wille des Volkes, seine institutionelle Verwirklichung und die Rechtfertigung der getroffenen Entscheidung zum Geltungsbereich des ethischen Gebotes. Zum Manko an alledem in der „Flüchtlingskrise" ist genug gesagt worden. In der Corona-Krise erleben wir nun Entsprechendes: Die Exekutive hat in einer mit dem parlamentarischen Prinzip nicht zu vereinbaren Weise weit in die Grundrechte der Menschen hineinreichende Entscheidungen getroffen. Das Parlament hat sich allerdings auch weitgehend aus seiner Verantwortung zurückgezogen. Minister*innen verwiesen auf Ethikräte, Ethikräte zurück auf die Verfassungslage, ein Verweisungskarussell der Nichtverantwortlichkeit. Ergebnis ist eine von vielen Menschen als nicht ausreichend wahrgenommene Legitimität des Corona-Containment und der Lockerungsstrategien. Das darf nicht so weitergehen! Wir Bürger*innen müssen darauf bestehen, dass das Parlament seine ethischen Verpflichtungen wahrnimmt. Je ernster die Lage, desto mehr brauchen wir eine ethische Demokratie.

11. **Digitale Delegitimierung?** Demokratie war von jeher eine konkrete Utopie. Der formell gewährten politischen Gleich-

berechtigung stand - in der real praktizierten Demokratie – schon immer die politische Ungleichheit gegenüber. Mal mehr, mal weniger. In diesem „mal mehr, mal weniger" liegt der Maßstab dafür, ob wir die vergleichsweise menschlichste aller Regierungsformen in ihrer realen Unvollkommenheit noch ertragen können. Das Digitale entschleiert nun, wie nie zuvor, in der „Entkanalisierung" der politischen Kommunikation das irreal-utopische des Gleichheitsversprechens. Der oder die einzelne Bürger*in, ganze Bürgergruppen – nicht wahrnehmend, wie sehr sie nicht nur Nutznießer*in, sondern vor allem Nutzbringer*in, Diener*in eines oligarchisch strukturierten digitalen Kapitalismus sind – kommen nun zu Worte. Die einen werden nur von wenigen gehört, andere hingegen von sehr vielen, ohne dass diese neue Vielfalt von Meinungen vom demokratischen System rezipiert wird und womöglich auch nicht rezipiert werden kann. Die Frustration, der sich nunmehr artikulieren könnenden, dennoch in der demokratischen Willensbildung nicht gehörten Bürger*innen mündet in einer (von ihnen so empfundene) Delegitimierung der Demokratie. Den Gegenbeweis, die Demokratie zu fördern, ist das Digitale alles in allem bisher schuldig geblieben. Der digitalen Bedrohung der Demokratie müssen wir Demokrat*innen aufrichtig (was die realen Grenzen der Teilhabe angeht), aufklärend (was die Machtverhältnisse im Digitalen angeht) und bereit zu rechtsstaatlich-demokratischen Reformen entgegentreten. Das wird neben erweiterter Bürgerdemokratie auch ein Containment der Bedrohungen bedeuten müssen.

12. **Demokratische Zukunftskompetenz:** Demokratie wird von ihren Politiker*innen und Wähler*innen nur allzu selbstverständlich als Interessendemokratie verstanden. Missverstanden. Wie oft werden Vorteile für die eigene Klientel als Nutzen für das ganze Volk ausgegeben. In einem Wettstreit nur kurzfristiger Partikularinteressen können die langfristigen und existenziellen Herausforderungen nicht gemeis-

tert werden. Die Demokratie wird sich als vergleichsweise menschlichste Regierungsform nur behaupten können, wenn sie sich auch in der globalen Perspektive als zukunfts- und handlungsfähig erweist. Wie im antiken Athen wird ihr das nur gelingen, wenn sie sich das Gemeinwohl zum obersten Maßstab allen politischen Handelns macht. Das bedeutet in unserer Zeit das Wohl der ganzen Menschheit und die Bewahrung der Schöpfung zu verfolgen.

13. **Demokratiekrise und Reformbereitschaft:** Wachsendes Unbehagen an der demokratischen Praxis, eine ernste Vertrauenskrise und in einer Reihe westlicher Staaten auch Abbau oder Gefährdung demokratischer und rechtsstaatlicher Institutionen sowie Zweifel an der Zukunftskompetenz der Demokratie fordern uns heraus, deren Verhältnisse grundlegend zu überdenken und dies unter Beachtung klassischer demokratischer Grundnormen. Wie die attische Demokratie, mit dem Erfolg einer über 250 Jahre währenden stabilen Polis, muss sich auch die Demokratie der Moderne immer wieder dem Erfordernis einer grundlegenden Revision und Erneuerung stellen!

Jörg Sommer

Die Zukunft ist digital – aber ist sie auch demokratisch?

Die Digitalisierung ist nicht aufzuhalten. Wie alle großen technischen Umwälzungen der Geschichte wird sie dramatische Auswirkungen auf unsere Gesellschaft haben. Sie bietet zahlreiche Chancen einer nachhaltigen Demokratisierung – aber birgt zugleich auch ernsthafte Risiken. Ohne eine demokratische Steuerung der Digitalisierung wird es nicht gehen. Dazu muss die Demokratie sich aber selbst auf eine umfassende Digitalisierung einlassen.

Im Science-Fiction-Klassiker „Per Anhalter durch die Galaxis" von Douglas Adams wird ein Computer namens Deep Thought von einer außerirdischen Kultur speziell dafür gebaut, die Antwort auf die Frage aller Fragen, nämlich die „nach dem Leben, dem Universum und dem ganzen Rest" zu errechnen. Er ist so leistungsfähig, dass er zum Zeitvertreib über die Vektoren sämtlicher Teilchen des Urknalls meditiert. Dennoch benötigt er 7,5 Millionen Jahre Rechenzeit, um seine Antwort zu ermitteln, und verkündet dann: „42" (Adams 1979).

Nicht gerade das, was die Auftraggeber*innen sich versprochen hatten. Und doch so typisch für unseren Umgang mit dem Digitalen: Er schwankt zwischen fast religiöser Hoffnung auf die Lösung fundamentaler Probleme und maßloser Enttäuschung. Einerseits experimentieren wir mit Künstlicher Intelligenz, die unsere Mobilität steuern, unsere Energieversorgung managen und den Klimawandel bremsen soll. Andererseits verbringen wir einen großen Teil unserer Zeit im Internet mit dem stoischen Wegklicken von immer gleichen Datenschutz-Popups.

Verheißung und Frustration

Ganz ähnlich sieht es bei dem Verhältnis von Digitalisierung und Demokratie aus: Wir hegen gleichermaßen Hoffnungen wie Befürchtungen, wir experimentieren mutig und phantasievoll mit neuen Beteiligungsformaten, sind aber nicht in der Lage, Parteitage oder Bundestagssitzung vollwertig online zu organisieren. Ständig schwanken wir zwischen Faustkeil und Smartphone, so richtig wissen wir noch nicht, was wir mit der neuen Technik anfangen können.

Tatsächlich ist das weder überraschend noch historisch ungewöhnlich. Im Grunde ist es sogar typisch für die Umwälzungen, die neue technische Entwicklungen immer mit sich brachten.

Technischer Fortschritt ist nichts Neues

Permanenter Fortschritt

Denn auch die Digitalisierung ist zunächst einmal nichts anderes als eine neue Qualität von Technik und eine neue Dimension von Produktivität. Das erlebten wir in der Menschheitsgeschichte immer wieder. Es begann mit der Keule, dem Speer, dem Faustkeil. Nicht besonders schick, aber sehr hilfreich. Und tatsächlich brachte das eine völlig neue Gesellschaftsform hervor: Der Mensch wurde vom herumstreunenden Wildling zum sesshaften, siedlungsgründenden, sozialen Wesen.

Ab da ging es, historisch betrachtet, immer rasanter weiter. Die erste Massenproduktion durch Maschinen begann um 1800, heute nennen wir das Industrie 1.0. Die ersten Maschinen wurden wie zum Beispiel die Webstühle noch durch menschliche Kraft betrieben. Das änderte sich rasch. Bald kamen Dampfmaschinen zum Einsatz. Die Einführung der Elektrizität zum Ende des 19. Jahrhunderts war dann der Startschuss für die zweite industrielle Revolution (Industrie 2.0). Mit den ersten Automobilen ab dem frühen 20. Jahrhundert wurde die Arbeit in den Produktionshallen stetig weiter automatisiert. Die Fabrikhallen produzierten in Rekordzeit am Fließband und Motoren nahmen weitere Arbeit ab. Die dritte industrielle Revolution kündigte sich mit den ersten Computern an. Konrad Zuse entwickelte mit dem Z3 im Jahr 1941 den ersten funktionsfähigen Computer der Welt – er war programmgesteuert, frei programmierbar und vollautomatisch. Aktuell befinden wir uns in der Mitte der vierten industriellen Revolution. Im Fokus stehen die zunehmende Digitalisierung vormals analoger Techniken und vor allem die Herrschaft über die Daten.

Treiberin der Entwicklung war und ist immer die Ökonomie. Auch die Digitalisierung ist also erst einmal nichts anderes als eine weitere Umwälzung der Produktivkraft. Historisch blieb das in keinem Fall ohne gewaltige gesellschaftliche Auswirkungen. Niemals in der Geschichte gab es dadurch eine gemütliche, positive, schrittweise, sozialverträgliche, evolutionäre Entwicklung von mehr Wohlstand, mehr Teilhabe, mehr heiler Welt für alle. Die Folgen waren bei jedem einzelnen „Produktivkraft-Upgrade" früher oder später: ein kompletter Umsturz von gesellschaftlichen Strukturen, politischen Systemen, Nationen und Kontinenten.

Ökonomie als Treiber

Technik formt Gesellschaft

Die ersten Werkzeuge machten den Jäger und Sammler so produktiv, dass plötzlich das Individuum mehr erzeugen konnte, als es selbst benötigte. Das brachte zwei neue Strukturen hervor: Handel und Sklav*innen. Denn nur Menschen, die mehr produzieren können, als sie selbst verbrauchen, sind als Sklav*innen attraktiv. Später ließ die Massenproduktion – noch in der Monarchie entstanden – ein nichtadeliges Bürgertum reich und mächtig werden. Und das forderte Beteiligung. Mit dem Angebot weitgehend wirkungsloser Beteiligungsformate – damals hieß das Ständeversammlung – war es nicht getan. Die Monarch*innen wurden hinweggefegt, erste bürgerlich-demokratische Staaten entstanden. Mit der Elektrifizierung und der Industrie 2.0 kam zum Bürgertum der Großkapitalismus hinzu, mit dramatischen Spaltungen der Gesellschaft und in der Folge sozialistischen Revolutionen und Experimenten. Die dritte industrielle Revolution, also die Automatisierung, erlaubte es plötzlich, nahezu überall in der Welt zu produzieren und ermöglichte so die Globalisierung. Statt Individuen sind es nun Konzerne, die Weltpolitik machen und sogar nationale Regierungen erpressen können.

Vor diesem Hintergrund wäre es vermessen zu glauben, ausgerechnet die vierte Revolution in Form der Digitalisierung bliebe nun erstmals in der Geschichte ohne tiefgreifende gesellschaftliche Folgen.

Gesellschaftliche Umwälzungen

Wie diese Folgen letztlich aussehen, das wissen wir heute nicht. Wahrscheinlich ist, dass auch sie wieder, wie ihre Vorgängerinnen, ganze Ökonomien und Gesellschaften bis in ihre Grundfesten erschüttern wird. Dies wird auch fundamentale Fragen nach zukünftigen gesellschaftlichen Machtverteilungen und dem Aussehen unserer demokratischen Institutionen, Prozesse und Werte aufwerfen.

Wenig Lösungen und viele Erschütterungen

Digitalisierung als Katalysator

Die Digitalisierung ist natürlich nicht die Wurzel des Übels, sondern der Katalysator der Prozesse. Eines aber ist sie nicht, wie es vor ihr keine ökonomische Innovation war: ein automatischer Heilsbringer.

Entscheidend dafür, ob die Digitalisierung sich eher als Segen oder als Fluch erweist, ist die Antwort auf die Frage, ob es gelingt, die gesellschaftliche Kontrolle über den Prozess auszuüben oder er von kurzfristigen Profit- und Renditewünschen angetrieben wird.

Letzteres überwiegt bislang. Die mit der Digitalisierung einhergehende neue Stufe der Globalisierung bringt es mit sich, dass sich immer größere Teile der Ökonomie jeglicher politischer Steuerung entziehen. Dies gilt längst nicht nur für ihren Beitrag zur Finanzierung dominanter gesellschaftlicher Strukturen, sondern manifestiert sich auch in den diversen aktuell verhandelten oder abgeschlossenen Freihandelsverträgen. Dort ist die Einführung neuer juristischer Verhältnisse ein regelmäßiger Bestandteil. Sie ermöglichen es globalisierten Konzernen, sich im Rahmen eigens geschaffener, demokratisch nicht mehr kontrollierbarer Institutionen auf Augenhöhe mit ganzen Staaten auseinanderzusetzen, wenn sich diese zum Beispiel aufgrund sozial verantwortlicher Arbeitsschutz-, Steuer- oder Umweltgesetzgebung „schädlich" für das Gewinnstreben der Konzerne verhalten. Dass es sich hier zunehmend um digitale Geschäftsmodelle handelt, ist eine nicht ganz überraschende Beobachtung. Die damit einhergehende Erosion demokratisch legitimierter Rahmensetzung für wirtschaftliches Handeln ist gesellschaftspolitisch fatal.

Die lähmende Wirkung des Digitalen

Zudem hat die Digitalisierung den Medienkonsum der Menschen innerhalb kurzer Zeit radikal verändert. Die Popularisierung und vielerlei Angebote der barrierefreien Nutzung über das Internet haben die Zahl der Konsument*innen weltweit sowie wohl auch den Konsum pro Kopf deutlich erhöht. Der leichte Zugang zu mehr Informationen, Musik und Filmen, als sie in mehreren Leben überhaupt genutzt werden können, trägt zu einem verstärkten Gefühl der freien Wahl bei sowie potenziell auch zu verbesserten Bildungschancen. Allerdings sind die Unterhaltungsangebote – extrem verwoben mit sozialen Medien, neuen Kommunikationsformen zwischen Menschen und in Gruppen und auch mit Werbung für reale Konsumprodukte – so umfassend, allgegenwärtig und attraktiv, dass erhebliche Zeit dafür erforderlich ist, sie auch zu nutzen.

Die digitalen Unterhaltungsangebote bilden längst eine virtuelle Realität – und für viele Digital Natives den Lieblingsaufenthaltsraum. Nachdem das Verb „googeln" als neuartige Form der Informationsrecherche dem Digitalkonzern vor einigen Jahren den Eingang in die globale Sprache brachte, steht nun auch „netflixen" für eine neue Lebensform. Die Assoziation liegt nahe, dass die virtuellen Angebote den modernen Spielanteil von „Brot und Spiele" darstellen. Die virtuelle Realität macht häufig mehr Freude als die echte, und sie kann auch helfen, die reale Weltlage verdaulicher und verdrängbarer zu machen.

Virtualität macht Realität erträglich

Im Endeffekt wirkt die digitalisierte Unterhaltung wie ein soziales Narkotikum. Sie betäubt einen Teil der Gesellschaft. Sie verlagert die primäre Aufmerksamkeit in die sich schnell verändernden sowie Aufregung kultivierenden virtuellen Räume und damit raus aus der realen Welt der zwischenmenschlichen Auseinandersetzung, des langatmigen Dialogs und der Rückkopplung an reale Alltagswelten.

Die Digitalisierung ist nicht aufzuhalten – aber gestaltbar

Wie bei jeder Umwälzung der Produktivkräfte in der Geschichte der Menschheit ist der Versuch zum Scheitern verurteilt, sie zu stoppen.

Demokratische Kontrolle

Darum kann es also nicht gehen. Worum es aber gehen kann und muss: um die gesellschaftliche Kontrolle über den Prozess – nicht nur über die Auswirkungen. Dazu bedarf es jedoch zunächst einer entscheidenden Voraussetzung. Politische Teilhabe muss die Digitalisierung steuern. Um das zu schaffen, muss sie sich diese zunächst einmal aneignen.

Die Digitalisierung wird unsere Demokratie verändern, das ist sicher. Ob diese Veränderungen positiv sein werden, hängt von vielen Faktoren ab. Je eher wir uns auf diese Prozesse einlassen, je schneller wir lernen, je mutiger wir versuchen, digitale Chancen im Sinne einer breiten politischen Teilhabe zu ergreifen, desto größer ist die Aussicht darauf, dass die Demokratie nicht zum Opfer, sondern zu einem Profiteur der Digitalisierung wird.

Verhaftung im Analogen

Doch bislang sind digitale Teilhabestrukturen nicht einmal ansatzweise in unserem System demokratischer Willensbildung integriert. Man kann digital mit unfassbaren Vermögenssummen spekulieren, fast alles kaufen und sich am nächsten Tag ins Haus liefern lassen, aber zur politischen Willensbildung muss man nach wie vor alle vier Jahre ins Wahllokal marschieren und mit Bleistiften auf Papierzetteln Kreuze machen. Dabei geht es auch anders, wie zum Beispiel das CONSUL-Projekt in Madrid (Mehr Demokratie e.V. 2021) oder das Themis-Projekt in Filderstadt (Rinne 2018) zeigen: Digitale Möglichkeiten können einen permanenten Austausch, regelmäßige Willensbildung, gemeinsame Diskurse und Themensetzungen ermöglichen.

Nur wenn wir die Digitalisierung offensiv für die Demokratisierung nutzen, besteht auch eine Perspektive für eine demokratische Kontrolle der Digitalisierung selbst. Gerade „Smart"-Konzepte wie Smart Cities im lokalen Bereich oder Smart Grids in der Energieversorgung bergen hohe Gefahren des Missbrauchs der dafür nötigen und dadurch gewonnenen Daten. Dies verhindert gesellschaftliche Kontrolle in Form digitaler Beteiligung der Betroffenen an der Willensbildung. Dies gilt für alle gesellschaftlichen Bereiche, in denen künstliche Intelligenz (KI) gedacht und mit ihr experimentiert wird. Dort, wo KI Lebensumstände steuert, ist gesellschaftliche Kontrolle unbedingte Voraussetzung (Nida-Rümelin 2018).

Die Digitalisierung von Demokratie ist komplex

Die Herausforderungen bei der Implementierung des Digitalen in unsere demokratischen Prozesse sind gewaltig. Denn per se funktionieren ausgerechnet viele naheliegende digitalgetriebene oder digitalisierbare Teilhabeideen nicht.

Direktdemokratische Abstimmungen sind zum Beispiel digital hervorragend umsetzbar und eine beliebte Forderung unter anderem der Digital Natives. Aber binäre Ja/Nein-Entscheidungen sind tendenziell eher spaltend als einend. Vor allem, wenn es an einer Diskurskultur mangelt. Genau diese Diskurse, werden sie online geführt, neigen dazu, entweder nur wenige zu erreichen, in Lichtgeschwindigkeit zu eskalieren oder in kollektiver Selbstbestätigung Gleichdenkender zu versanden.

Digitale Teilhabe ist herausfordernd

Tatsächlich haben wir in den vergangenen Jahren gelernt, dass Beteiligung dann besonders erfolgreich sein kann, wenn es zu einem persönlichen, direkten, intensiven Diskurs kommt, ob in Bürgerräten, Planungszellen oder anderen Formaten – übrigens auf allen politischen Ebenen.

Doch es muss nicht immer nur das eine oder das andere sein. Zunehmend gibt es Erfahrungen mit der Verschränkung beider Welten. Die Kombination off- und online ist komplex und herausfordernd. Dieses Zusammenspiel ist noch wenig systematisch erforscht. Getrieben von der Corona-Pandemie experimentieren wir aktuell mit vielen Formaten. Es geht dabei um die zentrale Frage: Wie kann das Digitale zum Diskurs beitragen?

Wie können wir es adaptieren, nutzen, gesellschaftlich bindungsstiftend und emanzipativ machen? Das ist nicht einfach. Analoge Diskurse durch digitale zu ersetzen, ist dabei nur eine Scheinlösung. Wir erreichen damit möglicherweise leichter neue Zielgruppen, wie junge, digitalaffine Menschen. Andere, wie zum Beispiel ältere schließen wir aus. Bekannte Herausforderungen, wie die Überwindung von Sprach- oder Bildungsbarrieren, bewältigen wir digital kaum besser als analog.

Digitale Transparenz ist nicht automatisch demokratiefördernd

Transparenz als Risiko

Diese Herausforderung prägt mehr oder weniger nahezu alle Bereiche der politischen Teilhabe. Dazu zählt zum Beispiel auch die Herstellung von digitaler Transparenz. Gerade hier könnte die Digitalisierung neue Chancen eröffnen, indem sie den Staat, sein Handeln und seine Wissensbasis gläsern macht – eine wichtige Forderung im so genannten Open Government Prozess. Doch auch diese Chancen sind nicht ohne Fallstricke: Beschränkt sich digitale Transparenz auf die öffentliche Verfügbarkeit von Daten, ist dies zwar grundsätzlich zu begrüßen, nimmt aber in unserer heutigen, datengetriebenen Welt schnell einen Umfang an, der problematisch wird. Denn es bedarf einer Menge Ressourcen, um aus diesen Datenmengen entscheidungsrelevantes Wissen zu beziehen. Technische Ausstattung, spezifische Kompetenzen, Zeit und Geld sind nötig, um aus Daten echte Information zu generieren. Das Problem dabei: Exakt jene Gruppen, die ohnehin schon tendenziell als Entscheider*innen in Politik und Verwaltung sowie als Beteiligte überrepräsentiert sind, sind auch jene Gruppen mit dem besten Zugang zu diesen Ressourcen. Mehr „digitale Transparenz", wenn sie sich in der Verfügbarkeit von Daten erschöpft, ist so potentiell eher in der Lage, die klassischen Konflikte in der Beteiligung zu verschärfen (Sommer 2021).

Reine Datentransparenz genügt also nicht. Aus Daten müssen Informationen werden. Daten müssen aufbereitet, gewichtet, verdichtet, verglichen werden, damit sie für möglichst viele (potentiell) Beteiligte erkennbar, verstehbar und verwertbar sein können.

Das allerdings bringt neue Herausforderungen. Zum einen benötigt diese Aufbereitung umfangreiche Ressourcen, zum anderen ist der gesamte Prozess nicht frei von subjektiven Einflüssen. Welche Daten wähle ich aus? Wie bereite ich sie auf? Womit vergleiche ich sie? Welche Zusammenhänge betone ich, welche lasse ich vielleicht weg? Es ist verlockend, hier mit verhältnismäßig einfachen Mitteln zu manipulieren, besonders, wenn es um Akzeptanz für ein bestimmtes Vorhaben geht.

Digitale Transparenz als Zuverfügungstellung von Daten löst letztlich keines der Probleme, die in Beteiligungsprozessen relevant sind. Sie nutzt denen, die über die Ressourcen verfügen, um sich für sie relevantes Wissen daraus zu generieren. Sie verschärft existierende Ungleichgewichte in den Teilhabechancen. Sie ist keine Voraussetzung für Gute Beteiligung, sie ist ein Risiko.

Die Digitalisierung der Demokratie steht erst am Anfang

Wir sehen also: Die Digitalisierung bietet neue Möglichkeiten zur Herstellung von Transparenz, zur Gestaltung von Diskursen, zur Organisation von Entscheidungsfindungsverfahren. Überwiegend sind jedoch die auf den ersten Blick erkennbaren neuen Prozesse und Strukturen alles andere als einfach, ungefährlich und per se demokratiefördernd. Tatsächlich sind sie eher demokratiefordernd.

Eher fordernd als fördernd

Wir stehen ganz am Anfang der Digitalisierung unserer Demokratie. In vielen Bereichen haben wir noch nicht einmal angefangen. Auch zwei Jahre nach Ausbruch der Corona-Pandemie sind viele unserer demokratischen Strukturen überwiegend noch im analogen Zeitalter verhaftet. Parteitage, Kandidatenaufstellungen, Wahlkämpfe, die Wahlen selbst, die Arbeit unserer Parlamente sind nach wie vor analog fixiert. Doch sie eins zu eins ins Digitale zu überführen wird nicht genügen.

Wir werden die Chancen der Digitalisierung nur nutzen können, wenn wir nicht mit dem analogen Denken digitale Prozesse schaffen, sondern wenn wir neue, digitalbasierte demokratische Kulturtechniken entwickeln. Nur so können wir den demokratischen Diskurs der Menschen fördern und so letztlich die demokratische Lufthoheit über das Digitale herstellen.

Eher Kultur als Technik

Das ist weit mehr als nur ein bisschen mehr digitale Beteiligungsformate. Das Digitale nur als Beteiligungstool zu betrachten, wird weder den Risiken noch den Potentialen gerecht. Wenn wir also über Potentiale digitaler Beteiligung sprechen, sollten wir bei allen Erwartungen, bei allen Bedenken, immer unsere gemeinsame Verantwortung vor Augen haben:

Die Zukunft ist, ohne Zweifel, eine digitale Zukunft. Es liegt an uns, das Digitale so zu nutzen, dass diese Zukunft auch eine demokratische Zukunft ist.

Literatur

Adams, Douglas (1979): The Hitchhiker's Guide to the Galaxy, London.

Mehr Demokratie e.V. (2021): CONSUL – Open Software für Bürgerbeteiligung. Online unter: https://consulproject.org/docs/consul_dossier_deutsch.pdf. Zuletzt aufgerufen am 19.07.2021.

Nida-Rümelin, Julian / Weidenfeld, Nathalie (2018): Digitaler Humanismus. Eine Ethik für das Zeitalter der Künstlichen Intelligenz, München.

Rinne, Jonathan (2018): Das Themisprojekt. Online verfügbar unter: https://www.themis-fildertstadt.de. Zuletzt aufgerufen am 10.07.2019.

Sommer, Jörg (2021): Eine Herausforderung: Digitale Transparenz und breite Beteiligung, in: Laumer R. (Hg.): Kommunales Open Government, Marburg, 2021.

Bausteine und Konzepte erfolgreicher Bürgerbeteiligung

Dr. Christine Dörner

Bürgerbeteiligung gemeinsam lernen

Beteiligungsverfahren sind herausfordernd und brauchen Zeit. Bürgerbeteiligung muss gelernt und in der Kultur von Verwaltung und Politik verankert werden. Anhand von Erfolgskriterien aus dem Veränderungsmanagement und aus der Praxis in Baden-Württemberg wird beschrieben, was dafür getan werden kann. Wirksam sind ein überzeugendes Zukunftsbild und eine Strategie, überzeugte Führungskräfte, projektorientiertes und gemeinsames Lernen von Verwaltung, Politik und Gesellschaft.

Wie lernt und lehrt man Bürgerbeteiligung? Wie entwickeln wir eine breite Beteiligungskultur?

Gesellschaftliche Herausforderungen werden mit Beteiligung von Bürger*innen besser gemeistert und ohne Beteiligung geht es nicht mehr. Darin sind sich viele einig. Wir kennen die Kriterien für gute und erfolgreiche Beteiligung und sind davon überzeugt, dass Beteiligung

- mehr Transparenz schafft und die Qualität politischer Entscheidungen verbessert,
- Vertrauen in Entscheidungsträger*innen, Verwaltung und Gremien stärkt,
- Gemeinwohl und Engagement fördert,
- das Verständnis für Prozesse, Planungen und Entscheidungen erhöht sowie für bessere und stärker akzeptierte Planungen sorgt.

Dennoch geht das nicht von selbst. Beteiligungsverfahren sind herausfordernd und brauchen Zeit. Beteiligung muss gelernt und in der Kultur der Verwaltung verankert werden. Wie lernt und lehrt man Bürgerbeteiligung? Wie entwickeln wir eine breite Beteiligungskultur? Welche Wege der Befähigung und des Kompetenzaufbaus gibt es? Wie macht es Spaß, Beteiligung zu lernen?

„Wir haben in unserer Kommune gute Leitlinien für Bürgerbeteiligung entwickelt, jetzt stellt sich uns die Frage der Fortbildung", sagte kürzlich ein Kollege aus einer größeren Stadtverwaltung, die bereits einige Erfahrung mit Bürgerbeteiligung hat. „Alle in der Verwaltung machen Bürgerbeteiligung. Aber sie sind oder fühlen sich oft nicht befähigt. Wie gewinne ich sie dafür, Zeit für eine entsprechende Fortbildung zu investieren?"

Überlegungen zum Aufbau von Kompetenz in einer Organisation

Bürgerbeteiligung systematisch zu verankern, bedeutet Veränderung: Veränderung von Abläufen, Strukturen und Haltungen. Deshalb sind Überlegungen aus dem Veränderungs- oder „Change-Management" hilfreich, wenn man überlegt, wie Beteiligung erfolgreich und mit Überzeugung, Energie und Spaß verankert werden kann. Unter Veränderungsmanagement versteht man die systematische Planung und Steuerung von Veränderungen und die Verankerung der Veränderung in der Kultur einer Organisation. Insbesondere Kulturveränderung ist eine Herausforderung und ein längerfristiger Prozess. Qualifizierung spielt dabei eine wesentliche Rolle. Vier Erfolgsfaktoren in Veränderungsprozessen möchte ich hervorheben:

Langfristiger Prozess

Führungskräfte nehmen das Thema an und ernst

Die Führungskräfte (in Verwaltung und Politik) sorgen für

- ein gemeinsames Bild der „Notwendigkeit" von Bürgerbeteiligung,
- Veränderungsenergie neben dem Alltagsgeschäft,
- Aufmerksamkeit für die Umsetzung („Dran bleiben!"),
- Ressourcen, Rückhalt und Reflexionsräume

- und ermutigen die Mitarbeiter*innen, etwas zu wagen und unkonventionelle Ideen und Handlungsweisen auszuprobieren.

Um das zu tun, müssen Führungskräfte selbst davon überzeugt sein, dass

- gute Partizipation für gelingende Demokratie essentiell ist,
- Partizipation nur gelingt, wenn Entscheider*innen in der Politik und in der Verwaltung dafür sorgen, dass diese Beteiligung fachkundig und nachhaltig umgesetzt wird,
- deshalb eine entsprechende Professionalisierung der zuständigen Stellen zu veranlassen ist.

Qualifizierung wird in ein Gesamtkonzept eingebunden

Kompetenzaufbau und Qualifizierung werden in eine Strategie und ein Gesamtkonzept eingebunden.

Gemeinsames Bild von Krisen

Das beginnt damit, ein Bewusstsein für die Notwendigkeit für mehr Beteiligung zu schaffen. Ein gemeinsames Bild von Krisen und bedeutenden Chancen könnte sein: Wir erleben, dass wir an mehr Bürgerbeteiligung nicht mehr vorbeikommen. Einerseits fordern Menschen Beteiligung, andererseits verlieren wir Wähler*innen. Wenn wir uns auf mehr und gute Beteiligung einlassen, gewinnen wir. Beteiligung macht aus Bürger*innen Demokrat*innen, stärkt den Gemeinsinn und stabilisiert so die Demokratie. Dadurch gewinnen wir alle Zukunft.

Dafür gilt es, eine Koalition der Erneuer*innen zu schmieden: eine Gruppe, die den Wandel voranbringt und als Team eng zusammenarbeitet – im Change-Management gerne „Champions" genannt. Mit dieser Gruppe wird auch das Qualifizierungskonzept gemeinsam erarbeitet.

Am Anfang stehen eine Vision und Strategie

Gemeinsam wird eine Vision, ein Zukunftsbild für mehr und gute Beteiligung und für die Stärkung des Gemeinsinns entwickelt. Ein überzeugendes Zukunftsbild unterstützt dabei, die Veränderungen konsequent voranzutreiben. Anschließend werden Strategien erarbeitet, um dieses Zukunftsbild zu verwirklichen.

Leitfragen dafür sind: Wie sieht das in fünf Jahren aus? Wie werden Verwaltung und Politik in fünf Jahren von den Bürger*innen hinsichtlich gelungener Beteiligung erlebt? Was läuft dann richtig gut? Was hat sich verändert? Wie haben wir das erreicht? Welche Haltung haben wir eingenommen? Wie haben wir Schwierigkeiten überwunden? Was haben wir unternommen, um Beteiligung zu lernen und kontinuierlich zu verbessern?

Leitfragen

Erfolg braucht Qualifizierung, Coachings und Reflexionsräume

Fortbildungen, Coachings und Reflexionsmöglichkeiten sind zentrale Elemente eines Veränderungsprozesses und der Entwicklung einer Beteiligungskultur.

Erfolgreicher Wandel muss geübt werden. Praxisnahe Trainings mit Bezug zum Tagesgeschäft und Coaching unterstützen die Veränderung. Besonders überzeugende Trainer*innen sind überzeugte und engagierte Führungskräfte und Projektverantwortliche. Sie müssen entsprechend vorbereitet und qualifiziert werden. Qualifizierung braucht einen Methodenmix:

Qualifizierung braucht Methodenmix

- Wissensvermittlung in Seminaren, die gleichzeitig dem fachübergreifenden Kennenlernen und der Bearbeitung konkreter Fragestellungen sowie Beteiligungsprojekte dienen.
- Besonders effektiv ist dies, wenn Seminare mit Peer-Group Treffen und regelmäßigen kollegialen Beratungsrunden verbunden werden, also in einen kontinuierlichen Lernprozess eingebunden sind.

- Formate, in denen sich die oberste Führungsebene und die politischen Gremien mit Beteiligung befassen.
- Projektorientiertes Lernen: In jedem Beteiligungsprojekt sollte Raum für Lernen und Reflexion eingebaut werden: Projektcoachings und innovative, leicht durchzuhaltende Formate wie in Hamburg Mikroseminare für Ingenieur*innen in konkreten Projekten.

Reflexion — Sehr ertragreich ist Lernen im Sinne einer „lernenden Organisation" durch regelmäßige Reflexion und Feedback. Das stützt Kulturveränderung „pro" Beteiligung und die stetige Verfolgung der Vision und der Strategie. Ein solcher Reflexionsprozess ist zu Beginn einzuplanen und in der Organisation zu verankern: in der Regelkommunikation und durch Reflexionsworkshops bei Meilensteinen. Leitfragen sind dabei: Wo stehen wir im Gesamtprozess und im einzelnen Projekt? Haben wir die Ziele erreicht? Was hat sich positiv entwickelt? Was war dienlich, ist gut gelaufen? Was war nicht gut? Was sagt uns das für die nächsten Schritte? Was nehmen wir uns konkret vor bis zum nächsten Mal?

Wirksamkeit entsteht, wenn es selbstverständlich wird, Beteiligung auf unterschiedlichen Ebenen mit vielfältigen Formaten als gemeinsamen Lernprozess zu verstehen; bei der Verbindung des individuellen Lernens mit dem Lernen der Organisation.

Strategie und Entwicklungen in Baden-Württemberg

Die Landespolitik traf 2011 die strategische Entscheidung, Bürgerbeteiligung als Schwerpunkt im Land Baden-Württemberg voranzutreiben. Die Strategie beinhaltet, Beteiligung breit in der Fläche zu verankern und Beteiligung als Lern-Thema zu sehen.

Oberste Führungsebene: Staatsrätin für Zivilgesellschaft und Bürgerbeteiligung

Die Landesregierung verankerte Bürgerbeteiligung 2011 als strategischen Schwerpunkt und richtete deshalb das Amt der Staatsrätin für Bürgerbeteiligung und Zivilgesellschaft ein. Im Mai 2011 wurde Gisela Erler in das Ehrenamt der Staatsrätin für Zivilgesellschaft und Bürgerbeteiligung berufen. Ihre Aufgabe ist es, die Verfahren der Bürgerbeteiligung auf Landesebene auszubauen, in das Verwaltungshandeln zu integrieren und die Zivilgesellschaft zu stärken. Im Mai 2016 wurde sie erneut zur Staatsrätin berufen. Sie wurde Mitglied des Kabinetts und verfügte über einen Mitarbeiterstab und ein Budget. Dadurch bekam „Bürgerbeteiligung" ein Gesicht in der obersten Führungsebene des Landes.

Qualifizierungsstrategie für Bürgerbeteiligung

Bürgerbeteiligung muss gelernt und in der Kultur von Verwaltung und Politik verankert werden. Dafür sind zwei Leitziele wichtig:

- Bürgerbeteiligung in der Fläche durch Qualifizierung, strategische Projekte, Netzwerke und Förderprogramme breit zu fördern,
- für die Führungskräfte der Landesverwaltung Weiterbildungsbausteine zu entwickeln.

So sind seit 2011 ein vernetztes, praxisorientiertes Angebot und eine praxisorientierte Qualifizierungsstrategie entstanden. Das richtet sich an alle Ebenen von Politik, Verwaltung und Zivilgesellschaft und wird vom Land finanziell gefördert:

- Modulares „Bildungsangebot Bürgerbeteiligung" für Kommunalverwaltungen, Landesverwaltung und Zivilgesellschaft (Führungsakademie)
- Verbindliche Verankerung von Bürgerbeteiligung in der Fortbildung für Führungskräfte der Landesverwaltung (Führungsakademie)
- Aufbau von Netzwerken und Lernen in Netzwerken. Für die Stärkung der Zivilgesellschaft wurde die Initiative Allianz für Beteiligung e.V. gegründet, die stark dem Bildungsgedanken verpflichtet ist.

- Beteiligung lernen vor Ort. Als Beispiel für Lernen in Netzwerken vor Ort wird in diesem Artikel an späterer Stelle das „LernNetzwerk Bürgerbeteiligung" skizziert. Auch die kommunalen Landesverbände bieten Begegnungs- und Fortbildungsformate in der Fläche an.
- Verankerung des Beteiligungsgedankens in verschiedenen Förderprogrammen des Landes Baden-Württemberg. Gefördert werden zum Beispiel Projekte im Bereich der Quartiersarbeit ausdrücklich dann, wenn ein Beteiligungsansatz Teil der Projektbewerbung ist. Sehr erfolgreich kann hierbei auch Mikroförderung sein, deshalb wird im Folgenden das Förderprogramm „Gut Beraten" der Allianz für Beteiligung e.V. als Beispiel vorgestellt.

Bildungsangebot Bürgerbeteiligung: Mitreden, Mitmachen, Mitentscheiden

Integrierte Qualifizierung

Das Programm wurde 2012 von der Führungsakademie Baden-Württemberg gemeinsam mit den Hochschulen für öffentliche Verwaltung in Kehl und Ludwigsburg konzipiert und wird seither kontinuierlich weiterentwickelt. Initiiert wurde es von der Staatsrätin für Bürgerbeteiligung und der Ministerin für Wissenschaft und Kunst. Wichtig war die Vernetzung der Ausbildungsstätten: Die Hochschulen und die Führungsakademie sollten ein gemeinsames Qualifizierungsprogramm für Mitarbeiter*innen der Landes- und der Kommunalverwaltungen entwickeln.

Ein Meilenstein wurde 2016 gesetzt: Seitdem finanziert das Land Baden-Württemberg das Programm. Das Land sieht es als strategisch wichtiges Element zur Umsetzung des Koalitionszieles „Stärkung der Bürgerbeteiligung". Gleichzeitig wurde es 2016 von einem auf die Verwaltung fokussierten Programm geöffnet für Teilnehmer*innen aus der Zivilgesellschaft. Verwaltungsmitarbeiter*innen, die sich mit Fragen der Bürgerbeteiligung befassen sowie Beteiligungsprozesse steuern und durchführen, Bürger*innen, die sich zu einem bestimmten Thema Beteiligung wünschen oder auch bereits an Beteiligungsprozessen teilnehmen sowie politische Entscheidungsträger*innen (Verwaltungsspitzen und Gemeinderät*innen) lernen auf diese Weise gemeinsam Beteiligung.

Kooperationspartner*innen sind die Führungsakademie, beide Hochschulen, die Allianz für Beteiligung e.V., Städtetag, Gemeindetag und Landkreistag Baden-Württemberg, die Landeszentrale für politische Bildung, die Pädagogische Hochschule Schwäbisch-Gmünd und die Stadt Schwäbisch-Gmünd.

Ziele des Programms sind es,

- Bürgerbeteiligung zu einer beruflichen Grundkompetenz zu machen,
- einen Überblick über die komplexen Zusammenhänge von Bürgerbeteiligung zu vermitteln und ausgewählte Methoden kennenzulernen,
- eine positive Haltung zu Bürgerbeteiligung zu entwickeln,
- Politik, Verwaltung und Zivilgesellschaft über gemeinsames Lernen zu vernetzen,
- Verständnis für die unterschiedlichen Sichtweisen zu ermöglichen und gemeinsam Wege zu finden.

Langjährige Erfahrung hat gezeigt, dass Lehrgänge mit mehreren Seminareinheiten in der Weiterbildung schwer zu „verkaufen" sind. Viele Menschen (und vor allem die Organisationen) wollen sich aus Zeit- oder Kostengründen nicht auf 10 bis 16-tägige Lehrgänge festlegen, selbst wenn man diese beispielsweise als Anreiz mit ETCS-Punkten verbindet. Deshalb hat sich die Führungsakademie für ein modulares Programm entschieden: Die Module sind in sich abgeschlossen und können als Einzelseminar oder als Gesamtlehrgang gebucht werden. Es gibt vier Grundmodule und acht Vertiefungsmodule. Die Teilnehmer*innen stellen ihr individuelles Lernarrangement zusammen. Die Programmleiterin begleitet die Seminarreihe, berät zu Seminarinhalten und Projekten, gewähr-

Einzelne Module

leistet den „roten Faden" und entwickelt es konzeptionell zusammen mit den Partnerorganisationen weiter.

Praxisorientierung

Sehr wichtig ist die Praxisorientierung. Die Lehrenden der Hochschulen verknüpfen Forschungsinhalte mit langjähriger Praxiserfahrung und arbeiten mit erfahrenen Beteiligungspraktiker*innen zusammen. Gearbeitet wird anhand konkreter Praxisbeispiele der Teilnehmer*innen.

Das Programm besteht aus den vier Grundlagenmodulen:

- Mitwirkung und Bürgerbeteiligung. Eine Einführung
- Direkte Demokratie und Bürgerbeteiligung
- Führung und Steuerung von Beteiligungsprozessen
- Kommunikation und Pressearbeit bei Beteiligungsprozessen

und den acht Vertiefungsmodulen:

- Moderation in Beteiligungsprozessen
- E-Partizipation
- Konsensorientierte Moderation
- Migration und Bürgerbeteiligung
- Großgruppenmethoden der Bürgerbeteiligung
- Kollegiale Beratung in Beteiligungsprozessen
- Beteiligung der sogenannten „stillen Gruppen"
- Mediation als Ansatz der Konfliktbearbeitung

Wer alle vier Grundlagenseminare im Umfang von sechs Seminartagen besucht, erhält ein Basiszertifikat „Bürgerbeteiligung". Teilnehmer*innen, die alle Grundlagenseminare und mindestens sechs Seminartage aus den Vertiefungsmodulen besuchen, erhalten das Zertifikat „Bürgerbeteiligung PLUS" (entspricht 12 Seminartagen).

Gemeinsam lernen vor Ort: Lern-Netzwerke für Beteiligung

Das zentrale Seminarangebot für Bürgerbeteiligung wird durch halbtägige Formate vor Ort ergänzt, ebenfalls aus Mitteln des Landes gefördert. Auch in diesen Workshops geht es um einen mehr-sektoralen Ansatz: Politik, Verwaltung, Zivilgesellschaft lernen gemeinsam anhand praktischer Beispiele, wie Bürgerbeteiligung gemeinsam erfolgreich durchgeführt werden kann. Kooperationspartnerin ist die Allianz für Beteiligung e.V.

Eine Gemeinde oder Organisation lädt ein und präsentiert ein Beispiel aus der eigenen Beteiligungspraxis beziehungsweise stellt eine aktuelle Herausforderung vor. Die Führungsakademie konzipiert zusammen mit der Gemeinde das Format und moderiert. Die Teilnehmer*innen profitieren von aktuellen Themen und nehmen konkrete Anregungen für eigene Vorhaben durch kollegialen Austausch mit.

Lokale Angebote

Die Veranstaltungen machen Mut zu Bürgerbeteiligung und fördern interkommunalen und sektorenübergreifenden Erfahrungsaustausch. Anhand von konkreten Erfahrungen wird voneinander und miteinander gelernt, wie Bürgerbeteiligung gelingen und verstetigt werden kann. Die thematische Vielfalt wird anhand der folgenden Auflistung deutlich:

- Interkommunaler Austausch über erfolgreiche Bürgerbeteiligung am Beispiel der Erschließung eines Gewerbegebiets mit Bürgermeister*innen, Gemeinderät*innen und Verwaltungsmitarbeiter*innen aus angrenzenden Gemeinden.
- Interkommunaler Austausch zu der Frage: „Wie kommen wir zu einer Verstetigung von Beteiligung?" für Bürgermeister*innen und Amtsleitungen. Eine Oberbürgermeisterin hatte diese Frage eingebracht.
- Beteiligung im Nationalpark: Bilanz der Beteiligungsveranstaltungen, die im Rahmen der Erarbeitung des Nationalparkplans erfolgten und Sammlung künftiger Beteiligungsthemen

im Nationalpark zusammen mit Vertreter*innen zivilgesellschaftlicher Gruppen und Anwohner*innen.

- Stadtplanung mit Zufallsbürger*innen. Grenzüberschreitender deutsch-schweizerischer Austausch zu einem Schwimmbadprojekt mit der Methode der Zufallsbürgerauswahl mit vielen Teilnehmer*innen aus der Kommunalpolitik.

Bürgerbeteiligung in der Pflichtfortbildung für den höheren Dienst der Landesverwaltung

Bürgerbeteiligung als strategisches Thema soll allen Führungskräften in der Landesverwaltung vermittelt werden. Durch Beschluss des Koordinationskreises der Bildungs- und Personalreferent*innen der Ministerien wurde das Thema „Bürgerbeteiligung" 2013 in den Kanon der sogenannten allgemeinen Pflichtfortbildung der Landesverwaltung aufgenommen. Diese wird von der Führungsakademie durchgeführt.

Pflicht für Führungskräfte

Die Pflichtfortbildung umfasst die ressortübergreifende Einführungsqualifizierung für neue Bedienstete des höheren Dienstes sowie eine Seminarreihe für die Mittlere Führungsebene. Die Führungskräfte setzen sich fachübergreifend mit Führungs- und strategischen Themen des Landes auseinander. Alle Führungskräfte der Landesverwaltung, ob sie nun viel oder wenig mit Beteiligungsprozessen zu tun haben, beschäftigen sich mit diesem strategischen Thema.

Die Einführungsqualifizierung besteht aus einem eintägigen Grundlagenseminar. Die Teilnehmer*innen befassen sich mit Öffentlichkeitsbeteiligung in der Verwaltung, konkret mit der Verwaltungsvorschrift „Öffentlichkeitsbeteiligung" und sonstigen Vorschriften zur Bürger- und Öffentlichkeitsbeteiligung (zum Beispiel im Umweltverwaltungsgesetz). Ausgehend von Praxisbeispielen lernen sie, eine Umfeldanalyse durchzuführen und ein Beteiligungsszenario zu entwickeln.

Die mittlere Führungsebene setzt sich in einem zweitägigen Seminar mit dem Thema „Führen und Steuern von Beteiligungsprozessen" auseinander. Inhalte des Seminars sind die unterschiedlichen Rollen und Interessen der Beteiligten in Beteiligungsprozessen. Vermittelt wird, Beteiligungsprozesse zu initiieren, konzipieren und zu steuern und die eigene Verwaltungskultur zu reflektieren. Vermittelt werden Grundlagen des erforderlichen Projekt- und Prozessmanagements.

Bürgerbeteiligung im Rahmen des Planungsleitfadens der Landesverwaltung erfolgreich gestalten

Ein wichtiges Beteiligungsprojekt der Landesverwaltung war vor einigen Jahren die Verwaltungsvorschrift „Öffentlichkeitsbeteiligung" samt erläuterndem Planungsleitfaden. Damit wurde ein zentrales Vorhaben des Koalitionsvertrags umgesetzt. Er gab vor, innerhalb des bestehenden Rechts die Handlungsspielräume für mehr Bürgerbeteiligung bei der Planung von Großvorhaben aufzuzeigen. Besonderes Augenmerk lag auf der frühen Öffentlichkeitsbeteiligung und der Methode des Beteiligungs-Scopings. Das Vorhaben wurde mit insgesamt neun neuen Stellen ausgestattet, die beim Innenministerium geführt und bei den Regierungspräsidien angesiedelt wurden.

Mehr Spielräume für Beteiligung

Dieses zentrale Implementierungsvorhaben des Landes war Neuland und bedeutete einen Veränderungsprozess. Es gab dazu noch keine vertiefte Verwaltungspraxis. Das Staatsministerium beauftragte die Führungsakademie Baden-Württemberg, ein Angebot für die Qualifizierung und Umsetzungsbegleitung zu entwickeln. Dieses sollte die Aspekte eines guten Veränderungsmanagements aufgreifen. Wichtig war uns, dieses Konzept gemeinsam mit den Betroffenen zu entwickeln.

Die Konzeption wurde deshalb mit einer Vorbereitungsgruppe (Kerngruppe) aus allen vier Regierungspräsidien ausgearbeitet und mit Staatsrätin, Innenministerium und den Regierungspräsident*innen abgestimmt. Die Kerngruppe entwickelte sich zur

Steuerungsgruppe und arbeitet bis heute zusammen. Solch eine gemeinsame Steuerungsgruppe hilft auch, mit Widerständen umzugehen.

Das Qualifizierungskonzept beinhaltete drei große Schwerpunkte, um eine einheitliche Praxis im Land zu gewährleisten:

- Inhaltliches (Anwendungsbereich der VwV-Öffentlichkeitsbeteiligung und des Planungsleitfadens im Zusammenspiel mit gesetzlichen Regelungen und den VDI-Richtlinien)
- Methodenkompetenz (Methoden und Instrumente zur Bürgerbeteiligung, Akteur-, Kraftfeld-, Umfeld- und Medienanalyse, Moderation und Projektmanagement im Beteiligungsprozess)
- Kontinuierlicher Erfahrungsaustausch. Dieser besteht bis heute. Die damalige „Kerngruppe" aus den Regierungspräsidien und ein/e Mitarbeiter*in des Staatsministeriums/Referat der Staatsrätin treffen sich regelmäßig zum Erfahrungsaustausch. Expert*innen der Regierungspräsidien führen die Seminare der Führungsakademie in der Einführungsqualifizierung durch. Das Wissen fließt zurück an andere Kolleg*innen in der Landesverwaltung.

Allianz für Beteiligung e.V. und „Gut Beraten!"

Unabhängiges Netzwerk

Die Allianz für Beteiligung wurde 2014 auf Initiative der Staatsrätin gegründet. Sie versteht sich als unabhängiges Netzwerk, das Bürgerbeteiligung und Zivilgesellschaft in Baden-Württemberg stärkt und in Politik, Verwaltung und Wirtschaft ein Bewusstsein dafür schafft, dass gesellschaftliche Herausforderungen mit Beteiligung von Bürger*innen besser gemeistert werden können. Sie will dazu beitragen, die politische Partizipation von Bürger*innen als Ergänzung und zur Stärkung der repräsentativen Demokratie zu profilieren.

Die Allianz für Beteiligung führt im Auftrag des Landes Baden-Württemberg unter anderem sehr erfolgreich Förderprogramme zur

Stärkung der Bürgerbeteiligung durch. Das Programm „Gut Beraten" richtet sich vor diesem Hintergrund explizit an die Zivilgesellschaft.

Die Idee: Menschen wollen ihr Umfeld vor Ort gestalten. Hierbei spielen aktuelle gesellschaftspolitische Themen eine große Rolle: Wie können Menschen mit und ohne Migrationsgeschichte vor Ort gut gemeinsam leben? Wie kann in unserem Dorf, Stadtteil oder Quartier ein soziales, generationenübergreifendes Miteinander entstehen? Wie können wir ländliche Gebiete als lebenswerte Orte erhalten? Mit diesen und anderen Fragen beschäftigen sich Menschen vor Ort in Initiativen, Arbeitskreisen oder Vereinen und entwickeln gemeinsam Ideen und Ansätze.

Förderprogramm für Zivilgesellschaft

Das Land fördert aus den Töpfen verschiedener Ministerien unter der Dachmarke „Gut Beraten!" mit Beratungsgutscheinen zivilgesellschaftliche Initiativen und ihre Ansätze, gesellschaftliche Themen vor Ort mit Maßnahmen der Bürgerbeteiligung zu bearbeiten.

Eckpunkte:

- Bewerben können sich zivilgesellschaftliche Initiativen mit und ohne eingetragene Rechtsform in Baden-Württemberg (Arbeitskreise, Bürgerinitiativen, Vereine, Migrantenselbstorganisationen etc.).

- Beraten wird zu Fragen der Projektentwicklung, -organisation und -durchführung.

- Pro Projekt können bis zu 4.000 Euro für Beratungsleistungen durch fachlich qualifizierte und erfahrene Personen abgerechnet werden. Die Berater*innen werden von der antragstellenden Initiative bei der Bewerbung vorgeschlagen.

- Das Projekt muss im Bereich „Ländlicher Raum", „Integration", „Quartiersentwicklung" oder „Mobilität" durchgeführt werden und Maßnahmen der Bürgerbeteiligung müssen eine hervorgehobene Rolle spielen.

- Den Antrag stellt eine zivilgesellschaftliche Initiative, aber die Gemeinde muss mit ins Boot: Sie füllt dazu eine Stellungnahme aus, um der Kommune die Gemeinwohlorientierung des Projekts und Unterstützungsbereitschaft anzuzeigen.

Diese Mikroförderung ist ein sehr erfolgreiches Instrument, um Beteiligung in die Fläche zu tragen und überall im Land Lernprozesse zu initiieren.

Auch andere Förderprogramme, insbesondere aus dem Ministerium für Soziales und Integration beinhalten sowohl die Vorgabe, Bürgerbeteiligung in den eingereichten Projekten zu organisieren als auch an Netzwerktreffen der Projektkommunen teilzunehmen.

Resümee: Überzeugte Führungskräfte und „Champions" garantieren den Lernerfolg

Die Erfahrung zeigt: Optimal ist es natürlich, wenn die Führungsspitze in der Verwaltung und die Politik hinter dem Thema stehen. Allerdings zeigen andere Beispiele auch, dass von unten begonnen werden kann, in einem Team von Überzeugten und Engagierten (den „Champions"). Mit Menschen, die offen für Neues sind, ihre Ziele konsequent verfolgen und nie aufhören zu lernen. Das Modell des Change-Managements und seiner Erfolgskriterien eignet sich gut als Checkliste, was zu tun ist, wo man steht und was noch nicht beachtet worden ist. Es überzeugt auch Führungskräfte.

Konkrete Projekte als Lernfelder

Konkrete Projekte sind hervorragende Lernfelder. Zum einen sollten Wissensvermittlung, Erfahrungslernen und Reflexion systematisch als Bausteine in Projekte eingebaut werden. Zum anderen hat es sich bewährt, Fortbildungseinheiten mit Lernprojekten zu verbinden. Dadurch kann das Wissen gleich angewandt und die Expert*innen als Projektcoaches genutzt werden. Dieses Projekt-Lernkonzept sollte mit einer fachübergreifenden Steuerungsgruppe zusammen geplant und umgesetzt werden. Erfolgreiches Lernen braucht Übung, braucht Wiederholung. Gleichzeitig haben die Verwaltungen in Land, Kommune, Gemeinde und Landkreis einen konkreten Nutzen von der Fortbildung. So werden Erfahrungen mit gelingender Beteiligung verstetigt und es entsteht Beteiligungskultur.

Beteiligung gemeinsam zu lernen – wie in den vorgestellten (Lern-)Netzwerken oder beim Programm „Gut Beraten!" – ist ein guter Weg, um erfolgreich Erfahrungs- und Lernprozesse zu gestalten. Das verändert auch Kultur. Die unterschiedlichen Logiken und Herangehensweisen von Politik, Verwaltung und Zivilgesellschaft werden besser verstanden, man entwickelt ein gemeinsames Verständnis für das Vorhaben und zieht an einem Strang. Vertrauen entsteht. Von diesen Lernprozessen profitieren Verwaltungen, Politik und Zivilgesellschaft. Das kann sowohl in einzelnen Projekten vor Ort stattfinden als auch in überregionalen und interkommunalen Lern-Netzwerken. Wunderbare Beispiele für den Trialog sind gemeinsam entwickelte kommunale Leitlinien für Bürgerbeteiligung. Notwendig sind dazu jedoch Ansprechpartner*innen und Koordinator*innen sowie entsprechende Budgets.

Beteiligung braucht Räume und Ressourcen

Literatur

Allianz für Beteiligung, online unter: https://allianz-fuer-beteiligung.de.

Allianz Vielfältige Demokratie, online unter: https://allianz-vielfaeltige-demokratie.de/allianz-vielfaeltige-demokratie/materialien/.

Beteiligungsportal Baden Württemberg, online unter: https://beteiligungsportal.baden-wuerttemberg.de/de/startseite/.

Doppler, Klaus; Lauterburg, Christoph (2019): Change Management. Den Unternehmenswandel gestalten. Frankfurt, New York.

Dörner, Christine (2011): Strategieentwicklung – Kompass im Veränderungsprozess. Stuttgart, München, Hannover.

Führungsakademie Baden-Württemberg, online unter: https://www.diefuehrungsakademie.de/buergerbeteiligung.

Stolzenberg, Kerstin, Heberle, Krischan (2013): Change Management. Veränderungsprozesse erfolgreich gestalten. Berlin Heidelberg, New York.

Lena Siepker

Die Herausforderung ungleicher Teilhabechancen

Die Förderung gleicher Teilhabechancen ist eine zentrale Herausforderung der dynamischen Engagement- und Beteiligungslandschaft in Deutschland. Während einige etablierte Engagement- und Beteiligungsformen an Bedeutung und Inklusionspotenzial einbüßen, erfahren neue Formen der Repräsentation einen Aufschwung und werden mit der Hoffnung verbunden, das demokratische System zu stabilisieren. Doch inwiefern gelingt dies und wo bestehen Handlungsbedarfe für die inklusivere Gestaltung von Engagement?

Einleitung

Engagement und politische Beteiligung sind zentrale Instrumente, die Bürger*innen in demokratischen Systemen ermöglichen, öffentliche Diskurse und Gesellschaftsstrukturen (oft auch vermittelt durch politische Prozesse) zu beeinflussen und zu gestalten. Zum Anspruch demokratischer Systeme gehört dabei auch, dass diese Gestaltungs- und Einflussmöglichkeiten möglichst fair, das heißt für alle Bürger*innen gleichermaßen zugänglich (und somit inklusiv) sein und nicht nur das je eigene Wohl, sondern auch das Gemeinwohl positiv beeinflussen sollen.

„Gemeinwohl" ist unterschiedlich geprägt

In der gesellschaftlichen Realität kommen hier allerdings Machtgefälle, genauer das Problem ungleicher Teilhabechancen ins Spiel. Bürger*innen haben damit nicht nur unterschiedliche Einflusschancen auf die Durchsetzung ihrer je eigenen Interessen, sondern auch auf die öffentliche Meinungsbildung dazu, was „Gemeinwohl" eigentlich bedeutet und wie dieses durch zivilgesellschaftliche Aktivität gefördert wird. So kommt es etwa dazu, dass einzelne gesellschaftliche Gruppen und Akteur*innen den Gemeinwohlbegriff zugunsten ihrer eigenen Interessen einseitig prägen oder sogar bewusst vereinnahmen und im Rahmen von Engagement und Beteiligung faktisch nicht das Gemeinwohl, sondern partikulare Interessen fördern.

Das Anliegen dieses Beitrags ist es, das angesprochene Machtgefälle und seine Auswirkung besser zu verstehen und auf dieser Grundlage Handlungsbedarfe bzw. Ansatzpunkte für eine inklusivere Gestaltung von Engagement und Beteiligung aufzuzeigen. Um Handlungsbedarfe zu identifizieren, gibt der Beitrag zunächst einen Überblick über zentrale Entwicklungen in dem dynamischen und diversen Feld von Engagement und Beteiligung und darüber, welche gesellschaftlichen Gruppen in welchen Engagement- und Beteiligungsformen tendenziell über- oder unterdurchschnittlich repräsentiert sind. Um Handlungsbedarfe zur inklusiveren Gestaltung für einzelne Engagement- und Beteiligungsformen konkretisieren zu können, ist schließlich ein tieferer Einblick in die jeweiligen Engagement- und Beteiligungsformen und ihre Rahmenbedingungen notwendig. Dies soll hier beispielhaft für informelle, dialogorientierte (oder auch deliberative) Beteiligung auf kommunaler Ebene geschehen.

Inklusive Beteiligung

Informelle, dialogorientierte Beteiligungsverfahren haben in den letzten Jahren stark zugenommen. In einem politischen Klima, das von wachsender Polarisierung, populistischen Tendenzen und Vertrauensverlust in politische Entscheidungsträger*innen geprägt ist, trifft die verstärkte Nachfrage von Bürger*innen nach dialogischer Beteiligung dabei auf die Hoffnung staatlicher Akteure, mithilfe dieser Beteiligungsform „die Legitimität, Wirksamkeit und Effizienz der Demokratie zu verbessern" (Neutzner 2019: 34). Ein ausgewogener Interessenausgleich und die Bemühung um akzeptierte Lösungen für politische Probleme scheinen im Zentrum des staatlichen Interesses an dialogischer Bürgerbeteiligung zu stehen (ebd.). Informelle, dialogorientierte Beteiligung wird also in besonderer Weise mit dem Anspruch verknüpft, heterogene Interessen einzubeziehen und miteinander zu vermitteln, Perspektivwechsel zu ermöglichen und so zu gemeinwohlorientierten Lösungen zu kommen, welche die Interessen aller Betroffenen berücksichtigen.

Die Inklusivität solcher Dialogformate erscheint vor diesem Hintergrund umso wichtiger.

Die dynamische Entwicklung der Engagement- und Beteiligungslandschaft

Trägt man empirische Studien zu Engagement und Beteiligung in Deutschland zusammen, lässt sich feststellen, dass das Engagement und die politische Beteiligung der Bürger*innen im Verlauf der letzten Jahre insgesamt zugenommen haben (ENGAGE 2021). *Engagement* meint dabei freiwillige zivilgesellschaftliche Aktivitäten, die zum Beispiel im Rahmen von Vereinen, Verbänden oder weniger formalisierten Gruppen auf der Initiative von Bürger*innen selbst beruhen (ENGAGE 2020). Wesentlich für *Beteiligung* dagegen ist, dass diese von (politischen) Entscheidungsträger*innen initiiert und ermöglicht wird. Dabei sind einige Beteiligungsformen, wie beispielsweise Wahlen oder Bürger- und Volksbegehren gesetzlich verbürgt und reguliert, andere sind nicht gesetzlich festgeschrieben und informeller Natur, wie zum Beispiel Bürgerdialoge (ebd.). Es gibt jedoch auch Mischformen, das heißt Fälle, in denen etwa bei der Planung baulicher Maßnahmen die Beteiligung über die gesetzlichen Vorgaben hinausgeht, um die Akzeptanz der Maßnahmen zu erhöhen.

Unterschiedliche Akzeptanz verschiedener Formen

Die beschriebene Zunahme betrifft allerdings nicht alle Engagement- und Beteiligungsformen gleichermaßen: Während die Beteiligung durch Wahlen und das Engagement in Verbänden als breit etablierte und stark formalisierte Beteiligungs- bzw. Engagementformen an Bedeutung verloren haben, erfahren vor allem flexible, informelle Engagement- und Beteiligungsformen wie selbstorganisierte Initiativen und deliberative Beteiligung, aber auch direktdemokratische Beteiligungsformen, das heißt Bürger- und Volksbegehren, einen besonderen Zuwachs (ENGAGE 2021).

Da die verschiedenen Engagement- und Beteiligungsformen verschiedene gesellschaftliche Gruppen unterschiedlich stark ansprechen bzw. den Bürger*innen durch ihre Rahmenbedingungen die

Teilnahme auf unterschiedliche Weise erleichtern oder erschweren, verändert sich mit der dynamischen Entwicklung der Engagement- und Beteiligungslandschaft auch, wie Engagement und Beteiligung auf die deutsche Bevölkerung „verteilt" sind. Die verschiedenen Engagement- und Beteiligungsformen integrieren also verschiedene Bevölkerungsgruppen auf unterschiedliche Weise.

Für das Engagement in Vereinen und Verbänden ist natürlich zu bedenken, dass diese sich oft bewusst auf die Vertretung der Interessen bestimmter Bevölkerungsgruppen fokussieren, sodass unter der Fragestellung der Inklusivität von Engagement auch noch einmal genauer zu betrachten wäre, welche Vereine oder Verbände die Interessen welcher Bevölkerungsgruppen zum Beispiel aufgrund besonderer Finanzierungsmöglichkeiten besonders wirksam vertreten können. Im Rahmen dieses Beitrags werden Vereine und Verbände allerdings jeweils aggregiert angeschaut.

Gleichzeitig legen Erhebungen zu Engagement und Beteiligung in Deutschland nahe, dass es nach wie vor bestimmte gesellschaftliche Gruppen gibt, die tendenziell in allen Engagement- und Beteiligungsformen über- bzw. unterrepräsentiert sind (ebd.). Das Problem ungleicher Teilhabechancen bleibt also trotz oder – wie sich im Folgenden zeigen wird – viel mehr gerade angesichts der sich verändernden Engagement- und Beteiligungslandschaft ein zentrales Problem für die inklusive Gestaltung demokratischer Einflussnahme.

Gruppen mit geringeren Teilhabechancen

Die Frage, wo Handlungsbedarfe für eine inklusivere Gestaltung von Engagement und Beteiligung, das heißt für die Förderung gleicher Teilhabechancen liegen, erfordert also zweierlei:

- einen Überblick darüber, welche Bevölkerungsgruppen in unterschiedlichen Engagement- und Beteiligungsformen besonders stark oder schwach repräsentiert sind und
- darüber, welche gesellschaftlichen Gruppen tendenziell in allen Engagement- und Beteiligungsformen unter- oder überrepräsentiert sind.

Überblick über die Verteilung von Engagement und Beteiligung auf die deutsche Bevölkerung

Die Überblicksanalyse nimmt wesentlich Bezug auf empirische Erkenntnisse, die im Rahmen einer Trendanalyse zu Engagement und Beteiligung des BMBF-geförderten Forschungsprojekts „ENGAGE – Engagement für nachhaltiges Gemeinwohl" diskutiert werden und sowohl auf bereits vorhandenen Daten als auch auf eigenen Erhebungen beruhen (ENGAGE 2021). Im Blick sind außerdem insbesondere sozioökonomische Faktoren sowie die Eigenschaften „Geschlecht" und „Alter".

Einfluss sozioökonomischer Faktoren auf die Verteilung von Engagement und Beteiligung

Einen besonders großen Einfluss darauf, wer sich wie stark und in welcher Form engagiert oder politisch beteiligt, haben die Faktoren Bildung, Erwerbstätigkeit und Einkommen. Dabei steigt mit dem sozioökonomischen Status insgesamt die Wahrscheinlichkeit, sich zu engagieren und politisch zu beteiligen (ebd.).

Engagement hängt von Bildung ab

Der Deutsche Freiwilligensurvey (2014) zeigt: Je höher der Schulabschluss, desto höher ist die Engagementquote. Eine Zunahme des Engagements fand in den vergangenen Jahren zudem insbesondere unter Personen mit hohem Schulabschluss statt. Ähnliches gilt für die Bereiche der Beteiligung: Auch hier sind bildungsnahe Gruppen überdurchschnittlich repräsentiert (ENGAGE 2021). Gleichzeitig sind es insbesondere Personen mit hohem Schulabschluss, deren wöchentlicher Zeitaufwand für ihr Engagement in den letzten Jahren zurück gegangen ist. Sie engagieren sich überdurchschnittlich häufig in individuell organisierten, wenig formalisierten Engagementformen und nutzen ebenfalls überdurchschnittlich häufig Formen informeller Beteiligung, die es auch zulassen, sich flexibel, unverbindlich und kurzfristig einzubringen (ebd.). Unter den Personen mit niedrigem Schulabschluss hat dagegen der Anteil zeitintensiv Engagierter leicht zugenommen und auch die relativ stark formalisierte Form verbandlichen Engagements hat unter Personen mit niedrigem Schulabschluss zugenommen (FWS 2014). Dennoch bleiben bildungsnahe Gruppen über *alle* Engagement- und Beteiligungsformen hinweg tendenziell überrepräsentiert (ENGAGE 2021).

Ein im Zeitverlauf stabiler Unterschied ergibt sich auch bei der Verteilung von Engagement und Beteiligung unter Erwerbstätigen und Erwerbslosen: Erwerbstätige sind im Durchschnitt deutlich häufiger engagiert als Erwerbslose (FWS 2014). Spannend ist allerdings ein Blick auf verbandliches und selbstorganisiertes, informelles Engagement. Beide Engagementformen werden von Erwerbslosen besonders stark genutzt (ebd.). Obwohl knappe Zeitressourcen Berufstätigen oft die Teilnahme an deliberativen Beteiligungsprozessen erschweren, gilt auch für die verschiedenen Bereiche der Beteiligung, dass Erwerbstätige und einkommensstärkere Gruppen tendenziell überrepräsentiert sind (ENGAGE 2021). Armin Schäfer (2016) beschreibt für die Beteiligung an Wahlen sogar eine wachsende soziale Kluft.

Die Verteilung von Engagement und Beteiligung mit Blick auf Alter und Geschlecht

Auch Bürger*innen verschiedenen Alters und Geschlechts engagieren bzw. beteiligen sich in unterschiedlicher Weise. Alters- und geschlechtsbezogene Unterschiede sind dabei aber oft auch vermittelt mit sozioökonomischen Faktoren.

Eine Zunahme des Engagements ist über alle Altersgruppen hinweg zu beobachten. Ein besonders starker Anstieg zeigt sich jedoch unter den 14- bis 29-Jährigen und unter Personen, die älter sind als 65 Jahre (FWS 2014). Der starke Anstieg unter den 14- bis 29-Jährigen könnte allerdings auch durch veränderte Prüfkriterien für Engagement im Rahmen des Deutschen Freiwilligensurveys aus dem Jahr 2014 beeinflusst sein. Somit sind ca. 46 Prozent der 14- bis 29-Jährigen und der 30- bis 49-Jährigen engagiert und ca. 34 Prozent der Bürger*innen über 65 Jahre (ebd.). Ähnlich wie bei bildungsaffinen Gruppen ist allerdings auch unter den überdurchschnittlich häu-

Alter und Geschlecht

fig engagierten jungen Menschen und den Menschen mittleren Alters der wöchentliche Zeitaufwand für ihr Engagement rückläufig (ebd.). In dieses Bild fügt sich der Rückgang des in der Regel relativ zeitintensiven verbandlichen Engagements unter Schüler*innen ein sowie das überdurchschnittlich häufige Engagement älterer Menschen in Verbänden (ebd.). Junge Menschen nutzen vor allem selbstorganisiertes, informelles Engagement (ebd.).

In den verschiedenen Bereichen der Beteiligung treten vor allem ältere Bürger*innen hervor. So ist die Wahlbeteiligung bei den 50-70-Jährigen am höchsten (Schäfer 2016) und auch im Bereich informeller Beteiligung gelten Ältere eher als überrepräsentiert, während es herausfordernd scheint, junge Menschen für diese Beteiligungsform anzusprechen (ENGAGE 2021). Allerdings verweist Frank Rehmet (2018) darauf, dass es vor allem Jugendliche sind, die einen Zuwachs an Volksabstimmungen (direktdemokratischen Verfahren) fordern und damit ein besonderes Interesse an dieser Beteiligungsform zeigen. Er geht dabei auch von einem Einfluss der „Fridays for Future"-Bewegung aus und spricht von einer „direktdemokratischen Nachhaltigkeitsbewegung", die sich „von unten" formiere (ebd.: 23).

> Jüngere fordern Direktdemokratie

Geschlechtsspezifische Unterschiede der Beteiligung und des Engagements, die sich vor allem auf die Aufteilung von Erwerbs- und Sorgearbeit zurückführen lassen, haben sich im Zeitverlauf verringert. Dennoch sind Männer tendenziell häufiger engagiert bzw. beteiligen sich stärker politisch als Frauen (ENGAGE 2021). Im Bereich der politischen Beteiligung zeigen sich diese Ungleichheiten sowohl in der Wahlbeteiligung sowie auch bei informellen Beteiligungsprozessen. Im Bereich freiwilligen Engagements nutzen Frauen insbesondere flexible, selbstorganisierte Formen (FWS 2014).

Das Inklusionspotenzial etablierter und neuerer Engagement- und Beteiligungsformen

Die Überblicksanalyse zeigt, um auf die oben gestellte Frage nach tendenziell in allen Engagement- und Beteiligungsformen unterrepräsentierten Gruppen zurückzukommen, dass insbesondere sozioökonomisch benachteiligte Gruppen (das heißt bildungsferne, einkommensschwache Bürger*innen) über alle Engagement- und Beteiligungsformen hinweg unterrepräsentiert sind. Mit Blick auf die Faktoren Alter und Geschlecht ist die Lage uneinheitlicher: In den verschiedenen Bereichen der Beteiligung sind Ältere eher überrepräsentiert, während junge Menschen und Menschen mittleren Alters häufiger engagiert sind als Menschen über 65 Jahre. Überrepräsentiert sowohl in den verschiedenen Engagement- als auch Beteiligungsformen sind außerdem Männer, wobei sich geschlechtsspezifische Unterschiede angeglichen haben.

Hinsichtlich der Frage nach Unterschieden des Inklusionspotenzials der verschiedenen Engagement- und Beteiligungsformen ist zunächst auf zwei traditionelle und relativ formalisierte Formen der Beteiligung und des Engagements hinzuweisen, die – zumindest ursprünglich – besonders in der Lage zu sein scheinen, *verschiedene gesellschaftliche Gruppen zu aktivieren*: Wahlen und verbandliches Engagement. So gelten Wahlen als „Standardmodell" der repräsentativen Demokratie (Lietzmann 2016) und als demokratisches Instrument, mithilfe dessen die Repräsentanz verschiedener sozialer Schichten und Milieus noch am besten gelingt (lpb). Verbände wiederum integrieren Erwerbstätige und Erwerbslose gleichermaßen und auch Bildungsunterschiede schlagen sich hier weniger stark nieder als in anderen Engagementformen (FWS 2014). Beide Formen verlieren jedoch ihre Bedeutung als Rahmengeber freiwilligen Engagements und politischer Beteiligung. Die Wahlbeteiligung ist auf allen Ebenen des politischen Systems seit den 1980er Jahren kontinuierlich zurückgegangen (Schäfer 2016) und Verbände weisen zwar nach wie vor hohe Mitgliedszahlen auf, nur 2,12 Prozent der Engagierten üben aber ihre zeitintensivste freiwillige Tätigkeit noch in Verbänden aus (FWS 2014).

> Uneinheitlicher Beteiligungsrückgang

Mit dem Beteiligungsrückgang verlieren insbesondere Wahlen dabei nicht nur ihre Bedeutung als Beteiligungsform, sondern auch ihr Inklusionspotenzial: Schäfer (2016) weist eindrucksvoll darauf hin, dass (erst) mit dem Rückgang der Wahlbeteiligung auch die

Beteiligungsunterschiede zwischen den sozialen Gruppen immer größer geworden seien. Zwar sinke die Wahlbeteiligung in allen sozialen Schichten, am stärksten sei der Rückgang jedoch unter Bürger*innen mit geringer Bildung, niedriger Schichtzugehörigkeit und geringem Einkommen (ebd.). Einstellungen, die mit einer niedrigen Beteiligungswahrscheinlichkeit einhergehen (unter anderem geringes politisches Interesse, mangelndes Zutrauen in eigene Kompetenzen, fehlender Glaube daran, durch Beteiligung etwas zu bewirken), seien vor allem unter sozioökonomisch Benachteiligten ausgeprägt (ebd.).

Anstieg von selbstorganisiertem Engagement

An Bedeutung gewonnen haben, im Gegenüber zu Wahlen und verbandlichem Engagement, flexibleres, weniger formalisiertes Engagement und informelle Beteiligung. Selbstorganisiertes Engagement, das laut Deutschem Freiwilligensurvey zwischen 2004 und 2014 stark gestiegen ist, wird dabei besonders auch von Frauen und Erwerbslosen genutzt, das heißt von Gruppen, die im Gesamtblick eher unterdurchschnittlich engagiert sind (FWS 2014). Allerdings ist individuell organisiertes Engagement auch bei insgesamt überdurchschnittlich engagierten Gruppen (Personen mit hohem Bildungsabschluss und jungen Menschen) sehr beliebt (ebd.). Im Bereich der ebenfalls stark zunehmenden informellen Beteiligung haben sich übliche Ungleichheiten gezeigt: Sozioökonomisch benachteiligte Gruppen, Frauen und Jüngere sind hier – ebenso wie in anderen Beteiligungsformen – tendenziell unterrepräsentiert (EG-NAGE 2021).

Deliberative Beteiligung – Hoffnungen und Herausforderungen

Während Wahlen als traditionelle und ursprünglich vergleichsweise inklusive Beteiligungsform also sowohl an Bedeutung als auch an Inklusionspotenzial verloren haben, ist auch deliberative Beteiligung als stark zunehmende, informelle Beteiligungsform vom Problem ungleicher Beteiligung betroffen.

Das ist eine Herausforderung angesichts der vielseitigen Hoffnungen und Potenziale, die mit deliberativer Beteiligung verbunden sind: Hans J. Lietzmann (2016) sieht in deliberativen Verfahren – mit kluger Performance, Beachtung klarer Strukturen und fairer Voraussetzungen – eine zukunftsfähige Erweiterung des Standardmodells der Repräsentation, die auch auf große Zustimmung in der Bevölkerung stoße. Staatliche Akteure hoffen auf eine „bessere kommunale Demokratie" mit besseren und breit akzeptierten politischen Prozessen und Lösungen, indem „einerseits auf die Stärkung und Ausgestaltung der dialogorientierten Beteiligung, andererseits auf eine synergetische Kombination dieser mit den Instrumenten der repräsentativen und direkten Demokratie" gesetzt wird (Neutzner 2019: 82).

Es gibt ein großes Potential, das durch die Förderung deliberativer Beteiligung geschöpft werden und auch die Robustheit des demokratischen Systems stützen kann. Dazu braucht es aber eine inklusive(re) Gestaltung deliberativer Beteiligung. Diese stellt sich nicht von alleine ein, insofern nach Wolfgang Merkel viele beteiligungsaffine Bürger*innen „erstaunlich gut mit sozioökonomischen Ungleichheiten leben können" und in der Folge die gebildeten Mittelschichten „für sich nach weiteren Beteiligungsmöglichkeiten suchen würden, die allerdings meist untauglich sind, die unteren Schichten in die Politik zurückzuholen, weil sie kognitiv wie motivational zu voraussetzungsvoll sind" (Merkel 2016: 11).

Großes Potential

Deliberative Beteiligung muss also so gestaltet sein, dass politische Räume entstehen können, welche die *gesamte* Gesellschaft abbilden und im Anschluss *allen* sozialen Gruppen erlauben politische Prozesse und Entscheidungen als verbindlich zu akzeptieren (Nassehi 2002; Lietzmann 2016). Nur so wird deliberative Beteiligung zu einer geeigneten, ergänzenden Ausdrucksform repräsentativer Demokratie, die gemeinwohlförderliche Ergebnisse hervorbringen kann. Schaut man sich Kriterienkataloge (vgl. Deutsches Institut für Urbanistik 2017; UBA 2017; Alpiger/Vatter 2018; IFOK/ FÖV 2019; ifeu 2020) und kommunale Leitlinien für „gute deliberative Beteiligung" jüngeren Datums an, lassen sich mit Blick auf den Aspekt der Inklusivität insbesondere folgende Handlungsbedarfe zusammenfassen:

- Schaffung einer vertrauensfördernden Beteiligungskultur: Eine frühe und iterative Beteiligung, gutes Erwartungsmanagement und transparente Information können das Vertrauen in dialogische Beteiligungsprozesse stärken und dem Glauben beteiligungsferner Bürger*innen daran, durch ihre Beteiligung nichts verändern zu können, entgegenwirken (Deutsches Institut für Urbanistik 2017; UBA 2017; Alpiger/ Vatter 2018; IFOK/ FÖV 2019; ifeu 2020). Wichtig sind demnach die transparente und verständliche Information über initiierte Beteiligungsverfahren, über die Rollen und Kompetenzen der verschiedenen Beteiligten und die angestrebten Beteiligungsziele. Kommunale Initiator*innen deliberativer Beteiligung müssen außerdem verlässlich sein. Sie wirken vertrauensbildend auch durch die Etablierung einer Fehlerkultur, das heißt durch das offene Eingestehen von Fehlern und das selbstkritische Lernen aus Erfahrungen, womit auch die Bereitschaft zum Aufbau kommunaler Kompetenzen im Bereich deliberativer Beteiligung angesprochen ist.

- Einen gleichberechtigten Zugang zu Beteiligungsverfahren ermöglichen und besondere Ansprache beteiligungsferner Gruppen: Es braucht eine inklusive, zielgruppengerechte und motivierende Ansprache aller Betroffenen. Beteiligungsferne Gruppen werden dabei vor allem durch eine Zufallsauswahl und die erhöhte Ansprache dieser Gruppen erreicht (UBA 2017; IFOK/ FÖV 2019; ifeu 2020). Dabei sollten auch zielgruppengerechte Wege der Ansprache genutzt werden (beispielsweise die Ansprache von Bürger*innen in ihrer direkten Umgebung im Sinne der aufsuchenden Beteiligung, digitale Wege der Ansprache, zum Beispiel über soziale Medien oder die Ansprache über Multiplikator*innen). Außerdem gilt es, Teilnahmehürden gezielt abzubauen, die nicht nur sozioökonomisch benachteiligte Gruppen, sondern etwa auch Berufstätige, Menschen, die Care-Arbeit leisten, Personen mit Behinderung oder Menschen mit Sprachschwierigkeiten betreffen können. Auch Kompensationsmaßnahmen können benachteiligten Gruppen die Teilnahme erleichtern (Alpiger/Vatter 2018; IFOK/FÖV 2019; ifeu 2020). Ein sichtbarer Lebensweltbezug der Bürger*innen zum Thema des Beteiligungsprozesses, der den persönlichen Nutzen deutlich macht, kann motivierend wirken (UBA 2017; ifeu 2020).

- Gleichberechtigte Einflusschancen im Beteiligungsprozess sicherstellen: Um im Beteiligungsprozess den verschiedenen Teilnehmenden zu erlauben und diese zu ermutigen, ihre Ansichten und Interessen gleichberechtigt zu äußern, bedarf es insbesondere einer auf den Kontext und die Teilnehmerschaft angepassten Methodenauswahl, einer professionellen und neutralen Moderation sowie ausgewogenen und verständlichen Informationen zum Beteiligungsgegenstand (UBA 2017; IFOK/FÖV 2019). Angestrebt werden sollte ein Dialog auf Augenhöhe, das heißt eine wertschätzende und respektvolle Gesprächsatmosphäre. Zentral hierfür ist die gemeinsame Festlegung von Kommunikations- sowie Verfahrens- und Entscheidungsregeln. Diese sollte begleitet werden durch eine neutrale Moderation, die auch zwischen Positionen vermitteln kann und gleiche Redeanteile unter den Teilnehmer*innen ermöglichen sollte (Deutsches Institut für Urbanistik 2017; UBA 2017; IFOK/FÖV 2019; ifeu 2020). Die Unterstützung von Perspektivwechsel, Kompromissbereitschaft und einer sach- und zielorientierten Debatte erhöht außerdem die Wahrscheinlichkeit der Gemeinwohlorientierung. Voraussetzung für einen Dialog auf Augenhöhe ist zudem eine möglichst ausgeglichene Sachkompetenz zwischen den Beteiligten. Sinnvoll ist deshalb die angesprochene Einbindung ausgewogener und verständlicher Informationen zum Beteiligungsgegenstand (Alpiger/Vatter 2018). Im Blick sollten nicht zuletzt auch die Interessen der vom Beteiligungsgegenstand Betroffenen sein, die nicht beteiligt sind oder sein können, zum Beispiel die Interessen künftiger Generationen (Alpiger/Vatter 2018; ENGAGE 2020).

Fazit

Ziel des Beitrags war, das Problem ungleicher Teilhabechancen im Kontext einer dynamischen Engagement- und Beteiligungslandschaft besser zu verstehen und Handlungsbedarfe für die inklusivere Gestaltung von Engagement und Beteiligung aufzuzeigen. Inklusive Prozesse sind zentral, um gleiche Einflussmöglichkeiten aller gesellschaftlichen Gruppen auf politische Prozesse und gesellschaftliche Entwicklungen sicherzustellen. Dies wirkt sich nicht zuletzt auch positiv aus auf die Gemeinwohlförderlichkeit bürgerschaftlichen Engagements und politischer Beteiligung.

Obwohl sozioökonomisch benachteiligte Gruppen tendenziell in allen Engagement- und Beteiligungsformen unterrepräsentiert sind, haben sich für verschiedene Engagement- und Beteiligungsformen durchaus Unterschiede hinsichtlich ihres Inklusionspotenzials herausgestellt. An quantitativer Bedeutung und Integrationskraft haben dabei besonders Wahlen und verbandliches Engagement als etablierte, relativ formalisierte Engagement- bzw. Beteiligungsform verloren. Hans J. Lietzmann (2016) spricht in diesem Zusammenhang von einer Krise des Standardmodells der Repräsentation. Hoffnung wird auf neue Engagement- und Beteiligungsformen gesetzt, die allerdings nicht einfach nur Ersatz alter Formen, sondern möglicherweise „belebende Ergänzung" sind, insofern sie durch die Aktivierung engagement- und beteiligungsferner Gruppen möglicherweise auch deren Vertrauen in etablierte demokratische Institutionen wieder stärken könnten. Dies gelingt jedoch nur, wenn die neuen Formen (besser) dazu in der Lage sind, die *verschiedenen* gesellschaftlichen Gruppen abzubilden.

Anforderungen an neue Formen der Beteiligung

Hierzu bedarf es einer bewussten Gestaltung von Rahmenbedingungen, die auch politisch Desinteressierte oder Bürger*innen mit geringem Vertrauen in die eigene Selbstwirksamkeit zu aktivieren versucht. Das Argument, diese Gruppen seien „selbstgewählt unterrepräsentiert" greift nicht, wenn wir mit Armin Schäfer (2016) davon ausgehen, dass diese Einstellungen, welche (zumindest) die Beteiligungswahrscheinlichkeit senken, eng an sozioökonomische Ressourcen gebunden sind. Überwunden werden muss auch eine zunehmende Abgrenzung sozialer Gruppen voneinander, insofern der Kontakt zu Personen mit den beschriebenen Einstellungen zusätzlich demobilisierend wirkt (ebd.).

Die Umsetzung von Handlungsbedarfen zu einer inklusiveren Gestaltung von Engagement und Beteiligung trifft dabei durchaus auf praktische Herausforderungen. So gibt es etwa im Bereich kommunaler, deliberativer Beteiligung umfassende Kriterienkataloge für gelingende, inklusive Beteiligungsverfahren, Kommunen müssen aber mit ausreichenden Ressourcen und Kompetenzen versorgt sein, um den Anforderungen gerecht werden zu können.

Eine Frage von Ressourcen

Literatur

Alpiger, Claudia/Vatter, Adrian (2018): Evaluationskriterien zur Bewertung von regionalen Bürgerbeteiligungsverfahren (hrsg. vom Berlin Institut für Partizipation), online unter: https://www.bipar.de/wp-content/uploads/2018/05/Evaluationskriterien-zur-Bewertung-von-regionalen-Bürgerbeteiligungsverfahren.pdf [aufgerufen am 20.05.2021].

Deutsches Institut für Urbanistik (Hg.) (2017): Beteiligungsverfahren bei umweltrelevanten Vorhaben. Im Auftrag des Umweltbundesamtes, Berlin, online unter: https://www.umweltbundesamt.de/sites/default/files/medien/1410/publikationen/2017-05-30_texte_37-2017_beteiligungsverfahren-umweltvorhaben.pdf [aufgerufen am 20.05.2021].

ENGAGE (2020): Engagement für Nachhaltiges Gemeinwohl – Begriffstheoretische Einordnung und Grundlagen einer Operationalisierung. Arbeitspapier 1 des Forschungsprojektes ENGAGE - Engagement für nachhaltiges Gemeinwohl, online unter: https://www.uni-muenster.de/imperia/md/content/nachhaltigkeit/website_engage_01ug1911_ap1_arbeitspapier.pdf [aufgerufen am 20.05.2021].

ENGAGE (2021): Trendanalyse – Engagement und Beteiligung in Deutschland. Arbeitspapier 2 des Forschungsprojekts ENGAGE – Engagement für nachhaltiges Gemeinwohl, online unter: https://www.uni-muenster.de/imperia/md/content/nachhaltigkeit/2021-04-01_engage_ap2_trendanalyse_arbeitspapier_mit_executive_summary_02.pdf [aufgerufen am 20.05.2021].

IFOK GmbH/Deutsches Forschungsinstitut für öffentliche Verwaltung (FÖV) (Hg.) (2019): Gute Bürgerbeteiligung. Leitlinien für Mitarbeiterinnen und Mitarbeiter des Bundesministeriums für Umwelt, Naturschutz und nukleare Sicherheit. Im Auftrag des BMU, Berlin und Speyer, online unter: https://www.bmu.de/fileadmin/Daten_BMU/Download_PDF/buergerbeteiligung/leitlinien_buergerbeteiligung_bmu_bf.pdf [aufgerufen am 20.05.2021].

Institut für Energie- und Umweltforschung Heidelberg (ifeu) (Hg.) (2020): Beteiligung und Mitwirkung im kommunalen Klimaschutz. Erkenntnisse und Ergebnisse aus dem

Vorhaben Klima-KomPakt. Im Auftrag des Bundesministeriums für Umwelt, Naturschutz und Nukleare Sicherheit, Berlin, online unter: https://www.ifeu.de/fileadmin/uploads/Beteiligung_Klimaschutz_Klima-KomPakt-barrierefrei_1-web.pdf [aufgerufen am 20.05.2021].

Lietzmann, Hans J. (2016): Die Demokratisierung der Repräsentation. Dialogische Politik als neue Form der repräsentativen Demokratie. In: Manuela Glaab (Hg.), Politik mit Bürgern – Politik für Bürger. Praxis und Perspektiven einer neuen Beteiligungskultur, Wiesbaden, S. 41-58.

Landeszentrale für politische Bildung Baden-Württemberg (lpb): Beteiligung der Bürgerinnen und Bürger, online unter: https://www.lpb-bw.de/beteiligung#c62108 [aufgerufen am 25.03.2021].

Merkel, Wolfgang (2016): Krise der Demokratie? Anmerkungen zu einem schwierigen Begriff. In: APUZ 40-42/2016, S. 4-11.

Nassehi, Armin (2002): Politik des Staates oder Politik der Gesellschaft? Kollektivität als Problemformel des Politischen. In: Kai-Uwe Hellmann/ Rainer Schmalz-Bruns (Hg.), Theorie der Politik. Niklas Luhmanns politische Soziologie, Frankfurt a.M., S. 38-59.

Neutzner, Matthias (2019): Kommunales Open Government. Gebrauchsanleitung für eine Utopie (hrsg. vom Bundesministerium des Innern, für Bau und Heimat), Berlin.

Rehmet, Frank (2018). Volksbegehrensbericht 2019 (hrsg. von Mehr Demokratie e.V.), Berlin, 2018, online unter: https://www.mehr-demokratie.de/fileadmin/pdf/Volksbegehrensbericht_2019.pdf [aufgerufen am 20.05.2021].

Schäfer, Armin (2016): Nichtwählerinnen und Nichtwähler in Deutschland. In: Tobias Mörschel (Hg.), Wahlen und Demokratie. Reformoptionen des deutschen Wahlrechts. Baden-Baden, S. 31-75.

Simonson, Julia et al. (2017): Freiwilliges Engagement in Deutschland: Der Deutsche Freiwilligensurvey 2014, Wiesbaden.

Umweltbundesamt (UBA) (Hg.) (2017): Impulse zur Bürgerbeteiligung vor allem unter Inklusionsaspekten – empirische Befragungen, dialogische Auswertungen, Synthese praxistauglicher Empfehlungen zu Beteiligungsprozessen, Dessau-Roßlau, online unter: https://www.umweltbundesamt.de/sites/default/files/medien/1410/publikationen/2017-05-08_texte_36-2017_impulse-buergerbeteiligung_0.pdf [aufgerufen am 20.05.2021].

Sina Wohlgemuth, Oliver Müller

Partizipation als rituelle Performance

Partizipative Regierungsweisen etablieren sich seit den 1990er Jahren als fester Bestandteil der politischen Instrumente zur Entwicklung des ländlichen Raums. Am Beispiel des Beteiligungsformats des „Dorfrundgangs" fragt der Beitrag aus kulturanthropologischer Perspektive wie lokale Akteur*innen „Partizipation" erlernen und aushandeln. Der Beitrag zeigt, dass die Rollen der externen „LEADER-Expert*innen", „Broker" und „aktiven Bewohner*innen" in partizipativen Arenen wie dem Dorfrundgang performativ hergestellt werden. Dabei ergeben sich für die Bewohner*innen neue Möglichkeiten der Selbstermächtigung.

Einleitung

„Partizipation" – ein Begriff, der in keinem Förderantrag fehlen darf. Ein Begriff, der Hoffnungen schürt nach mehr Demokratie, nach mehr Teilhabe, nach mehr Fairness. Wie Partizipation in der Praxis gestaltet werden kann, dafür finden sich viele inspirierende Beispiele.[1] Doch welche Auswirkungen partizipative Prozesse wie Dorfwerkstätten oder „Bottom-up" erarbeitete Entwicklungsstrategien auf den Alltag der Menschen haben, ist nur selten im Fokus von Analysen. In diesem Beitrag werfen wir einen etwas anderen Blick auf Partizipation, indem wir Partizipation aus kulturtheoretischer Perspektive als erklärungsbedürftige Praxis betrachten. Das DFG-Projekt „Partizipative Entwicklung ländlicher Regionen"[2] der Abteilung Kulturanthropologie an der Universität Bonn hat auf Basis von ethnographischen Feldforschungen in drei LEADER[3]-Regionen in Nordrhein-Westfahlen unter anderem herausgearbeitet, wie Partizipation in „rituellen Performances" erlernt, ausgehandelt und eingeübt wird. Der folgende Beitrag zeigt, anhand eines empirischen Beispiels eines Dorfrundgangs, welche Rolle partizipative Entwicklungsprogramme wie LEADER zur Selbstermächtigung von

Auswirkungen von Partizipation auf den Alltag

Akteur*innen im ländlichen Raum spielen und was es bedeutet, im Rahmen von LEADER „zu partizipieren".

Partizipation in der ländlichen Entwicklung

Den Rahmen unserer Untersuchung bildet das LEADER-Programm der Europäischen Union. LEADER ist Teil des Europäischen Landwirtschaftsfonds für die Entwicklung des ländlichen Raums (ELER) und richtet sich als Instrumentarium explizit an lokale Akteur*innen. Mit dem *community-led-local-development-Ansatz* (CLLD) sollen diese befähigt werden, sich in öffentlich-privaten Partnerschaften – sogenannten Lokalen Aktionsgruppen (LAG) – zu organisieren, „Bottom-up" mit breiter Beteiligung eine regionale Entwicklungsstrategie auszuarbeiten und diese umzusetzen. Das LEADER-Programm attestiert den Regionen und ihren Bewohner*innen ein einzigartiges lokalspezifisches Repertoire an ökonomischen, sozialen, kulturellen und ökologischen „endogenen" Ressourcen, die es für die Entwicklung ländlicher Regionen zu aktivieren gilt. Die Beteiligung der Bewohner*innen zur Initiierung und Umsetzung von LEADER-Projekten ist hierfür unerlässlich.

Partizipative Governance

Wie Bewohner*innen also zur Partizipation in LEADER-Projekten angerufen werden und welche Handlungsspielräume sich daraus ergeben, haben wir in „lokalen Arenen partizipativer Governance" untersucht. Darunter verstehen wir Orte, in denen sich die Beziehungen zwischen Staat und Bürger*innen sowie zwischen Bürger*innen neu gestalten und in denen sich Funktionen, Verantwortlichkeiten, Rollen und Aufgaben neu verteilen. Während unserer Feldforschung haben wir in drei Arenen an der Umsetzung von LEADER-Projekten teilgenommen: dem „Dorfrundgang", dem „Dorfforum" und der „Dorfwerkstatt". Diese Instrumente wurden 2004 von den Kreisverwaltungen der untersuchten Regionen eingeführt, um die Kommunikation zwischen der Verwaltung und den Bewohner*innen herzustellen und deren Beteiligung an Prozessen der Dorferneuerung zu verbessern.

Die lokale Arena des Dorfrundgangs

Für diesen Beitrag stellen wir die Arena des Dorfrundgangs beispielhaft vor. Beim Dorfrundgang gehen Mitarbeitende der Kreisverwaltung, Angestellte von Regionalentwicklungsagenturen und Bewohner*innen durch ein Dorf spazieren – vorbei an Orten, die als entwicklungsbedürftig oder als gelungene Beispiele für lokales Engagement angesehen werden, wie Gebäude, Sportplätze oder Landschaften. Das Ziel dieser Methode ist zweifach: Erstens sollen „Schlüsselakteur*innen", wie zum Beispiel die Ortsvorsteher*innen, aktiviert und frühzeitig eingebunden werden. Zweitens lokalisiert diese Analyse grundlegende Stärken und Schwächen, aktuelle Themen im Dorf und divergierende und konvergierende Bedürfnisse, Interessen, Sichtweisen und Prioritäten. Diese bilden die Grundlage für die nächsten Schritte im Entwicklungsprozess, bei der Bewohner*innen Ideen für Entwicklungsprojekte entwerfen sollen. Bei dem im Folgenden dargestellten Dorfrundgang waren 16 Bewohner*innen inklusive der Ortsvorsteherin anwesend, die das Dorf zwei Mitarbeitenden einer Regionalentwicklungsagentur, einer Gemeindeplanerin und einer Angestellten der Kreisverwaltung vorstellten.

Rollen der Partizipation

Wir argumentieren, dass Partizipation in einer „rituellen Performance" erlernt, ausgehandelt und eingeübt werden muss. In Anlehnung an Erving Goffmans Vorstellungen von alltäglichen Aufführungen betonen wir den theatralen und interaktiven Charakter und die expressiven Dimensionen jener Praktiken, die die Bewohner*innen einbeziehen und aktivieren. In diesem Sinne übernehmen und aktualisieren die Akteur*innen mehr oder weniger bewusst spezifische Rollen, die mit bestimmten Erwartungen und Handlungsmustern verbunden sind. Demnach kommunizieren Performances verbale und nonverbale Botschaften an ein Publikum, wobei die Rollenverteilung zwischen Darstellenden und Publikum nicht immer eindeutig ist.

Rollen und Rituale

In den Arenen der partizipativen ländlichen Governance konnten wir vier Rollen identifizieren, die die anwesenden Akteur*innen während der rituellen Performance von Partizipation produzieren, aushandeln und einüben: externe LEADER-Experten*innen, LEADER-Broker, aktive Bewohner*innen und abwesende/nicht-teilnehmende Bewohner*innen.

Die Rolle der externen LEADER-Experten*innen kann von Mitarbeitenden der Kommunalverwaltungen, Entwicklungsagenturen oder Projektkoordinator*innen ausgeführt werden. Aufgrund ihres Expertenstatus und des symbolischen Kapitals der von ihnen vertretenen Institutionen sind sie legitimiert, an der Situation teilzunehmen, ihr Wissen geltend zu machen und bestimmte Aktionen durchzuführen, wie etwa Bewohner*innen einzubinden. In der untersuchten Situation des Dorfrundgangs interagierten die externen LEADER-Expert*innen vor allem mit der Ortsvorsteherin. So adressiert die Mitarbeiterin der regionalen Entwicklungsagentur die Ortsvorsteherin mit den Worten: „Wir folgen Ihnen und schauen, was Sie uns zeigen wollen". Auch wenn sie in erster Linie die Ortsvorsteherin ansprachen, fungierten die externen LEADER-Expert*innen hier als Publikum für die Bewohner*innen und vermittelten die Erwartung, dass die Bewohner*innen ihre Anliegen und aktive Beteiligung an der Entwicklung ihres Dorfes einbringen.

Bedeutung von „Brokern"

Die zweite Rolle ist die der LEADER-Broker. Diese Rolle nehmen führende Bewohner*innen mit hohem sozialem Kapital in der Gemeinschaft ein. Broker zeichnen sich insbesondere durch ihre Funktion als Wissensvermittler zwischen verschiedenen Organisationen aus. In dieser Rolle werden sie bereits im Vorfeld der Veranstaltung von den LEADER-Expert*innen als „Schlüsselakteur*innen" angesprochen. So erwartet eine Angestellte der Kreisverwaltung zum Beispiel, dass führende Bewohner*innen andere zur Partizipation motivieren, wie sie im Interview erläutert:

„Es gibt Leute, die rhetorisch wirklich gut sind, die Ortsvorsteher zum Beispiel. Das hilft auch, die können halt einfach richtig gut motivieren und die Leute ganz gut mitnehmen, finde ich. Und die haben auch einen guten Kontakt zu den Leuten, die wissen auch ganz gut, wen sie ansprechen können und wer ihnen wobei hilft."

Die LEADER-Expert*innen bitten also die Broker, die Route des Rundgangs oder die Tagesordnung des Dorfforums vorzubereiten und die Bewohner*innen zur Teilnahme zu motivieren. Gleichzeitig erwarten die Entwicklungsfachleute, dass die Ortsvorsteher*innen sich bei der Präsentation des Dorfes zurücknehmen und den Bewohner*innen Raum für ihre Mitsprache geben. Im Verlauf des vorgestellten Dorfrundgangs wurde diese Erwartung allerdings enttäuscht. Die Mitspazierenden überließen der Ortsvorsteherin die Verantwortung für die Präsentation des Dorfes und ergriffen nicht das Wort. Vielmehr erwarteten sie, dass die Ortsvorsteherin in ihrem Namen spricht. So nehmen LEADER-Broker eine Schnittstelle zwischen teilweise gegensätzlichen Erwartungen ein.

<small>Erwartungen und Enttäuschungen</small>

Die dritte Rolle ist die der aktiven Bewohner*innen, die sich für die lokale Gemeinschaft verantwortlich fühlen und einen erheblichen Teil ihrer Freizeit und Mühe für Gemeinschaftsangelegenheiten investieren. Ein zentrales Merkmal, das diesen Bewohner*innen zugeschrieben wird, sind ihre „Taten" für das Dorf. Die Gemeindeplanerin fasste in einem Interview ihre Erwartungen an die „Partizipation" der Bewohner*innen zusammen:

„Ja, mein Traum wäre natürlich, wenn ich eine breite Betroffenheit vertreten habe, nicht nur einen Kern oder immer die Redensführer und Wortführer. [...] Und dann natürlich über diese breite Betroffenheit auch die Menschen dann entscheiden lasse, wo es hingeht und wo ihre Themenfelder sind. [...] Und dann eben eine Betroffenheit rauszukitzeln und Dinge zu hören, die ich selber nicht sehe, die ich auch selber gar nicht sehen kann, weil ich lebe da nicht."

Sie erwartete von den Bewohner*innen, dass sie sich als „Betroffene" präsentieren, ihre Anliegen von sich aus äußern und während des Rundgangs eine führende Rolle übernehmen. Tatsächlich widersprach diese Erwartung dem Verlauf. So rief die Ortsvorsteherin zunächst einzelne Bewohner*innen als wertvolle Leistungsträger*innen auf, bevor sie die Rolle als aktive Bewohner*innen einnehmen konnten. Während des Dorfrundgangs zeigte sie auf die Anwesenden und erklärte den LEADER-Expert*innen zum Beispiel: „Dieser Brunnen wurde von unseren Gärtnern dort hinten ehrenamtlich errichtet." Erst danach traten die Bewohner*innen selbst in ihren verschiedenen Rollen auf: „der Historiker", der etwas über die Geschichte des Dorfes erzählen konnte oder „der Schreiner", ein Mann in den 50ern, der in Eigenregie eine Bank für das Dorf gebaut hatte. Indem die Bewohner*innen vor dem Publikum der Entwicklungsprofis als Aktive angesprochen wurden, wurden ihre Rollen schließlich anerkannt.

Einfluss von Abwesenden

Die letzte Rolle ist die der Abwesenden und nicht teilnehmenden Bewohner*innen. Diese Rolle wurde den während des Rundgangs Abwesenden zugewiesen, das heißt den im Dorf lebenden Obdachlosen, Geflüchteten und vor allem den „Zugezogenen". Auf letztere bezog sich die Ortsvorsteherin während des Rundgangs wiederholt und identifizierte sie als jene Bewohner*innen, die noch aktiviert und einbezogen werden müssten. Sie grenzte damit implizit die Zugezogenen als Handlungsträger*innen von den Obdachlosen und Geflüchteten ab. Eine weitere Mitarbeiterin einer Kommunalverwaltung, die nicht in der Situation anwesend war, drückte diese Abgrenzung im anschließenden Interview treffend aus, als sie Zugezogene als „potenziell aktive Bewohner*innen" im Gegensatz zu denjenigen erkannte, die „in einem Trott stecken". Gerade der Verweis auf die abwesenden Bewohner*innen legitimierte die Partizipation als soziale Praxis während des Dorfrundgangs. Während die Anwesenden Beweise dafür lieferten, dass es bereits Aktivitäten gab, wurde die Abwesenheit der Zugezogenen angeführt, um die Notwendigkeit einer Intervention mit LEADER zu legitimieren.

Verkörperung und materielle Artefakte der Partizipation

In Anschluss unter anderem an Erving Goffman gehen wir davon aus, dass Performances auch materielle Gegenstände beinhalten, die als „Ausdrucksmittel" fungieren, sei es im Sinne von Requisiten auf einer Bühne oder auch auf dem Körper der Schauspielenden. Erweitert man Goffmans Verständnis, so ist Performance immer als eine gekonnte Aufführung von Körpern zu verstehen, die Ideen und Konventionen durch körperliches Verhalten artikuliert und manifestiert. Materielle Gegenstände und damit auch Körper sind zumeist als wirksame Elemente und Bedingung in Ein- und Ausübungen von Partizipation involviert.

Im Fall der von uns beobachteten Arena des Dorfrundgangs hatten materielle Gegenstände die Funktion, bestehendes Engagement sichtbar zu machen. Während des Dorfrundgangs fungierten zum Beispiel Dorfplätze, historische Ortsschilder, der Dorfbrunnen oder auch selbstgebaute Bänke als Ausdrucksmittel. Die Ortsvorsteherin zeigte diese, um sie als Produkte der gemeinschaftlichen Arbeit zu präsentieren. Wie die körperliche Präsenz der Bewohner*innen verkörperten diese Objekte das im Dorf vorhandene Engagement oder dessen Abwesenheit.

Schließlich wurden materielle Gegenstände in den Dorfrundgang integriert, um die Kompetenzen, Fähigkeiten und das Wissen der Bewohner*innen als LEADER-relevant darzustellen. Dies kann am Beispiel eines Bewohners verdeutlicht werden, den die Ortsvorsteherin während des Rundgangs als „unseren Historiker" und damit als aktiven Bewohner präsentierte. „Der Historiker" war ein Mitte 60-jähriger Rentner, der im Gemeindearchiv für eine privat initiierte Dorfchronik recherchierte und daraus Informationstafeln für das Dorf erstellte. Als er eine Informationstafel zu Beginn des Rundgangs vor den Entwicklungsfachleuten aus seinem Auto holte, begrüßte die Ortsvorsteherin ihn mit den Worten: „Ah! Da sind ja die lang ersehnten Schilder!" Die Ortsvorsteherin erklärte den Entwicklungsfachleuten, dass der Bewohner sie selbst entworfen und hergestellt hatte. Im praktischen Umgang mit den Schildern führte der ältere Mann schließlich sein autodidaktisch erworbenes Wissen und seine handwerklichen Fähigkeiten vor. Auf diese Weise präsentierte er den Entwicklungsfachleuten und den anderen Bewohner*innen sein Engagement.

Materielle Artefakte

Partizipation als rituelle Performance

Wir argumentierten, dass soziale Akteur*innen Partizipation als soziale Praxis im Zuge von ritualisierten Performances produzieren. In Anlehnung an ein kulturtheoretisches Verständnis von Ritual sehen wir den ritualförmigen Charakter von Partizipation darin, dass partizipative Praktiken aus Episoden körperlich ausgeübter wiederholter und vereinfachter kultureller Kommunikation bestehen. Im Sinne der Performativität schafft und manifestieren diese Praktiken im Akt ihres Vollzugs Konventionen, Regeln und Bedingungen, die für die beteiligten Akteur*innen mehr oder weniger verbindlich werden. Ritualisierte Performances artikulieren eine soziale Ordnung mit verbindlichen und normativen Vorstellungen und Handlungsweisen, die durch ihre verkörperte Aufführung in Kraft gesetzt werden.

Partizipation als soziale Praktik

In unserem Verständnis von Partizipation als einer sozialen Praktik, die sich performativ entwickelt und im Verlauf von ritualförmigen Situationen ausgehandelt und legitimiert wird, setzen wir kein normatives Ideal von Partizipation voraus. Vielmehr betonen wir, dass die Akteur*innen die von ihnen eingenommenen Rollen und die damit verknüpften Handlungsspielräume im Prozess selbst formen und herstellen. Wir legen damit den Fokus auf die Praktiken und deren Bedingungen, die es den Bewohner*innen ermöglichen, sich einzubringen, bestimmte Rollen und Subjektpositionen einzunehmen, aber auch daran zu scheitern oder diese aktiv von sich zu weisen.

Partizipation zur Selbstermächtigung

Auch wenn ritualisierte Performances der Partizipation teilweise als Wiederkehr des Immergleichen anmuten und somit zur Stärkung von etablierten Rollenbildern und Verteilung von Handlungsressourcen beitragen, konnten wir in unserer Forschung feststellen, dass die (Nicht-)Partizipation Bewohner*innen auch zur Selbstermächtigung verhelfen konnte. Um dies zu erläutern, möchten wir anregen, die Arenen der partizipativen Governance – wie den hier dargestellten Dorfrundgang – als „Bühnen" im Sinne Goffmans zu deuten, auf denen die Akteur*innen nach einem „Skript" die rituelle Performance durchführen. Dieses Skript mit seinen Handlungsanweisungen und Rollenerwartungen begrenzt zwar zum einen die Möglichkeiten, sich individuell und frei einzubringen, bietet zum anderen den lokalen Akteur*innen aber auch einen Rahmen und Anknüpfungspunkte, sich überhaupt an Prozessen der Regionalentwicklung zu beteiligen, ihr Engagement zu bündeln und zu kanalisieren. So gibt es vielerorts verschiedenste Engagementformen wie etwa Vereine zur Dorfentwicklung, Naturschutzprojekte oder Plattformen für ehrenamtliche Hilfeleistungen – doch wirken viele solcher Aktionen nur lokal. Arenen wie der hier beispielhaft vorgestellte Dorfrundgang, in denen staatliche Akteur*innen als LEADER-Expert*innen auf Broker – also auf Vernetzer*innen – und Bewohner*innen treffen, ermöglichen es Bewohner*innen jedoch, ihr Wissen einzubringen und mit ihren Taten für die Dorfgemeinschaft (zum Beispiel mit der Gestaltung der Informationstafeln) über die eigenen Dorfgrenzen hinaus zu wirken. So wurde beispielsweise über die Netzwerke der Broker die Idee der Informationstafeln in einem Nachbardorf als Teil eines LEADER-Projektes aufgegriffen, womit es zu dem regionsübergreifenden Entwicklungsziel beitrug, das Zugehörigkeitsgefühl der Bewohner*innen zu ihrem Wohnort zu stärken, die Region bekannter und für potenzielle Neubürger*innen attraktiver zu machen. Durch ihre Teilnahme an der rituellen Performance von Partizipation in dem Dorfrundgang haben die Bewohner*innen also ihre Handlungsmacht wahrgenommen, sich und ihr Engagement sichtbar zu machen und zur Gestaltung gesamtgesellschaftlicher Herausforderungen wie dem demographischen Wandel beizutragen.

Darüber hinaus konnten wir feststellen, dass diese Arenen mit ihren Rollenzuschreibungen auch als Orte der Aushandlung und der politischen Debatte fungieren. So haben nicht nur die Bewohner*innen, die körperlich anwesend waren, partizipiert und einen Effekt in der Arena ausgelöst, sondern auch diejenigen, die sich aktiv gegen eine Partizipation entschieden haben. Schließlich waren

Orte der Aushandlung

Verweigerung als Selbstermächtigung

es die Nicht-Teilnehmenden, die die LEADER-Expert*innen dazu anregen, die Ausgestaltung ihrer Maßnahmen zu reflektieren, wie das Beispiel der Adressierung der „Zugezogenen" zeigte. In diesem Sinne kann also auch der Akt der Verweigerung der Partizipation als ein Akt der Selbstermächtigung angesehen werden, mit dem Akteur*innen einen gesellschaftlichen Beitrag leisten können.

Mit diesem ethnographischen Beispiel des Dorfrundgangs haben wir gezeigt, dass Partizipation in einer rituellen Performance erlernt, ausgehandelt und eingeübt wird und somit Akteur*innen Handlungsmöglichkeiten eröffnen kann. Die Erfahrung des Ausschlusses oder der aktiven Zurückweisung von Partizipation in projektthematisch gelenkten Bahnen können als erster Anstoß gesehen werden, die bestehenden Strukturen politischer Teilhabe zu problematisieren und den Blick zu weiten. So ist es in unseren Augen grundsätzlich wichtig, Strukturen der Teilhabe zu stärken und inklusiver zu gestalten. Hierfür wäre ein offener Umgang mit den impliziten – meist unausgesprochenen – Rollenbildern und Handlungserwartungen, den Bedingungen und Voraussetzungen von Partizipation ein erster Schritt der Öffnung.

Literatur

Alexander, Jeffrey C. (2006): Cultural Pragmatics: Social Performance Between Ritual and Strategy. In: Alexander, Jeffrey C./ Giesen, Bernhard/ Mast, Jason L., Social Performance: Symbolic Action, Cultural Pragmatics, and Ritual, 2006, New York, Cambridge, S. 29–90.

Cornwall, Andrea (2008): Unpacking 'participation': models, meanings and practices. Community Development Journal, 2008: 43 (3), S. 269-283.

Goffman, Erving (2008): Wir Alle Spielen Theater. Die Selbstdarstellung im Alltag. 6. Ausgabe, München.

Lewis, David/Mosse, David (Hrsg.) (2006): Development brokers and translators. The ethnography of aid and agencies. Bloomfield.

Müller, Oliver/Sutter, Ove/Wohlgemuth, Sina (2020): Learning to LEADER. Ritualised performances of 'participation' in local arenas of participatory rural governance. Sociologia Ruralis, 2020, 60 (1), S. 222-242.

Anmerkungen

1 Siehe dazu bspw. die Seite www.bipar.de des Berlin Institut für Partizipation.

2 Das von der Deutschen Forschungsgemeinschaft (DFG) geförderte Projekt „Partizipative Entwicklung ländlicher Regionen. Alltagskulturelle Aushandlungen des LEADER-

Programms der Europäischen Union" der Abteilung Kulturanthropologie der Universität Bonn untersucht in der Förderperiode von 2017-2021 unter Leitung von Prof. Dr. Ove Sutter in zwei Fallstudien die Fragen, 1) wie sich Bewohner*innen ländlicher Gebiete an der lokalen Umsetzung von politisch-ökonomischen Entwicklungsmaßnahmen beteiligen, 2) wie sie die Maßnahmen in ihre alltägliche Lebenswelt übersetzen und 3) welche Auswirkungen diese Übersetzungen auf Formen alltäglicher Lebensführung, Sichtweisen und Deutungen sowie kulturelle Objektivationen haben (vgl. www.LEADER-Forschungsprojekt.uni-bonn.de).

3 LEADER steht abgekürzt für *Liaison entre actions de développement de l'économie rurale* (Verbindung zwischen Aktionen zur Entwicklung der ländlichen Wirtschaft) (vgl. https://www.netzwerk-laendlicher-raum.de/regionen/leader/ [20.2.2021]).

Dr. Stephanie Bock, Dr. Bettina Reimann

Mit dem Los zu mehr Vielfalt in der Bürgerbeteiligung? Chancen und Grenzen der Zufallsauswahl

Beteiligung ist, so gut sie auch gemacht sein mag, zumeist sozial selektiv. Mit der vielerorts praktizierten Zufallsauswahl, einer Methode zur Rekrutierung für einen Beteiligungsprozess per Los, sind Erwartungen an eine verbesserte Inklusion, an eine größere Heterogenität und eine stärkere Unabhängigkeit der Beteiligten verbunden. Am Beispiel des Planungsdialoges Borgholzhausen werden diese Erwartungen geprüft und weiterführende Schlussfolgerungen abgeleitet.

Gut gemachte Bürgerbeteiligung soll alle Menschen gleichermaßen ansprechen – dieses grundlegende Ziel ist trotz der Kontroversen rund um das Thema unbestritten. Der Anspruch, ein möglichst breites Spektrum der Bevölkerung zu beteiligen und darüber hinaus vielfältige Gruppen, wie Bürgerinitiativen, Interessengruppen und -verbände, gezielt einzubeziehen, sagt jedoch noch nichts darüber aus, wer tatsächlich an Beteiligungsprozessen teilnimmt. Die vielen ergrauten Köpfe bei Bürgerversammlungen, der vorwiegend akademische Duktus in Beteiligungsworkshops und die homogene Zusammensetzung von Beiräten zeichnen ein eindeutiges Bild: Vornehmlich Menschen mit hoher Bildung, gesichertem Einkommen und vielseitigen sozialen Kontakten (Walter 2013) nehmen die wachsende Zahl der Angebote zur Beteiligung und Mitwirkung wahr und bringen ihre Interessen ein. Schulabschluss bzw. Bildungsniveau und Einkommen haben einen besonders hohen Einfluss auf die Wahrscheinlichkeit einer Teilnahme (Böhnke 2011). Im Umkehrschluss beteiligen sich bildungsferne Milieus, aber auch Frauen, zugewanderte und junge Menschen weniger. Sichtbar wird somit ein grundsätzliches Dilemma der Partizipation: Beteiligung

Beteiligung ist sozial selektiv

ist sozial selektiv. Und: Mehr Beteiligung – auch durch direkt-demokratische und dialogorientierte Formen der Beteiligung – verstärkt die soziale Ungleichheit der demokratischen Teilhabe (vgl. Fraune 2018).

Auch wenn „Nicht-Beteiligung" vielfältige Ursachen hat, die weit über unreflektierte und mangelhafte Beteiligungsformate und -methoden hinausreichen, ist die Erweiterung des Methodenspektrums ein wichtiger und unverzichtbarer Baustein auf dem Weg zu einer Kultur der demokratischen Teilhabe. Weitgehend unstrittig ist, dass gute Beteiligung so konzipiert und angelegt sein sollte, dass sich unterschiedliche Menschen angesprochen fühlen und ihnen angemessene Möglichkeiten eröffnet werden, um teilhaben zu können. Solange die Methoden und Formate, in denen informiert und beteiligt wird, jedoch überwiegend nur den Kommunikationserfahrungen einzelner Bevölkerungsgruppen entsprechen, bestehen Verbesserungsbedarfe. Dies trifft nicht nur auf gesetzlich geregelte oder institutionalisierte politische Beteiligung (Wahlen, Bürger- und Volksbegehren, Bürger- und Volksentscheide) (vgl. Bertelsmann Stiftung 2013), sondern auch auf informelle Beteiligungsformen zu (vgl. Freie und Hansestadt Hamburg 2014: 3; Bock/Reimann 2017a). Wenn aufsuchende Formate und Angebote zur Mitwirkung gut durchdacht sind und entsprechend umgesetzt werden, zeigt sich: Die Sensibilität für das Problem der sozialen Selektivität und Ausgrenzung in und durch Beteiligung ist hoch und Anstrengungen, „leisen Stimmen" stärkeres Gehör zu verschaffen, nehmen zu. Einer in diesem Sinne gute Beteiligungspraxis setzt nicht primär auf – voraussetzungsvollen – Diskurs und Diskussion, sie bindet Multiplikator*innen für die Ansprache von Menschen ein, sie bettet Bürgerbeteiligung in eine prozessbegleitende und lokal ausgerichtete Gemeinwesenarbeit ein und sie erprobt neue (Rekrutierungs-)Methoden, wie die Zufallsauswahl der Beteiligten, die im Fokus dieses Beitrags steht.

> Nichtbeteiligung hat vielfältige Ursachen

In diesem Beitrag möchten wir einen genaueren Blick auf die Zufallsauswahl werfen. Diese Methode gewinnt zunehmend an Bedeutung, da sie mit dem Versprechen verbunden ist, andere und schwerer zu rekrutierende Personenkreise in Beteiligungsprozesse einzubeziehen. Im Folgenden werden wir nach einer Vorstellung des methodischen Ansatzes die mit der Zufallsauswahl verbundenen Erwartungen diskutieren und diese auf der Grundlage eigener empirischer Forschung reflektieren. Zum Abschluss leiten wir weitergehende Schlussfolgerungen ab.

Soziale Selektivität von Beteiligung: Formate bestimmen den Kreis der Beteiligten

Bürger*innen zu beteiligen heißt anzuerkennen, dass es sich dabei nicht um eine homogene Gruppe handelt. Die Lebensrealitäten der Menschen unterscheiden sich. Sie haben vielfältige, bisweilen kontroverse Bedarfe und verfolgen unterschiedliche, sich oft ausschließende Interessen. Was wie eine Binsenweisheit klingt, fließt nur langsam in die Konzeption von Beteiligung ein. Diversität und Ungleichheiten wahrzunehmen und anzuerkennen, erfordert, den unterschiedlichen Artikulationsmöglichkeiten, -wünschen und -ansprüchen der Menschen Raum zu geben. Dabei beeinflusst das eingesetzte Repertoire der Beteiligung – manchmal bewusst und gezielt, oftmals aber unwissentlich – die Teilnahme spezifischer Gruppen an den Beteiligungsprozessen. Beispielsweise ist ein über einen längeren Zeitraum regelmäßig stattfindender Trialog zwischen Verwaltung, Politik und Bürgerschaft nicht für alle, die sich beteiligen möchten, die geeignete Kommunikationsform. Diejenigen, die Beteiligungsformate initiieren und konzipieren, müssen anerkennen und berücksichtigen, dass kommunikative Strukturen auch im Rahmen der Beteiligung zumeist vorhandene Machtverhältnisse und Ungleichheiten abbilden – eine Mitwirkung „auf Augenhöhe" ist daher eine voraussetzungsvolle Aufgabe. Dabei gilt es auch zu beachten, dass sich viele Menschen, die bislang keine Erfahrungen mit Beteiligung haben oder sich noch nie organisiert haben (zum Beispiel in Bürgerinitiativen), eine Mitwirkung nicht zutrauen.

Ungleichheiten und asymmetrische Machtverhältnisse

Studien zur Öffentlichkeitsbeteiligung im Rahmen der Energiewende, die die Herausforderung der Einbindung von nicht organisierten Bürger*innen aufgreifen (vgl. Richter u. a. 2016: 4 f.), zeigen, dass sich die Beteiligung der Öffentlichkeit vor allem bei großen Infrastrukturvorhaben bislang üblicherweise an erfahrene und im Thema versierte Akteure, wie Vertreter*innen von Verbänden, Organisationen und Institutionen, richtet. Nicht organisierte Bürger*innen werden allenfalls als interessierte Anwohner*innen sowie als Betroffene einbezogen. Doch an diesem Punkt zeichnet sich eine Veränderung ab: Um das Spektrum der Meinungen und Interessen in Beteiligungsverfahren breiter oder gar repräsentativer abzubilden, richtet sich nun der Fokus stärker auf Menschen, die nicht organisiert sind (vgl. Bock/Reimann 2017a). Diese werden zunehmend gezielt angesprochen, da ihre Willens- und Meinungsbildung im Unterschied zu der von Bürgerinitiativen und organisierten Gruppen, die für ein explizites Interesse eintreten, als in der Sache eher unabhängig bzw. unvoreingenommen oder neutral eingeschätzt wird (vgl. Kamlage/Warode 2016: 8). Erwartet wird, dass allein durch die Heterogenität ihrer Standpunkte und Sichtweisen der Dominanz von Einzelinteressen im Prozess entgegengewirkt werden kann (vgl. Kamlage/Warode 2016; Bock/Reimann 2017a).

Fokus auf Unorganisierte

Zufallsauswahl: Inklusion, Heterogenität und Unabhängigkeit?

Die Zufallsauswahl, eine spezifische Methode zur Festlegung des Kreises der Beteiligten, verspricht Lösungen für die genannten Herausforderungen der Bürgerbeteiligung. Die Zufallsauswahl ist ein Auswahlverfahren, bei dem das Los entscheidet. Dies unterscheidet die Zufallsauswahl deutlich von anderen Zugängen zu Beteiligung wie der Selbstselektion, bei der kommt, wer will, oder der direkten Ansprache, bei der Personen und Personengruppen gezielt zur Teilnahme aufgefordert werden (Richter u. a. 2016: 17). Für die Zufallsauswahl, bei der mehrheitlich aus dem Melderegister gelost wird, gibt es vier methodische Varianten:

Zufallsauswahl als Problemlöser

- Reine Zufallsauswahl: Es wird kein Einfluss auf das Los genommen und somit alles dem Zufall überlassen.
- Gewichtete Zufallsauswahl: Bei diesem Verfahren wird die Wahrscheinlichkeit eines Ergebnisses gezielt erhöht. So lässt sich beispielsweise der Frauenanteil stärken, indem nur jedes zweite Los eines Mannes berücksichtigt wird.
- Gewichtete Zufallsauswahl mit definierten Quoten: Bei diesem Vorgehen soll die Präsenz bestimmter Gruppen wie beispielsweise junger Menschen, Zugewanderter oder Frauen in einem Beteiligungsprozess gezielt gestärkt werden.
- Zufallsauswahl mit Quoten: Die Auswahl basiert bei diesem Verfahren auf anderen Grundlagen wie beispielsweise einer gezielten Interessenbekundung.

Jede Variante weist spezifische Vor- und Nachteile auf und ist für bestimmte Anwendungsszenarien besonders geeignet (vgl. Allianz Vielfältige Demokratie 2017a: 10).

Positive Effekte

Auch wenn mit der Zufallsauswahl per se noch kein inklusives Beteiligungsverfahren sichergestellt ist, da die Ziehung einer statistisch repräsentativen Stichprobe weder etwas darüber aussagt, ob die gelosten Personen tatsächlich teilnehmen, noch darüber, ob Beteiligungsformate gewählt werden, die ihnen angemessen Gehör und Sprache verschaffen, werden ihr eine Reihe positiver Wirkungen zugesprochen (im Folgenden: Allianz Vielfältige Demokratie 2017a: 6):

- „Inklusion: Zufallsauswahl garantiert Chancengleichheit. Bei einer Losziehung hat jeder Bürger die gleiche Wahrscheinlichkeit, ausgewählt zu werden. Partizipationsferne Bürger sind besser zu erreichen als bei anderen Verfahren der Rekrutierung.
- Heterogenität: Zufallsauswahl schränkt die Selbstselektion ein. Die Gruppe wird vielfältiger und kann bei größeren Ziehungen (über 1.200 Namen) im statistischen Sinne sogar re-

präsentativ sein. Auch wenn die Gruppen in der Praxis meist kleiner sind, spiegeln sie eher die Vielfalt der Meinungen in der Bürgerschaft wider. Bei größeren Gruppen kann die Ziehung auch repräsentativ angelegt sein.

- Unabhängigkeit: Zufallsauswahl minimiert Partikularinteressen. Die „üblichen Verdächtigen", die sich regelmäßig engagieren, werden nicht bevorzugt. Die Gefahr der Unterwanderung durch organisierte Interessengruppen ist deutlich niedriger, und die per Losverfahren versammelten Gruppen werden als nicht-parteiisch angesehen".

Die mit diesen positiven Effekten verbundenen Erwartungen bewegen eine wachsende Zahl öffentlicher und privater Vorhabenträger*innen mittlerweile dazu, verstärkt zufällig gewählte Bürger*innen in ihre Beteiligungsverfahren zu komplexen und umstrittenen Infrastrukturprojekten einzubinden (vgl. Bock/Reimann 2017a, Kamlage/Warode 2016; Allianz Vielfältige Demokratie 2017a: 5). Auf diesem Wege soll Beteiligung auf eine breitere Basis gestellt werden. Es sollen möglichst unterschiedliche Bevölkerungsgruppen einbezogen sowie qualitativ bessere Entscheidungen von zudem höherer Akzeptanz erzielt werden. Zurückgegriffen wird dabei auch auf die Erfahrungen mit dem bereits in den 1970er Jahren entwickelten Konzept der Planungszelle, in dessen Rahmen eine Gruppe von Bürger*innen nach einem Zufallsverfahren ausgewählt wurde (vgl. Dienel 1991).

Renaissance der Planungszelle

Eines der bekanntesten Beispiele für ein aktuelles Beteiligungsformat mit Zufallsauswahl ist die Citizens' Assembly in Irland, die 2016 gegründet wurde, um politische Fragen auf nationaler Ebene zu erörtern und mögliche Verfassungsänderungen zu empfehlen. Auch in Deutschland kommt das Verfahren immer häufiger zum Einsatz. Dies geschieht sowohl auf Bundesebene wie beim Bürgerrat Demokratie[1] oder dem Nationalen Begleitgremium zum Standortauswahlverfahren für ein Endlager für insbesondere hochradioaktive Abfälle, an dem drei zufällig ausgewählte Bürger*innen aus ganz Deutschland teilnehmen[2] als auch auf kommunaler Ebene.

Dort wird beispielsweise bei der Zusammensetzung von *Beteiligungsräten* wie in der Stadt Potsdam, einem ehrenamtlich und unabhängigen Beratungsgremium aus unter anderem neun gelosten Bürger*innen (vgl. Bock, Reimann 2017b), auf die Zufallsauswahl zurückgegriffen. Auf kommunaler Ebene kommt es zudem bei *Bürgergutachten* zum Einsatz, beispielsweise zur Bonner Bäderlandschaft.[3]

Erfahrungen aus der Praxis: der Planungsdialog Borgholzhausen

Die Zahl der evaluierten Beteiligungsverfahren mit Zufallsauswahl ist bisher eher überschaubar, sodass ihre Wirkungen erst in Einzelfällen eingeschätzt und bewertet werden können. In diesem Zusammenhang brachte eine Studie des Deutschen Instituts für Urbanistik (Difu) neue Erkenntnisse zur Zufallsauswahl bei der frühzeitigen Öffentlichkeitsbeteiligung im Netzausbau (vgl. Bock u. a. 2019). Im Zeitraum von Januar bis August 2018 begleitete das Difu den „Planungsdialog Borgholzhausen" wissenschaftlich und evaluierte den informellen Beteiligungsprozess. Die Übertragungsnetzbetreiberin Amprion GmbH hatte sich für einen dreistufigen, informellen Planungsdialog zur Planung einer neuen Stromtrasse im Stadtgebiet Borgholzhausen entschieden. Damit legte die Vorhabenträgerin im Rahmen der dabei zu erfolgenden Prüfung auf Teilerdverkabelung einen Schwerpunkt auf frühzeitige Beteiligung. Ziele des „Planungsdialogs Borgholzhausen" waren neben der Transparenz der Planung ein Einbezug lokalen Wissens sowie die Erprobung neuer Wege der Kommunikation. Letzteres sollte das unternehmensinterne Kommunikations-Know-how erweitern. Besondere Bedeutung kam der Auswahl der Teilnehmer*innen des Planungsdialogs zu. Neben Vertreter*innen eines möglichst vielfältigen Interessenspektrums (Bürgerinitiative, Träger öffentlicher Belange, Verwaltung, Wirtschaft) wurde ein per Los rekrutierter Kreis von Einwohner*innen Borgholzhausens in das Gremium aufgenommen. Mit sechs gelosten Bürger*innen war diese Gruppe im Vergleich zu den anderen deutlich größer. Von der Beteiligung nicht organisierter und per Zufallsauswahl rekrutierter Personen versprach sich die Vorhabenträgerin weniger eine Repräsentativität der Beteiligten, sondern vielmehr den dezidierten Einbezug eines möglichst breiten Spektrums an Meinungen und Interessen. Insbesondere diese für das Unternehmen neue Rekrutierungsmethode der Zufallsauswahl stellte einen Schwerpunkt der begleitenden Evaluation dar.

Für die Mitwirkung am Planungsdialog wurde im Dezember 2017 in allen Haushalten von Borgholzhausen postalisch geworben. Interessierte konnten sich bis Mitte Januar 2018 bewerben. Die Auslosung der Bürger*innen erfolgte auf dem ersten Bürger-Infomarkt. Bei der Ziehung hatte der Bürgermeister eine „glückliche Hand". Überraschendes Ergebnis des Zufalls: Mit Blick auf Alter, Geschlecht und Interessenlage wurde das Spektrum der Beteiligten durch das Los breiter und ausgewogener. Dieses Ergebnis deckt sich mit Erfahrungen aus Baden-Württemberg. Dort zeigt sich bei bisherigen Verfahren ebenfalls, dass „zumindest der Frauenanteil wesentlich erhöht werden kann. Stillere und politikferne Gruppen sind ebenfalls besser erreichbar".[4]

Mehr Frauen und „politikferne" Gruppen

Folgende weitere Ergebnisse stachen im Rahmen der Evaluation hervor:

- **Geloste Bürger*innen: inhaltliche Offenheit und Impulsgeber*innen für einen verständlichen und fairen Dialog.** Im Unterschied zu den Vertreter*innen der Bürgerinitiative und anderen Interessenvertreter*innen waren die inhaltlichen Positionen der gelosten Bürger*innen zu Beginn des Dialoges nicht eindeutig und überwiegend noch offen. Sie hatten sich noch nicht zu den strittigen Aspekten des Netzausbaus vor Ort positioniert. Ihre inhaltliche Haltung konnten sie im Laufe des Prozesses entwickeln und schärfen. In den Diskussionen des Planungsdialogs brachten sie mit dem Hinweis auf den erst jetzt erfolgten Einstieg in die diskutierten Themen („wir sind Laien") ihre inhaltlichen Fragen mit Nachdruck ein, forderten Erläuterungen, wo notwendig, und leisteten so einen wichtigen Beitrag zur Konkretisierung und Versachlichung der Diskussionen. Von den vorausgegangenen Konflikten weitgehend unbelastet, erweiterten sie die Diskussion und trugen dazu bei, dass der Planungsdialog größtenteils für alle – geloste wie gesetzte Teilnehmende – verständlich verlief. „Fach-Chinesisch" fand keinen Raum, Fairness und Respekt spielten eine wichtige Rolle im Umgang miteinander.

Konflikte treten in den Hintergrund

Die gelosten Bürger*innen kannten die Vorgeschichte der Trassenplanung und die bestehenden Konflikte, waren aber mehrheitlich nicht darin involviert. Dies ist sicherlich eine Ursache dafür, dass die Konflikte den Dialog nicht dominierten. Mehrheitlich bewerteten die Gelosten Emotionen oder die von Emotionen getragenen Konflikte kritisch und machten deutlich, dass sie Inhalte im Vordergrund sahen und Lösungen suchten: „Wir sind an der Sache und nicht an Konflikten interessiert" (Position einer gelosten Teilnehmer*in). Diese sachliche und distanzierte Haltung wirkte der langjährig eingespielten Polarisierung vor allem zwischen der Vorhabenträgerin und der Bürgerinitiative entgegen.

- **Keine zeitliche und inhaltliche Überforderung:** Ein Großteil der Evaluation des Difu befasste sich mit den spezifischen Voraussetzungen geloster Bürger*innen zur Teilnahme an dem komplexen Beteiligungsprozess und deren Folgen. Jede Person hatte ihren eigenen persönlichen und berufs- oder fachbezogenen Zugang zum Thema des Dialogs und verfügte über einen eigenen Wissens- und Informationsstand. Die zur Verfügung stehenden zeitlichen Ressourcen waren zudem ungleich verteilt. Zu Beginn des Planungsdialogs wurde deshalb in den Interviews von einigen die Befürchtung formuliert, dass die inhaltlichen Diskussionen für die gelosten Bürger*innen zu voraussetzungsvoll und komplex werden könnten.

Mit Blick auf die unterschiedlichen Voraussetzungen war zudem zu berücksichtigen, dass sich die Bürger*innen, ob per Los oder als Vertreter der Bürgerinitiative, in ihrer Freizeit engagierten oder für die Teilnahme Urlaub nehmen mussten, während andere Beteiligte (zum Beispiel Vorhabenträgerin, Verwaltung) im Rahmen ihrer Arbeitszeit teilnehmen konnten. Auf diese Schieflage wiesen vor allem zu Beginn des Planungsdialogs die davon Betroffenen hin, verändern konnten sie diese jedoch nicht mehr. Damit verbunden ging die Befürchtung einher, dass die Mitwirkung im Planungsdialog gerade die (per Los gewählten) Bürger*innen zeitlich (zu) stark belasten könnte.

Die Ergebnisse der Evaluation zeichnen ein anderes Bild: Inhaltlich waren die gelosten Bürger*innen den Diskussionen – von kurzzeitigen Überforderungen im Einzelfall abgesehen – durchaus gewachsen. Zudem bewerteten sie mehrheitlich den Aufwand der sechs dreistündigen Sitzungen rückblickend als machbar. Das Konzept des Planungsdialogs erwies sich somit hinsichtlich der „Mitnahme" der gelosten Bürger*innen als erfolgreich.

- **Erfolgsfaktor kompetente Moderation:** Die im Planungsdialog überwiegend gelungene Integration der gelosten Bürger*innen ist vor allem auf das Beteiligungskonzept zurückzuführen. Ohne eine kompetente und erfahrene externe Moderation wäre es im „Planungsdialog Borgholzhausen" vermutlich nicht gelungen, die komplexen Sachverhalte und das Spektrum der zu verhandelnden Themen in so kurzer Zeit und so stringent zu verhandeln. Die Moderation war nicht zuletzt die notwendige Voraussetzung dafür, dass die gelosten Personen mehrheitlich zu der Einschätzung kamen, dass der Dialog für sie sowohl zeitlich machbar war als auch inhaltlich beziehungsweise fachlich nicht überfordernd. Von besonderem Wert war, dass die gelosten Personen sehr gut in der Lage waren, dem fachlichen Austausch zu folgen und eine eigene Rolle im Prozess zu finden, welche von den anderen auch anerkannt wurde. Das bedeutet: Wenn die Voraussetzungen stimmen, kann es gelingen, dass neu hinzugekommene „Laien" die Diskussionen nicht nur durch eine gewisse Neutralität, sondern auch durch die ihnen eigenen fachlich-persönlichen Zugänge bereichern und sie zu echten und akzeptierten Partner*innen im Dialog werden.

Geloste Bürger*innen: Alltagsexpert*innen stehen für Vielfalt und Unabhängigkeit

Bezogen auf die mit der Zufallsauswahl verbundenen Erwartungen lässt sich ein weitgehend positives erstes Fazit ziehen. Der Planungsdialog zeigt, dass sich die Methode vor allem dann eignet, wenn viele und unterschiedliche Bevölkerungsgruppen und -stimmen einbezogen werden sollen und wenn das Thema bzw. das Vorhaben konfliktreich und umstritten ist. Zufällig geloste Personen tragen dann dazu bei, die Debatten zu versachlichen und Brücken zwischen den Akteur*innen und Interessensfronten zu bauen. Ihre besondere Stärke liegt in ihrem zumeist alltagsweltlichen Zugang, sie sind Alltagsexpert*innen. Auf der Seite des baden-württembergischen Beteiligungsportal heißt es entsprechend: „Sie kennen die lokalen Begebenheiten. Sie kommen dem gedachten „Normalbürger" am nächsten. Die ausgelosten Teilnehmenden hinterfragen etablierte Positionen. Sie vertreten ‚die Einwohnerinnen und Einwohner' und nicht Verbände, Parteien oder Initiativen" (Beteiligungsportal Baden-Württemberg, o. J.). Ihre Perspektivenvielfalt erweitert das verhandelte Interessenspektrum und wirkt dem Vorwurf der Partikularinteressen in der Beteiligung entgegen. Dies bestätigen auch andere Forschungen und Beteiligungsexpertisen: Demnach arbeiten per Zufallsauswahl selektierte Gruppen besonders empathisch, orientieren sich am Gemeinwohl und bedenken Langzeitwirkungen (Allianz Vielfältige Demokratie 2017: 6). Zufällig ausgewählte Bürger*innen, so die Erkenntnis, sind in der Lage „in hohem Maße Gemeinwohlinteressen abzubilden, wenn die Gruppe in ihrer Zusammensetzung möglichst vielen Merkmalen

Konfliktvermeidung durch Versachlichung

entspricht" (Kamlage/Warode 2016: 7). Es versteht sich von selbst, dass dies bei größeren Samples besser gelingt als bei kleineren.

Ob jedoch unter den vielfältigen Stimmen, die per Los einbezogen werden, auch die vertreten sind, die, wie zu Beginn ausgeführt, aus den bildungsfernen Milieus kommen oder zugewanderten und jungen Menschen gehören, ist zurückhaltender zu beantworten. Auch wenn es in Borgholzhausen gelungen ist, den Planungsdialog weiblicher und jünger zu machen, zeigte sich gleichzeitig, dass die Entscheidung für eine Teilnahme voraussetzungsvoll geblieben ist. Der Kreis der Beteiligten wurde durchaus heterogener und auch unabhängiger. Ein inklusives Format stellte der Planungsdialog jedoch nicht dar, hierzu bedarf es weitaus größerer Veränderungen der Beteiligungsformate.

Mehr Vielfalt - aber noch nicht genug

Eine Kehrseite der Zufallsauswahl wird mitunter von Bürgerinitiativen und anderen organisierten Interessen zum Ausdruck gebracht. Ihr Vorwurf richtet sich auf die Gefahr einer Entpolitisierung der Prozesse, da organisierte Gruppen und Bürgerinitiativen, die besondere Interessen vertreten, zugunsten eines breiteren Meinungsspektrums geschwächt werden. Auch im Planungsdialog ließ sich beobachten, dass der inhaltliche Einfluss der Bürgerinitiative im Laufe der Diskussionen geringer und die Positionen vielfältiger wurden. Gleichzeitig zeigten sich jedoch neue Konfliktlinien, sodass eine Entpolitisierung des eigentlichen Konfliktes nicht eintrat. Die befürchtete Entpolitisierung von Beteiligungsverfahren durch „Lai*innen" trifft auf den „Planungsdialog Borgholzhausen" nicht zu.

Vorwurf der Entpolitisierung

Beim Einsatz der Zufallsauswahl ist zudem damit umzugehen, dass motivierte Personen, die sich beteiligen wollen, nicht zum Zuge kommen, wenn sie nicht ausgelost werden. Ihr Interesse kann zwar durch zusätzliche Veranstaltungsformate sowie durch Online-Beteiligung oder durch Anhörungen organisierter Interessen aufgefangen werden, die Beschränktheit des Zugangs bleibt aber ein Nachteil der Methode.

Der Planungsdialog zeigt, dass der Einsatz der Zufallsauswahl eine intensive und reflektierte Vor- und Nachbereitung der Rekrutierung der Teilnehmenden benötigt. Dies betrifft unter anderem

- die angemessene Definition der Grundgesamtheit,
- die sorgfältig durchdachte und begründete Festlegung von Quoten,
- die Eröffnung etwaiger Verfahren zur Nachwerbung,
- oder auch eine sinnvolle und begründete Kombination mit einem deliberativen, das heißt auf Kommunikation zwischen den Beteiligten zielenden Verfahren.

Anspruchsvolle Moderation

Von besonderer Bedeutung für den Erfolg der Zufallsauswahl ist, dass die gelosten Bürger*innen im weiteren Prozess nicht sich selbst überlassen bleiben, sondern begleitet und unterstützt werden müssen (vgl. Bock/Reimann 2016; Bock/Reimann 2017a). Den Beteiligten sind ausreichende und verständliche Informationen zur Verfügung zu stellen. Eine Moderation muss gewährleisten, dass eine Diskussion auf Augenhöhe und ein Abwägen der Argumente im Zusammenspiel mit den „Beteiligungsprofis" möglich ist. Darüber hinaus ist abzuwägen, inwieweit die verschiedenen im Beteiligungsprozess involvierten Akteursgruppen (Lai*innen, Wissenschaft, Politik, Verwaltung) – zeitweise – in getrennten Beratungs- oder Arbeitsgruppen tagen und entsprechend eher getrennte Aufgaben verfolgen sollen (vgl. Kamlage/Warode 2016). Wird all dies berücksichtigt, abgewogen und gewährleistet, zeigen Forschungsergebnisse, „dass Dialogverfahren mit Zufallsbürger*innen komplexe und anspruchsvolle Themen und Probleme bearbeiten und gehaltvolle Ergebnisse präsentieren können" (Kamlage/Warode 2016: 3).

Schlussfolgerungen

Begleitforschungen und Evaluationen zielen darauf, Wirkungen von Methoden, Maßnahmen und Projekten nachzuvollziehen. Dies erlaubt es, die gewählten Instrumente fundierter zu beurteilen und entsprechend weiterzuentwickeln. Die Erkenntnisse der Evaluation des Planungsdialogs Borgholzhausen bestätigen einige der Erwartungen an die Zufallsauswahl. Die Rekrutierung, das heißt die Auswahl zur Mitwirkung per Zufallsauswahl steigert die *Heterogenität der Beteiligten*. Die Meinungen und Interessen, die in den Beteiligungsprozess einfließen, werden vielfältiger. Eher parteiisch und institutionell gebundene Interessen, die üblicherweise bei solchen Verfahren ein starkes Gewicht haben, werden durch Stimmen bereichert, die einen persönlichen und eher alltagsweltlichen Zugang zum Thema haben.

Auch ist der „Planungsdialog Borgholzhausen" ein weiterer Beleg dafür, dass per Los rekrutierte Personen zu einer *Versachlichung der Diskussionen* und einer Brückenbildung zwischen Interessengegensätzen beitragen können. Die Methode kann daher insbesondere bei konfliktbehafteten Vorhaben ihre Wirkung entfalten. Gleichwohl wird am Beispiel des „Planungsdialogs Borgholzhausen" deutlich, dass dies nicht selbstverständlich ist und die Beteiligung von per Los gewählten Personen anspruchsvoll bleibt. Zur Stärkung der Verständlichkeit des Verfahrens und der Diskussionen ist eine unabhängige, externe Moderation des Dialogs unerlässlich. Diese muss dafür Sorge tragen, dass die vielen Fragen und Belange der gelosten Personen gehört und die zur Klärung von Sachverhalten erforderlichen Informationen allen Beteiligten verständlich vermittelt werden.

Die Zufallsauswahl allein löst jedoch nicht alle Probleme und Herausforderungen im Zusammenhang mit Beteiligung. Vor allem ihr Beitrag zum Abbau der sozialen Ungleichheit in der demokratischen Teilhabe kann vor dem Hintergrund der bisher vorliegenden Erfahrungen nur vorsichtig eingeschätzt werden. Nicht alle durch ein Los ausgewählte Bürger*innen sagen „ja" zu einer Mitwirkung. Die „Hürden" und „Anreize", die darüber entscheiden, ob das Los auch angenommen wird, sind bisher empirisch nicht untersucht. Die Autorinnen plädieren auch vor diesem Hintergrund dafür, anstelle von „Zufallsbürger*innen" oder „zufällig gewählte Bürger*innen" – die zumeist verwendeten Begriffe – von gelosten Personen

Zufall: ein schwieriger Begriff

oder gelosten Bürger*innen zu sprechen, wenn Personen gemeint sind, die per Los ausgewählt wurden. Dies hebt stärker hervor, dass „geloste Bürger*innen" zumeist nicht rein zufällig an einem Beteiligungsverfahren teilnehmen, sondern sie sich entweder nach der Zufallsauswahl dafür entschieden haben oder ihrer Teilnahme eine gezielte Interessenbekundung vorausging.

Die Zufallsauswahl ist ein wichtiger Baustein im Methodenkoffer einer guten Beteiligungskultur (vgl. Bock u. a. 2013), da sie durch gezielte Ansprache, Auswahl und Unterstützung Einzelner dazu beitragen kann, Vertrauen in die Mitgestaltung aufzubauen und zu stärken. Zufallsauswahl so einzusetzen, bedeutet aber auch, Geduld, Ressourcen, Zeit und umfangreiche Expertise zur Verfügung zu stellen.

Nicht die einzige, aber eine wichtige Methode

Dass sich der Aufwand lohnt, belegen bisher erst einzelne Evaluationen. Zahlreiche Fragen nach Ergebnissen und Wirkungen der Zufallsauswahl können noch nicht beantwortet werden. Deshalb möchten wir zum Abschluss für mehr Wirkungsforschung in der Bürgerbeteiligung plädieren. Bürgerbeteiligung und ihre Evaluation sind Lernprozesse. Empirische Studien anhand konkreter Beispiele tragen dazu bei, das notwendige Wissen auch um die Möglichkeiten und Einschränkungen einer Zufallsauswahl zu stärken.

Literatur

Allianz Vielfältige Demokratie (2017): Bürgerbeteiligung mit Zufallsauswahl. Das Zufallsprinzip als Garant einer vielfältigen demokratischen Beteiligung: ein Leitfaden für die Praxis, Gütersloh.

Bertelsmann Stiftung (Hrsg.) (2013): Prekäre Wahlen. Milieus und soziale Selektivität der Wahlbeteiligung bei der Bundestagswahl 2013,Gütersloh.

Beteiligungsportal Baden-Württemberg: Beteiligung durch Zufallsauswahl, online unter: https://beteiligungsportal.baden-wuerttemberg.de/de/informieren/methoden/zufallsauswahl/.

Bock, Stephanie; Abt, Jan; Reimann, Bettina (2019): Öffentlichkeitsbeteiligung beim Netzausbau. Evaluation des „Planungsdialogs Borgholzhausen", Difu-Impulse, 1, 2019, Berlin.

Bock, Stephanie; Reimann, Bettina (2017a): Beteiligungsverfahren bei umweltrelevanten Vorhaben. Abschlussbericht, TEXTE 37/2017. Umweltforschungsplan des Bundesministeriums für Umwelt, Naturschutz Bau und Reaktorsicherheit, Dessau.

Bock, Stephanie; Reimann, Bettina (2017b): Mehr Beteiligung wagen - Evaluation des Modellprojekts Strukturierte Bürgerbeteiligung: Abschlussbericht. Potsdamer Schriftenreihe Bürgerbeteiligung – ein Streitfeld zwischen Regierungskunst und Basisaktivierung #4, Potsdam.

Bock, Stephanie; Reimann, Bettina; Beckmann, Klaus J. (2013): Auf dem Weg zu einer kommunalen Beteiligungskultur: Bausteine, Merkposten und Prüffragen. Anregungen für Kommunalverwaltungen und kommunale Politik, Berlin.

Böhnke, Petra (2011): Ungleiche Verteilung politischer und zivilgesellschaftlicher Partizipation, in: Aus Politik und Zeitgeschichte, Nr. 1–2/2011, S. 18–25.

Dienel, Peter C. (1991): Die Planungszelle. Der Bürger plant seine Umwelt. Eine Alternative zur Establishment-Demokratie. Opladen, 1991.

Fraune, Cornelia (2018): Bürgerbeteiligung in der Energiewende – auch für Bürgerinnen?, in: Lars Holstenkamp und Jörg Radke (Hrsg.): Handbuch Energiewende und Partizipation,. Wiesbaden: S. 759-767.

Freie und Hansestadt Hamburg, Behörde für Stadtentwicklung und Umwelt (Hrsg.) (2014): Alles Inklusive! Leitfaden zur Beteiligung in der integrierten Stadtentwicklung, Hamburg. Online unter: http://www.hamburg.de/contentblob/4327560/data/leitfaden-rise-beteiligung-pdf-download.pdf.

Kamlage, Jan-Hendrik; Warode, Jan (2016): Kurzexpertise für die Endlagerkommission des Deutschen Bundestages. Zur Rolle von Laienbürgern in komplexen, dialogorientierten Beteiligungsprozessen, Essen.

Richter, Ina; Danelzik, Mathis; Molinengo, Giulia; Nanz, Patrizia; Rost, Dietmar (2016): Bürgerbeteiligung in der Energiewende. Zehn Thesen zur gegenwärtigen Etablierung, zu Herausforderungen und geeigneten Gestaltungsansätzen, Potsdam.

Walter, Franz (Hg.) (2013): Die neue Macht der Bürger. Was motiviert die Protestbewegungen? Reinbeck.

Anmerkungen

1. Siehe dazu: www.buergerrat.de.

2. Siehe dazu: http://www.dialoggestalter.de/fileadmin/ Media/Downloads/Dokumentation_Endlager.pdf.

3. Siehe dazu: 2019/mai/so-laeuft-die-buergerbeteiligung-zur-bonner-baederlandschaft-ab.php.

4. Siehe dazu: https://beteiligungsportal.baden-wuerttemberg.de/de/informieren/methoden/zufallsauswahl.

Martina Eick

Umfeldanalyse macht den Unterschied

Einen Partizipationsprozess möglichst frühzeitig und situationsgerecht zu starten, ist mittlerweile unstrittig – aber was heißt das konkret? Kann es ein zu früh geben? Zu früh wäre jedenfalls aus Prozesssicht ein Beginn ohne Umfeld- oder Situationsanalyse.

Die Terminologien mögen variieren: Umfeld-/Umweltanalyse, Akteursmapping, Konfliktanalyse, Stakeholderanalyse, Kontextanalyse, Systemumfeld- oder Projektumweltanalyse. Die Kernfrage bleibt immer gleich: Auf was und wen muss ich wann im Vorfeld, jedoch noch besser im Gesamtverlauf eines Partizipationsprozesses, achten?

Die einzelnen Prozessphasen mit ihren jeweiligen Zwecken, Zielen und Zerreißproben sollen in diesem Beitrag eingeführt und der weiteren Diskussion empfohlen werden. Es wird auch klar werden, dass die Phasen miteinander verzahnt sind und in ihren Einstiegsanalyseresultaten während des Prozessverlaufs modifizierungsbedürftig werden können, denn niemand kann wirklich jeden einzelnen Prozessschritt so exakt vorhersehen, als dass nicht Eigen- und Gruppendynamiken auftreten könnten, auf die zu reagieren ist, zum Beispiel mit zusätzlichen Interaktions- oder Konfliktanalysen zur Situationsklärung. Ohne diese Dynamiken in der Akteurslandschaft beim Ringen um bestmögliche Entscheidungsgrundlagen wäre es kein lebendiger, guter Partizipationsprozess, sondern ein rein linear abspulbarer Ergebnisherstellungsprozess, was gesellschaftlichen Realitäten nicht ansatzweise gerecht würde. „Plurale Gesellschaften sind geprägt von multiplen Konfliktlinien und zeichnen sich durch eine Vielfalt an Meinungen und Interessen aus", so ruft es uns Moritz Sommer noch einmal ins Gedächtnis (FJSB 3/2019, S. 441).

Wozu der ganze Aufwand?

Lohnt sich dieses Vorabsammeln aller Einflussfaktoren und Akteurskonstellationen für das spätere Miteinander? Ist dieser tatsächliche und womöglich erst einmal einsame Beginn eines Beteiligungsprozesses wirklich qualitätssteigernd? Die eindeutige Antwort ist Ja. Jeder Prozess ist eingebettet in ein spezielles Umfeld. Viele Aspekte und Faktoren charakterisieren dieses Umfeld und müssen Einfluss auf das Prozessdesign und den -verlauf haben dürfen. Die Umfeldfaktoren entwickeln trotz akribischer Vorfeldanalyse unvorhersehbare Dynamiken – vor allem bei mehrjährigen Prozessen – und müssen dann professionell pariert werden. Das kann bedeuten, dass eine anfängliche durch eine fortlaufende Analyse zum Beispiel aufgrund neuer Akteur*innen, eines Regierungswechsels oder unvorhersehbarer Treiber- oder Störereignisse ergänzt werden muss, um wieder situationsgerecht zu sein. Eine kontinuierlich wachsame Kontextualisierung jedes Partizipationsprozesses ist wesentlicher Qualitätsfaktor, dennoch werden allzu häufig wenig Gedanken, Zeit und Ressourcen in die Umfeldanalyse investiert. Und investieren tut Not, denn nicht alle Faktoren und Akteure sind sofort sichtbar, sondern sie müssen sorgfältig recherchiert, analysiert und aufeinander bezogen werden. Zu „screenen" sind folgende Bereiche:

Steigerung der Qualität

- soziales, das heißt betroffene Akteur*innen (Schlüsselakteur*innen im Hintergrund, Interessenvertreter*innen, Lobbyist*innen, derzeitige und künftige Profiteure, Entscheider*innen, Expert*innen...) sowie frühere Interaktionsformationen und –gräben,
- fachliches, das heißt Thema/Gegenstand an sich und die Rechtslage, Entwicklungstrends/Prognosen, Schnittmengen zu Parallelprozessen, Erwartungen, mediale Stimmungen,
- zeitliches/räumliches, das heißt Gesamtsituation beziehungsweise Großwetterlage im geplanten zeitlichen und räumlichen Fenster, geplante Gebietsreformen, auslaufende Verträge/Konzessionen, Inkrafttreten einer EU-Richtlinie,

Ratspräsidentschaftswechsel (EU, Bundesrat...) und Auswirkungen auf die Nachbarregionen,

- rahmendes, das heißt aktuelle Gesetzes- und Beschlusslagen, Gesetze/Richtlinien in Vorbereitung, anstehende Wahlen/Wahlkämpfe, formal vorgegebene Entscheidungswege, Vorgeschichten sowie sonstige nicht beeinflussbare Faktoren

- und die eigene Ressourcenlage (Manpower, eigene und im eigenen Netzwerk anzapfbare Kompetenzen, Finanzen, ideelle Prozessbefürworter, Zeit).

Die ersten vier Punkte, die extern in den Partizipationsprozess hineinspielen, müssen immer mit dem letzten internen Punkt, den eigenen Ressourcen, die zur Verfügung stehen, zusammengedacht werden, wenngleich eine Umfeldanalyse nur sehr geringen technischen Aufwand benötigt. Im Falle externer Sponsoren- und Finanzierseinbindungen kann eine eigentlich hochwillkommene Ressourcenerhöhung mit einer neuen subkutanen Interessenslage dieses Mittelgebers unter Umständen zu teuer erkauft werden. Niemand ist wirklich neutral, was auch sehr diskussionslähmend wäre, nur darf die eigene Agenda nicht verschleiert werden, die jeweiligen Interessens- und Motivlagen dürfen nicht verborgen bleiben.

Investment in Prozesszuschnitt

Eine Umfeldanalyse – und so soll das Instrument in diesem Beitrag benannt werden – ist ein Investment in einen bestmöglichen Prozesszuschnitt. Sie hat Präventionsfunktion hinsichtlich denkbarer Stör- und Eskalationsszenarien, ist somit auch eine Konflikt- und Risikominimierungsanalyse. Dieses Investment in gutes Prozessdesign wird bestenfalls zweifach verzinst: Das Erlebnis eines guten Beteiligungsprozesses ist bei allen Beteiligten der beste Türöffner für weiteres Engagement in Partizipationsprozessen (Zins aus Individualperspektive) und es entsteht in der Summe solcher Prozesse ein gesellschaftliches Klima für eine demokratiestärkende Beteiligungskultur und für Partizipationsmainstreaming.

Eine gute Umfeldanalyse ist der entscheidende Baustein für mehr Prozesstransparenz, weil die Analyse den Einstieg in ein den gesamten Prozess visuell begleitendes Mapping bietet. Maps visualisieren als eine Art Landkarte getroffene Vorannahmen, Analyseresultate sehr anschaulich. Mapping bezeichnet dabei das stete Mit- und Nachzeichnen des Beteiligungsprozesses, der oder die Moderator*in hat damit nicht nur rhetorische, sondern auch kartografische Mittel an der Hand, Debattenverläufe, Zwischenergebnisse, erste Lösungspfade, zusätzliche Fragen und vieles mehr punktgenau festzuhalten. Diese Visualisierung erleichtert das schnelle Erfassen der sich oft wechselseitig beeinflussenden Faktoren sowie der zu erwartenden Spannungsfelder und Knackpunkte. Mögliche Turbulenz-hot spots werden sofort sichtbar, seien es die kontroversesten Debattenspitzen, die vehementesten Eskalations- und Emotionsauslöser, womöglich hohe Fliehkräfte für den Gesamtprozess. Die Mappings im Prozessverlauf aktiv mitzuführen, Interessensverschiebungen, neue Motivallianzen oder auch zunächst unterbewertete Konfliktlinien aufzudecken, das hält den Prozess stets auf einem situationsgerechten Fundament, eröffnet auch Spät- und Quereinsteiger*innen das Mitwirken und bedient die unterschiedlichen Auffassungsgaben aller Beteiligten. Während Inklusion zunächst nur meint, unterschiedlichste Gruppe zu erreichen, möchte das Instrument der kontinuierlichen Umfeldanalyse aus den erreichten Personen auch engagierte Beteiligte machen. Zwar mag der oder die Prozessverantwortliche alleine oder im Team zu Beginn eines Verfahrens sogenannte relevante Akteur*innen für den anstehenden Veränderungsprozess aufgespürt und eingebunden haben, jedoch wird manchen Akteure*innen erst im Prozessverlauf ihre Relevanz bewusst oder wächst ihnen zu durch adäquate Ansprache. Inklusion ist insofern mehr als Nicht-Exklusion.

Kontinuierliches Mapping

Prozessphasen konkret

Nachdem nun umrissen wurde, wozu es überhaupt eine Umfeldanalyse braucht, schauen wir genauer in die einzelnen Prozessphasen mit Fokus auf die funktionalen, handlungsrelevanten Aspekte. Nur so wird die Theorie im Partizipationsalltag hilfreich, bestenfalls Mainstream statt Rinnsal oder Wadi. Zwar bleibt per se jeder Partizipationsprozess ein Experiment, aber ein echtes Wagnis muss er bei Beachtung der folgenden Herangehensweisen nicht sein.

Zu Beginn das weiße Blatt

Ganz weiß – sprich leer – ist das Blatt oder die Landkarte auch zu Beginn nicht, denn meist gibt es einige gesetzte Akteure, zum Beispiel Vorhabenträger*innen, Projektentwickler*innen, mandatierte Entscheidungsträger*innen, direkt und indirekt betroffene Anwohner*innen oder eine Bürgerinitiative, die bottom-up den Beteiligungsprozess einforderte. Es gilt, die Landkarte so vollständig wie möglich zu zeichnen. Je nach Komplexität und Sujet kann das der oder die Prozessverantwortliche als Solozeichner*in zu Papier bringen oder auch erweitert im Team mit anderen Kenner*innen der Situationskartografie. In diesem Pre-Partizipationsteam sollten bestenfalls noch keine direkten Konfliktparteien präsent sein, um die argumentative Auseinandersetzung nicht vorwegzunehmen, sondern wirklich rein prozedural abzuwägen und sich auf die Prozessgestaltung zu konzentrieren. Sollte bereits feststehen, wer später den Prozess moderiert, dann ist es sehr sinnvoll, diese Moderator*innen in das Team aufzunehmen. Auch Qualitätsjournalist*innen, die vergangene, ähnlich gelagerte Prozesse beobachteten, können Erfahrungswissen einbringen, zum Beispiel bezüglich Schlüsselakteure*innen und Intermediären. Erstere sind als Vernetzungsknoten und indirekte Attraktoren für andere Akteur*innen wichtig – Schlüsselakteur*innen stehen gemäß ihres Selbstverständnisses oftmals gar nicht so sehr im Rampenlicht. Letztere, die Intermediäre, sind wegen ihrer Funktion als Vermittler und Brückenbauer vor allem zwischen Governance und Government wichtig und damit an einer essenziellen Nahtstelle bei fast allen Veränderungsbestrebungen; sie sind damit mehr als nur Broker zwischen Akteursgruppen. Kurzum, das Vorbereitungsteam sollte einerseits möglichst viel Prozesswissen und andererseits Steuerungswissen für das Managen von Gruppendynamiken bündeln.

Ziel dieser Phase Null, ob nun solo oder im Team, ist es, die zwingend in den folgenden Partizipationsprozess einzubindenden Ak-

Situationskartografie

teur*innen zu identifizieren und den Gesamtrahmen, also das Umfeld des Prozesses, auszuloten. Auf diese Weise werden mögliche destruktive Überraschungsmomente frühzeitig antizipiert. Wichtig ist es sodann, diesen mittels kluger, einladender Prozessgestaltung (Argumentations-)Raum zu geben, aber nicht die Prozesssteuerung weg- und den Kurs aufzugeben. Das heißt, dass zu den Schlüsselakteur*innen zweifelsfrei auch die sogenannten Vetospieler*innen und reinen Reaktanzcharaktere zählen. An diesem Punkt erfüllt die Umfeldanalyse ihre oben erwähnte Aufgabe als Risikoanalyse. Für den Gesamtrahmen ist zu sondieren, ob der Prozess auf ein prinzipiell vertrauensgestütztes Umfeld trifft oder eher eine Atmosphäre des Misstrauens mit bereits zementierten Positionen und gewachsenen Machtkämpfen herrscht. Zielt man auf neue Spielregeln, müssen die Verfechter*innen der alten Spielregeln mit an den Tisch.

Ermittlung der Schlüsselakteure

Selbstredend müssen fachliche Expert*innen und Kenner*innen der Materie, um die es im Partizipationsprozess gehen soll, beteiligt werden, und zwar in guter Balance zwischen den erkennbaren und erahnbaren Entscheidungsoptionen. Dies dürfte jedoch der vergleichsweise leichteste Recherchejob sein, ähnlich dem für eine gute Podiumszusammenstellung, um alle Perspektiven zu beleuchten. Auch die politisch Zuständigen, die wesentlichen Entscheidungs- und Ressourcenträger*innen bedürften vermutlich keiner größeren Investigationsanstrengung.

Akteursmapping

Es gilt nun, die einzelnen Menschen, die als zu Beteiligende identifiziert wurden, in Beziehung zueinander zu setzen und so die Akteurslandschaft zu kartieren. Das Mapping offenbart eindrücklich die Ausgangskonstellation hinsichtlich Machtstellung, Beeinflussungspotenzial, Relevanz, Abhängigkeit, Betroffenheit, vermeintliche Positionsnähen und Konfliktlinien. Bei der Visualisierung ist es üblich, die Akteur*innen durch große oder kleine Kreise gemäß ihrer Einflusspotenziale zu markieren sowie anhand einer weiteren Symbolik grob in Befürworter*innen, Gegner*innen und Positionsfluide zu unterteilen. Die Beziehungen der Einzelakteure werden graphisch durch Strichvariationen abgebildet, also zum Beispiel mittels der Verwendung dünner, dicker, doppelter, unterbrochener, Wellen-, X- und ?-Linien. Alternativ sind auch Linien mit Sonne oder Blitzpiktogrammen sowie mit ein- oder beidseitigen Richtungspfeilen möglich. Da das Mapping auch der Übersichtlichkeit dient, sollte mit der jeweils gewählten Symbolik und Linienführung nicht übertrieben und eine klar nachvollziehbare Legende angeboten werden, falls sich die Darstellung nicht intuitiv erschließt. In der Mitte der Landkarte steht das Thema des Partizipationsprozesses. Die Beteiligung ist schließlich kein Selbstzweck, sondern ein zielgerichteter, themen- und/oder veränderungsdeliberierender Prozess. Die Nähe der Akteursplatzierung zu dieser Themenmitte ist ebenfalls ein graphisches Element, um zum Beispiel das vermutete Einflusspotenzial (Arbeitshypothese) darzustellen.

Beteiligungslücken ermitteln und schließen

Auf diese anfängliche Momentaufnahme ist im eigentlichen Partizipationsprozess immer wieder zurückzukommen, um Verschiebungen zu verdeutlichen. Dies können beispielsweise neue Motivallianzen, zusätzliche Akteure, neue politische/wahlbedingte Koalitionen mit neuen Meinungsführer*innen, Konfliktverlagerungen sowie Relevanz- und Rollenverschiebungen in vorhandenen Akteursclustern mit zu- und abnehmender Netzwerkdichte sein. Eine tiefergehende Befassung mit Akteursclustern würde den Rahmen dieses Beitrags sprengen. Es sei dazu auf die Akteursanalyse „Regionale Anpassungsstrategien für die Deutsche Ostseeküste (RADOST) des Institut für ökologische Wirtschaftsforschung verwiesen. Die reale Akteurslandschaft und die Landkarte sollten mittels eines transparenten Reflexionsprozesses eher bedarfsorientiert anstatt starr turnusgemäß in Einklang gebracht werden. Hierbei können auch anfänglich noch weiße Landschaftsflecken (Beteiligungslücken) zunächst auf- und später im Prozess abgedeckt werden.

Option Profiling

Stehen dem Partizipationsprozess ausreichend Ressourcen zur Verfügung, kann zur weiteren Landschaftsklärung ein Interessensprofil zu den Akteuren angelegt werden. Dies schafft Transparenz zu den Motivationen und Zielsetzungen der einzelnen Beteiligten und verhindert Spekulationen über mögliche hidden agendas. Vielleicht hat jemand mehrere Hüte auf, vielleicht spielt jemand noch in parallel laufenden Prozessen eine Rolle in Bezug auf tangierte Zielstellungen. Je nach Thema des Prozesses können hier auch Offenlegungen zu kulturellen, religiösen oder habituellen Eigenschaften für respektvollen Umgang untereinander sorgen. Wenn alle Karten auf dem Tisch liegen, kann zum einen das Verständnis für unterschiedliche Positionen gesteigert und zum anderen Vertrauen aufgebaut werden. Vertrauen ist das größte Kapital in Kooperations- und Transaktionsprozessen. Es ist zunächst ein Vorschusskapital, das alle einbringen, es bleibt Risiko für die sich Beteiligenden: Werden sich die Zeit und die Energie lohnen, werden alle Gehör finden, wird es fair zugehen, wird nicht zu viel versprochen, werden die Ergebnisse ernst genommen und weitertransportiert? Dieses Vorschusskapital muss dann wechselseitig ins Verdienen gebracht werden im Prozessverlauf und dadurch wächst es auch als Grundstock in Beteiligungs- und Mitgestaltungsprozesse generell. Ist das Vertrauen erst einmal zerstört, missbraucht oder asymmetrisch ausgenutzt, ist aufgrund dieser erfahrenen Vertrauensunwürdigkeit ein neuer Kapitalaufbau sehr mühsam.

Vertrauen als Kapital

Wichtig ist die Kenntnis der unterschiedlichen Interessenlagen auch für die Einschätzung der jeweiligen Spielräume für Positionswechsel und strategische sowie kommunikative punktuelle Allianzbildungen oder auch für die Aufdeckung nur höchst schwierig zu überbrückender Gräben. Das Profiling schafft Chancen für zumindest graduelle Annäherungen und somit für die Auflösung von absoluten Blockadesituationen. Es gibt nicht nur das Gesamtumfeld des Partizipationsprozesses, auch jede*r einzelne Akteur*in steckt in einem Umfeld, das ihn bis zu einem gewissen Grad mit Handlungsrestriktionen oder -flexibilitäten ausstattet. Dies ist zu unterscheiden von Fundamentalwiderstand, der prozedural kaum bearbeitet und nutzbar gemacht werden kann. Handlungsspielräume hingegen sind nicht absolut, es herrscht nicht der Basta-Modus, sondern sie können erweitert werden. Dies ist jedoch nur der Fall, wenn sie offen artikuliert und kommuniziert werden. Neue Grenzziehungen für den Handlungsspielraum sind prinzipiell möglich, ob durch Zugänge zu bislang verschlossenem Wissen und Communities, durch professionelles Veränderungsmanagement, Umstrukturierungen, neue Prioritätensetzungen oder schlicht den Abbau von eigener Unsicherheit hinsichtlich des Möglichkeitsraumes, des Machbaren. Gegebenenfalls verändert sich sogar der Handlungsspielraum eines Einzelakteurs im Zusammenspiel mit anderen Akteur*innen. All diese Möglichkeiten auf dem partizipativen Weg hin zu einer gemeinsam getragenen Entscheidungsgrundlage schälen sich nur heraus, wenn gewissenhaft und vertrauensvoll erstellte Akteursprofile vorliegen, auf die spätestens in Patt- und Blockadeaugenblicken zurückgegriffen werden kann. Dies zu erkennen und mit richtigem Timing in adäquater Dosierung in den Partizipationsprozess einzuspeisen, gelingt nur sehr versierten und erfahrenen Moderator*innen.

Machtspiele

Kaum ein Lebens- und Gesellschaftsbereich ist frei von Macht. Mal wirkt sie sanft, mal martialisch, mal kulturell eingeübt, mal institutionell oder ordnungsrechtlich geregelt – doch jede Machtverschiebung erzeugt wieder neue Machtverhältnisse. Und natürlich herrschen auch in jedem Partizipationsprozess Machtverhältnisse. Ein Partizipationsprozess hat häufig Veränderungen am Status quo zum Ziel und tangiert daher unmittelbar auch die bestehenden Machtverhältnisse. Das sind die Machtspiele mit Blick auf Thema und Ziel des Partizipationsprozesses. Zusätzlich gibt es die Machtspiele im Prozess selbst: Das Akteursgefüge ist durchzogen von Asymmetrien bezüglich Positionsmacht, Herrschaftswissen, Machtressourcen, Machtkonstrukten. Diese Seite der Machtspiele soll in dem vorliegenden Beitrag vorrangig betrachtet werden, weil ihr mit guter Prozessgestaltung die Wirkungsmacht genommen werden kann. Nicht nur durch die ganz simple Frage des Veranstaltungsortes, sondern dadurch, dass das Machtgefüge im Mapping eingezeichnet und so

Asymmetrie der Macht

der Weg geebnet wird, um die Asymmetrien methodisch auszugleichen, zum Beispiel durch faire Rederechte und Herstellung des gleichen Wissensstandes für alle Beteiligten. Das die Machtverhältnisse einbeziehende Mapping zielt nicht darauf ab, die Macht oder die sie Besitzenden zu verteufeln, sondern auf Transparenz. Es geht darum, die Macht gemeinsam und produktiv für Thema und Ziel des Prozesses zu nutzen, statt sich gegeneinander auszuspielen und darüber das Ziel aus den Augen zu verlieren.

Mit Macht(-ausübung) ist eine im System festgeschriebene Exklusion verbunden. Exklusive Kreise und Zugänge widersprechen jedoch inklusiven Partizipationsprozessen, die gerade die Exkludierten ermutigen und empowern – also ermächtigen – wollen. Alle Beteiligten kennen oder mutmaßen vorab über das Machtgefüge, die Zuschreibung von Machtabhängigkeiten und die Durchsetzungschancen der Ohnmächtigen. Dieses Wissen und die Mutmaßungen bestimmen dann die Akteursbeziehungen und Interaktionen im Prozess und setzen automatisch die bestehenden Interaktionsmuster fort. Ein Empowerment ist nahezu ausgeschlossen. Anders kann es sich verhalten, wenn die Macht- und Ohnmachtszuschreibung klar analysiert und verortet sind. Der Partizipationsprozess als solcher verschiebt theoretisch die Rollen der Beteiligten in Richtung machtunabhängiger Perspektiven und eines Argumentationsaustauschs. Praktisch funktioniert das allerdings nicht automatisch und zwangsläufig. Wird jedoch den Beteiligten die Chance zur Wahrnehmung einer veränderten Rolle deutlich und nehmen sie diese an, entstehen neue Interaktionsmuster und Erfahrungen des Miteinanders. Idealerweise und bei einem von allen akzeptierten Partizipationsergebnisses verfestigen sich neue Interaktionsmuster über das Prozessende hinaus. Empowerment im besten Sinne!

Stärke durch Empowerment

Fazit

Wir sehen, dass sich eine Umfeldanalyse aus vielen Einzelumfeldanalysen sowie situativen, immer wieder nachzujustierenden Kontextualisierungen und kartografischen Schärfungen addiert. Sie ist somit ein valides Instrument zum prozeduralen Einfangen der

Dynamiken, Interaktionen und Kraftfeldverschiebungen. Analysetiefe und -umfang hängen dabei nicht nur von den zur Verfügung stehenden Ressourcen ab, sondern ganz entscheidend vom Partizipationsgegenstand. Bei wirklich systemischen Veränderungen mit großer Trag- und Reichweite wird sicher mehr zu investieren sein als bei kleinen, lokal begrenzten Mitgestaltungen innerhalb bestehender Strukturen und Systeme.

Eine Frage der Kompetenzen

Die Umfeldanalyse benötigt keine technischen Investitionen, sondern vor allem Know-how: fundiertes Prozesswissen, professionelle Moderation und Visualisierung, ein Gespür für gruppendynamische Prozesse sowie Beteiligungswillen und Vertrauensbereitschaft bei allen Beteiligten. Eine gute praktische Hilfe für Prozessgestalter*innen ist dazu das Feldanalyse-Online-Tool http://www.gut-beteiligt.de/.

Literatur

Sebastian Beck, Olaf Schnur (2016): Mittler, Macher, Protestierer, Berlin.

IÖW (2012): Radost Akteursanalyse, online unter: https://www.ioew.de/fileadmin/_migrated/tx_ukioewdb/JH_RADOST_Akteursanalyse_Publikation.pdf.

Institut für Partizipatives Gestalten: GUT BETEILIGT, online unter: http://www.gut-beteiligt.de/.

Moritz Sommer (2019): Auf die Straße! in: Forschungsjournal Soziale Bewegungen 3/2019.

Umweltbundesamt (2017): Impulse zur Bürgerbeteiligung vor allem unter Inklusionsaspekten – empirische Befragungen, dialogische Auswertungen, Synthese praxistauglicher Empfehlungen zu Beteiligungsprozessen, online unter: https://www.umweltbundesamt.de/publikationen/impulse-zur-buergerbeteiligung-vor-allem-unter.

Barbara Schwarz, Geertje Doering, Thilo Schlüßler

Facetten partizipativer Pädagogik

Partizipative Pädagogik beachtet die Bedürfnisse, Wünsche und Beteiligungsmöglichkeiten eines jeden Individuums für jede ihn betreffende Situation. Dazu braucht es nicht nur die Bereitschaft aller Beteiligten, Partizipation zuzulassen, sondern auch entsprechende Organisationsstrukturen. Wie weit geht aber das Recht des Einzelnen? Wie lernen Kinder demokratisches Miteinander und wie entwickeln sie die dazu notwendigen Kompetenzen?

Wie kann die Idee einer partizipativen Pädagogik gemeinsam von allen am Prozess Beteiligten in unterschiedlichen Settings begonnen, umgesetzt und gelebt werden? Damit jeder wirklich das Gefühl hat, sich aktiv eingebracht zu haben. Denn es beginnt schon mit dem Recht des Einzelnen und dem Aushandeln der Grundabsichten aller am Prozess Beteiligten, um möglicherweise das akzeptierteste Ergebnis zu erzielen. Wichtig sind die Sichtbarmachung und das Abwägen aller Bedürfnisse für eine gemeinsame Entscheidung, aus der dann demokratisches Handeln möglich wird.

Partizipative Pädagogik soll im Folgenden unter drei Aspekten beispielhaft beleuchtet werden:

- Frühkindliche Beteiligung unter Beachtung der Reggio-Pädagogik
- Beispiel für inklusive Pädagogik in der Schule
- Partizipation auf der Mitarbeiterebene

Frühkindliche Beteiligung unter Beachtung der Reggio-Pädagogik

Innerhalb der frühkindlichen Bildung stehen die folgenden grundlegenden Fragestellungen im Fokus:

- Wie denken Kinder, wenn sie auf die Welt kommen? Und wie lernen sie innerhalb weniger Jahre so zu denken, wie in ihrer soziokulturellen Umgebung gedacht wird?
- Wie beteiligen wir Kinder vom ersten Tag an und wie geben wir ihnen die Möglichkeit, die Welt und die Umwelt autonom als ihre zu begreifen und Erkenntnisse darüber zu gewinnen?

Erkennen bedeutet, Erfahrung der Welt mit allen Sinnen

Erfahrungslernen

Die vor mehr als 30 Jahren ratifizierten Kinderrechte beteiligen Kinder an allen sie betreffenden Entscheidungen, damit sie einen partizipativen Start in ein selbstbestimmtes Leben haben können. Deshalb sprechen wir hier davon, Erkenntnis über die Welt zu erlangen, jenseits des philosophischen Begriffs. Denn Erkenntnis meint hier Erkennen mit den im frühen Alter zur Verfügung stehenden Grundmitteln. Es geht um die Erfahrung der Welt mit allen Sinnen: Sehsinn (visuell), Hörsinn (auditiv), Tastsinn (taktil), Bewegungssinn (kinästhetisch), Gleichgewichtssinn (vestibulär), Geruchssinn (olfaktorisch) und Geschmackssinn (gustatorisch). Diese sinnliche Erfahrung findet statt, lange bevor die Art von Erkenntnis einsetzt, welche mit abstrakten und reflektierten Kriterien des Denkens zusammenhängt. Die Eingangsfrage „Wie denken Kinder, wenn sie auf die Welt kommen?" ist daher mit dem Konzept des Erfahrungslernens zu beantworten. Es findet ein Lernen ohne Bewusstheit statt, da noch nichts inhaltlich vermittelt wird. Aber diese frühkindliche Erfahrung und auch Erkenntnis von Welt ist untrennbar von der Autonomie, die der Zellkern jeglicher Beteiligung ist. Ihr Zugang zur Welt ist der über die Sinne, was die Wurzel jeder Erfahrung ist. Sie wollen und können ihre Umwelt begreifen und erfassen, denn so bekommen sie auch ein Gefühl für sich selbst inmitten der Welt. Kinder brauchen daher eine vielfältige Umwelt und die Möglichkeit ihre Sinne selbst auszuprobieren und einzusetzen. Erwachsene müssen folglich das Neugeborene an der Umwelt teilhaben lassen.

Demokratisches Miteinander von Beginn an

Denken wir über eine partizipative Pädagogik nach, geht es vorrangig zunächst weniger um Mitbestimmung und Beteiligung mittels Konferenzen oder Parlamenten, etwa in der Kita. Vielmehr geht es um einen grundlegenden demokratischen Ansatz im pädagogischen Verständnis, also um eine Demokratie von Anfang an.

Sich mitteilen und den Anderen wahrnehmen

Sicher können Sie sich daran erinnern, wann Sie das letzte Mal Ihre Stimme erhoben haben, um Ihre Sichtweisen darzustellen oder Ihre Interessen anderen mitzuteilen. Können Sie sich auch an die ersten Male erinnern, als sich Ihr Kind mit seinem noch reduzierten Sprachvermögen Gehör verschaffte und an Ihre Reaktionen? Und wie war es in Ihrer Kindheit: Bestand bei Ihren Angehörigen ein Interesse daran, zu wissen, was Sie als Kind bewegte? Wurden Ihre Vorschläge wahrgenommen und berücksichtigt?

Wohl kaum jemand von uns ist in partizipativen Strukturen aufgewachsen. Das mag uns gestört haben und wir haben uns vorgenommen, es als Erwachsene anders zu machen. Weil kaum jemand von uns ein inneres Modell von diesem „anders" hat, stellen wir Fragen und ringen um Antworten. Wie lässt sich die Vision einer Gesellschaft, die es im Großen und im Kleinen, im öffentlichen Raum und im privaten Umfeld allen Beteiligten ermöglicht, Prozesse mitzudenken und mitzugestalten, umsetzen? Bei der Beantwortung der Frage, werden in der Regel die Aspekte erörtert, welche die Gemeinschaft, die Institution oder die Gesellschaft betreffen.

Vision einer partizipativen Gesellschaft

Hin und wieder befinden wir uns in Gemeinschaften, in denen Einzelne lautstark für ihre Interessen eintreten und andere fast unsichtbar bleiben. Beides behindert die Beteiligten, in einen Austausch zu kommen und Prozesse gemeinsam zu gestalten. Beim Hinterfragen in Einzelgesprächen zeigen sich immer wieder über Jahre etablierte Selbstbilder und Strategien, die in den Erfahrungen wurzeln, welche die Menschen als junge Kinder gemacht haben.

Als lehrende Personen begegnen uns immer wieder Situationen, in denen stille Schüler*innen, bei denen man sich am Ende des Tages fragt, ob diese heute überhaupt anwesend waren, tiefgründige Gedanken und konstruktive Lösungsansätze bei schriftlichen Arbeiten zu Papier bringen. In Coaching-Gesprächen, in denen auf diesen Widerspruch aufmerksam gemacht wird, ist nicht selten die Antwort: „Ich wusste nicht, dass es jemanden interessiert." Und die ewig Lauten? Sie zeigen sich oft überrascht, dass sie Teil einer Sozialgemeinschaft sind und diese Raum für alle bieten sollte.

Hieraus leitet sich eine wichtige Frage für das Aufwachsen von jungen Kindern ab. Über welche Fähigkeiten sollte ein Mensch verfügen, um beteiligungsfähig zu sein?

Partizipation braucht Kompetenzen

Um mitgestalten zu können, brauchen Menschen bestimmte, fundamental wichtige Fähigkeiten, die sich schon ab der frühesten Kindheit entwickeln. Gemeint ist die Kompetenz, sich selbst mit seinen Gefühlen, Bedürfnissen und Wünschen wahrzunehmen. Gemeint ist daran anknüpfend die Fähigkeit, die eigenen, wahrgenommenen Gefühle und Bedürfnisse anderen mitzuteilen.

Hierfür brauchen kleine Kinder große Menschen, die ihnen die Vielfalt der Ausdrucksmöglichkeiten für Empfindungen vorleben und sich für die Gefühlswelt und die Gedanken der Kinder interessieren. Mit Sorge betrachten wir all die Eltern, die intensiv mit ihrem Handy beschäftigt sind und die Bedürfnisse ihrer Kinder nicht wahrnehmen. Kinder teilen sich nur mit, wenn sie in zwischenmenschlichen Kontakt treten können. Manchmal nehmen sie das Gesicht des Erwachsenen in ihre Hände und drehen es zu sich, um diesen Kontakt herzustellen. Fehlt dieser Kontakt, verstummen die Kinder und entwickeln die Erkenntnis, dass niemanden interessiert, was sie denken.

Und schließlich ist die Fähigkeit gemeint, die Bedürfnisse und Interessen von anderen wahrzunehmen und diese zu respektieren. Dies bedingt auch die Kompetenz, sie mit den eigenen Bedürfnissen und Interessen abzugleichen, um nach gemeinsamen Lösungen für ihre Befriedigung suchen zu können. In Institutionen sind inzwischen häufig Gremien wie der Morgenkreis, der Kinder- oder Klassenrat etabliert. Es bedarf der moderierenden Leitung von Erwachsenen, die Prozesse des Zuhörens und gemeinsamen Nachdenkens anzustoßen. Nicht der Lautere setzt sich durch, sondern Interessen werden zueinander ins Verhältnis gesetzt und vor dem Bedeutungshintergrund für den Einzelnen und die Gemeinschaft abgewogen.

Diese Prozesse wollen geübt werden. Als pädagogisches Mittel bieten sich hier die sogenannten „sinnigen Geschichten" an. Das was in der Gemeinschaft, möglicherweise auch nur unterschwellig lebt, wird als Dilemma in eine Geschichte verpackt und den Kindern erzählt. Eine Lösung wird nicht vorgegeben, vielmehr geht es darum, den Kindern Impulse zu geben, über verschiedene Sichtweisen und Befindlichkeiten miteinander ins Gespräch zu kommen. Und diese Gespräche brauchen wir, um junge Menschen zur Teilhabe zu befähigen.

„Sinnige Geschichten"

Die Reggio-Pädagogik

Der Reggio-Pädagogik wird eine partizipatorische Didaktik zugeschrieben. Denn hier wird Teilhabe als grundständiger Faktor begriffen. In der norditalienischen Stadt Reggio Emilia wurde in den 60er Jahren eine Konzeption entwickelt, welches die Kinder in der Erforschung ihrer Umwelt und der Kreativität ernst nimmt und unterstützt. In der Ursprungskonzeption heißt es, ein Kind ist aus Hundert gemacht, es hat hundert Sprachen, hundert Hände, hundert Gedanken – hundert Weisen zu spielen, zu sprechen, zuzuhören, zu staunen und zu lieben. Ein Kind hat hundert Sprachen, doch es werden ihm neunundneunzig geraubt. Eine partizipative Pädagogik wird versuchen, die hundert Sprachen nicht zu reduzieren, weil so der individuelle Weg zur Welterkenntnis führen kann.

Entstehung der Besonderheit in Reggio Emilia

Am Anfang stand die Initiative, den Kindern jenseits der Kirchen einen kommunalen Ort für sie und die Familien zu schaffen. Ein

1945 nach Kriegsende gefundener Panzer wurde zerlegt und zur Finanzierung die Einzelteile verkauft. Die Frauen der Stadt waren die maßgeblichen Initiatorinnen: „Wir wollen eine Stätte für Kinder bauen. Die beste Antwort auf einen Krieg ist ein Kindergarten, in dem wir eine neue Generation und uns selbst erziehen."

Wenig Fachwissen, keine weitere finanzielle Unterstützung, aber eine Dorfgemeinschaft, die sich für die gleiche Sache engagiert; das Modell einer gemeinschaftlichen Erziehung war geboren. Denn die Menschen wollten ihren Kindern nicht nur nach Kriegsende ein neues Haus errichten, sondern auch ein inhaltlich gemeinsames Gedankengebäude mit demokratischen Erziehungsformen sollte es werden. Der junge Grundschullehrer Loris Malaguzzi hörte von der Initiative, besuchte sie und protokollierte ihren Aufbauprozess, was schließlich zu einer dauerhaften Zusammenarbeit wurde. Es entstand eine Verbindung von *familialer und öffentlicher Erziehung*, alles Organisatorische und aller Inhalt wird seit jeher gemeinsam beraten und entschieden.

Ein Kind ist klug, mehrere Kinder sind klüger

Kommen wir kurz auf die hundert Sprachen der Kinder zurück, denn diese sind ja ein Bild für eine Kultur des Lernens, welche die sozialen, sachlichen, kulturellen und institutionellen Kontexte von Bildungsprozessen mit einschließt. Es wird ein Handeln ermöglicht und ein Erleben zugelassen; es können vielfältige Ausdrucks- und Gestaltungsformen genutzt werden und die unterschiedlichen Denkweisen kommen gleichberechtigt zum Zug.

Viele Elemente der Reggio-Pädagogik lassen sich mühelos in den Kitaalltag oder den Elternhaushalt integrieren. Es liegt lediglich an der Haltung des Erwachsenen, dies auch zuzulassen und den Kindern Möglichkeiten und Bedingungen zur Verfügung zu stellen, sodass diese sich selbsttätig ein eigenes Bild von der Welt machen können.

Beispiel für inklusive Pädagogik in der Schule

Wenn wir von Beteiligung sprechen, stellt sich die Frage, woran soll eigentlich beteiligt werden. Um dies zu erläutern, stellen Sie sich folgendes vor: Sie sind zu einer Lehrerkonferenz einer inklusiv arbeitenden Schule eingeladen. Im großen Kreis sitzen fast 90 Lehrkräfte miteinander, als ein Sportlehrer sagt, er braucht das Mitdenken aller. Morgen werde er mit einer Klasse auf dem Sportplatz Weitsprung üben. In dieser Klasse sei auch ein Mädchen, welches im Rollstuhl sitze. Gern würde er dem Mädchen ermöglichen, an der Stunde teilzuhaben und nicht nur Zuschauerin zu sein. Doch er wisse nicht wie.

Halten Sie an dieser Stelle kurz inne und denken Sie darüber nach, wie kann diese Stunde gestaltet werden? Welche Lösungen hätte Ihr Sportlehrer damals gehabt? Haben Sie Ideen, die darüber hinausgehen?

Auch in dem Kollegium war zunächst Stille, bevor einzelne Vorschläge kamen. Das Mädchen könnte doch die gesprungenen Weiten der anderen Kinder aufschreiben. Vielleicht ist es ja möglich, dass sie irgendwie die Weiten abmisst?

Wieder war Stille, weil alle spürten, dass diese Ansätze Scheinlösungen waren. Einen Kollegen hielt es nicht mehr auf dem Stuhl. Er stand auf und sagte. „Wir müssen uns doch fragen, was der gemeinsame Gegenstand beim Weitsprung ist. Was genau ist das Erleben, welches die anderen Kinder beim Weitspringen haben?"

Kindliches Erleben im Fokus

Fortan war eine andere Energie im Raum spürbar, das was Einzelne mit Weitsprung innerlich assoziierten, wurde in den Raum gerufen: „Fliegen, Bodenkontakt verlieren, landen, den Sand spüren, den Moment des Absprungs finden, ärgern, wenn das Absprungbrett verpasst wurde, es nochmal probieren."

Allen war klar, dass Weiten messen und aufschreiben, damit nichts gemeinsam hatte. Und es wurde deutlich, dass die große Aufgabe, echte Beteiligungsmöglichkeiten zu schaffen, über den Denkhorizont eines einzelnen Menschen hinausgeht, dass es dafür die

Gemeinschaft und Verantwortung aller am Prozess Beteiligten braucht.

Es fand schließlich nicht nur eine einzelne Sportstunde statt, in welcher das Erlebnis des Abspringens, Fliegens und Landens für alle Kinder der Klasse, ja, auch für das Mädchen im Rollstuhl ermöglicht wurde. Der Lehrer schnallte sich das Mädchen auf den Rücken, was zu einem gemeinsamen Erleben führte und in stringenter Weise inklusiv ist. Die konsequente Frage nach dem gemeinsamen Gegenstand führte dahin, dass jedes Kind am Ende des Schultages sagen konnte: „Ich weiß, was Weitspringen ist und wie es sich anfühlt." Die Verantwortung für das Gelingen wurde von einem ganzen Kollegium und letztlich auch der Klasse getragen.

Sind alle beteiligt?

Es entstanden viele Ideen, ungewöhnliche, unglaubliche, naheliegende, taugliche und welche, die verworfen wurden. Zusammengebracht und weitergebracht hat es alle Beteiligten.

Die immer wiederkehrenden Fragen „Sind alle an der Gemeinschaft beteiligt?" und „Können alle am gemeinsamen Gegenstand anknüpfen?" können uns dabei unterstützen, Prozesse der Beteiligung zu analysieren und Barrieren zu erkennen sowie zu beseitigen. Laden Sie Ihr Umfeld ein, gemeinsam dazu Ideen zu entwickeln. Abspringen, Fliegen, Landen –das ist für uns alle möglich.

Partizipation auf der Mitarbeiterebene

Partizipation im Allgemeinen meint als Sammelbegriff Teilhabe, Mitwirkung, Mitbestimmung, Teilnahme. Darin enthalten sind auch alle Formen der demokratischen Beteiligung. Wesentlich in einer partizipativen Pädagogik sind auch immer die Informationen über Rechte und Wirkungen der jeweiligen Teilhabe. Dazu kommt ein aktiv ausgerichteter Prozess der Verantwortung und einer Verpflichtung zur Mitwirkung. Reines passives Verhalten und Ausschlagen aller partizipativen Möglichkeiten begegnet eine partizipative Pädagogik mit dem Hinweis auf das Recht aller anderen am Prozess Beteiligten, in ihren Abhängigkeiten vom gemeinsamen Miteinander erkannt zu werden. Das bezieht Mitarbeiter*innen aber auch eine Institution ein.

Ein Gedanke zur Partizipation in Situationen des Lehrens und Lernens

Kinder sind beteiligt, Jugendliche sind beteiligt. Die Erwachsenen in der Weiterbildung sind beteiligt. Jeder heutigen Form der Betreuung und Lehre liegt neben den Förder- und Lehrschwerpunkten auch ein Partizipationsgedanke zugrunde. Er wird durch den Gesetzgeber von den Einrichtungen der Jugendhilfe gefordert. Kitas arbeiten mit speziellen Beschwerdemöglichkeiten schon für die Kleinsten. Zumindest, wenn Partizipation auch wirklich gelebt und nicht nur als eine weitere Hürde im Alltag für die Pflichterfüllung der Pädagog*innen empfunden wird. Und sollte dies so sein, findet eine weitere Form der Partizipation nicht statt: Die Beteiligung der Mitarbeiter*innen und das Partizipieren an der eigenen Arbeit.

In der heutigen Vorstellung findet Partizipation wie oben ausschnitthaft beschrieben auf vielen Ebenen statt. Der Alltag zeigt jedoch, dass die Partizipationsrechte zum Beispiel der Kinder im Kitaalltag häufig als Eingriff in die Entscheidungsautonomie der Erzieher*innen gesehen werden. Wenn es nicht gelingt, gemeinsames Handeln als unverrückbaren Standard zu etablieren, werden die Konfliktlinien zwischen Unterstützenden und Unterstützten und deren Angehörigen oder Vormündern nicht aufgehoben.

Angst um Autonomie

Praxisbeispiel mit einjährigem Kind

Kurze Beispiele aus der erlebten Praxis mögen den Gedanken verdeutlichen. Ein einjähriges Kind beginnt während des gemeinsamen Spiels, heftig zu beißen. Ein häufiges Verhalten, welches in der Entwicklung eines Kindes vorkommen kann. Das einjährige Kind hat altersentsprechend gehandelt und ist nicht zu verurteilen. In einem guten Beschwerdemanagement für Kinder sind diese Fälle erprobt und werden pädagogisch adäquat angegangen. Allerdings gibt es auch Kinder, die gebissen werden und deren Eltern. Diese verlangten im vorliegenden Fall, dass das beißende Kind mindestens separiert werden sollte bzw. versuchten ein Verbot des gemeinsamen Spiels der Kinder in der Kita zu erwirken. Die Erzieher*innen gerieten zwischen die Eltern und fühlten sich zuvorderst den Kindern gegenüber verantwortlich. Und nach erneutem Beißen gerieten sie nun selbst in den Fokus der Aufmerksamkeit. Vorwürfe der fachlichen Unfähigkeit standen im Raum. Der Betreiber der Einrichtung wurde eingeschaltet. Im Grunde blieb nun nur noch die Möglichkeit der Schlichtung. Da das Kind weiterhin ein Verhalten außerhalb des akzeptierten Rahmens zeigte, die Eltern gesellschaftlich starke Positionen hatten, warteten alle ab, bis endlich die Schule das „Problem" lösen sollte. Partizipation wurde im Nötigsten gelebt. Die Erzieher*innen wollten keine Verantwortung mehr übernehmen. Freiwillige wurden zur Betreuung gesucht. Immerhin sollten die Rechte des Kindes gewahrt bleiben. Die Eltern versuchten, das Kind möglichst wenig in die Kita zu geben. Der Betreiber war froh, dass der Burgfrieden hielt.

Schnittmenge innerhalb der Beteiligung durch Evaluation

Echte Partizipation hat das Ziel, die Rechte aller am Prozess beteiligten Personen und Institutionen in Einklang zu bringen sowie sie regelmäßig zu evaluieren. Die gemeinsame Schnittmenge gibt dann das kollektive Handeln vor. So kann aber auch jede Situation ein neues Ergebnis produzieren. Das macht es schwer für Menschen. Wir streben danach, gute Ergebnisse durch gleiches Handeln zu wiederholen. Das lässt aber echte Beteiligung nicht zu. Nur über die Auseinandersetzung finden wir gemeinsam heraus, welche Rechte und Bedürfnisse des jeweils anderen und der Gemeinschaft beachtet werden müssen. Dazu gehören nach dem Verständnis einer partizipativen Pädagogik neben den Teilhabemöglichkeiten der Mitarbeiter*innen, der Kinder, Jugendlichen und zu betreuenden Menschen, der Beschwerderechte und Beteiligungsmöglichkeiten auch die Rechte und Bedürfnisse der Organisationsstrukturen „Team" oder „Einrichtung". In der Reflexion des obigen Fallbeispiels

Beteiligung braucht Auseinandersetzung

sind Bedürfnisse und Mitspracherechte von Mitarbeiter*innen zu wenig berücksichtigt worden. Gemeinsames reflexives Handeln wird gefördert, wo über das Handeln unverstellt gesprochen wird.

Luft- und Raumfahrt als Vorbild

Gutes Vorbild ist hierbei die Luft- und Raumfahrt. Kein anderes Verkehrsmittel ist derart sicher hinsichtlich der Unfallzahlen. Es wird offen und ohne personalisierte Schuldzuweisung ein hoher Standard erreicht. Dieses Fehlermanagement dient immer mehr auch anderen Tätigkeitsfeldern als Vorbild: in der Herzchirurgie zum Beispiel und inzwischen auch in einzelnen pädagogisch arbeitenden Einrichtungen und Trägern von solchen. Aus dem gemeinsamen Evaluieren der Zusammenarbeit – gemeinsam bezieht hier ausdrücklich – alle Beteiligten ein, kann ein gemeinsames Handeln entstehen. Partizipation wird nur so als gut erlebt. Daher ist das Einbeziehen der Teams und seiner Mitglieder unabdingbar mit einer partizipativen Arbeitskultur innerhalb der pädagogischen Tätigkeitsfelder verbunden.

Gelebte Mitbestimmung

Die Praxis zeigt, dass mit der stärkeren Teilhabe auch stärkere Mitbestimmung gelebt werden muss. Nicht nur bezogen auf eine formalisierte Gewerkschaftsebene, welche in althergebrachtem Hierarchiedenken verhaftet ist. Dieses bezieht sich auch direkt auf die Organisation und Inhalte der Wissensvermittlung an Kinder, Jugendliche und zu betreuenden Menschen. Doch zeigte bisher die Praxis, dass ein Umdenken bezogen auf Teilhabe zuerst auf Ebene der Führungskräfte beginnen muss und noch in den Kinderschuhen steckt. Sie haben die Schlüsselfunktionen inne und müssen neben Verantwortung auch Führung abgeben, wenn partizipative Strukturen gestärkt werden sollen. Denn: Menschen von heute wachsen immer stärker selbstbestimmt auf. Sie fordern geradezu eine Beteiligung an der Organisation des Arbeitsalltags. Dieser sich ändernden Arbeitswelt sind angepasste Rahmenbedingungen an die Seite

Selbstbestimmung fordert Beteiligung

zu stellen. Dazu gehört neben einem oben erwähnten Fehler- und Erfahrungsmanagement auch eine regelmäßige Evaluation durch Kinder, Jugendliche und zu betreuende Menschen. Diese Evaluation muss direkten Bezug auf die Leistungen der Mitarbeiter*innen haben. Hier entstehen die wichtigsten Feedbackschleifen und hier wird der Alltag gemeinsam geplant und gelebt. Sowohl die Strukturen der Einrichtungen selbst als auch die Trägerstrukturen sind begleitend zu gestalten. Das bedeutet auch innerhalb der Ausbildung im Beruf der Erzieher*innen diese Formen der Mitsprache und Mitverantwortung zu üben und zu leben.

Partizipation als Schwerpunkt innerhalb der Lehre

Mit einem Schwerpunkt Partizipation innerhalb der Ausbildung wird nicht nur den unterschiedlichen pädagogischen Strömungen und ihren Beteiligungsmodellen Raum gegeben, es wird auch Verantwortung geübt und vermittelt. Zukünftige Arbeitgeber*innen mit hierarchischen Strukturen werden auf dem Arbeitsmarkt weniger erfolgreich um die gut ausgebildeten Fachkräfte werben können, als jene, die sich den gesellschaftlichen Veränderungen und Notwendigkeiten stellen. Partizipation beginnt vor allem bei den Mitarbeiter*innen. Nur über ihren Einsatz lassen sich alle folgenden Partizipationsanforderungen umsetzen.

Partizipation als Bestandteil der Ausbildung

Partizipative Pädagogik ist keine Theorie auf einem Blatt Papier mit Handlungsempfehlungen. Sie ist gelebte Teilhabe in den gleichen Facetten, wie uns auch das Leben begegnet.

Literatur

Dreier, Annette (2006): Was tut der Wind, wenn er nicht weht? Weinheim Beltz Verlag.

Feuser, Georg (1998): Gemeinsames Lernen am gemeinsamen Gegenstand. In: Hildeschmidt, A./ Schnell, I. (Hrsg.): Integrationspädagogik. Auf dem Weg zu einer Schule für alle. Juventa Verlag, Weinheim, S.19-35.

Feuser, Georg (1999): Integration – eine Frage der Didaktik einer Allgemeinen Pädagogik. In: Behinderte 1/99, S.39-48.

Feuser, Georg (2001): Prinzipien einer inklusiven Pädagogik. In: Behinderte 2/2001, S.25-29.

Hagen, Jan Uwe (2013): Fatale Fehler. Oder warum Organisationen ein Fehlermanagement brauchen. Springer, Gabler.

KUBIBE (2017): Fehler- und Erfahrungsmanagement der KUBIBE. Berlin gGmbH.

Laloux, Frederic (2015): Reinventing Organizations: Ein Leitfaden zur Gestaltung sinnstiftender Formen der Zusammenarbeit. Verlag Vahlen.

Schäfer, Gerd. E. (2019): Bildung durch Beteiligung. Zur Praxis und Theorie frühkindlicher Bildung. Weinheim. Beltz Verlag, S. 30 ff., S. 150 ff.

Schneider, Armin und Carmen Jacobi-Kirst (Hrsg.) (2019): Demokratiepädagogik in Kindertageseinrichtungen. Partizipation von Anfang an. Opladen. Verlag Barbara Budrich.

Zimmer, Renate (2019): Handbuch Sinneswahrnehmung. Freiburg, Basel, Wien. Herder.

Erwartungen und Perspektiven unterschiedlicher Akteure

Monika Ollig

Die Bundesregierung stärkt die frühe Beteiligung Betroffener bei der Gesetzgebung und politischen Initiativen

Die Bundesregierung beteiligt in vielen Fällen frühzeitig Betroffene bei der Erarbeitung politischer Programme und Regelungen. Dies hat sich in vielen Fällen bewährt. Dieser Artikel beschreibt aus Sicht der Autorin die Bestrebungen der Bundesregierung zur Stärkung der frühen Beteiligung Betroffener bei der Erarbeitung von politischen Programmen und Regelungsvorhaben. Er gibt einen Überblick über den Status quo und über eingeleitete Maßnahmen.

Einleitung

Zunehmende Komplexität des gesellschaftlichen Zusammenlebens, ständiger Wandel, neue gesellschaftliche Herausforderungen fordern auch die Gestalter*innen des politischen Willens bei ihrer Arbeit heraus. Eine der Hauptaufgaben von Bundesministerien ist es, Programme und Regelungen vorzubereiten, die das Zusammenleben in Deutschland regeln, ordnen oder steuern. Solche Programme oder Vorschriften richten sich an Menschen, Unternehmen oder andere Akteure (zum Beispiel Ehrenamtliche) unserer pluralistischen Gesellschaft und sollten auch für sie gemacht sein.

<small>Frühzeitigkeit</small>

Die frühzeitige Beteiligung Betroffener kann einen wertvollen Beitrag leisten bei der Erarbeitung von Regelungen, Programmen und politischen Initiativen. Sie kann beraten und macht politische Entscheidungsprozesse transparenter. Das kann wiederum Akzeptanz und Vertrauen in das Rechtsetzungsverfahren und in die politischen Institutionen stärken. Besonderen Stellenwert erhält dies in Zeiten wachsenden Misstrauens in staatliche Institutionen.

Die Bundesregierung nutzt bereits eine Vielzahl von unterschiedlichen Beteiligungsformaten. Dieser Artikel stellt aus Sicht der Autorin die Bestrebungen der Bundesregierung zur Stärkung der frühen Beteiligung Betroffener bei der Erarbeitung von politischen Initiativen, Programmen und Regelungsvorhaben dar. Er gibt einen Überblick über den Status quo und über eingeleitete Maßnahmen.

Frühe Beteiligung Betroffener als Instrument besserer Rechtsetzung

In ihrem Arbeitsprogramm für bessere Rechtsetzung und Bürokratieabbau 2018 bekennt sich die Bundesregierung zur Stärkung der frühen Beteiligung Betroffener bei politischen Initiativen und bei der Gesetzgebung. So heißt es unter Ziffer I Nr. 6: „Die Bundesregierung berät bei geeigneten Vorhaben den Handlungsbedarf, ihr Verständnis der zugrundeliegenden Probleme und Lösungsansätze mit den Betroffenen, bevor Entwurfstexte im Detail ausgearbeitet und ausformuliert werden. Dabei stehen die praktischen Aspekte von Umsetzung und Vollzug sowie die Passgenauigkeit der angestrebten Maßnahmen für die betroffenen Zielgruppen im Vordergrund."

Beteiligung Betroffener

Zudem hat sich die Bundesregierung in ihr „Pflichtenheft" geschrieben, die Erfahrungen mit den unterschiedlichen Ansätzen der Beteiligung Betroffener in der Frühphase von Politik- und Regelungsinitiativen auszuwerten. Ziel ist es, Beispiele guter Praxis für eine frühzeitige Zusammenarbeit mit Betroffenen zu identifizieren, die der Wirksamkeit und Akzeptanz der Vorhaben dient. Auf Grundlage guter Praxis können für geeignete Fälle gemeinsame Standards für die Bundesregierung entwickelt werden (Kabinettsbeschluss vom 12. Dezember 2018).

Mindestanforderungen und Handlungsspielräume in der Praxis der Bundesministerien

Schon jetzt berät die Bundesregierung in den jeweils zuständigen Ministerien ihre Entwürfe bei Gesetzesvorhaben und politi-

Verbesserung der Entscheidungs- und Planungsgrundlagen

schen Initiativen mit den Betroffenen. So regelt die gemeinsame Geschäftsordnung der Bundesregierung (§§ 41, 47, 48 GGO) Mindestanforderungen an die Beteiligung von Ländern, kommunalen Spitzenverbänden, Fachkreisen und Verbänden und die Unterrichtung anderer Stellen bei der Gesetzgebung. Darüber hinaus sehen spezialgesetzliche Regelungen für einzelne Bereiche Beteiligungen vor (z. B. Energierecht, §§ 12 ff EnWG, Beamtenrecht, §118 BBG oder Klimaschutzrecht, § 9 Abs. 3 KSG). Dabei haben die Ministerien einen großen Handlungsspielraum, „wie", „wann", „wen" oder „wie oft" sie beteiligen. Die verfassungsmäßige Grenze verläuft dort, wo es zu einer Ungleichbehandlung oder Privilegierung Einzelner ohne angemessenen sachlichen Grund kommt. Politisch sollte Beteiligung dazu dienen, die Arbeit der politischen Mandatsträger*innen (zum Beispiel Wahlkreisabgeordnete) klug zu ergänzen, um die parlamentarische Entscheidung möglichst gut vorzubereiten.

Auch unabhängig von diesen Mindestanforderungen nutzen die Bundesministerien ihre Handlungsspielräume für zahlreiche Formen der informellen Beteiligung. Die gewählten Beteiligungsformate variieren in Abhängigkeit von Thema, Komplexität oder Betroffenheit mit Blick auf Adressaten, Größe, Kosten oder auch Nutzung digitaler Möglichkeiten.

Die Bundesregierung blickt auf mehr als einhundert Beteiligungen Betroffener bei der Gesetzgebung und bei politischen Initiativen. Folgende Beispiele seien genannt:

- Die Dialoge des Bundeskanzleramtes „Gut Leben in Deutschland", „Warnhinweise zum Kleinanlegerschutz"
- Die Workshops zu bestimmten Lebenslagen im Anschluss an die Lebenslagenbefragung des Statistischen Bundesamtes
- Das „Praktikernetzwerk" des Bundesministeriums für Ernährung und Landwirtschaft
- Der „Dialog zum Klimaschutzplan 2050" des Bundesministeriums für Umwelt, Naturschutz und nukleare Sicherheit

- Die „Denkfabrik Digitale Arbeitsgesellschaft" des Bundesministeriums für Arbeit und Soziales
- Die Plattform „Zukunftsfähige Energienetze" oder die Beteiligung zur Handwerksordnung und anderer handwerksrechtlicher Vorschriften des Bundesministeriums für Wirtschaft
- Das Planspiel zur Städtebaurechtsnovelle oder der Dialog zu „Grün in der Stadt" des Bundesministeriums für Inneres, Bauen und Heimat
- Der Dialog zum „Notfallsanitätergesetz" des Bundesministeriums für Gesundheit
- Die „Arbeitsgruppe zur Mietspiegelreform" oder die „Lizenzierungsplattform" des Bundesministeriums für Verbraucherschutz und Justiz
- Der Dialog zur „Modernisierung der Kinder und Jugendhilfe" des Bundesministeriums für Familie, Senioren, Frauen und Jugend

Zu erkennen ist ein breites Spektrum unterschiedlicher Beteiligungsformate: So werden kleinere Formate wie Workshops, Gesprächskreise oder runde Tische eingesetzt, umfangreichere Formate wie Bündnisse, Netzwerke, Plattformen oder Veranstaltungsreihen sowie recht große und komplexe Dialogformate wie per Zufall ausgewählte und eingeladene Bürgerdialoge und Großveranstaltungen an mehreren Orten ergänzt durch Online-Plattformen. Die Beteiligungen unterscheiden sich in Aufwand, Kosten und Größe. Ein Zusammenhang zwischen der Komplexität des zu regelnden Themenkreises und des damit einhergehenden Wissensbedarfs zu dem jeweiligen gewählten Beteiligungsformat ist ebenso erkennbar, wie unterschiedliche Beteiligungskulturen in den Ressorts.

Breites Spektrum der Formate

Einen Überblick über Beteiligungen des Bundes gibt die Website der Bundesregierung „Beteiligungen auf Bundesebene".[1]

Nutzen der frühen Beteiligung Betroffener

Die frühzeitige Beteiligung Betroffener kann einen wertvollen Beitrag bei der Erarbeitung von Regelungen, Programmen und politischen Initiativen leisten. Sie kann die Gestaltenden beraten, ggf. eine Wissenslücke schließen und den Erkenntnishorizont derjenigen erweitern, die Regelungen und Programme vorbereiten. Sie erhalten die Möglichkeit, ihre Ausarbeitungen und Überlegungen hinsichtlich Passgenauigkeit, Wirksamkeit und Lebensrealität (Realitätscheck) frühzeitig zu prüfen. Gleichzeitig machen sie ihre Überlegungen frühzeitig transparent, zu einem Zeitpunkt zu dem noch Änderungen möglich sind. Im Ergebnis kann dies die Akzeptanz und das Vertrauen in das Rechtsetzungsverfahren und in die politischen Institutionen stärken. Besonderen Stellenwert erhält dies in Zeiten wachsenden Misstrauens in staatliche Institutionen.

Vertrauensbildung

Erfahrungen der Ministerien mit Beteiligung Betroffener

Die Erfahrungen mit beziehungsweise die Resonanz auf durchgeführte Beteiligungen der Bundesministerien ist einer Auswertung der Autorin zufolge unterschiedlich: So werden teilweise Zweifel an dem Mehrwert der Beteiligung geäußert, ebenso Befürchtungen, dass die wirtschaftlich Hauptbetroffenen über ein erhebliches Blockadepotential verfügen oder inhaltlich dominieren könnten. Zentraler erscheinen aber knappe Ressourcen, überwiegend Zeit und oftmals hoher politischer Druck.

Demgegenüber stehen positive Erfahrungen, wie „Ohne die Beteiligung wäre es wohl nicht gelungen", einen Entwurf „zu schaffen, den der Markt wohlwollend annimmt" oder „Viele, teils schwierige Themen konnten so bereits im Vorfeld der Abstimmung des Referentenentwurfs geklärt werden" oder das hat „dazu geführt, dass dieses Gesetzgebungsverfahren weitgehend problemlos den Bundestag und den Bundesrat passiert hat."

Die Resonanz derjenigen, die in einen Dialog der Bundesregierung einbezogen wurden, ist überwiegend positiv. Das zeigt auch die Evaluierung der Bürgerbeteiligung zum Klimaschutzplan 2050 (Bertelsmann Stiftung 2017). In dieser Evaluierung wird deutlich, dass für den Erfolg eines Dialoges wichtig ist, diesen gut zu gestalten. Wesentliche Erfolgsfaktoren dafür sind: ein gutes Erwartungsmanagement, ein Dialog auf Augenhöhe und ein Feedback. Weitere Maßgaben für eine gute Dialoggestaltung ergeben sich aus den Leitlinien für gute Bürgerbeteiligung des BMU (2018).

Strategie zur Stärkung der Beteiligung Betroffener auf Bundesebene

Ein intensiver ressortübergreifender Erfahrungsaustausch im Bundeskanzleramt Anfang 2019 zeigte mögliche Elemente einer Strategie zur Stärkung der Beteiligung Betroffener auf Bundesebene. Wertvolle Impulsreferate gaben Prof. Dr. Moreen Heine, Professorin für E-Government und Open Data Ecosystems an der Universität zu Lübeck, Dr. Jörg Mayer-Ries, Referatsleiter Nachhaltige Entwicklung und Bürgerbeteiligung im BMU und Ulrich Arndt, Leiter der Stabsstelle der Staatsrätin für Zivilgesellschaft und Bürgerbeteiligung, Staatsministerium Baden-Württemberg.

Erfahrungsaustausch

Hierbei wurde deutlich, dass zunächst ein gutes Zusammenspiel von politischem Willen, Ressortverantwortung und Beteiligungskultur in den jeweiligen Häusern wichtig ist. Grundlage dafür ist zudem ein klar definierter politischer Auftrag, Rückhalt in der Leitung und Eigenverantwortung der Ressorts sowie Bereitstellung von Ressourcen. Eine entsprechende Strategie könnte auf drei Säulen aufbauen:

1. **Zentrale Unterstützung auf politischer Ebene:** Die erste Säule einer möglichen Strategie wäre: Die politische Leitung positioniert sich klar für frühe Beteiligung Betroffener und wirkt darauf hin, dass die Ministerien diese rechtzeitig in die Arbeitsplanung einbeziehen. Mögliche Kernbotschaften der jeweiligen Hausleitung könnten sein: Beteiligung ist we-

sentlich für „bessere" Rechtsetzung. Beteiligung ermöglicht einen Erkenntnisgewinn und das Verständnis der Realitäten der Regelungsadressaten beziehungsweise Betroffenen. Beteiligung stärkt das Vertrauen in das Arbeiten unserer Ministerien und stärkt unsere Glaubwürdigkeit und den Erfolg unserer politisch gewollten Maßnahmen sowie Gesetze. Beteiligung macht unser Regierungshandeln transparenter und nachvollziehbar.

2. **Zentrale Unterstützung auf Fachebene durch das Bundeskanzleramt:** Zweite Säule der Strategie zur Stärkung der Beteiligung könnte ein gezielter Kompetenzaufbau in den Ministerien sein. Hierfür sollten die Ressorts zunächst von den Erfahrungen gut gelaufener Beteiligungen (Best Practice) anderer lernen. Dazu beitragen könnte, das Erfahrungswissen an einer zentralen Stelle zu bündeln. Diese zentrale Stelle sollte das Wissen koordinieren und weitertragen (beispielsweise über ein Netzwerk von Erfahrungsträger*innen, Beratung oder Fortbildung). Das Bundeskanzleramt hat 2019 eine zentrale Stelle in diesem Sinne im Referat „Bessere Rechtsetzung; Bürokratieabbau" der Abteilung „Politische Planung, Innovation und Digitalpolitik, Strategische IT-Steuerung" geschaffen. Diese bietet den Ressorts eine Sprechstunde für die fachliche und strategische Beratung an, steuert den Erfahrungsaustausch unter den Ministerien und plant Informationsveranstaltungen. In 2021 ist zudem der Beginn einer Fort- und Weiterbildung für die Ressorts in der Bundesakademie für öffentliche Verwaltung geplant.

3. **Dezentrale Strategien in Eigenverantwortung der Ressorts:** Eine dritte Säule wäre das eigenverantwortliche Handeln der Ressorts. Dem liegt das Ressortprinzip zu Grunde, nach dem jede/r Minister/in ihren oder seinen Aufgabenbereich in eigener Verantwortung regelt. So sollte auch jedes Ressort eigene institutionelle Voraussetzungen für die Stärkung der Beteiligung implementieren. Hierzu kann auf das vorbildliche Vorgehen des BMU hingewiesen werden. Das

BMU hatte 2012 eine eigene Referatseinheit für Bürgerbeteiligung geschaffen und die Aufgaben dafür im Geschäftsverteilungsplan konkretisiert. Es hat Personal und Haushaltsmittel bereitgestellt und einen Leitfaden für gute Beteiligung im BMU nicht nur entwickelt, sondern auch in der eigenen Geschäftsordnung verankert. Das Referat unterstützt die Fachreferate im BMU bei der Planung und Durchführung von Beteiligung, ist im Intranet des BMU präsent und bietet hausinterne Schulungen sowie Beratungen an. Darüber hinaus pflegt es eine eigene Website.[2]

Drei Empfehlungen für ressorteigene Strategien zur Stärkung der Beteiligung

Abschließend ergab der ressortübergreifende Erfahrungsaustausch folgende drei Empfehlungen an die Ressorts zur strategischen Stärkung der Beteiligung: Zunächst scheint es wichtig zu sein, dass jedes Ressort seinen politischen Willen zu mehr Beteiligung sichtbar macht. Hier könnte die Hausleitung zum Beispiel einen Auftrag an das Haus formulieren und dafür sorgen, dass dieser Auftrag auch sichtbar ist und ernst genommen wird. Dabei sollte der Nutzen der frühen Beteiligung Betroffener klar kommuniziert werden. Dies kann zu geeigneten Anlässen geschehen, zum Beispiel Klausurtagungen der Leitung, Jahresversammlung, Hausmitteilung, Intranet etc. Auch nach außen sollten Wille und Auftrag klar kommuniziert werden: Mögliche Anlässe wären hierfür Reden des oder der Minister/in, Artikel oder Interviews der Leitung. Ebenso kann es auf der Website des Ministeriums postuliert werden. Verantwortliche auf Leitungsebene sollten benannt und sichtbar sein. Möglich ist eine dialogische Erarbeitung eigener Beteiligungsstrategien. Das kann wiederum die Akzeptanz und Wirksamkeit der Strategie bei der Umsetzung befördern. Hierbei kann sich das Ressort an den Leitlinien eines Beschlusses der zuständigen Staatssekretär*innen orientieren oder auch an guten Beispielen anderer Ressorts, die als Vorreiter fungieren (zum Beispiel BMU s. o.).

Anforderung an Leitungsebene

Institutionelle Voraussetzungen

Darüber hinaus sollten die Ministerien institutionelle Voraussetzungen schaffen. Möglich wäre es, in Ergänzung der zentralen Struktur, dezentrale Beauftragte für Beteiligung (Kompetenzstelle/zust. Referat/Methodenkompetenzen) in dem jeweiligen Ministerium zu installieren. Diese könnten sich wiederum mit den Ansprechpartner*innen der anderen Ressorts und des Bundeskanzleramtes vernetzen und so einen Erfahrungs- und Wissensaustausch beispielsweise zu Best Practices sicherstellen. Neben der Koordinierung könnte diese Stelle auch Rahmenverträge gestalten und als Dienstleister ins Haus fungieren (beispielsweise Beratung zum richtigen Format).

Dezentrale Kompetenzen

Schließlich sollten die Ministerien auch dezentral Kompetenz aufbauen. Dafür sollte jedes Ressorts eigene Strukturen nutzen und pflegen, zum Beispiel ressortspezifische Best Practice, Checkliste

Politischer Wille
Auftrag klarstellen
Verantwortliche benennen
Beteiligungsstrategie

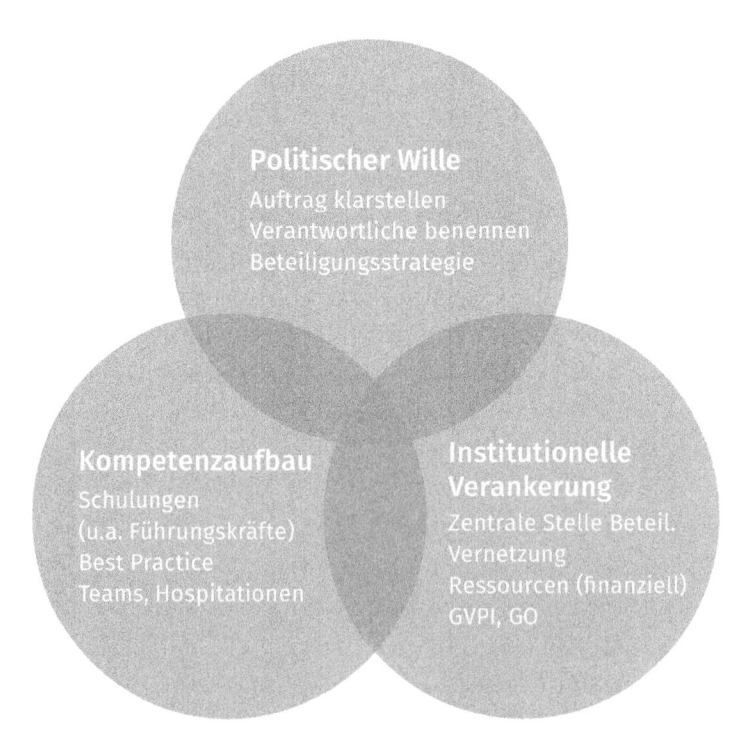

Kompetenzaufbau
Schulungen
(u.a. Führungskräfte)
Best Practice
Teams, Hospitationen

Institutionelle Verankerung
Zentrale Stelle Beteil.
Vernetzung
Ressourcen (finanziell)
GVPI, GO

Abbildung 1: Empfehlungen für ressorteigene Strategien zur Stärkung der Beteiligung

und Leitlinien. Neben individueller Beratung und Projektbegleitung bieten sich Hospitationen an. Wichtig ist hier auch, Methodenkompetenz zu stärken (zum Beispiel Moderation).

Fazit

Bei der Stärkung der frühen Beteiligung Betroffener auf Bundesebene müssen zentrale und dezentrale Strukturen klug zusammenwirken. Wichtig ist neben dem klar kommunizierten politischen Willen eine Verankerung und Umsetzung in den jeweiligen Ressorts. Führungskräfte sind gefordert, Prioritäten sichtbar zu setzen und Freiraum für die Umsetzung zu schaffen sowie Ressourcen bereit zu stellen. So wie Albert Camus sagt: "Wer etwas will, findet Wege, wer nicht will, findet Gründe."

Stärkung durch Kooperation

Literatur

Bertelsmann Stiftung (2017): Die Bürgerbeteiligung zum Klimaschutzplan 2050. Online unter: www.bertelsmann-stiftung.de/buergerdialog-klimaschutzplan-2050/.

BMU (2018): GUTE BÜRGERBETEILIGUNG. Leitlinien für Mitarbeiterinnen und Mitarbeiter des Bundesministeriums für Umwelt, Naturschutz und nukleare Sicherheit. Online unter: https://www.bmu.de/download/leitlinien-fuer-gute-buergerbeteiligung/.

Bundesregierung (2018): Kabinettsbeschluss vom 12. Dezember: Arbeitsprogramm Bessere Rechtsetzung und Bürokratieabbau 2018, online unter: https://www.bundesregierung.de/resource/blob/975232/1566982/a5004f6046edb6a8ce916b411c8c3e43/2019-01-10-arbeitsprogramm-2018-data.pdf?download=1.

Anmerkungen

1 Siehe unter: unter https://www.bundesregierung.de/breg-de/service/gesetzgebungsverfahren-beteiligung.

2 Siehe unter: https://www.bmu.de/themen/bildung-beteiligung/buergerbeteiligung/.

Jörg Sommer

Parteien und Bürgerbeteiligung: Konkurrenz, Instrument oder ein großes Missverständnis?

Unsere Demokratie steht unter Druck. Legitimation und Akzeptanz repräsentativer Institutionen sind gesunken. Neue Formate der politischen Teilhabe jenseits von Wahlen sind als Antwort darauf entstanden. Doch welche Relevanz haben sie für unsere politischen Parteien, die im politischen System der Bundesrepublik Deutschland eine im internationalen Vergleich außergewöhnlich starke Rolle haben?

Wir leben in der Phase großer gesellschaftlicher Umbrüche. Die Große Transformation zu einer ökologischen, gerechten und demokratischen Zukunft hat begonnen. Und sie ist ergebnisoffen. Die Herausforderungen des Klimawandels und zunehmend begrenzter Ressourcen erzwingen neue Formen des wirtschaftlichen Handelns und der sozialen Sicherung.

Doch die Demokratie ist unter Druck. Weltweit. Unabhängig davon, wie die konkreten Systeme im Detail ausgestaltet sind. Die Gründe dafür sind komplex. Sie haben etwas mit Digitalisierung zu tun, mit Vertrauensverlusten, mit dem „politischen Autismus" der Eliten (Dahrendorf), mit Individualisierung, Globalisierung, von den Unsicherheiten der Moderne ausgelösten Ängsten und vielem mehr.

Erosion der Demokratie

Auch das im internationalen Vergleich nach wie vor besonders stabile politische System der Bundesrepublik Deutschland zeigt Erosionserscheinungen. Die klassischen Volksparteien verlieren an Bindungskraft, die Wahlbeteiligung ist rückläufig, das Vertrauen in die Regelungskraft der Politik sinkt. Während repräsentative Systeme in der Kritik stehen, findet die Forderung nach Formen direkter Demokratie und plebiszitären Elementen wachsende Zustimmung (Kleinert 2012).

Erosion unseres Parteiensystems

Hinzu kommen neue autoritär-nationalistische Bewegungen, die sich als Parteien formieren, wie in unserem Land die sogenannte Alternative für Deutschland (AfD), die mit Vorurteilen, Ausgrenzungen und des Abstreitens unbequemer Fakten Stimmungen gegen eine rationale Willensbildung betreibt. In den Medien wird dieses Vorgehen als „Populismus" bezeichnet, tatsächlich ist es aber ein Angriff auf die Prinzipien der Demokratie.

Vor diesem Hintergrund sinkt das Vertrauen in die Leistungsfähigkeit der repräsentativen Demokratie. Das belegen zahlreiche Untersuchungen. Rückläufige Wahlbeteiligungen und Mitgliederzahlen in den Volksparteien lassen politische Erosionsprozesse erkennen. Generell ist das Misstrauen gegenüber der Politik gewachsen – sowohl gegenüber dem Stillstand als auch bezüglich der Angebote, die sie macht (Scheer 1995).

Wachsendes Misstrauen

Bislang fällt es den politischen Eliten jedoch schwer, sich auf diese neuen Herausforderungen einzustellen, obwohl das der Schlüssel für eine zukunftsfähige und gesellschaftlich breit akzeptierte Politik ist. Beides – die Qualität der Demokratie und der Konsens in der Gesellschaft – stehen in einem Zusammenhang.

Vor diesem Hintergrund hat eine Forschungsgruppe des Berlin Institut für Partizipation im Juli 2021 die aktuellen Positionen der im 19. Bundestag vertretenen Parteien recherchiert und vergleichend ausgewertet. Berücksichtigung fanden dabei insbesondere die aktuellen Wahlprogramme zur Bundestagswahl 2021, Anträge aus der 19. Legislaturperiode sowie Äußerungen und Beiträge prominenter Parteivertreter*innen in den Medien.

Analyse der Parteipositionen

Wenig Bewegung in der Sicht der Parteien auf Beteiligung

Insgesamt war das Ergebnis ernüchternd. Anders als in der Beteiligungspraxis ist bei den politischen Parteien kaum eine öffentliche Rezeption der demokratischen Herausforderungen zu erkennen.

Fokus auf repräsentative Strukturen

Zahlreiche Äußerungen und Dokumente belegen, dass die Konzentration überwiegend nach wie vor auf die repräsentativen Strukturen der Willensbildung gerichtet ist. Bürgerbeteiligung wird wahlweise als Konkurrenz, als Instrument zur Akzeptanzbeschaffung oder als lästiges Übel betrachtet.

Bürgerräte: Impuls und Experiment

Die Regierungskoalition war 2017 mit dem offiziellen Anspruch gestartet, die Probleme der Demokratie in einer unabhängigen Expertenkommission aufarbeiten zu lassen – nach jahrelanger Verlagerung der Verantwortung zwischen Innenministerium, Parlament und Kanzleramt blieb es letztlich bei der Willensbekundung. Einen deutlichen Impuls konnte lediglich die Initiative von Mehr Demokratie e.V. und anderen Akteur*innen für eine Etablierung von Bürgerräten als neue Form partizipativer Politikberatung auslösen. Trotz herausragender Beteiligung einiger konservativer Politiker (insbesondere in Person von Bundestagspräsident Wolfgang Schäuble) bleib es jedoch zunächst bei einem Pilotprojekt zum Ende der Legislaturperiode. Ob und in welcher Form daraus weitere Impulse zu mehr Beteiligung entstehen, bleibt offen. Lediglich die Grünen versuchten, die Bürgerräte zu forcieren, die SPD entwickelte über ihre Friedrich-Ebert-Stiftung ein alternatives Konzept (Geißel/Jung 2020), die anderen Parteien hielten sich mit Ausnahme der AfD eher bedeckt. Letztere konnte sich insbesondere für die mit Bürgerräten verknüpften aleatorischen („Zufallsbürger") Elemente begeistern und sich in den Formaten geschickt positionieren. So erhielt bei der Abschlussveranstaltung des ersten Bürgerrates „Demokratie" der AfD-Vertreter auf dem Podium immer wieder den stärksten Applaus für seine Aussagen.

Doch betrachten wir zunächst einmal die Positionen der einzelnen Parteien:

CDU/CSU: fest im parlamentarischen Denken verankert

Für die CDU ist die Priorität der repräsentativen politischen Willensbildung fester Bestandteil ihrer Genetik, obwohl gerade kommunale Funktionäre dieser Partei in besonderem Maße in Vereinen und anderen ehrenamtlichen Strukturen intensiv und kontinuierlich aktiv sind. Dies ist mit ein Grund dafür, dass in vielen öffentlichen Papieren und Beschlüssen der Fokus auf „Ehrenamt" gerichtet wird, welches oft mit „Engagement" und „Beteiligung" gleichgesetzt wird. Deshalb verbuchen CDU und CSU Initiativen zu mehr lokaler politsicher Teilhabe unter „Ehrenamtsförderung".

Fokus auf Ehrenamt

Das von der CSU geführte Bundesinnenministerium, eigentlich für Demokratiefragen zuständig, glänzte dann in der vergangenen Legislaturperiode auch mit nahezu vollständiger Initiativlosigkeit was den Ausbau von Beteiligungsstrukturen in Deutschland anging. Große Skepsis herrscht auch gegenüber dem neuen Format „Bürgerrat". So sagte der CDU-Bundestagsabgeordnete Klaus-Peter Willsch gegenüber abgeordnetenwatch: „Wir brauchen keine Räte, in denen selbsternannte Gutmenschen ihren Fantasien freien Lauf lassen" (abgeordnetenwatch 2020).

Allerdings wäre es für seinen Fraktionskollegen Thorsten Frei „einen Versuch wert, das in Deutschland bewährte Modell der repräsentativen Demokratie auf Bundesebene mit deliberativen Elementen anzureichern" (Bürgerrat 2020b). Frei war vor seiner Wahl in den Bundestag Oberbürgermeister in Donaueschingen. Ein ähnliches Muster zieht sich durch nahezu alle Parteien: Politiker*innen mit ausgeprägter kommunalpolitischer Erfahrung stehen der Beteiligung meist aufgeschlossener gegenüber als ihre Kolleg*innen.

Offenheit bei Kommunalpolitiker*innen

Die Positionierung der beiden christlichen-konservativen Parteien schlägt sich entsprechend in ihrem Wahlprogramm zur Bundestagswahl 2021 nieder: „Bürgerbeteiligung" wird dort lediglich ein einziges Mal erwähnt – und auch dann scheint es sich um eine sehr spezifische Sicht auf Beteiligung zu handeln:

Kein Thema im Wahlprogramm

„Wir wollen eine frühe Bürgerbeteiligung. Gerade digitalisierte Verfahren bieten hierfür enorme Potenziale. Das haben die diversen Hackathons im vergangenen und in diesem Jahr gezeigt. Bürger haben dabei konkret an Lösungsvorschlägen mitgearbeitet. Diese

Art der Bürgerbeteiligung wollen wir gezielt fördern und in der Verwaltungspraxis nachhaltig etablieren" (S. 100f.).

Bezeichnend ist, dass der Begriff „Ehrenamt" gleich 24-mal im Programm Erwähnung findet. Bei CDU und CSU ist also bislang wenig bzw. nur bei einzelnen Akteur*innen Begeisterung für echte, wirksame Deliberationsformate zu finden.

SPD: Fokus auf Breite Beteiligung und Kommunen

Inhomogen stellt sich die Situation auch in der SPD dar. Als einzige Partei mit einer AG „Demokratie" in der Bundestagsfraktion hat sie ein von dieser entwickeltes umfassendes Grundlagendokument zur Bürgerbeteiligung beschlossen. Auch dieses offenbart noch nötige Klärungsprozesse, so wird zum Beispiel immer wieder Bürger- mit Stakeholderbeteiligung gleichgesetzt oder vermischt.

Einzige Fraktion mit Positionspapier

Allerdings gibt es ein klares Bekenntnis zu qualitativ Guter Beteiligung und die Mahnung, Bürger*innen mit besonders schwierigen Zugängen zur Teilhabe ganz besonders im Blick zu haben. Die Fraktion fordert ein eigenes Beteiligungsformat auf Bundesebene mit großer Ähnlichkeit zu den Bürgerräten und macht konkrete Vorschläge, wie dieses dauerhaft wirksam in Gesetzgebungsprozesse eingebunden werden kann – ein deutlicher Mehrwert zu dem ersten, weitgehend unverbindlichen Bürgerrats-Experiment des Bundestags.

Kompetenzzentrum

Ergänzend fordert die SPD ein nationales „Kompetenzzentrum Bürgerbeteiligung", das Parlament und Ministerien beraten und als Treiber für mehr Beteiligung aktiv sein soll.

Im eigentlichen Wahlprogramm zur Bundestagswahl 2021 sind die Forderungen der Fraktion eher in Form pauschaler Ansprüche eingegangen. So schreibt die SPD darin unter anderem: „Neue Akzeptanz und neue Begeisterung sowie neuer Respekt für demokratische Institutionen entstehen durch mehr Transparenz und Beteiligung" (S. 4). Und an anderer Stelle: „Wir wollen vorausschauender, wirksamer, agiler und nachhaltiger regieren und dabei mehr Transparenz, mehr Beteiligung, mehr Demokratie wagen" (S. 25).

Zudem will sie „Impulse durch kluge Spielregeln, die soziale und technische Innovationen hervorbringen, durch Förderung von Forschung, massive und stetige Investitionen in eine moderne Infrastruktur, durch aktive Förderung der Regionen im Wandel und durch Beteiligung der Bürger*innen im Allgemeinen und der Beschäftigten im Besonderen" (S. 4).

Ein grundsätzliches Bekenntnis zu mehr Bürgerbeteiligung ist also vorhanden, im Konkreten bleibt die Beschlusslage der Partei allerdings bislang Antworten schuldig. Angesichts des beschlossenen Fraktionspapiers ist hier jedoch eine gewisse Dynamik in der kommenden Legislaturperiode zu erwarten.

dynamische Entwicklung

Bündnis 90/Die Grünen: Fokus auf Bürgerräte

Imperative Mandate und direktdemokratische Entscheidungen gehörten in der Gründungsphase der Grünen zu ihrem unverwechselbaren Markenkern. Erstere erodierten nach dem erstmaligen Einzug in den Bundestag binnen weniger Jahre, die Orientierung auf mehr direkte Demokratie blieb allerdings bis heute erhalten. Die positiven Erfahrungen, die die Grünen in Baden-Württemberg, dem ersten und bislang einzigen Bundesland, in dem sie den Regierungschef stellen, mit Formen der Bürgerbeteiligung machten sowie die enge Zusammenarbeit mit Mehr Demokratie e.V. und deren Eintreten für bundesweite Bürgerräte führten in jüngster Zeit zu einer Neujustierung der Programmatik. Direktdemokratische Forderungen wurde geschliffen, Bürgerräte als neues Universalformat programmatisch veranlagt und auch im Bundestag (vergeblich) beantragt. Dabei liegt der Schwerpunkt auf die Erstellung „repräsentativer" Bürgerpanels mit Zufallsauswahl, Betroffenenbeteiligung liegt eher weniger im Fokus. Ähnlich wie die SPD fordern die Grünen ein „Büro für Beteiligung" beim Deutschen Bundestag sowie als Treiber eine „Position innerhalb der Bundesregierung", ähnlich der außerordentlich erfolgreichen grünen Staatsrätin für Beteiligung

Büro für Beteiligung

in Baden-Württemberg. In Ihrem Wahlprogramm formulieren die Grünen denn auch ein klares Bekenntnis zu einer neu aufgestellten, partizipativeren Demokratie:

„Wir möchten ... das Verhältnis von Regierung, Parlament und Bürger*innen neu begründen: starke Parlamente und Abgeordnete, neue Formen der Beteiligung, etwa über Bürger*innenräte, die frühe Einbeziehung von Bürger*innen bei Planungsprozessen, die transparente Einbeziehung der demokratischen Zivilgesellschaft und wissenschaftlicher Fakten" (S. 256).

Auch auf operativer Ebene setzen sie im Wahlprogramm in mehreren Handlungsfeldern auf mehr Beteiligung, so zum Beispiel beim Netzausbau („Zentral ist eine frühzeitige Bürger*innenbeteiligung" (S. 26)), bei den Kinderrechten („Kinder ... haben ein Recht auf besonderen Schutz, Förderung und Beteiligung" (S. 97)) und der Digitalisierung („Mit mehr barrierefreien E-Government-Dienstleistungen, sichern digitalen Beteiligungsformaten im Planungsrecht und Open Government wollen wir unsere Verwaltung modernisieren und unnötige Bürokratie wie Schriftformerfordernisse abbauen" (S. 163)).

Integration von Beteiligung und direkter Demokratie

Das Bekenntnis zu den Bürgerräten ist klar, umfassend und zudem in Kombination mit direktdemokratischen Elementen gedacht: „Mit Bürger*innenräten schaffen wir die Möglichkeit, bei ausgewählten Themen die Alltagsexpertise von Bürger*innen direkter in die Gesetzgebung einfließen zu lassen. Auf Initiative der Regierung, des Parlaments oder eines Bürger*innenbegehrens beraten zufällig ausgewählte Bürger*innen in einem festgelegten Zeitraum über eine konkrete Fragestellung" (S. 178).

FDP: schneller, digitaler – wenn es sein muss, auch partizipativer

Sehr viel knapper fällt die Positionierung der Liberalen zur Beteiligung aus. Hier hat sie in der aktuellen Programmatik eine ausschließlich operative, akzeptanzfördernde Funktion: „Wir Freie Demokraten wollen die Akzeptanz der Energiewende vor Ort durch frühzeitige Bürgerbeteiligung, einen klugen Ausgleich mit Anwohnern und transparente rechtsstaatliche Verfahren stärken" (S. 60).

Vor allem soll Beteiligung dabei helfen, Planungsverfahren zu beschleunigen, eine Kernforderung liberaler Strukturpolitik: „Daher wollen wir alle Planungsverfahren beschleunigen, indem wir Verfahren straffen und Doppeluntersuchungen abschaffen, die Möglichkeiten der Digitalisierung in allen Bereichen der Planung nutzen und eine frühzeitige und umfassende Bürgerbeteiligung sicherstellen" (S. 23).

Beteiligung als Instrument zur Beschleunigung

Mehr bzw. umfassendere Positionen zu Bürgerbeteiligung gibt es aktuell bei der FDP nicht, erstaunlich für eine freiheitlich-liberale Partei ist, dass es keine programmatischen Äußerungen zum Zusammenhang von politischer Teilhabe und Stärkung der Demokratie gibt.

Die LINKE: klassisches Konzept der Interessenvertretung

Für die Linke steht insbesondere die Direkte Demokratie im Mittelpunkt ihrer Teilhabeforderungen. Konzeptionell ist die Linke in Beteiligungsfragen eher schwach aufgestellt. Sie macht programmatisch zum Beispiel keinen Unterschied zwischen Bürger- und Stakeholderbeteiligung und sieht diese explizit als Gegengewicht zu „Wirtschaftslobbyisten".

Fokus auf direkte Demokratie

Bürgerräte haben bei ihr vor allem den Charakter eines Kampagnenformates, so formulierte die Parteivorsitzende Katja Kipping 2020 zu einem bewusst zivilgesellschaftlich initiierten Klima-Bürgerrat: „Einen Klima-Bürgerrat befürworten wir. Denn die Klimaveränderungen betreffen alle und alle unterschiedlich" (Bürgerrat 2020a). Als Beteiligungsangebot der Politik werden Bürgerräte eher nicht gesehen, dort wird explizit eines der ältesten Formate aus den 70er Jahren gefordert: die „Planungszelle".

Kampagnenmodell

Mehr politische Teilhabe ist der Linken zweifellos wichtig, sie konzentriert sich dabei aber eher auf die betriebliche Mitbestimmung durch klassische Betriebsratsstrukturen und außerhalb der Wirtschaft auf direktdemokratische, von unten initiierte Formate:

„Demokratie ist mehr als alle vier Jahre seine Stimme abzugeben. Dafür müssen auf allen Ebenen und in allen Bereichen – europäische, internationale wie kommunale Ebene bis hin zum Betrieb, zur Wirtschaft in der Kommune – Möglichkeiten für mehr Mitbestimmung und Beteiligung geschaffen werden. ... Deshalb fordert DIE LINKE seit Jahren, dass Volksinitiativen, Volksbegehren und Volksentscheide auch auf Bundesebene möglich sein müssen" (S. 123).

AfD: Das Volk weiß es besser

Eine auch in Fragen der Beteiligung exklusive Position hat – kaum überraschend – die AfD. Sie fordert nicht weniger als ein komplette Reform des repräsentativen Systems und eine Einführung der Direkten Demokratie nach dem „Schweizer Modell". Hier hat sie sogar einen vollständigen Gesetzesentwurf zur Einführung der Direkten Demokratie auf Bundesebene vorgelegt. Klassische „Bürgerbeteiligung" wird in ihrem Wahlprogramm kein einziges Mal erwähnt, stattdessen ist die „Einführung von Volksabstimmungen nach Schweizer Modell [...] für die AfD nicht verhandelbarer Inhalt jeglicher Koalitionsvereinbarungen" (S. 13).

Schweiz als Vorbild

Und weiter: „Wir vertrauen nicht mehr darauf, dass Regierungen und Parlamente zu Währungskrisen, Migration, Islamisierung oder zur Energiewende tragfähige Lösungen finden. Das Volk als Souverän muss in direkter Mitbestimmung Träger solcher schicksalhaften Entscheidungen sein" (S. 14).

Die Verknüpfung von Volksabstimmungen mit den politischen Kernthemen der AfD wie Eurokritik, Kulturkampf und Migrationsabwehr basiert auf der These, dass die „politischen Eliten" in Politik, Medien und Wirtschaft gegen das Volk entscheiden würden und diesem der „gesunde Volkswille" entgegenstünde, der sich in direktdemokratischen Abstimmungen durchsetzen würde. Gesellschaftliche Spaltung und Delegitimierung demokratischer Institutionen wären eine mögliche – und möglicherweise nicht ungewollte – Folge.

Die Positionierung der Parteien in der Vielfältigen Demokratie

Wir haben gesehen, dass die Positionen der Parteien zu Bürgerbeteiligung insgesamt durchaus erkennbar unterschiedlich, wenn auch teilweise erstaunlich unpräzise sind. Entsprechend spannend ist natürlich die Sichtweise der Parteien auf die anderen beiden Säulen der Vielfältigen Demokratie: klassisch repräsentative Strukturen und direktdemokratische Elemente. Das Modell der Vielfältigen Demokratie erläutert die Allianz Vielfältige Demokratie in ihrer 2017 veröffentlichen Broschüre „Mitreden, Mitgestalten, Mitentscheiden" so:

Zögerliche Positionierung

Die klassische repräsentative Säule wird dabei ergänzt durch direktdemokratische Volks- und Bürgerentscheide, wie sie im föderalen System Deutschlands in unterschiedlicher Ausprägung definiert sind. Diese ermöglichen rechtlich bindende Abstimmungen über einzelne Sachfragen und können so gesellschaftliche Debatten in politisch umsetzbare Entscheidungen übersetzen. Dabei unterliegen sie jedoch auch immer dem Risiko, zu einer gesellschaftlichen Spaltung beizutragen, insbesondere dann, wenn die Entscheidungen knapp ausfallen.

Demgegenüber ergänzen dialogische Elemente der Bürgerbeteiligung die politische Willensbildung. Sie sind weniger auf verbindliche Ergebnisse fokussiert, sondern stellen Dialog und Einvernehmen in den Mittelpunkt.

Das Konzept der Vielfältigen Demokratie geht davon aus, dass ein erfolgreiches Zusammenspiel aller drei Säulen die Resilienz des politischen Systems erhöht und in einer immer diverser werdenden Gesellschaft die entsprechenden Angebote zur politischen Teilhabe realisieren kann.

VIELFÄLTIGE DEMOKRATIE

DIREKT-DEMOKRATISCH

MODUS:
- Volks- u. Bürgerentscheide
- Abstimmung über Sachfragen

RECHTSRAHMEN:
- Zuspitzung in der Bürgerschaft
- Ergebnisse verbindlich

ROLLEN:
- Bürger als Entscheider
- Massenmediale Kommunikation

REPRÄSENTATIV

MODUS:
- Wahlen/Parlamente
- Abstimmung über Repräsentanten

RECHTSRAHMEN:
- Wettbewerb der Parteien
- Ergebnisse verbindlich

ROLLEN:
- Bürger als Wähler
- Massenmediale Kommunikation

DIALOGISCH

MODUS:
- Verschiedene Formate
- Konsultation von Bürgern

RECHTSRAHMEN:
- Konsensorientierung
- Ergebnisse nicht verbindlich

ROLLEN:
- Bürger als Berater
- Persönliche Kommunikation

DREI FUNKTIONSLOGIKEN DEMOKRATISCHER BETEILIGUNG

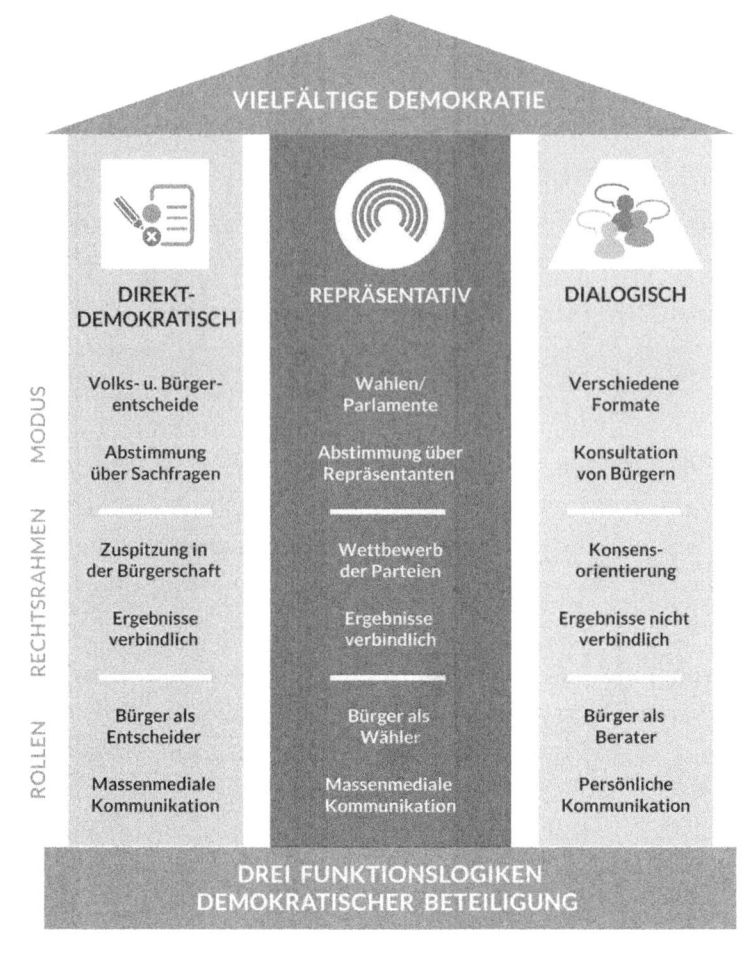

Abbildung 1: Funktionslogiken demokratischer Beteiligung, Quelle: Allianz Vielfältige Demokratie 2017: 6

Wie aber verorten sich aktuell die politischen Parteien in diesem System der Vielfältigen Demokratie?

Der Fokus der CDU/CSU liegt, wie wir wegsehen haben, entschieden auf der repräsentativen Säule. Direktdemokratischen Entscheidungen steht die Partie sehr skeptisch und zurückhaltend gegenüber. Sie befürchtet, dass diese die Erosion der parlamentarischen Politik weiter befördern und die gesellschaftliche Spaltung vorantreiben könnte. Dialogischen Angeboten kann die Partie insbesondere dann etwas abgewinnen, wenn es um die Förderung der Akzeptanz großer Infrastrukturvorhaben und ggf. auch deren Beschleunigung geht.

Ganz ähnlich positioniert sind SPD und Bündnis 90/Die Grünen. Beide Parteien befürworten den Ausbau der direktdemokratischen und der dialogischen Säule. Die SPD richtet ihr Augenmerk dabei auf kommunale Beteiligung und besonders auf die Einbindung weniger gut vertretener Milieus, während die Grünen jüngst sehr stark auf Zufallsauswahlen und Bürgerräte auf Bundes-, Landes- und Kommunalebene setzen.

Die FDP, der früher das Image der „Honoratiorenpartei" anhing, ist auch heute noch die im Bundestag vertretene Partei mit dem

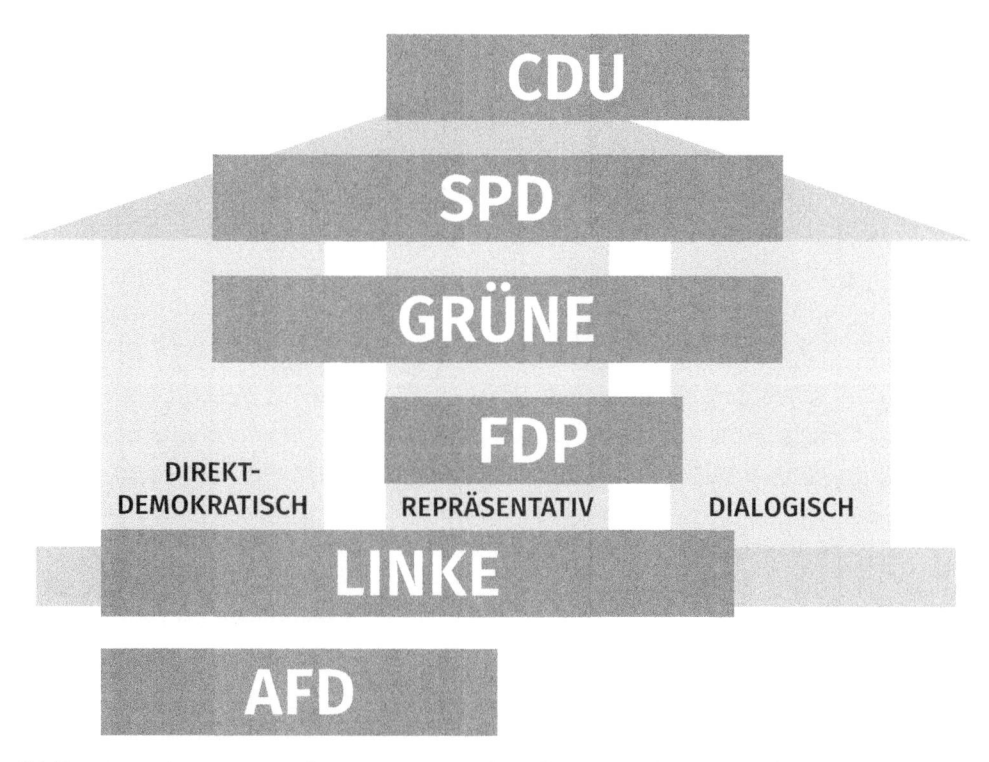

Abbildung 2: Positionierungen der Parteien im System der Vielfältigen Demokratie

größten Fokus auf die klassischen repräsentativen Strukturen. Direktdemokratie lehnt sie weitestgehend ab, Beteiligung sieht sie ausschließlich als Instrument zur Planungsbeschleunigung und hier eher in Form von Stakeholder- als von Betroffenenbeteiligung. Einzelne Bürgermeister*innen mit FDP-Parteibuch haben positive Erfahrungen mit echter Bürgerbeteiligung gemacht und stehen dieser entsprechend aufgeschlossener gegenüber. Der allgemeinen Parteilinie entspricht das nicht.

Die LINKE ist die Partie mit dem wohl breitesten Teilhabeansatz. Sie plädiert einerseits entschieden für deutlich mehr direktdemokratische Elemente, ist andererseits auch vielen dialogischen Formaten gegenüber aufgeschlossen. Allerdings beobachtet sie diese auch mit einer gewissen Skepsis insbesondere dann, wenn sie Akzeptanz für Vorhaben der Politik schaffen soll. Sie artikuliert immer wieder die Warnung davor, sich „nicht über den Runden Tisch ziehen" zu lassen.

Die AfD nimmt eine Sonderrolle ein. Sie favorisiert eine Stärkung der Direktdemokratie gegenüber den Parlamenten. Entsprechend setzt sie auch nicht auf dialogische, sondern eher konfrontative Formate, die ihrer These vom Widersprich zwischen „Eliten" und dem „Volkswillen" entsprechen.

Es bleibt spannend

Komplexere Koalitionen

Wir haben gesehen, dass die Parteien zwar insgesamt eher zögerlich, jedoch mit deutlich unterschiedlichen Akzenten auf die Forderungen nach mehr Bürgerbeteiligung reagieren. Da in Zukunft davon auszugehen ist, dass Regierungskoalitionen tendenziell kaum noch aus zwei Fraktionen bestehen werden, sondern drei oder gar mehr Parteien unter einen Hut bringen müssen, eröffnet dies interessante Konstellationen. In Baden-Württemberg haben sich zum Beispiel die CDU-Minderheitsvertreter*innen in der schwarz-grünen Koalition ganz entschieden zur Beteiligung bekannt und tragen mit, dass zukünftig alle zentralen Gesetzesvorhaben durch Bürgerräte vorbereitet und begleitet werden.

Insgesamt erwarten wir, dass mit zunehmend mehr, tieferer und besserer Beteiligung deren Attraktivität für die politischen Mandatsträger*innen zunimmt und sich die Parteien – in unterschiedlicher Geschwindigkeit und in unterschiedlichem Umfang weiter für neue Formen der politischen Teilhabe öffnen.

Damit daraus jedoch ein merklich positiver Effekt in Bezug auf die Einstellung der Bürger*innen zur Demokratie entsteht, bedarf es erheblich umfassenderer Beteiligung als bislang praktiziert. Letztlich hängt die Resilienz einer Demokratie von Qualität und Umfang der Selbstwirksamkeitserfahrungen ihrer Bürger*innen ab.

Ein halbes Dutzend Bürgerräte in einer Legislaturperiode sind hier nur der sprichwörtliche Tropfen auf den heißen Stein. Sie sind nicht die Lösung, aber sie sind Treiber und Türöffner für die Entwicklung einer umfassenden Beteiligungskultur. Und angesichts der großen transformatorischen Herausforderungen, vor denen unser Land steht, sind wir gut beraten, diese Tür mit aller Kraft weit aufzureißen.

Bürgerräte reichen nicht

Literatur

abgeordnetenwatch (2020): Frage an Klaus-Peter Willsch von Helena Buchberger bezüglich Umwelt, online unter: https://www.abgeordnetenwatch.de/profile/klaus-peter-willsch/fragen-antworten/510957 [abgerufen am 23. August 2021].

AG Demokratie der SPD-Bundestagsfraktion: Potenziale nutzen, Fallstricke vermeiden. Sozialdemokratische Impulse zu Beteiligungsräten auf Bundesebene anlässlich der Einberufung eines „Bürgerrats" unter der Schirmherrschaft des Bundestagspräsidenten, 30.09.2020.

Allianz Vielfältige Demokratie (2017): Mitreden, Mitgestalten, Mitentscheiden. Fünf Impulse zur Erneuerung demokratischer Beteiligung, Gütersloh.

Antrag der Abgeordneten Dr. Anna Christmann u.a.: Für eine lebendige Demokratie – Beteiligung und Engagement auf Bundesebene stärken, Bundestagsdrucksache 19/27879, 24.03.2021.

Alternative für Deutschland (AfD): Deutschland. Aber normal. Programm der AfD für die Wahl zum 20. Bundestag, Mai 2021

Bündnis 90/Die Grünen (GRÜNE): Deutschland. Alles ist drin, Juni 2021.

Bürgerrat (2020a): Abgeordnete zu Bürgerräten, online unter: https://www.buergerrat.de/aktuelles/abgeordnete-zu-buergerraeten/

Bürgerrat (2020b): German MPs on citizens' assemblies, online unter: https://www.buergerrat.de/en/news/german-mps-on-citizens-assemblies/ [abgerufen am 23. August 2021].

Christlich Demokratische Union/Christlich-Soziale Union (CDU/CSU): Das Programm für Stabilität und Erneuerung. Gemeinsam für ein modernes Deutschland, Juni 2021.

Dahrendorf, Ralf (2002): Die Krisen der Demokratie, Frankfurt.

Die Linke (Linke): Zeit zu handeln! Für soziale Sicherheit, Frieden und Klimagerechtigkeit. Wahlprogramm zur Bundestagswahl 2021, Juli 2021.

Freie Demokraten (FDP): Nie gab es mehr zu tun. Wahlprogramm der Freien Demokraten, Mai 2021.

Geißel, B. / Jung, S. (2020): Mehr Mitsprache wagen. Ein Beteiligungsrat für die Bundespolitik, Berlin.

Kleinert, Hubert (2012): Krise der repräsentativen Demokratie? In: Aus Politik und Zeitgeschichte 2012.

Merkel, Wolfgang et al. (2003): Defekte Demokratie. Wiesbaden.

Scheer, Hermann (1995): Zurück zur Politik. München.

Sommer J./Müller M (2017): Der partizipative Staat. Repräsentative Demokratie und Bürgerbeteiligung, Berlin.

Sozialdemokratische Partei Deutschlands (SPD): Aus Respekt vor deiner Zukunft. Das Zukunftsprogramm der SPD, Mai 2021.

Thomas Fischer, Dr. Michael Bolte

Dabei sein ist alles? – Betriebsräte zwischen Stellvertreterpolitik und Mitarbeiterbeteiligung

Betriebsräte sind auf dem Weg, aus der Entweder-Oder-Logik von Stellvertreterpolitik vs. Direkte Demokratie auszubrechen und ihre traditionelle Arbeitsweise ebenso wie ihr Rollenverständnis den aktuellen Beteiligungs- und Selbstbestimmungsansprüchen und -erfordernissen der Beschäftigten anzupassen. Doch wie lässt sich die vermeintlich veraltete Logik der Stellvertreterpolitik mit aktuellen Forderungen nach mehr Beteiligung und Selbstbestimmung von Beschäftigten im Betrieb „glücklich verheiraten"?

Stellvertreterpolitik ist out, zumindest im aktuellen gesellschaftlichen Diskurs. Alle direkteren Formen der Beteiligung gelten dagegen pauschal als Konzepte der Zukunft, die gegen die allgegenwärtige Politikverdrossenheit helfen sollen.

Was in der Gesellschaft angestrebt wird – dabei aber längst noch nicht umgesetzt ist – kann doch im Betrieb nicht falsch sein? Allerdings wäre die Schlussfolgerung übereilt, dass aufgrund der offensichtlichen Parallelen zwischen politischer und betrieblicher Stellvertreterpolitik auch in den Betrieben analog zur Politikverdrossenheit eine Art „Betriebsratsverdrossenheit" bei den Beschäftigten zu verzeichnen ist. Tatsächlich erfreuen sich Betriebsräte unverminderter Anerkennung unter den Beschäftigten beziehungsweise in der Gesellschaft (Nienhüser et al. 2016, S.161).

Hohe Anerkennung für Betriebsräte

Betriebsräte – keineswegs verstaubte Relikte aus der Vergangenheit

Für einige gelten Betriebsräte dennoch als Sinnbild einer scheinbar veralteten Form der Interessenvertretung. Wie im gesellschaftlichen beziehungsweise politischen Diskurs finden sich auch in immer mehr Betrieben verschiedene Beteiligungsformen, die sich unter dem Label „Direkte Demokratie" versammeln lassen.

Unersetzbar Droht damit das Ende der verfassten kollektiven Mitbestimmung vermittels Betriebs- und Personalräten? Werden diese überflüssig und durch modernere Formen der Interessenartikulation und -durchsetzung abgelöst? Zumindest diese Frage kann kurz und prägnant mit „Nein" beantwortet werden.

Schließlich fordern auch die meisten Befürworter*innen einer stärkeren Bürgerbeteiligung nicht die Abschaffung der Parlamente. Stattdessen geht es ihnen darum, die Entscheidungsprozesse in unserer repräsentativ-parlamentarischen Demokratie durch direkte Formen der Bürgerbeteiligung zu bereichern oder zu ergänzen. Wesentliches Ziel ist größere Transparenz in der Meinungsbildung und Entscheidungsfindung, um letztlich die Legitimation der politischen Akteur*innen zu erhöhen.

Die grundlegende Ähnlichkeit von Bundestag, Landtag oder eben Betrieb liegt auf der Hand. Überall werden stellvertretend für beziehungsweise „im Interesse" einer größeren Gruppe Entscheidungen getroffen und umgesetzt, ohne dass alle Betroffenen gefragt, ihre Meinung gehört und berücksichtigt oder in die Umsetzung der getroffenen Entscheidung eingebunden worden sind. Dies wird als ein wesentlicher Grund für die oft konstatierte Politikverdrossenheit beziehungsweise das Gefühl des „die da oben und wir hier unten" angeführt. Mehr Beteiligung der jeweils Betroffenen soll dem entgegenwirken.

Ein Betrieb ist keine deliberative Demokratie und wird es auch nie sein

„Das Mitwirkungsverfahren lebt vom gleichberechtigten Austausch von Argumenten frei von Hierarchien und Mehrheiten" (Stefan Richter, Kursbuch Bürgerbeteiligung #3, S. 62).

Eine wesentliche Voraussetzung für funktionierende Bürgerbeteiligung ist, dass sich alle Beteiligten mehr oder weniger der Grundidee deliberativer Demokratie verpflichtet fühlen. Von eminenter Bedeutung ist in diesem Konzept das „bessere" Argument. Hinzu kommt das Bekenntnis zu einem demokratischen Prozess der Entscheidungsfindung und die geteilte Bereitschaft, die Ergebnisse und Folgen dieses Prozesses auch dann anzuerkennen, wenn es nicht oder nur in Teilen gelungen ist, die eigenen Interessen und Positionen durchzusetzen.

Um unter diesen Voraussetzungen gute Entscheidungen treffen zu können, müssen gerade bei sehr komplexen oder weitreichenden Entscheidungen alle Betroffenen unabhängig von ihrer Stellung in der Gesellschaft die Möglichkeit haben, sich am Entscheidungsprozess zu beteiligen. Etwas vereinfacht ausgedrückt, müssen zunächst einmal alle Blickwinkel und Sichtweisen eingebracht werden und alle Argumente auf dem Tisch liegen. Dies ist die Grundlage, um sich auf eine Lösung zu einigen, die für „die Gesellschaft" am besten ist und damit im gemeinsamen Interesse aller Beteiligten liegt. Sollte sich in der Praxis ein gemeinsames Interesse aller Beteiligten nicht finden lassen, muss dennoch eine „gerechte" Entscheidung, oft durch einen neutralen Dritten, gefunden werden. Als Ideal gilt ein „ausgewogener Kompromiss", der den Interessen aller Beteiligten gerecht wird. Dass sich eine Gruppe gegen eine andere umfassend durchsetzt, gilt in der Regel nicht als gute demokratische Lösung.

In der betrieblichen Realität stößt dieses idealtypische Demokratieverständnis sehr rasch an seine Grenzen. Weder das Bekenntnis aller zur deliberativen Demokratie – also zu einer Logik der hierarchiefreien Diskussion und des besseren Arguments – noch das Vorhandensein eines gemeinsamen Interesses von Arbeitgeber*in und Beschäftigten prägen den Alltag im Betrieb. Betriebliche Entscheidungsprozesse finden stattdessen im Regelfall vor dem Hintergrund eines grundlegenden Interessengegensatzes zwischen Beschäftigten und Arbeitgeber*innen und ohne einen neutralen Dritten statt. Hinzu kommt ein Ungleichgewicht zwischen dem oder

Prägender Gegensatz von Interessen

der „mächtigen" Arbeitgeber*in und dem vergleichsweise „machtlosen" Beschäftigten. Zudem kann selbst innerhalb der Gruppe der Beschäftigten nicht mehr selbstverständlich von „gemeinsamen" Interessen ausgegangen werden. Vor allem letzteres macht es für Betriebsräte deutlich schwieriger, die Interessen der Beschäftigten solidarisch zu vertreten.

Zwei Ebenen der Beteiligung

Im Betrieb beziehungsweise der Arbeitswelt lassen sich zwei Ebenen der Beteiligung unterscheiden. Zum einen besteht ein Interesse der Beschäftigten nach mehr Selbstbestimmung, die allerdings – um das vorweg zu nehmen – auch in Zukunft nicht ohne kollektive Leitplanken auskommen wird. Davon trennen lässt sich zum anderen die Beteiligung der Beschäftigten an den kollektiven Prozessen selbst, etwa in der Genese von Tarifforderungen, die dann solidarisch durchgesetzt werden sollen. Auch auf dieser Ebene lassen sich tiefgreifende Veränderungen ausmachen.

Direktionsrecht statt Demokratie – Kollektive Leitplanken sichern die individuelle Beteiligung

„Betriebsräte und Gewerkschaften müssen lernen, dass die Unmenge an Schutzrechten in den Zeiten des industriellen Turbo-Kapitalismus nötig war, im Übergang zur digitalisierten Ökonomie jedoch zunehmend untauglich oder gar kontraproduktiv ist" (Sattelberger 2015, S. 13).

Institutionelles Ungleichgewicht

Eine Besonderheit der betrieblichen Sphäre ist das institutionalisierte Machtungleichgewicht zwischen Arbeitnehmer*innen und Arbeitgeber*in. An die Stelle der persönlichen Freiheit, zu tun was man möchte, tritt das Direktionsrecht des Arbeitgebers. Für demokratische Entscheidungsprozesse sind das denkbar schlechte Voraussetzungen, denn hierarchiefrei ist das Verhältnis zwischen Arbeitgeber*in und Arbeitnehmer*innen damit ja gerade nicht.

Um das Ideal einer umfassenden und möglichst gleichberechtigten Beteiligung der Beschäftigten an der Gestaltung ihrer eigenen Arbeitsbedingungen – im Zweifel auch gegen die Interessen des jeweiligen Arbeitgebers – überhaupt erst ermöglichen zu können, muss dieses Machtungleichgewicht zumindest verringert, die individuell vergleichsweise machtlosen Beschäftigten geschützt werden. Erst die Einsicht in den konstitutiven Interessengegensatz zwischen Kapital und Arbeit hat zum solidarischen Zusammenschluss der Arbeitenden, also letztlich auch zur Gründung der Gewerkschaften geführt. Diese Einsicht besteht fort und ist noch heute aus den Verhandlungen über Arbeitsbedingungen auf tariflicher, betrieblicher oder auch auf individueller Ebene nicht wegzudenken.

Mittel der Wahl zur Durchsetzung von individueller Selbstbestimmung sind heute „kollektive Leitplanken". Über Tarifverträge, Betriebsvereinbarungen etc. – also durchgängig mithilfe der scheinbar veralteten Stellvertreterpolitik – werden in der aktuellen betrieblichen Praxis einerseits individuelle Gestaltungsräume geschaffen, indem das Machtungleichgewicht zwischen den „machtlosen" Beschäftigten und den vergleichsweise „mächtigen" Arbeitgeber*innen verringert wird. Auf der anderen Seite sind es diese kollektiven Leitplanken selbst, an deren Zustandekommen die Beschäftigten mehr und mehr beteiligt werden.

Kollektive Mitbestimmung

Selbstbestimmung kann also die kollektive Mitbestimmung nicht ersetzen. Im Gegenteil, statt die kollektiven Mitbestimmungsrechte zurückzufahren oder weiterhin einen mitbestimmungspolitischen Stillstand hinzunehmen, müssen sie gestärkt und erweitert werden. Denn sie sind die Grundlage, auf der die Beteiligung der Beschäftigten erst möglich wird. Dazu haben der Deutsche Gewerkschaftsbund und seine Mitgliedsgewerkschaften mit der „Offensive Mitbestimmung" (DGB 2016) detaillierte Vorschläge unterbreitet.

Beschäftigteninteressen werden heterogener – Beispiel Arbeitszeit

Noch vor 50 Jahren ließ sich „das" Arbeitnehmerinteresse und damit auch die zentrale gewerkschaftliche Tarifforderung unter dem etwas vereinfachten Stichwort: „kürzere Arbeitszeit – mehr Lohn" zusammenfassen.

Die aktuellen Diskurse zur Arbeitszeitflexibilisierung, zu mobilem Arbeiten, Home-Office, zeitlichen Wahloptionen etc. machen in ihrer Unübersichtlichkeit vor allem eines deutlich: Es ist nicht mehr ganz so einfach.

Eine Forderung, wie grundlegend sie auch sei (kürzere Wochenarbeitszeit, mehr Flexibilität, höhere Planbarkeit, mehr Urlaub), ist nicht mehr zwangsläufig im Interesse aller Beschäftigtengruppen. Auch unabhängig vom Interessengegensatz zwischen Arbeitgeber*in und Arbeitnehmer*innen, wird es für Betriebsräte immer wichtiger, die Belegschaften zu beteiligen, weil deren Interesse eben nicht mehr einheitlich und offensichtlich ist. Sie müssen sie schlicht und einfach nach ihren Wünschen und Bedürfnissen im jeweiligen Kontext fragen, um die teilweise widersprüchlichen Interessen verschiedener Beschäftigtengruppen überhaupt angemessen vertreten zu können.

Umgang mit partikularen Interessen

Neben die Frage, was die Beschäftigten denn genau wollen, tritt in unserer individualisierten Gesellschaft der vermehrte Wunsch der Beschäftigten, ihre Arbeitsbedingungen selbst zu gestalten. Statt „vorgefertigter" Arbeitszeitmodelle wollen vor allem viele junge, gut qualifizierte und vergleichsweise gut verdienende Angestellte ihre Arbeitszeiten selbst gestalten und ihre Wünsche auch direkt vertreten: Selbstbestimmung hat für sie zunächst einmal Vorrang vor der (stellvertretenden) Mitbestimmung durch den Betriebsrat.

Die zunehmend divergierenden Interessen der Beschäftigten wurden in der Corona-Krise in besonderem Maße sichtbar. Vor allem durch die Abstands- und Hygienegebote waren viele Betriebe gezwungen, die Arbeitsbedingungen kurzfristig zu verändern, um den Arbeitsprozess in Gang zu halten oder wieder hochfahren zu können. Auch die betrieblichen Sozialpartner waren damit gezwungen, vor allem schnell und zielgerichtet zu agieren. Ergebnisse waren unter anderem eine Vielzahl von temporären oder Pilotvereinbarungen, die unter großem zeitlichen Druck verhandelt wurden, um den Betrieb aufrechterhalten zu können.

Noch ist es zu früh, um die dauerhaften Auswirkungen der Corona-Krise auf die Arbeitsbedingungen abschließend zu bewerten. Aber eines ist jetzt schon sicher: Home-Office wurde in schier unglaublicher Zahl und Geschwindigkeit umgesetzt, auch und gerade in Betrieben, die es vorher kategorisch ausgeschlossen haben. Noch offen ist allerdings, was aus den – zum Teil stark übersteigerten – Erwartungen an das Home-Office geworden ist, ob sie durch die praktische Umsetzung bestärkt wurden oder eher an der Praxis zerschellt sind. Auf der einen Seite ist sicher, dass vieles, was zuvor für unmöglich gehalten wurde, eben doch irgendwie möglich gemacht wurde. Auf der anderen Seite kann es aber auch als sicher gelten, dass Home-Office gerade in Haushalten mit betreuungspflichtigen Kindern nicht nur positive Aspekte bezüglich der viel beschworenen Work-Life-Balance hat, sondern dass sich stattdessen – gerade für die noch immer das Gros der Familienarbeit erledigenden Frauen – die Belastungen potenzieren.

Viele weitere offene Fragen bezüglich Datenschutz, Leistungs- und Verhaltenskontrolle, Arbeitsschutz und Ergonomie etc. harren der Beantwortung. Nach Auslaufen der vielen Pilotvereinbarungen wird es die Aufgabe der betrieblichen Sozialpartner sein, den durch die Corona-Krise ausgelösten „vorweggenommenen" Schub bezüglich Home-Office nachträglich zu gestalten und zu strukturieren. Ohne eine intensive Beteiligung der Beschäftigten wird diese Aufgabe kaum sinnvoll zu bewältigen sein.

Transformation fordert Beteiligung

Beispiele für kollektive Leitplanken – Betriebsvereinbarungen zu Home-Office und mobilem Arbeiten

Besonders deutlich wird der Mechanismus der Leitplanken in aktuellen betrieblichen Vereinbarungen zum Home-Office beziehungsweise zum mobilen Arbeiten. Der schon sprichwörtliche 9-to-5-Job spielt in der aktuellen Vereinbarungspraxis so gut wie keine Rolle mehr, entspricht er doch weder dem Wunsch des Arbeitgebers nach flexibleren Arbeitszeiten, noch trifft er die Interessen aller aktuellen Beschäftigten. Bei Letzteren wachsen die Gruppen, die ihrerseits auf flexible Arbeitszeiten Wert legen, die sie möglichst selbst und natürlich gemäß den eigenen Bedürfnissen gestalten wollen.

Es lässt sich ein Trend zu dezentralen Entscheidungen feststellen. Typischerweise verhandeln nicht mehr Personalabteilung und Betriebsrat über konkrete Arbeitszeitmodelle, sondern die Beteiligten gestalten immer mehr selbstverantwortlich. Die einzelnen Beschäftigten verhandeln vermehrt mit ihren direkten Vorgesetzten. Betriebsrat und Arbeitgebervertreter*innen sorgen für faire Rahmenbedingungen und treten nur bei Nicht-Einigung der Beteiligten in Form einer Schlichtungsstelle in Erscheinung, die dann letztlich die Entscheidung trifft (vgl. Vogl/Nies 2013). Vorteil einer dezentralen Gestaltung ist zum einen, dass die jeweiligen Besonderheiten der einzelnen Abteilung besser abgebildet werden können. Über „kollektive Leitplanken", also durch Betriebsvereinbarungen geregelte Rahmenbedingungen, wird die sprichwörtliche Augenhöhe hergestellt, damit bezüglich der gegensätzlichen Interessen ein fairer Kompromiss gefunden werden kann. Selbstbestimmung funktioniert im Betrieb nur zusammen mit der kollektiven Mitbestimmung, Selbstbestimmung ohne kollektive Mitbestimmung würde hingegen Beschäftigte zu Bittsteller*innen degradieren.

Selbstbestimmung braucht kollektive Rahmensetzung

Die zweite Ebene: individuelle Beteiligung an kollektiven Mitbestimmungsprozessen

Wie in der politischen beziehungsweise gesamtgesellschaftlichen Sphäre nimmt auch auf betrieblicher Ebene die Heterogenität von Interessenlagen zu. Eine der großen aktuellen Herausforderungen für Betriebs- und Personalräte besteht deshalb darin, mit dieser wachsenden Vielfalt umzugehen und passgenau die immer heterogener werdenden Beschäftigteninteressen zu vertreten. Eine weitere Beteiligungsebene ist daher die stärkere Einbindung der Beschäftigten in die kollektiven Prozesse der – mithin traditionellen – Stellvertreterpolitik. Vergleichbar mit der politischen Sphäre wird auch hier eine positive Wirkung auf die Legitimation der Interessenvertretung vermutet, wobei sich eine „Betriebsratsverdrossenheit" – als konstruiertes Analogon zur Politikverdrossenheit – nicht beobachten lässt. Als zentrale Kennziffer für letzteres wird in der Regel die Wahlbeteiligung angeführt: Die durchschnittliche betriebliche Beteiligung liegt bei Betriebsratswahlen durchgängig über 75 Prozent (Demir et al. 2019, S.7).

Neue Elemente in der Tarifpolitik als Ergebnis einer umfassenden Mitgliederbeteiligung

„Die Befragung hat kein eindeutiges Meinungsbild für eine allgemeine Forderung nach mehr Urlaub, mehr Geld oder einer Arbeitszeitverkürzung ergeben. Die Interessen und Bedürfnisse unserer Mitglieder sind ganz unterschiedlich. Unser erklärtes Ziel war es deshalb, eine überzeugende und das Votum der Mitglieder aufgreifende Lösung zu finden. Dazu mussten wir weg von den traditionellen Herangehensweisen" (Rusch-Ziemba 2016).

Regina Rusch-Ziemba erklärte 2016 als Verhandlungsführerin der EVG ihre Motivation, den Gewerkschaftsmitgliedern nicht mehr nur die Mitsprache bei der Höhe der Tarifforderungen für die bevorstehende Auseinandersetzung 2016 einzuräumen, sondern sie auch bei der Auswahl der Tarifthemen selbst stärker als bisher zu beteiligen.

Das Ergebnis war ein Novum in der bundesdeutschen Tariflandschaft: Das erste Mal wurde eine derartige individuelle Gestaltungsoption, das EVG-Wahlmodell, tariflich festgelegt. Die Beschäftigten konnten mit dem Tarifabschluss 2016 erstmals wählen zwischen 2,6 Prozent mehr Geld oder sechs Tagen mehr Urlaub oder einer Stunde Arbeitszeitverkürzung. Inzwischen hat sich das EVG-Wahlmodell bewährt und ist erweitert beziehungsweise verlängert worden und auch in den Organisationsbereichen der anderen DGB-Gewerkschaften gibt es ähnliche Tarifverträge, denen jeweils Mitgliederbefragungen vorausgegangen sind.

Beteiligung an kollektiven Prozessen auf betrieblicher Ebene

Dass die Beteiligung von Bürger*innen, Gewerkschaftsmitgliedern oder eben Beschäftigten nicht so einfach und voraussetzungslos ist, wie es auf den ersten Blick scheinen mag, macht ein Blick in die Betriebe deutlich.

Hier regelt das Betriebsverfassungsgesetz – seit seiner letzten Reform 2001 – die Möglichkeiten der individuellen Beteiligung an den Prozessen der kollektiven Mitbestimmung. Kurz gefasst gibt es zwei Wege, die Beschäftigten einzubinden. Zum einen ist es dem Betriebsrat möglich, auf fachliche Expertise aus dem Kreis der Beschäftigten zuzugreifen. Auf Initiative des Betriebsrats kann die fachliche Expertise von Beschäftigten, die kein Betriebsratsmandat haben, Eingang in die Entscheidungsprozesse finden. Wichtig in diesem Zusammenhang: Die entsprechenden Arbeitnehmer*innen sind für diesen Zweck bezahlt von der Arbeit freizustellen.

Beteiligung durch Betriebsrat

Die zweite Möglichkeit der Einbindung von Beschäftigten in die kollektiven Entscheidungsprozesse geht noch viel weiter. Direkt von einer arbeitgeberseitig geplanten Maßnahme betroffene Beschäftigte können auch vom Betriebsrat damit betraut werden, selbst mit dem Arbeitgeber eine Lösung zu verhandeln. Voraussetzung dafür ist wiederum eine Betriebsvereinbarung, die die genauen Rahmenbedingungen dieses speziellen Mandats festschreibt. Die Gestaltungsmöglichkeiten der betrieblichen Sozialpartner sind hier erheblich. Die Möglichkeitsspanne reicht von der Erarbeitung eines Vorschlags, der dann den Betriebsräten vorgelegt und von ihnen weiterverfolgt wird, bis hin zu den selbstverantwortlichen Verhandlungen mit dem oder der Arbeitgeber, die dann zu einer finalen Entscheidung führen.

Die insbesondere juristische Kritik gerade an der letzten Möglichkeit ist vielfältig und berechtigt (Becker et al. 2008, Weigel und Vogel 2018). Zwei der wichtigsten Punkte sind der fehlende Schutz der mandatierten Beschäftigten vor Sanktionen des Arbeitgebers und die Tatsache, dass dem Betriebsrat mit dieser Möglichkeit der selbstständigen Erledigung Mitbestimmungsrechte genommen werden können. In der betrieblichen Praxis konnten sich diese beiden Möglichkeiten der Beteiligung der Beschäftigten bis dato nicht durchsetzen – mit einem der wenigen bekannt gewordenen erfolgreichen Beispiele hat der Betriebsrat der Firma Merck 2019 den Deutschen Betriebsräte-Preis in Silber gewonnen (Herrmann 2020).

Noch wichtiger ist in diesem Kontext allerdings, dass Beteiligung noch einer weiteren Ressource bedarf. Es braucht Zeit, um sich an etwas zu beteiligen. Während es sich bei politischen und auch bei tariflichen Beteiligungsprozessen in der Regel um die individuelle Freizeit der sich beteiligenden Personen handeln wird, ist es im Betrieb bezahlte Arbeitszeit. Neben der Bereitschaft, sich einer demokratisch herbeigeführten Entscheidung zu beugen, müssen Arbeitgeber*innen auch davon überzeugt werden, während dieser Zeit auf das eigentliche Arbeitskraftpotenzial der beteiligten Beschäftigten zu verzichten. Eine sehr alte gewerkschaftliche Forderung, die in naher Zukunft wieder Aufwind erhalten könnte, ist die einer „Beteiligungszeit" (Klebe 2020). Gemeint ist eine bezahlte Freistellung von Beschäftigten, um sich an betrieblichen Gestaltungsprozessen zu beteiligen. Das wachsende Bedürfnis von Beschäftigten nach Beteiligung bei der Gestaltung der eigenen Arbeitsumgebung stößt bei den Betriebsräten auf offene Türen. Es bildet sich eine vielfältige betriebliche Praxis aus, die allerdings rechtlich noch ungenügend unterstützt und geschützt wird.

Erfolgsfaktor Zeit

Fazit – auf vermeintlich alten Wegen zur Demokratisierung des Betriebes

Ein Betrieb ist keine deliberative Demokratie – dafür sorgen zwangsläufig gegensätzliche Interessen bei Beschäftigten und Arbeitgeber*innen ohne einen neutralen Dritten. Das ist zwar nicht mehr so eindeutig wie vielleicht noch vor 50 Jahren, aber es ist und bleibt konstitutiv für den Betrieb.

Die „Logik des besseren Arguments" im Sinne einer Beteiligung von Beschäftigten „auf Augenhöhe" auch gegen die Interessen des Arbeitgebers ist daher ohne flankierende Maßnahmen der traditionellen kollektiven Mitbestimmungsorgane nicht realisierbar. Mithilfe von kollektiven Leitplanken kommt der Betrieb dem demokratischen Ideal näher.

Innerhalb von Gewerkschaften und Interessenvertretungsgremien haben Beteiligungsprozesse seit langem Tradition. Aber auch in diesem Bereich lässt sich aktuell eine hohe Dynamik beobachten. Es ist beinah täglich zu beobachten, wie die Gremien in ihren Betrieben kreative Beteiligungsformen erfolgreich praktizieren und damit den Trend weiter verstärken. Die Gewerkschaften und auch die Betriebs- und Personalräte sind auf einem guten Weg, auch wenn sie noch eine weite Strecke vor sich haben.

Neue Beteiligungsformen

Literatur

Artus, Ingrid/Kraetsch, Clemens/Röbenack, Silke (2016): Betriebsratsgründungen. Typische Phasen, Varianten und Probleme, WSI-Mitteilungen, Jahrgang 69, Heft 3/2016, Seite 183-191.

Becker, Karina/Brinkmann, Ulrich/Engel, Thomas (2008): „Hybride Beteiligung" im Betrieb? Sachkundige Beschäftigte und Arbeitsgruppen, in: WSI-Mitteilungen, Heft 6/2008, S. 305-311.

Demir, Nur/Funder, Maria/Greifenstein, Ralph/Kißler, Leo (2020): Trendreport Betriebsratswahlen 2018 - Entwicklungstrends der betrieblichen Mitbestimmung., Marburg, 2019. Zugegriffen: 27. Mai 2020, Online unter: https://nbn-resolving.org/urn:nbn:de:0168-ssoar-65151-3.

Herrmann, Christoph (2020): Eine Einladung zum Mitmachen. In: Arbeitsrecht im Betrieb, Heft 1/2020, S. 40-41.

Klebe, Thomas (2020): Betriebsverfassung 2030: Zukunftsanforderungen und Weiterentwicklung, Arbeit und Recht, Heft 5/2020, S.196-201.

Nienhüser, Werner/Glück, Esther/Hoßfeld, Heiko (2016): Einstellungen zur Mitbestimmung der Arbeitnehmer – Welchen Einfluss haben Mitbestimmungserfahrungen? WSI-Mitteilungen, Heft 3/2016, S. 161-171.

Richter, Stefan (2019): Demokratie am Scheideweg – Von der Bürgerbeteiligung zur Mitverantwortung. In: Sommer, Jörg (Hg.). Kursbuch Bürgerbeteiligung #3, Berlin, S. 58-76.

Rusch-Ziemba, Regina (2016): Tarifrunde DB AG 2016. Online unter: https://www.evg-online.org/dafuer-kaempfen-wir/tarifpolitik/news/tarifrunde-db-forderungen-beschlossen/. Zugegriffen: 27. Mai 2020

Sattelberger, Thomas (2018): Zur Einführung – ein Gespräch mit Thomas Sattelberger. In: Sattelberger, T. Welpe, I., Boes, A. (Hrsg.), Das demokratische Unternehmen. Neue Arbeits- und Führungskulturen im Zeitalter digitaler Wirtschaft, Freiburg, München, S. 13-18.

Vogl, Gerlinde/Nies, Gerd (2013): Mobile Arbeit. Betriebs- und Dienstvereinbarungen, Frankfurt a. Main.

Weigel, Sascha/Vogel, Nikolas (2018): Aus dem Dornröschenschlaf in den Betrieb – Zeit für eine Belebung des § 28a BetrVG, Zeitschrift Arbeit und Recht, Heft 6/2018, S. 280-283.

Vera Grote, Diana Runge, Lisa Stoltz

Not macht erfinderisch. Wie Dialogkritik und Covid-19 Partizipation langfristig verbessern können

Partizipation wird heute erwartet, gefordert und für fast jedes Vorhaben auch angeboten. Die Erfahrung zeigt jedoch: Akzeptanz und Dialogbereitschaft sind auch dann nicht garantiert, wenn die planende Seite „ordentliche Prozesse" aufsetzt und transparente Verfahren anbietet. Warum ist das so, und was ergibt sich daraus für die praktische Umsetzung?

A wie: Achtung Kritik!

Im Zusammenhang mit Infrastruktur-, Investitions- oder Entwicklungsvorhaben lösen die Begriffe Beteiligung, Partizipation und Dialog hohe Erwartung aus. Der Akzeptanzatlas 2019 nennt als die Wesentlichsten: Einfluss, Transparenz und Repräsentativität. Entsprechend lauten die Empfehlungen aus Handbüchern und die Vorgaben aus Leitlinien zur Bürgerbeteiligung: frühzeitig informieren, Handlungsspielraum klären, Transparenz herstellen, ergebnisoffen diskutieren, unabhängige Moderator*innen einsetzen und den Prozess dokumentieren. Vorhabenträger*innen, Projektentwickler*innen und Investor*innen werden daran gemessen, inwieweit sie diese Empfehlungen umsetzen. In den wenigsten Prozessen gelingt dies jedoch ganz oder – wenn man den Kritiker*innen glauben kann – auch nur teilweise. Fassen wir einmal die wesentlichsten Kritikpunkte zusammen:

- **Zeitpunkt:** Kein Bau-, Straßen-, Schienen- oder Energieprojekt materialisiert sich einfach so aus dem Nichts heraus. Vor jedem Projekt stehen immer übergeordnete Planwerke. Dazu gehören beispielsweise der Bundesverkehrswegeplan,

Unerfüllte Erwartungen

raumordnerische Landes- oder übergreifende Stadtentwicklungspläne sowie formelle Planungsinstrumente wie der Flächennutzungs- oder der Bebauungsplan. Deren Entstehung wird jeweils durch formelle und/oder informelle Beteiligungsverfahren begleitet. In der Regel werden diese jedoch zu einem Zeitpunkt durchgeführt, an dem das konkrete Projekt noch in weiter Ferne liegt. Den von einem zukünftigen, einzelnen Vorhaben Betroffenen kann zu diesem Zeitpunkt oft nicht klar sein, welche Rolle diese „abstrakte" Ebene für das Geschehen vor ihrer Haustür spielt. Daher werden diese Beteiligungsmöglichkeiten nicht oder nicht intensiv wahrgenommen. Der Sachverhalt ist unter dem Stichwort Beteiligungsparadoxon hinreichend bekannt, wenngleich noch lange nicht gelöst. Wenn dann der Vorhabenträger zum Projekt informiert und dabei erklärt, dass nicht das „Ob", sondern das „Wie" diskutiert werden kann, stößt dies bei den Betroffenen auf Unverständnis. Schnell wird das Projekt als Ganzes in Frage gestellt. Denn schließlich wurden die Betroffenen in ihrer Wahrnehmung oder Erinnerung nie direkt und konkret gefragt, ob sie die Schienenstrecke, die Autobahn, das Gewerbegebiet oder den Windpark in ihrer Nachbarschaft überhaupt haben wollen.

Beteiligungsparadoxon

- **Einfluss:** Beteiligung hat viele Ebenen: Von der reinen Information über die Konsultation bis zur tatsächlichen Mitbestimmung. Die Klärung des Beteiligungsspielraums und damit das Erwartungsmanagement stehen daher richtigerweise am Beginn eines jeden Beteiligungsprozesses. Nur was geschieht, wenn die Beteiligten diesen Handlungsspielraum als zu eng betrachten, ihn nicht akzeptieren wollen, nach mehr Mitgestaltung und Einflussnahme verlangen? Ein/e Planende*r sieht sich dann dem Vorwurf gegenüber, es stünde doch bereits alles fest. In der Öffentlichkeit verfestigt sich schnell der Eindruck, die präsentierte Variante, der umfassend geprüfte Korridor, das entwickelte Baukonzept sollen nur noch „durchgedrückt" werden.

Akzeptanzbeschaffung

- **Zuständigkeit:** Die Expert*innen erörtern Pläne für eine neue Bundesfernstraße, die Bürger*innen reden über Verkehrsberuhigung innerorts. Eine Schienenstrecke soll ausgebaut werden, doch in der Bürgerversammlung kommen Fragen zur Busanbindung. Und statt des geplanten Gewerbegebiets wünschen sich die Anwohner*innen eine Diskussion zur Wohnraumentwicklung in ihrer Gemeinde. Der Verweis „Wir sind nicht zuständig" kommt in einer solchen Situation nicht gut an. Unter Umständen führt er sogar dazu, dass die Diskussion zum Projekt an die Diskussion zu anderen Themen gekoppelt wird. Die Projektverantwortlichen werden nicht als Gesprächspartner*innen akzeptiert, die Betroffenen wenden sich an den oder die Gemeinderät*in, an die Stadtverordnetenversammlung oder gleich an den Bund und verlangen, dort gehört zu werden.

Falsche Gesprächspartner*innen

- **Ernüchterung:** Betroffene zu Beteiligten machen – hört sich gut an, klappt aber nicht immer. In manchen Städten, Stadtvierteln oder auch Gemeinden sind die Menschen „beteiligungsmüde". Sie haben in zu kurzer Zeit zu viele Veränderungen und Verfahren durchaus aktiv begleitet, ohne jedoch immer zufrieden mit den Ergebnissen zu sein. Sie ziehen sich entweder aus der Beteiligung zurück oder gehen nach dem Motto „genug ist genug" in eine passive Verweigerungshaltung. Desillusioniert von früheren Verfahren kommt auch schnell der Vorwurf, die Beteiligung sei nicht ernst gemeint, sei eine „Scheinbeteiligung" oder „reines Marketing".

Beteiligungsmüdigkeit

- **Umsetzung:** Die sorgsam erstellte Anwohnerbroschüre mit Informationsgrafik – „ein Hochglanzprospekt!" Die professionell organisierte Bürgerversammlung mit 3D-Visualisierung zur besseren Verständlichkeit – „eine Pseudo-Veranstaltung!" Das Gesprächsangebot an einzelne Anwohnergruppen – „ein Versuch der Einflussnahme!" Der digitale Info-Markt als Alternative zur öffentlichen Veranstaltung – „technische Spielerei, bei der Ältere und technisch weniger affine Personen ausgeschlossen werden!" Glaubt man den Kritiker*innen, dann leisten Veranstaltungen und Informationsmaterialien entweder zu viel oder zu wenig. Manchem sind sie zu unverständlich, andere finden, sie vereinfachen zu stark. Papier und PowerPoint-Vortrag gelten als konservativ. Bei E-Partizipation und Simulationen besteht der Verdacht, hier soll mit Innovation von den echten Problemen abgelenkt werden. Grundsätzlich gilt es, Formate an den Erwartungen der Zielgruppen auszurichten. Allerdings können diese sehr verschieden sein. Und auch viele Vorhabenträger*innen werden in ihren Erwartungen enttäuscht. Sie machen die Erfahrung, dass die Kritik umso größer wird, je aufwändiger die Vorbereitungen sind.

Schwierige Formatwahl

B wie: Beharrlichkeit!

Beteiligungsverfahren leben davon, dass Menschen sich engagieren, sich einbringen und mitmachen. Lautstarke Kritik, hitzige Diskussionen, nachdrücklich formulierte Briefe und E-Mails oder Bürgerveranstaltungen, auf denen es „hoch her geht", sind nicht automatisch ein Anzeichen dafür, dass ein Dialogprozess nicht funktioniert. Ganz im Gegenteil: Sie zeigen, dass die vorhandenen Dialog- und Beteiligungsformate angenommen und genutzt werden. Schwierig wird es, wenn genau dies nicht passiert. Zunehmend beobachten wir, dass sich Kritiker*innen von Vorhaben, Planungen und Projekten nicht schwerpunktmäßig gegen deren Inhalte wenden, sondern das Beteiligungsverfahren als solches in Frage stellen. In diesen Fällen ist es häufig kein großer Schritt von der Dialogkritik zur Dialogverweigerung. Diese kann verschiedene Auslöser haben: Sie kann Ausdruck vermeintlicher Stärke („Wir sind im Recht, also brauchen wir nicht zu diskutieren.") ebenso wie empfundener Hilflosigkeit („Die da oben machen doch sowieso was sie wollen.") sein. Natürlich kann die Ursache für Dialogverweigerung auch darin liegen, dass die angebotenen Beteiligungskanäle nicht funktionieren, der Dialogprozess als solcher schlecht vorbereitet und umgesetzt ist.

Dialogverweigerung

Mancher Vorhabenträger mag sich denken: „Dann tragen wir das Ganze im Genehmigungsverfahren aus." Die Praxis zeigt jedoch, dass eine solche Verlagerungsstrategie selten zum Erfolg führt. Das formale Verfahren aus Auslegung, Einwendung, Erörterung, Beschluss, Klage, Planänderung, zweite Runde, drittes Deckblatt, nächste Instanz, etc. ist nicht darauf angelegt, Konflikte wirklich zu lösen. Der Genehmigungsprozess verlängert sich, es geht wertvolle Zeit für die Umsetzung verloren, die Kosten steigen kontinuierlich an. Selbst wenn der Vorhabenträger schlussendlich nach einer langen Genehmigungsphase mit einem rechtsgültigen Beschluss und einer Baugenehmigung als vermeintlicher Sieger aus dem Verfahren hervorgeht: Der „Erfolg" ist teuer erkauft, die Unterstützung vor Ort ist verloren, der Imageschaden weit über die Grenzen des Vorhabens hinaus beträchtlich.

Einer der bekanntesten Grundsätze der Kommunikation lautet: „Man kann nicht, nicht kommunizieren". In der Bürgerbeteiligung und der Projektkommunikation gilt dies für alle Seiten. Ein Abblocken, Vertagen, Wegschieben oder Verweigern von Dialog dient weder der Planung, noch hilft es dabei, Veränderung zu gestalten und wichtige Infrastruktur- und Bauvorhaben voranzubringen.

Dialog als Bringschuld

Vorhabenträger*innen sollten sich nicht nur bei Gegenwind, sondern auch bei kommunikativer Flaute aktiv und nachvollziehbar um die Aufrechterhaltung von Dialog bemühen. Auf diese Weise entkräften sie alle Vorwürfe, die Beteiligung sei nicht ernst gemeint und tragen zu einer demokratischen Partizipationskultur bei. Dies hilft auch ihren Projekten, denn beharrlich vorgebrachten Gesprächsangeboten kann sich keiner auf Dauer entziehen, zumindest nicht ohne die eigene Position zu schwächen.

Natürlich geht es nicht darum, Formate, die bislang nicht funktioniert haben, einfach weiter wie bisher durchzuziehen. Durch eine Adaption von Inhalten und den Vorgehensweisen, mit denen diese vermittelt werden, können Dialogpartner*innen reaktiviert und vor allem neue Dialoggruppen angesprochen werden.

Deshalb hier unsere Empfehlungen:

- **Kenne Deine Stakeholder.** Insbesondere in räumlichen Kontexten, in denen Bürger*innen in der Vergangenheit bereits Projekte erheblich beeinflusst oder durch massive Proteste sogar ganz verhindert haben, besteht eine gewisse Erwartung daran, die „Beteiligungserfolge der Vergangenheit" fortzusetzen. Die Strukturen dafür bestehen, eine einmal gegründete Bürgerinitiative lässt sich auch zu anderen Themen reaktivieren.

Was waren Themen der Vergangenheit? Wer hat diese gegenüber wem vertreten? Wie liefen die Prozesse, welche Beteiligungskanäle haben funktioniert? Worüber hat die Presse berichtet, und worüber auch nicht? Fragen wie diese ermöglichen es, die Stakeholder eines Projektes schon kennenzulernen, bevor man das erste Mal auf sie zugeht. Daher sollten sie ganz am Anfang eines Dialogprozesses und vor der Auftaktkommunikation gestellt werden. Die Antworten finden sich in Protokollen von Veranstaltungen, auf den Webseiten von Verbänden, Vereinen und Initiativen, in den Archiven der lokalen Medien und anderen öffentlich zugänglichen Quellen. Wichtig ist auch die Frage: Wer hat sich in der Vergangenheit eigentlich nie beteiligt, wessen Meinung taucht nie in der Presse auf? Desktop-Recherchen und Analysen liefern eine gute Basis für erste Erkenntnisse. Mitunter kann auch eine gezielte Meinungsumfrage über die Haltung vor Ort sinnvoll sein. Darüber hinaus können in Vorab-Gesprächen das Wissen und die Einschätzung von Vertreter*innen der Gemeinde oder des Landkreises wichtige Hinweise liefern. Gleichzeitig lernen Vorhabenträger*innen diese Schlüsselpersonen bereits frühzeitig persönlich kennen. Die Zeit und der Aufwand für diese Gespräche sind mit Sicherheit gut investiert, um mögliche Dialog- und Akzeptanzrisiken von vornherein besser einschätzen zu können. Auch tragen sie dazu bei, zu erfahren, welche Vorbehalte aber auch Unterstützungspotenziale vor Ort bestehen. All das hilft bei der Entscheidung, wie die Ansprache von Personen und Gruppen erfolgen soll, ob

Solides Scoping

eine Bürgerveranstaltung mehr Resonanz erzielt, wenn sie im Rathaus oder wenn sie im „Dorfkrug" stattfindet, ob das Internet die geeignete Plattform für Informationsvermittlung ist oder ob stärker auf eine direkte, persönliche Ansprache gesetzt werden sollte.

- **Gesprächsangebote erweitern.** Die direkt Betroffenen wollen nicht mit den Planungsverantwortlichen reden? Dafür haben die indirekt Betroffenen vielleicht Gesprächsbedarf. Die Anwohner*innen der Strecke oder des Baugebiets kommen nur zur Veranstaltung, wenn der Minister oder die Ministerin zu ihnen spricht? Die Unternehmen in der Region könnte es durchaus interessieren, was Vorhabenträger und Projektentwickler*in zu sagen haben. Die Bürgerinitiative will Grundsatzfragen diskutieren, auch wenn sie außerhalb des Projekts liegen? Das Einbeziehen unabhängiger Expert*innen in den Dialog kann dazu beitragen, Klarheit zu den Rahmenbedingungen der Planung abseits ideologischer Grundsätze zu schaffen. Breitere Gesprächsangebote wecken Dialog- und Beteiligungsinteresse auch bei den Menschen, die bislang der „schweigenden Masse" angehört haben. Diese für das Projekt zu interessieren und gegebenenfalls sogar als Fürsprecher*innen zu aktivieren, sorgt für neue Dynamik im Projekt und im Dialog. Wir haben erlebt, dass selbst die stärksten Prozesskritiker*innen zurück an den Beteiligungstisch kommen, sobald sie merken, dass der Dialog weitergeführt wird und sie nicht dabei sind. Und wenn nicht? Dann haben die verantwortlichen Planer*innen zumindest glaubhaft und sichtbar unter Beweis gestellt, wie ernst es ihnen mit der Beteiligung ist.

- **Eigene Inhalte, Argumente und Fakten angemessen übersetzen und vermitteln.** „Unsere Berechnungen zeigen eindeutig, dass..." – Planende und Expert*innen setzen auf die Überzeugungskraft von Daten, Fakten und Berechnungen.

Mehr als nur ein Angebot

„Das ist doch alles schön gerechnet, das glaube ich nicht!" Kritisch eingestellte Bürger*innen vertrauen ihrer Wahrnehmung und Erfahrung vor Ort.

Das Vertrauen in das Expertenwissen ist immer dann besonders gering, wenn deren Ergebnisse nicht die subjektiven Eindrücke der Betroffenen widerspiegeln. Dass eine Straße rechnerisch ausreichend Kapazität hat, glaubt niemand, der immer wieder beobachtet, wie sich bei Großveranstaltungen Staus bilden. Nur ist auch dieser Eindruck nicht zwingend die ganze Wahrheit, und aus gelegentlichen Staus kann keine Planungsgrundlage abgeleitet werden. Kritisch wird es dann, wenn Projektgegner*innen die Daten und Aussagen der Planenden nicht nur anzweifeln, sondern eigene „Fakten" in die Welt setzen.

Dagegen helfen Aufmerksamkeit, gründliche Recherche sowie die kontinuierliche und klare Vermittlung der eigenen Botschaften. Ein Presse-Monitoring ermöglicht es, die aktuelle Meinungslage ebenso wie Veränderungen in der öffentlichen Wahrnehmung im Zeitverlauf zu erfassen. Soziale Medien werden als Seismograph von individuellen und gruppenbezogenen Einstellungen immer wichtiger, zumal sich „gefühlte Wahrheiten", bewusste „Fake News" sowie Spekulationen über Twitter, Facebook und Co. noch dynamischer verbreiten. Eine systematische Analyse der Berichte und Meinungsäußerungen ist die Grundlage für eine schnelle Reaktion, die nicht (nur) aus Dementis, sondern vor allem aus eindeutigen, überprüfbaren und überzeugenden Botschaften besteht. Und ja, in den sozialen Medien ist auch einem Vorhabenträger durchaus mal ein flapsiger Kommentar erlaubt, solange die grundsätzlichen Regeln des sachlichen Dialogs nicht verletzt werden.

Fakten und Verständnis

Nach der Devise „Ein Bild sagt mehr als tausend Worte" muss eine Antwort nicht immer nur aus Text bestehen. Ein Bild, eine Infografik, ein Erklärvideo, eine Videobotschaft oder sogar ein Meme, das über das Internet verbreitet werden kann, können genauso gut oder sogar noch besser geeignet sein, um Fakten und Botschaften klar, eindeutig und verständlich zu vermitteln.

- **Medien und Journalist*innen aktiv einbeziehen.** Gute Bürgerbeteiligung und ein glatt verlaufenes Planungs- und Genehmigungsverfahren sind der Presse sicher eine Meldung wert – irgendwo zwischen Seite 3 bis 6, als Randnotiz neben „Lokales" und „Vermischtes". Proteste, Plakataktionen, eine sich auflehnende Bürgerinitiative oder ein Eklat auf der Bürgerversammlung schaffen es hingegen auf die Titelseite, lassen Fernsehteams anrollen und sorgen über Wochen und Monate für Schlagzeilen. Ganz nebenbei bieten sie Kritiker*innen auch noch eine Plattform, ihre Sichtweisen medial zu verbreiten. Gute Journalist*innen holen natürlich auch die Stellungnahme der Planenden ein. Doch den roten Faden der Geschichte weben die Kritiker*innen. Daran sind die Planungs- und Kommunikationsabteilung der Investor*innen, Verwaltungen oder Planungsbehörden oft nicht ganz unschuldig. Über die obligatorische Pressemeldung bei Erreichen des nächsten Meilensteins hinaus bieten sie den Medienvertreter*innen häufig wenig Interessantes oder Berichtenswertes. Doch es geht auch anders. Werkstätten, in denen mit Journalist*innen gemeinsam Inhalte zu Prozess, Projekt und Bericht erarbeitet werden, Veranstaltungen, in denen Expert*innen die Möglichkeit bekommen, ihr Wissen direkt an die Redaktionen zu bringen, gemeinsame Baustellenbegehungen auch außerhalb von Spatenstich-Zeremonien, schaffen Anlässe für die Berichterstattung. Sie halten das Interesse der Medien wach und sorgen zudem dafür, dass Projektverantwortliche und Medienvertreter*innen sich auch persönlich kennenlernen. Eine besondere Bedeutung für die Berichterstattung können zudem lokale Medien, Online-Portale, Blogs oder Anzeigenblätter einnehmen: Sie mögen eine geringere Reichweite als die überregionalen Blätter haben,

Journalisten beteiligen

aber sie erreichen unter Umständen genau diejenigen direkt, auf die es im Zuge eines bestimmten Projektes ankommt.

C wie: Corona!

Direkter Dialog, gemeinsame Veranstaltungen, Pressegespräche, Vor-Ort-Termine und persönlicher Austausch sind wichtige Eckpfeiler in jedem Beteiligungsprozess. Doch was passiert, wenn all das auf einmal nicht mehr geht?

Seit März 2020 haben die Länder und die Bundesregierung sukzessive eine Reihe von Regelungen erlassen, um die Covid-19-Pandemie (Corona-Krise) einzugrenzen. Unter dem Schlagwort „Social Distancing" wurden geschäftliche und soziale Aktivitäten in Deutschland stark eingeschränkt. Zum Zeitpunkt der Entstehung dieses Beitrags (April 2020) war noch nicht abzusehen, wie sich die Situation weiterentwickelt. Zum Zeitpunkt der redaktionellen Überarbeitung (Dezember 2020) ist hingegen klar: Die Pandemie hat langfristige Auswirkungen auf alle Bereiche des Lebens. Die Beteiligung absagen oder auf unbestimmte Zeit verschieben ist daher keine Option. Der gesellschaftliche und politische Betrieb gehen weiter, wenngleich oftmals in angepasster Form. Willensbildungs- und Entscheidungsprozesse kommen auch angesichts Covid-19 nicht zum Erliegen. Gerade in besonderen Zeiten wie diesen gilt es, demokratische Prozesse unbedingt aufrechtzuerhalten. Planungen für Infrastruktur, Wirtschaftsentwicklung, Versorgung und Energiewende ohne Austausch einfach „durchzuziehen" oder bis auf Weiteres ruhen zu lassen kommt, ebenfalls nicht in Frage.

Pandemie als schwierige Chance

Bereits mit Beginn der Krise und den ersten Auswirkungen auf den Berufs- und Lebensalltag der Menschen stellte sich für Vorhabenträger*innen und für uns als Kommunikationsexpert*innen die Frage: Wie lassen sich Dialog und Beteiligung umsetzen, wenn die Menschen zum Schutz ihrer eigenen und der Gesundheit anderer Abstand voneinander halten müssen?

- **Kommunikation aufrechterhalten – auch und gerade in der Krise.** Mittlerweile nutzen die meisten Planer*innen,

Vorhabenträger*innen oder Projektverantwortlichen die Möglichkeiten des Internets, um über Webseiten und Plattformen Informationen auszutauschen oder über E-Mail und Telefon Fragen und Hinweise aufzunehmen. Diese bestehenden Angebote gilt es, aktiv zu promoten und gegebenenfalls auszuweiten.

- **Neue Kommunikationsformen ermöglichen neue Formate – und erzwingen sie.** Stakeholder- und Beteiligungsformate, bei denen Möglichkeiten zum direkten und persönlichen Dialog geschaffen werden, sind wichtige Meilensteine der meisten Beteiligungsprozesse. In der Ausnahmesituation sind solche Formate nicht möglich. „Neu denken", heißt die Strategie, und natürlich liegt es nahe, stärker als bislang auf digitale Dialogmöglichkeiten zu setzen. Dabei geht es nicht darum im Grundsatz zu entscheiden, ob Beteiligung, Information und Diskussion generell besser online oder offline erfolgen sollten. Vielmehr geht es darum, die vorhandenen technischen Möglichkeiten bestmöglich zu nutzen.

  Neue Kanäle haben neue Regeln

  Veranstaltungen, die auf persönliche Gespräche und Kontakt ausgerichtet sind, können nicht immer eins zu eins in die digitale Welt verlagert werden. Vielmehr müssen Formate erarbeitet werden, die dem digitalen Rahmen entsprechen und die mit Blick auf die Ziele, die im Beteiligungsprozess erreicht werden sollen, wirksam sind. Am Anfang steht daher immer eine Analyse zu Fragen wie: Was ist das Ziel einer Veranstaltung, eines Treffens oder Gesprächs? Wer soll angesprochen werden? Wie vertraulich ist die Runde? Die jeweilige Antwort definiert das angemessene Vorgehen für die im Einzelfall am besten geeignete digitale Lösung.

- **Die Technik kennt keine Grenzen. Das Projekt bestimmt, was sinnvoll ist.** Öffentliche oder geschlossene Veranstaltungen, Großgruppeninformation oder interaktiver Workshop, Fragen-und-Antwort-Modul, Abstimmungsmöglichkeit, Livestream, Aufzeichnung oder protokolliertes Projektgespräch – technisch ist fast alles möglich. Professionelle Anbieter*innen sorgen dafür, dass die Übertragung für jede Art von Endgerät optimiert wird. Anders als bei vielen kostenlosen webbasierten Angeboten werden bei professionell ausgerichteten digitalen Veranstaltungen auch die Vorgaben des Datenschutzes eingehalten. Für die Einbindung weniger internetaffiner Gruppen oder Menschen, die in den in Deutschland immer noch vorhandenen regionalen „Funklöchern" leben, können durch Medienkooperationen, lokale Stellvertretergespräche, telefonbasierte Lösungen oder auch den konventionellen Postweg ergänzende Angebote geschaffen werden.

Die Analyse der Situation vor Ort, die Konzeption einer digitalen Veranstaltung, die Einbeziehung von Moderations-Know-how sowie die technische Umsetzung verursachen natürlich Aufwand. Die Kosten können im Einzelfall durchaus höher liegen, als dies bei einer „konventionellen" Vor-Ort-Veranstaltung der Fall ist. Doch der zusätzliche finanzielle und personelle Aufwand ist gut investiert. Durch die Umstellung auf digitale Formate zeigt der Vorhabenträger, dass die Krise nicht als Anlass nutzt, den Dialog einzustellen, sondern sie als Chance nutzt, diesen fortzuführen und auf neuen Wegen zu intensivieren. Planungsprojekte können weiter vorangetrieben werden, der Zeitplan von Planungs- und Genehmigungsverfahren kann eingehalten werden, ein Corona-induzierter Rückstau in Prozessen und Vorgängen kann vermieden werden.

Vieles geht, doch was geht gut?

- **Die Krise wird enden. Die angepasste Kommunikation wird bleiben.** So gesehen zahlt sich Beharrlichkeit gleich mehrfach aus: Kommunikativer Stillstand wird vermieden. Vorhabenträger*innen, Behörden, Expert*innen und Planende demonstrieren ihre Arbeitsfähigkeit. Und sie dokumentieren ihren Willen und ihre Möglichkeiten, den offenen Dialog auch angesichts schwieriger Rahmenbedingungen fortzuführen. Wird Prozesskritiker*innen damit der Wind aus den Segeln genommen? Das wird wohl nicht in jedem Projekt der Fall sein. Vielmehr besteht durchaus die Möglichkeit, dass die Digitalisierung der Beteiligung Anlass zur erneuten Kritik gibt. Doch für diejenigen, die sich aktiv und gestaltend – und dabei auch kritisch – in einen Beteiligungsprozess einbringen wollen, werden entsprechende Wege eröffnet. Das hilft dem Dialog und auch der Planung.

Dauerhafte Veränderungen

Unserer Ansicht nach werden die Corona-bedingten Einschränkungen für Veranstaltungen noch weit bis ins Jahr 2021 und darüber hinaus Bestand haben. Regionale und zeitliche Unterschiede im Infektionsgeschehen werden sich auf die erlaubten oder empfohlenen Veranstaltungsgrößen auswirken. Deshalb sollte generell für jede Veranstaltung ein Hygiene- und Schutzkonzept erarbeitet werden. Zudem bedeutet diese Annahme auch, dass Vorhabenträger*innen auch nach einer Lockerung der Einschränkungsmaßnahmen kombinierte und flexible Veranstaltungen planen sollten. Es gibt also berechtigten Grund zur Annahme, dass in der Corona-Krise entwickelten digitalen Formate auch nach Ende der Pandemie zentrale Instrumente der Bürgerbeteiligung bleiben.

D wie: Dranbleiben!

Wenn Dialogpartner*innen aneinander vorbeireden, nicht miteinander reden wollen oder es aufgrund von Kontaktsperren nicht können, muss die Projektkommunikation besonders entschlossen, beständig und zielstrebig vorgehen. So wird dafür gesorgt, dass Dialog und Beteiligung nicht abreißen, sondern auf neue Art gestaltet werden. Hier sehen wir ein enormes Potenzial für die Weiterentwicklung von Dialog- und Partizipationsprozessen.

Zum einen können Projektverantwortliche gerade unter schwierigen Umständen zeigen, wie ernst sie den Dialog meinen. Zum anderen bieten projektbezogene Dialog-Dilemmata wie die derzeitige Corona-Krise die Möglichkeit, neue Formate zu entwickeln, zu testen und zu verstetigen. Neue digitale Lösungen, die in Zeiten der Covid-19-Pandemie „aus der Not heraus" entwickelt wurden, ermöglichen allen Betroffenen sich bei Projekten mit einem größeren Einzugsgebiet – beispielsweise leitungsgebundene Infrastrukturen, Fernstraßen, Schienenprojekte – einzubringen und am Dialog teilzunehmen. Die Beteiligung wird ortsunabhängiger, lässt sich flexibler gestalten und erreicht so möglicherweise mehr Interessierte, als man vor der Krise für möglich gehalten hätte.

Ein „perfektes" Beteiligungsverfahren, bei dem alle Zielgruppen zu ihrer Zufriedenheit einbezogen werden und die Ergebnisse in die Planung übernommen werden können, wird bei kritischen Projekten wohl auch in Zukunft eher die Ausnahme als die Regel sein. Dialogprozesse, in denen nicht einzelne Kritiker*innen dominieren, sondern sich die Mehrheit der Menschen einbezogen fühlt, in denen statt emotionaler Debatten sachliche Diskussionen geführt werden, und in denen Kompromisse und Ergebnisse entstehen, durch die die Planung verbessert und das Genehmigungsverfahren entlastet werden, sind jedoch möglich. Dafür sorgen zielgerichtete und kontinuierliche Kommunikation, der dauerhafte Wille zur sachlichen Auseinandersetzung auch unter schwierigen Bedingungen, die Offenheit innerhalb laufender Prozesse kommunikativ nachzusteuern und schließlich die Auswahl geeigneter Instrumente und Formate aus der Toolbox der Beteiligung. Und diese Auswahl ist in der Pandemie vielfältiger geworden.

> „Perfekt" ist jedes Mal anders

Literatur

Paul Watzlawick, Janet H. Beavin, Don D. Jackson (1967): Menschliche Kommunikation. Formen, Störungen, Paradoxien.

Felix Kebber in Zusammenarbeit mit Deutsche Public Relations Gesellschaft e.V. und Hochschule Pforzheim, Business School Master Corporate Communication Management (2019): Deutscher Akzeptanzatlas. Status quo von Bürgerbeteiligung und Projektkommunikation sowie ihren Anbietern. Pforzheim.

Katharina Hitschfeld, Thomas Perry

Partizipation: eher Alibi als Qualität?

Obwohl doch alle Partizipation zu wollen scheinen, bleibt ihre Realität trist. Viel zu wenige beteiligen sich. Dafür gibt es viele Gründe, unter anderem mangelnde Bereitschaft zu echter Beteiligung, Unfähigkeit zur effektiven Kommunikation und Desinteresse, aus seinen Fehlern zu lernen. Die Folgen sind fatal. Statt Beteiligungsmotivation und Glaubwürdigkeit zu stärken, demontiert sich die für unsere Demokratie so wichtige Partizipation durch ihre eigene Praxis selbst.

Bürgerbeteiligung ist ein schwieriges Geschäft und man kann nicht ernsthaft behaupten, dass sie in unserem Land in wirklich guter Verfassung wäre. Zwar machen immer wieder Meldungen die Runde, die das Gegenteil zu belegen scheinen. Kürzlich etwa zählte eine Studie der Bertelsmann Stiftung allein in Baden-Württemberg 2.394 Beteiligungsprojekte in 865 Kommunen (Bertelsmann Stiftung 2021). Das finden viele natürlich toll. Aber schaut man sich diese und andere Beteiligungsprojekte genauer an, trifft man allzu oft auf – aus unserer Sicht – erschreckend geringe Beteiligungsquoten.

Viele Prozesse, wenig Beteiligte

Die Frage ist, warum das nach so vielen Projekten und Jahren der Diskussionen immer noch so ist. Viele Projekte, aber wenig Beteiligung. Wir wollen zu dieser Frage einen – durchaus zugespitzten – Beitrag liefern, indem wir sie von einigen Punkten aus angehen, die uns in der Praxis immer wieder beschäftigen.

Adressatenorientierte Kommunikation

Beginnen wir dafür mit einer elementaren Voraussetzung, ohne die uns echte Beteiligung nicht möglich scheint: Projektträger*innen und Behörden sollten willens und in der Lage sein, denen, deretwegen Beteiligung stattfinden soll – also den Bürger*innen – überzeugend zu erklären, worum es bei einem Thema oder einem geplanten Vorhaben eigentlich geht und warum sie sich beteiligen sollten.

Das sollte zum einen ein elementares Anliegen sein, weil es oft um komplexe und komplizierte Themen geht. Was leistet ein Vorhaben, warum funktioniert es wie geplant, was sind Auswirkungen, Implikationen, Risiken, Kosten und Opportunitätskosten, was wären Alternativen? Es geht um Verfahren, Abläufe, Fristen, Zuständigkeiten, Einflussmöglichkeiten und Abwägungen.

All das ist so herauszuarbeiten und zu benennen, dass alle – auch die Lai*innen – es verstehen. Dabei muss klar sein, dass nicht die Initiator*innen oder Agenturen entscheiden, ob verstanden wird, sondern die, die sich beteiligen sollen. Inhaltlich geht es um Sachfragen, aber auch um die persönliche Relevanz, aus der Motivation zur Beteiligung entsteht. Denn zu Recht beteiligen sich die allermeisten Bürger*innen nicht, wenn ihnen nicht klar ist, worum es geht, wieso sie das betrifft und was sie bewirken können. Warum sollten sie auch, wo sie doch eigentlich – wie wir alle – keine Zeit übrighaben?

Beteiligung bedarf Wirkung

Das Planungsparadox verstehen

Erklären ist auch wichtig, weil das Interesse der Bürger*innen an einem Projekt meist zu dem Zeitpunkt am geringsten ist, an dem es die größten Möglichkeiten der Einflussnahme gibt. In der weiteren Fortentwicklung des Projektes steigt das Interesse, die Möglichkeiten, darauf Einfluss zu nehmen, sinken aber. Allen Expert*innen ist das als Planungsparadoxon bekannt. Expert*innen wissen das alles, ganz normale Menschen aber eben häufig nicht.

Tatsächlich ist an diesem Paradox natürlich nichts Paradoxes. Es bedeutet ja nur, dass mit fortschreitender Planung und Realisierung ein Projekt konkreter, greifbarer, verstehbarer und kalkulierbarer wird und deshalb mehr Menschen erkennen können, was es für sie bedeutet. Das Planungsparadox ist deshalb vor allem ein Hinweis auf Exklusion durch mangelnde Information, Klarheit und die Unzugänglichkeit von Expertenwissen und -sprache. Es ist zugleich ein Wink mit dem Zaunpfahl, die zur Beteiligung anstehenden Themen oder Projekte den Lai*innen plastisch, einfach (nicht simplifizierend) und verständlich zu vermitteln, damit sie sie verstehen und sich dazu in Beziehung setzen können. Stattdessen wird das Planungsparadox aber nicht eben selten den Bürger*innen als Ergebnis mangelnden Interesses vorgehalten, unter dem die Planer*innen später gemeinerweise zu leiden haben, wo es doch vor allem eine gescheiterte Vermittlung des Projektes anzeigt.

Heterogene Interessenlagen der Stakeholder

Halten wir also fest: Verstehen ist Grundvoraussetzung für gelingende Beteiligung. Leider wird es aber sehr häufig nicht hergestellt. Eine Ursache dafür ist aus unserer Sicht die Unterschiedlichkeit der Interessenlagen der verschiedenen Stakeholder sowie mangelnde Fähigkeit und fehlender Wille zur effektiven Kommunikation. Aber wer sind die Stakeholder überhaupt und welche primären Interessen leiten sie? Nachfolgend werden vier besonders wichtige Akteursgruppen näher betrachtet:[1]

Verstehen als Herausforderung

- **Bürger*innen** sind eine sehr heterogene Gruppe. Sie sind unterschiedlich betroffen, haben verschiedene Interessen, Vorstellungen und Möglichkeiten. Zusätzlich sind sie aber auch in aller Regel Lai*innen, die bei Beteiligungsprojekten (Semi-)Expert*innen von Vorhabenträgern, Politik, Verwaltung und aus dem Kreis der Bürger*innen selbst gegenüberstehen. Von ihnen erwartet man in aller Regel zum einen die Fähigkeit, (oft komplexe) Projekte und Themen in ihren Auswirkungen auf sich selbst und ihre Umwelt zu verstehen. Sie sollen zum anderen ihre eigenen Interessen ins Verhältnis zu anderen Interessen setzen. Und schließlich sollen sie diese zugunsten eines fast immer unklaren und strittigen Gemeinwohlinteresses abwägen (not in my backyard oder eben doch?). Oft kommen sie ins Spiel, weil sie gegen etwas sind. Das liegt daran, dass unser Rechtssystem geradezu darauf abstellt. Den Einwendungen gegen Projekte und Vorhaben soll angemessen Rechnung getragen werden. Wer schweigt, stimmt zu – so die rechtlich tradierte – und häufig genug gewollte – Auffassung, Grundhaltung und Rollenerwartung an die Bürger*innen. Die Einwendungen werden deshalb in stark formalisierten und für die meisten Menschen hochkomplizierten Verfahren aufgenommen, diskutiert, abgewogen und einer Entscheidung von Behörden, Räten oder Parlamenten zugeführt. Verfahren, in denen Bürger*innen für etwas eintreten, Veränderungen oder Verbesserungen initiieren und Gestaltungswillen einbringen können, sind eher selten gewünscht, geschweige denn vernehmbar, nachvollziehbar und glaubwürdig angeregt.

- Die **Vorhabenträger*innen** richten ihr Handeln primär auf die Durchsetzung ihres Vorhabens und ihrer Ziele und Interessen aus. An diesen werden sie von denen gemessen, denen sie verantwortlich sind. Ist Beteiligung gesetzlich vorgeschrieben, ist sie abzuarbeitende Pflicht. Die Minimierung oder der Ausschluss späterer Klageverfahren ist wichtiges Ziel und wird in harter Währung – Zeit und Geld – gemessen. In ihrer freiwilligen Form dient Beteiligung vorrangig dem Ziel, dem Vorhaben Akzeptanz zu verschaffen, es durchzusetzen und das Image des Unternehmens vor Schaden zu bewahren. Ein darüber hinaus gehendes gesellschaftliches Interesse, der Blick auf das Gemeinwohl oder die Befriedung einer Region spielen bei der Bewertung eines Vorhabens selten – und wenn nur untergeordnet – eine Rolle. Als Beteiligung wird dabei häufig genug angeboten, was höchstens den Namen Information verdient hätte.

- **Behörden und öffentliche Verwaltungen** spielen in Partizipationsverfahren eine wichtige Rolle. Sie haben nicht selten sehr verschiedenen Anforderungen zu genügen. Sie sollen einerseits neutrale Akteur*innen eines Genehmigungsverfahrens sein und die Einhaltung von Regeln und Gesetzen garantieren. Gleichzeitig haben sie aber auch eine eigene Agenda. Sie nehmen Einfluss auf die Gestaltung und Einordnung eines Beteiligungsformates innerhalb eines Verfahrens, stehen aber nicht selten auch unter Druck verschiedener Seiten. Sie wirken auf Vorhabenträger ein, sind zuweilen selbst Vorhabenträger*in oder Initiator*in von Beteiligungsformaten. Manchmal sind sie gleich alles zusammen. Sie beeinflussen in unterschiedlicher Weise Zeitpunkt, Umfang und Format von Partizipationsverfahren sowie gleichzeitig die Bewertung und Relevanz der dort erzielten Ergebnisse.

- **Medien** kommt als vierter wichtiger Instanz zumindest theoretisch eine wesentliche Rolle als Rechercheur und Kommunikator für alle Seiten zu. Praktisch aber kommen sie dieser Rolle aus den unterschiedlichsten Gründen (Nutzungsverhalten der Konsument*innen, wirtschaftliche Gründe etc.) nur ungenügend nach. Weder haben sie dafür einen Auftrag, noch würde sie jemand dafür entschädigen wollen. Ihr Interesse und das Vermögen, komplexe Zusammenhänge begreiflich, unparteiisch und ohne Simplifizierungen einzuordnen und darzustellen, sind gering ausgeprägt. Die oft zu beobachtende Ausrichtung auf die Zuspitzung von Konflikten, das teils lustvolle Beschreiben von Verwerfungen und Polarisierungen, generieren Aufmerksamkeit und Klickzahlen, aber eben häufig keine auf Erkenntnisgewinn in Partizipationsprojekten angelegte Berichterstattung.

<small>Ungenügender formaler Rahmen</small>

Gehen wir einmal nur von diesen vier Stakeholder-Gruppen aus, ist das Terrain der Interessen und Bedürfnisse schon extrem heterogen und gegensätzlich. Unter diesen Voraussetzungen ist es natürlich gut und notwendig, dass vieles in Sachen Beteiligung juristisch und formal vorgegeben ist. Allerdings ist der formale Rahmen von Beteiligung für ihr Gelingen nicht im Mindesten hinreichend. Das zeigt schon ein Blick auf die Motivation derer, die Beteiligungsprojekte initiieren und steuern, also vor allem der Vorhabenträger sowie der Behörden und der Verwaltung.

Warum wird beteiligt?

Wir sehen hier drei grundlegend unterschiedliche Motivtypen:

- **Pflichtakteur*innen** gehen Beteiligung als Pflichtaufgabe an, die man entlang bindender Vorgaben erfüllt. Getan wird, was man tun muss. Treiber der Beteiligungsgestaltung sind formale Aufgaben. Ihnen kommt dabei entgegen, dass es nirgends Vorgaben und in der Regel auch keine kritische Evaluation gibt, die qualitative und quantitative Benchmarks für gelungene Beteiligung beschreiben. Effiziente Möglichkeiten der Beteiligung, zum Beispiel über Online-Plattformen und Standard-Formate helfen ihnen dabei, Beteiligung öffentlich, aber effizient zu gestalten, formal zu programmieren und zu kanalisieren. Routiniert wird das Procedere mit weitgehend beliebigen Workshopformaten und willkürlicher Zusammensetzung der Teilnehmenden ergänzt. Das Angebot zählt – wie es nachgefragt und mit Wissen, Anregungen, Antworten und Diskussionen qualifiziert wird, ist sekundär. Dass in den meisten Fällen lächerlich wenig Beteiligung und inhaltliche Qualität zustande kommt, spielt keine Rolle mehr. Nehmt was wir euch bieten, oder lasst es sein, rufen sie den Bürger*innen zu. Dass immer dieselben, meist hochgebildeten oder erfahrenen Menschen sich beteiligen, ist kein Problem; Hauptsache, der Pflicht und Form wurde Rechnung getragen.

  Ungeliebte Pflicht

  In dieser Haltung liegt aus unserer Sicht ein Problem, nicht die Lösung. Wo Beteiligung derart betrieben wird – und das scheint nach unserer Beobachtung, gewollt oder ungewollt, auf die große Mehrzahl der Beteiligungsprojekte zuzutreffen – wird sie in der Regel aus Beteiligungssicht scheitern, auch wenn sie aus Akteurssicht gelingt. Denn die Gestalter*innen ringen nicht wirklich um die Beteiligung der Bürger*innen, sondern arbeiten ein Pflichtprogramm ab, das Beteiligungsrhetorik und pro forma Beteiligung schafft. Damit aber treibt man nur die Entfremdung der Bürger*innen voran statt breites Engagement zu ermöglichen und zu fördern.

- **Instrumentalisierer*innen:** Eine zweite Gruppe sieht Beteiligung als Mittel zum Zweck der besseren Durchsetzung. Auch ihnen geht es nicht darum, sich auf die Bürger*innen ernsthaft einzulassen. Vielmehr sehen sie Beteiligung als Akzeptanzgenerator, der – klug gesteuert – mehr Akzeptanz für ihre Vorhaben generiert und Widerstände minimiert. Dass diese Kausalität sich – zumindest derzeit – nicht empirisch belegen lässt, zeigt eine Studie zur Evaluierung der Beschleunigung des Ausbaus der deutschen Stromnetze (vgl. Umweltbundesamt 2018). Danach hat die verstärkte Bürgerbeteiligung keine beschleunigende Wirkung auf den Ausbau der deutschen Energienetze. Mit dem unterstellten und erwarteten Zusammenhang „mehr Beteiligung führt zu mehr Akzeptanz" degeneriert Partizipation zudem zum Hebel zur Gewinnung von Akzeptanz. Dieses Verständnis von Partizipation ist vor allem Problem, nicht Lösung. Diese Haltung wird von Vielen als das verstanden, was sie ist: Eine Missachtung der Bürger*innen, die sich ernsthaft engagieren wollen, aber feststellen müssen, dass das alles nicht so gemeint war. Das beschädigt schon seit Langem das Ansehen von Beteiligungsprojekten.

- **Überzeugungsakteur*innen:** Sehr viel seltener und auch in einer sehr viel anspruchsvolleren Situation sind dagegen Akteur*innen bei Vorhabenträgern, in Behörden und Verwaltungen, die ernsthaft echte Beteiligung wollen. Für sie geht es darum, zuzuhören und Beteiligung als Chance zum Lernen zu begreifen, um ihre Projekte besser zu machen. Sie müssen sich der Öffentlichkeit stellen und in den deliberativen Austausch gehen, um echte und breite Akzeptanz für ihre Vorhaben zu bekommen. Dies betrifft nicht zuletzt auch die schwierige Frage nach der Ermittlung des Gemeinwohls. Ihre Herausforderung sind nicht die formalen Vorgaben, sondern die Messlatte der tatsächlichen – qualitativen wie quantitativen – Beteiligung.

Diese Motivlage ist im Gegensatz zu den anderen eine Voraussetzung der Lösung. Doch sie steht vor einer großen Herausforderung. Sie zieht mit dem Blick auf die Qualität der Beteiligung eigentlich eine Messlatte ein, die nicht von den Akteur*innen selbst, sondern von den Bürger*innen kalibriert und aufgelegt wird. Um erfolgreich zu sein, muss man sich deshalb auf sie einlassen, ihre Voraussetzungen und Bedürfnisse verstehen und ihnen gerecht werden, um ihr Mitwirken zu gewinnen.

Erfolgsmessung der Beteiligung

Damit bekommt Beteiligung einen ganz anderen, gleichwohl klaren und operationalen Anker, um Erfolg zu bestimmen. Erfolg ist, wenn viele relevante bzw. betroffene Bürger*innen engagiert mitmachen. Die erste Herausforderung ist dabei, die Worte „viele" und „engagiert" als Ziele zu operationalisieren. Die zweite Herausforderung ist, die Barrieren abzubauen, die Beteiligung behindern. Dazu gehört zum Beispiel, Bürger*innen mit dem Beteiligungsangebot überhaupt zu erreichen (informationelle Reichweite als Basisaufgabe). Des Weiteren ist es notwendig, dass sie verstehen, worum es geht und in welcher Weise sie betroffen sind. Sie müssen unterschiedliche Positionen kennenlernen und damit deliberativ umgehen können. Das ist für die Initiator*innen von Beteiligung sehr anstrengend, anspruchsvoll und kostenträchtig. Aber eine Ausrede für die Unterlassung kann das natürlich nicht sein.

> Erfolg ist, wenn viele mitmachen

Unterschiedliche Herausforderungen

Die Unterscheidung in Pflichtakteur*innen, Instrumentalisierer*innen und Überzeugungsakteur*innen ist wichtig, denn sie ist die Wasserscheide der Partizipation. Pflichtakteur*innen und Instrumentalisierer*innen tun „als ob" und beschädigen damit Bürgerbeteiligung. Denn ein Blick auf die realen Beteiligungsquoten vieler Beteiligungsverfahren und deren empfundene Glaubwürdigkeit aus Sicht vieler Bürger*innen, zeigt, dass ihr Vorgehen keinen guten Ruf hat.

Die Überzeugungsakteur*innen dagegen mühen sich mit gutem Willen ab, finden aber nur selten den Weg zu einer Beteiligungsquote, die mehr als Alibiqualitäten erreicht. Der Grund: Große Teile der Überzeugungsakteur*innen kümmern sich nicht ausreichend um die Bedürfnisse und die Situation der Bürger*innen mit Blick auf die Beteiligung und deren Gegenstände. Sie bleiben in der guten Absicht stecken und arbeiten nicht genug am Gelingen. Das bemerken wir in unserer Beteiligungsforschung und -praxis immer wieder anhand ähnlicher Herausforderungen in vielen Projekten. Zwei Beispiele verdeutlichen dies:

- **Kommunikation:** Je komplexer der Gegenstand der Beteiligung, desto größer ist die kommunikative und didaktische Herausforderung, ihn zu vermitteln. Denn ganz schnell fühlen sich Menschen von Fachjargon abgehängt, von Behörden-, Unternehmens- oder Beteiligungsrhetorik abgestoßen. Je abstrakter die Sache präsentiert wird, desto weniger erkennt man, was sie für einen selbst bedeutet. Je vielschichtiger die Auswirkungen, desto weniger leicht fällt es Lai*innen, von selbst auf sie zu kommen. Laiengerechte Übersetzung des Fachthemas ist deshalb genauso nötig wie das Zusammentragen der Implikationen eines Projektes für unterschiedliche Bürger*innen-Stakeholder (vhw 2018).

Großflächiges Scheitern

Daraus erwächst die Aufgabe, Beteiligungskommunikation und -didaktik für komplexe Sachverhalte weiterzuentwickeln. Dafür muss man experimentieren, sie dem intensiven qualitativen Feedback der Bürger*innen aussetzen und in ihren Erfolgen und Misserfolgen systematisch und ehrlich analysieren. Nach unserem Eindruck geschieht das viel zu selten. Stattdessen bemüht man die immer gleichen Mittel für die immer gleichen, kleinen Personengruppen, die ohnehin bereits engagiert sind. Nach unserem Eindruck dreht sich die Beteiligungsszene hier wenig dynamisch in ihrer Komfortzone ständig um sich selbst. Sie sollte stattdessen ihr großflächiges Scheitern selbstkritisch zur Kenntnis nehmen, damit konstruktiv und innovationsfreudig umgehen und sich für andere Disziplinen öffnen, von denen sie vieles lernen könnte.

- **Relevanz:** Bürger*innen erwarten, dass Beteiligung Wirkung erzeugt (vgl. Hitschfeld 2018). Das meint nicht, dass sie immer Recht behalten wollen. Aber sie wollen sich beachtet wissen. Dafür ist es nicht damit getan, dass man ihre Kommentare auf Online-Plattformen sieht oder Post-Its aus Workshops dokumentiert. Die Frage ist, ob man damit inhaltlich engagiert umgeht und das auch zeigt.

    Nehmen wir zum Beispiel das Feedback der Beteiligung: Setzt man sich als Vorhabenträger*in mit Vorschlägen, Argumenten und Kritik wirklich auseinander oder wehrt man ab? Ist man bereit, umzudenken, weil Einwände nicht zu widerlegen sind? Oder die Frage der Entscheidungsrelevanz: Hält man sich an die Voten der Bürger*innen oder nicht? Wenn nicht, was setzt man als Benefit für die Beteiligten an ihre Stelle? Beteiligung ohne erkennbaren Impact auf der einen oder anderen Ebene sehen die meisten Menschen zu Recht als Zeitverschwendung an. Schlimm ist allerdings, dass viele Menschen genau das bereits als Normalfall von Beteiligung erwarten.

    Wirkungslose Beteiligung als Regelfall

Dilemma der Überzeugungsakteur*innen

Während sich Pflichtakteur*innen und Instrumentalisierer*innen über diese Punkte leicht hinwegsetzen können, geraten die Überzeugungsakteur*innen an diesen Punkten in echte Probleme:

- Zum einen kollidiert der Qualitätsanspruch mit der Realität der Beteiligung. Sind 20, 40 oder 200 Teilnehmende genug, um den Bürger*innen sagen zu können, dass sie sich beteiligt haben und darauf Legitimation zu gründen? Ist es mir egal, dass die meisten Teilnehmenden meines Partizipationsprozesses untypisch gut gebildet waren und sehr viele diejenigen sind, die sich sowieso immer beteiligen? Macht es mir nichts aus, dass selbst von diesen Personen viele nicht die inhaltlichen Implikationen des Beteiligungsverfahrens verstanden haben?

- Zum anderen beginnt das Dilemma der Legitimation auch an anderer Stelle heftig zu schmerzen. Wie genau ist das Verhältnis von Beteiligung und gewählten oder gesetzlich zuständigen Institutionen definiert und was bedeutet es für die Motivation der Bürger*innen, sich zu beteiligen?
- Und schließlich geht es um Gestaltbarkeit: Mit welcher Haltung geht man als Vorhabenträger*in an die Beteiligung heran? Wie nutzt man ihr konstruktives Potenzial? Wie flexibel ist man in seinen Plänen?

Womit wir wieder am Anfang wären. Bürgerbeteiligung ist ein schwieriges Geschäft und man kann nicht ernsthaft behaupten, dass sie in unserem Land in wirklich guter Verfassung wäre. Gerade deshalb gibt es eigentlich viel zu tun. Unsere Hoffnung, dass das auch passiert, ist aber eher gering. Denn einerseits sind Instrumentalisierer*innen und Pflichtakteur*innen deutlich in der Überzahl. Und selbst wenn die Herausforderungen von den gutwilligen Verantwortlichen bei Vorhabenträgern*innen, Behörden und Verwaltungen als Problem erkannt und als Herausforderung begriffen werden, sind ihre Möglichkeiten häufig begrenzt. Es gibt leider weder ausreichende Budgets, noch Ideen und Maßnahmen, um die Betroffenen und die Beteiligungserwünschten auch zu erreichen.

Demokratie braucht Beteiligung

Damit sich das ändert, wäre ein Ruck in den Reihen der Überzeugungsakteur*innen nötig. Deren Beteiligungsszene muss sich der sehr ernüchternden Realität der Beteiligungspraxis stellen. „Weiter so" geht nicht mehr. Denn viele wollen zwar Beteiligung, aber ihre Glaubwürdigkeit ist gering. Aber Demokratie braucht Beteiligung, sie braucht Einmischung und sie braucht einen bunten Chor an Stimmen. Also müssen im Interesse unserer Gesellschaft auch das Bewusstsein, der Wille und die Mittel zur Orchestrierung geschaffen werden.

Mehr Mut zur (Selbst-)Kritik

Dafür gibt es viele Ansatzpunkte. Wir sollten uns bewusst werden, dass das Thema Bürgerbeteiligung feststeckt und nicht vorankommt. Wir brauchen dringend mehr Kritik an Pflichtakteur*innen und Instrumentalisierer*innen, aber auch Selbstkritik aus den Reihen der Überzeugungsakteur*innen, statt Schulterklopfen für eigentlich enttäuschende Projekte. Wir sollten uns klarer machen, warum und wofür wir Beteiligung wollen. Sie ist schließlich weder Selbstzweck, noch per se gut. Denn angesichts knapper Mittel stellt sich immer die Frage, wo man Prioritäten mit welchem Anspruch an die Ergebnisse setzen will. Wir sollten uns deshalb mehr Sorgen und Gedanken um die Qualität der Kommunikation, Prozesse und Methodik machen, um mehr erreichen zu können. Wir sollten dafür Projekte nicht nur formal und oberflächlich, sondern auch im qualitativen und quantitativen Outcome transparent und kritisch evaluieren und dabei unsere Ansprüche hochschrauben. Dazu braucht es Grundlagenarbeit, aber auch operative Klarheit und Präzision sowie Ehrlichkeit mit Blick auf Budgets und Ziele in der Projektarbeit.

Kritik statt Schulterklopfen

Literatur

Bertelsmann Stiftung (2021): Einblicke in die Bürgerbeteiligungslandschaft Baden-Württembergs, online unter: https://www.bertelsmann-stiftung.de/de/unsere-projekte/demokratie-und-partizipation-in-europa/projektnachrichten/einblicke-in-die-buergerbeteiligungslandschaft-baden-wuerttembergs.

Hitschfeld (2018): Akzeptanz. Was entscheidet über den Erfolg oder Misserfolg bei Beteiligungsverfahren? Online unter: https://www.hitschfeld.de/wp-content/uploads/2018/12/20181130_Studie_Erfolg_von_BB.pdf.

Umweltbundesamt (2018): Evaluierung des gestuften Planungs- und Genehmigungsverfahrens Stromnetzausbau im Hinblick auf seine Wirksamkeit für den Umweltschutz – juristisch, planerisch, technisch. Online unter: https://www.umweltbundesamt.de/sites/default/files/medien/1410/publikationen/2018-12-07_texte_103-2018_evaluierung-netzausbau.pdf.

vhw – Bundesverband für Wohnen und Stadtentwicklung e. V. (2018): Bürgerbeteiligung im Prozess der Digitalisierung. Das Modellprojekt Ludwigsburg. vhw werkStadt, Nummer 22. Online unter: https://www.vhw.de/fileadmin/user_upload/08_publikationen/werkSTADT/PDF/vhw_werkSTADT_Digitalisierung_Ludwigsburg_Nr_22_2018.pdf.

Anmerkungen

1 Ein detaillierter Überblick findet sich in Astrid Lorenz, Christian Pieter Hoffmann, Uwe Hitschfeld (Hrsg.): „Partizipation für alle und alles?". Springer VS Verlag, Wiesbaden, 2020.

Praktische Beispiele und Methodenerfahrungen

Marita Meissner

Monitoring als Grundlage und Chance für partizipative Prozesse in Kommunen

In Gelsenkirchen wurde 2015 ein lokaler Partizipationsindex entwickelt und seitdem fortgeschrieben. Er zeigt die Teilhabechancen von Kindern und Jugendlichen sozialräumlich differenziert auf und hilft dabei, Bedarfe zu identifizieren und Zugänge zu Kindern, Jugendlichen und Familien zu ermitteln. Der Index wird als Grundlage für Strategieentwicklungen im Sozialraum genutzt und stößt dabei einen partizipativen Prozess zur Verbesserung der Teilhabechancen und Lebenslagen von Kindern und Jugendlichen an.

Die Präventionskette als strategischer Planungs- und Handlungsansatz

Die Stadt Gelsenkirchen betreibt seit 2005 einen gezielten Auf- und Ausbau von Präventions- und Förderangeboten für Familien und hat damit das Konzept der Präventionskette maßgeblich mitbegründet. In der Folge wurden auf Landesebene Initiativen angestoßen, die die Kommunen in Nordrhein-Westfalen (NRW) beim Aufbau kommunaler Präventionsketten unterstützen. Dabei gilt Gelsenkirchen in vielerlei Hinsicht als Modell, so zum Beispiel aufgrund der Entwicklung eines sozialräumlichen Monitorings: dem sogenannten Partizipationsindex (vgl. Stadt Gelsenkirchen 2020a, S. 1).

Partizipationsindex

Die Präventionskette „wurde ursprünglich als ein Angebotsspektrum von aufeinander aufbauenden Maßnahmen zur Förderung und Unterstützung von Familien verstanden. Dieser Ansatz wurde über die Jahre […] weiterentwickelt und berücksichtigt das Erfordernis [zur] ressortübergreifenden Kooperation mit dem Ziel, zielgruppenorientierte und passgenaue Angebote (weiter) zu entwickeln" (Stadt Gelsenkirchen 2020a, S. 1). Im Weiteren wurden daher entsprechende Netzwerkstrukturen als Präventionskette verstanden.

Die Diversität unter den Kommunen führt dazu, dass auch die jeweiligen Konzepte und Präventionsstrukturen eine große Diversität aufweisen (vgl. ebd.; vgl. Landeskoordinierungsstelle 2018, S. 4).

In Gelsenkirchen wurde ein Monitoringsystem entwickelt, das dazu beiträgt, Herausforderungen und Bedarfe kleinräumig datenbasiert besser zu verstehen. Auf diese Weise kann passgenauer geplant und agiert werden. Dies trägt dazu bei, die vorhandenen Ressourcen zielgerichteter einzusetzen. Im Laufe der vergangenen Jahre wurde dadurch das Gelsenkirchener Verständnis der Präventionskette zu einem übergeordneten Ansatz des strategischen und wirkungsorientierten Planens und Handelns mit Fokus auf den Sozialraum als Lebenswelt der Familien – und in diesem Ansatz spielt Partizipation eine entscheidende Rolle (vgl. Stadt Gelsenkirchen 2020a, S. 1-4; vgl. Kurz und Kubek 2018, S. 18f).

Der Gelsenkirchener Partizipationsindex

Die Sozialberichterstattung im Kontext der Präventionskette wird in Gelsenkirchen „Partizipationsindex" genannt. Dieser Bericht beleuchtet das strategische Handlungsfeld der „Partizipation von Kindern" und gibt Auskunft über die Teilhabechancen und die Benachteiligungsrisiken von Kindern in der Stadt (vgl. Stadt Gelsenkirchen 2018, S. 15). „Partizipation" meint in diesem Kontext ausdrücklich nicht nur die Beteiligung, sondern die Teilhabe von Kindern als notwendige Voraussetzung für ein gelingendes Aufwachsen. Teilhabe wird dabei anhand von fünf Dimensionen – den Teilindizes – gemessen, die durch verschiedene Indikatoren beschrieben werden (vgl. Abbildung 1). Diese Indikatoren stammen aus einem Katalog, der vor mehreren Jahren interdisziplinär durch die Planer*innen der Stadtverwaltung entwickelt wurde. Er wird seitdem kontinuierlich aktualisiert und enthält derzeit insgesamt 66 sozialräumlich orientierte Indikatoren. Im Partizipationsindex werden somit die Teilhabechancen der Kinder ebenfalls auf Sozialraumebene dargestellt, was innerstädtische Vergleiche und Analysen ermöglicht.

Fünf Dimensionen der Teilhabe

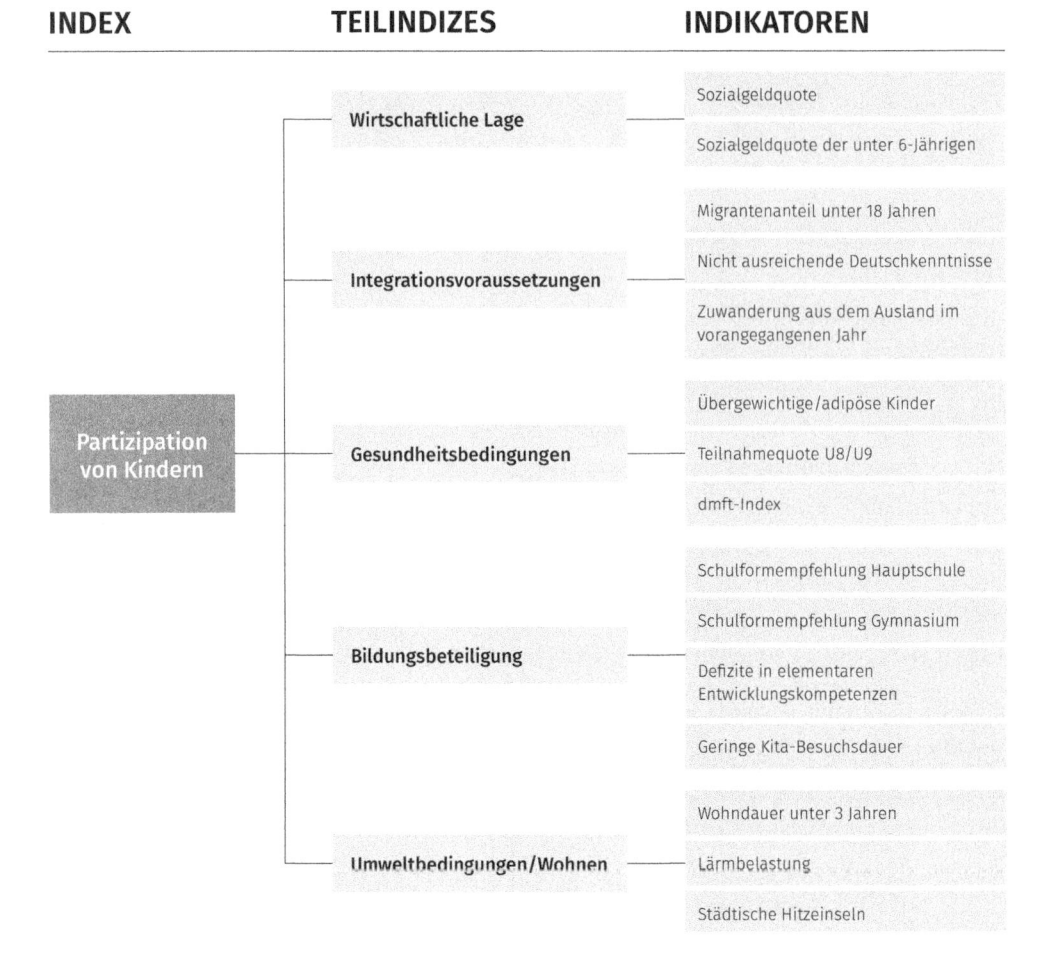

INDEX	TEILINDIZES	INDIKATOREN
	Wirtschaftliche Lage	Sozialgeldquote
		Sozialgeldquote der unter 6-Jährigen
	Integrationsvoraussetzungen	Migrantenanteil unter 18 Jahren
		Nicht ausreichende Deutschkenntnisse
		Zuwanderung aus dem Ausland im vorangegangenen Jahr
Partizipation von Kindern	Gesundheitsbedingungen	Übergewichtige/adipöse Kinder
		Teilnahmequote U8/U9
		dmft-Index
	Bildungsbeteiligung	Schulformempfehlung Hauptschule
		Schulformempfehlung Gymnasium
		Defizite in elementaren Entwicklungskompetenzen
		Geringe Kita-Besuchsdauer
	Umweltbedingungen/Wohnen	Wohndauer unter 3 Jahren
		Lärmbelastung
		Städtische Hitzeinseln

Abbildung 1: Das Konzept Partizipation von Kindern (Gesellschaftliche Teilhabe) (Quelle: Stadt Gelsenkirchen 2018, S. 15)

Die erste Auflage des Partizipationsindex erschien 2015, die zweite Version 2018. Der sozialräumliche Fokus, den der Partizipationsindex hat, ist von besonderer Bedeutung für die Präventionskette. Die Funktion des Partizipationsindex ist es, ungleiche Teilhabechancen in ihren verschiedenen Dimensionen kleinräumig abzubilden und somit Problemlagen zu identifizieren und zu lokalisieren. Die Analyseergebnisse fungieren als Grundlage für einen ressortübergreifenden Diskurs und für die Entwicklung beziehungsweise Anpassung von Unterstützungsmaßnahmen. Außerdem bieten sie eine „Steuerungsunterstützung für die Entwicklung nachhaltiger Beteiligungsstrategien" (ebd., S. 14).

Der Partizipationsindex zeigt einerseits die fünf Dimensionen gebündelt, damit durch einen innerstädtischen Vergleich die Erfordernisse priorisiert werden können. Andererseits stellt er aber auch jede Dimension sowie jeden Stadtteil einzeln und detailliert dar, um die Ausarbeitung differenzierter Handlungsstrategien zu unterstützen.

Somit visualisiert er konkrete Sozialräume und Handlungsfelder, in denen bereits Teilhabebenachteiligungen von Kindern vorliegen oder entsprechende Risiken dazu bestehen. Dadurch können Netzwerke frühzeitig aktiviert werden, um gemeinsame Strategien für Gegenmaßnahmen zu entwickeln. Solche Strategieentwicklungen erfordern und ermöglichen eine breite Beteiligung von Fachakteuren sowie Kindern, Jugendlichen und Eltern.

Der Partizipationsindex als Grundlage für sozialräumliche Strategieentwicklungen

Der Sozialraum als Lebensraum von Kindern und ihren Familien ist eine unerlässliche Bezugsgröße für das Planen und Handeln sowohl im Kontext der Präventionskette als auch im Kontext der Stadt(teil)entwicklung.

Ist der Fokus auf den Sozialraum gerichtet, ermöglicht dies eine besonders lebensweltnahe Betrachtung. Insbesondere für junge Kinder ist der Sozialraum der unmittelbare Lebens-, Lern- und Entwicklungsort. Die Lebensraumnähe von Unterstützungsangeboten steigert die Chancen der Inanspruchnahme und somit ihre Wirksamkeit (vgl. NRW.ProjektSoziales 2017, S. 22; vgl. König 2009, S. 27). Jugendliche haben dort ihre prägende Kindheitsphase verbracht, lösen sich jedoch mit zunehmenden Alter davon. Sie erweitern ihren Bewegungsradius und den Kreis ihrer Sozialkon-

Fokus auf Sozialraum

takte und eignen sich dadurch stetig weitere Lebensräume an (vgl. Walther 2010, S. 123).

Damit Fachkräfte – unabhängig ihrer Profession – passgenau planen können, müssen sie zunächst die Herausforderungen und Bedarfe ihrer Zielgruppen erfassen. Damit dies gelingt, ist es notwendig, deren Lebenswelt zu verstehen (vgl. NRW.ProjektSoziales 2017, S. 28).

Lebensweltorientierung und Reflexivität als Bedingungen für und Ergebnis von Partizipation

Die sogenannte Lebensweltorientierung ist ein Theorieansatz aus der Sozialen Arbeit, der von Hans Thiersch geprägt wurde. Thiersch blickt kritisch auf das vermeintliche Expertentum der Fachkräfte und plädiert für den individuellen Blick auf den Alltag der Menschen und die Berücksichtigung ihrer eigenen Problemdefinitionen. Es gibt nicht die eine Lebenswelt, die sich Fachkräfte einmal aneignen und dieses Verständnis in künftigen Prozessen zugrunde legen können. Im Sinne der Konstruktion sozialer Realitäten ist auch die Lebenswelt ein Konstrukt, das nicht absolut und somit nicht objektivierbar ist. Es existiert also eine Lebensweltenpluralität. Und daher können Fachkräfte ihr (pluralistisches) Lebensweltverständnis eben nur gemeinsam mit den Menschen der jeweiligen Lebenswelt(en) entwickeln. Ohne die Interaktion mit den Zielgruppen ist es allenfalls möglich, ihre Lebenslage zu erfassen. Mit Lebenslage sind dabei die Lebensbedingungen gemeint, die man im Gegensatz zur Lebenswelt annähernd objektivieren kann. (vgl. Lambers 2018, S. 91-93)

Pluralität der Lebenswelten

Auch in anderen Professionstheorien der Sozialen Arbeit wird es abgelehnt, Fachkräfte als Expert*innen zu verstehen und ihnen allein das Wissen und die Fähigkeit zur Lösung sozialer Problemlagen zuzuschreiben. Bernd Dewe und Hans-Uwe Otto führen dies in ihrer Theorie der sogenannten Reflexiven Sozialarbeit aus. Auch für sie ist das Verständnis von sozialer Wirklichkeit nicht absolut, sondern individuell. Der Lebensweltbezug und die Korrelation zwischen Gesellschaft, Individuum, dem räumlichen und sozialen Lebensumfeld sowie dessen Bewertung durch die Menschen selbst sind entscheidend. Daher ist soziale Wirklichkeit nicht a priori durch die Fachwelt zu erfassen. Vielmehr muss sie prozesshaft und fallbezogen gedeutet werden. Dies ist nur reflexiv und gemeinsam mit den Zielgruppen möglich. Ein Aneignungsprozess erfolgt aus ihrer Sicht also ausschließlich im Dialog. (vgl. Lambers 2018, S. 100-103; vgl. Dewe und Otto 2012, S. 197f)

Reflexive Sozialarbeit

Dewe und Otto verstehen den Menschen als ein autonomes, mündiges und selbstbestimmtes Wesen. Er ist fähig und willig, Entscheidungen für sein Leben zu treffen und dieses selbst zu gestalten. Er ist reflexions- und entwicklungsfähig. Er muss nicht gelenkt und geleitet werden, sondern ihm müssen Perspektiven eröffnet werden, um sein Wissen anzuwenden respektive zu erweitern. Das ist ihnen zufolge der Grundanspruch, den Soziale Arbeit in ihrem Auftrag verstehen sollte. Und größer gedacht, ist dies der Grundanspruch, den auch andere Professionen sowie ganze Kommunen an ihr Planen und Handeln haben sollten (vgl. Lambers 2018, S. 101 u. 103; vgl. Dewe und Otto 2012, S. 198f).

Der Partizipationsindex im Kontext von Lebensweltverständnis

Wenn man die Grundsätze der Lebensweltorientierung und der Reflexiven Sozialarbeit zugrunde legt, nimmt der Partizipationsindex hier zwei nützliche Funktionen ein.

Zum einen ist er ein hilfreiches Instrument, um die Lebensbedingungen besser zu verstehen. Er hilft also, das Lebensweltverständnis vorzubereiten und sich dem jeweiligen Konstrukt der Lebenswelt der Zielgruppen in einem Sozialraum datenbasiert zu nähern. Er gibt den Fachkräften Orientierung und einen Rahmen, um die bestehende Komplexität zu reduzieren und zu strukturieren. Zudem lassen sich Hypothesen bilden, die wiederum eine Struktur für den weiteren Prozess des Verstehens bieten.

Zum anderen stellt der Index eine datenbasierte und systematisierte Grundlage für den wichtigen Dialog mit den Zielgruppen vor Ort dar. Er ist also ein Anlass und eine Art Türöffner, um gemeinsam ins Gespräch zu kommen. Dieser Dialog ist unerlässlich für Fachkräfte, um sich einem Verstehen der Lebenswelt(en) zu nähern. Er ist außerdem grundlegend für jedwede Form von Partizipation im weiteren Planen und Handeln. Er bietet Informationen, er erweitert die Perspektive der Fachkräfte und schafft bestenfalls bereits den Grundstein für die weitere Kooperation beziehungsweise Koproduktion in Planungsprozessen (vgl. Stadt Gelsenkirchen 2018, S. 14 u. 21).

Planen nur mit Partizipation

Wirkungsvolles und nachhaltiges Planen sowie Handeln erfordert neben einer Datengrundlage auch Bedarfsorientierung, Zielorientierung, Passgenauigkeit, Reflexivität und einen interdisziplinären Blick. Es erfordert aber vor allem auch Partizipation. Und Partizipation sollte nicht nur als Anwendung von Methoden zur punktuellen Beteiligung der Zielgruppen verstanden werden. Partizipation erfordert vor allem eine offene und selbstreflexive Haltung der Fachkräfte. Welche konkrete Form dieser partizipative Ansatz annehmen kann, ist daher abhängig von den individuellen Rahmenbedingungen und auch von den Lebenswelten der Zielgruppen. Wäre der Rahmen im Vorfeld manifestiert, so würde dies bereits eine Einschränkung der Partizipation bedeuten und schlimmstenfalls eine Alibi-Partizipation zur Folge haben (vgl. Stadt Gelsenkirchen 2018, S. 21-24; vgl. Kurz und Kubek 2018, S. 14-19; vgl. Straßburger und Rieger 2014, S. 48f).

Funktion und Nutzen von Strategieentwicklungen im Sozialraum

Jeder Mensch bewegt sich in seiner individuellen Lebenswelt. Kinder und Jugendliche leben, lernen und entwickeln sich in ihren jeweiligen sozialen Realitäten. Ihre Persönlichkeitsentwicklung wird neben dem familiären Setting im Wesentlichen direkt vor ihrer Haustür geprägt.

Um die Lebenslage der Menschen und beispielsweise konkret die Teilhabechancen von Kindern und Jugendlichen gezielt und systematisch zu verbessern, muss man also im Sozialraum ansetzen. Nun sind der eine Sozialraum und seine zahlreichen Lebenswelten hoch komplex. Daher erfordern nachhaltige Veränderungen gemeinsame Anstrengungen verschiedener Professionen, ein gemeinsames Verstehen der Lebenslage, einen gezielten Plan und ein gemeinsames Handeln mit den Menschen aus diesem Sozialraum.

Es bedarf also einer integrierten Strategieentwicklung im und für einen Sozialraum.

Eine Kommune sollte, „um Armut und sozialer Ausgrenzung in den Sozialräumen begegnen zu können, Netzwerkstrukturen etablieren, in die alle wichtigen Akteur*innen eines Sozialraumes […] einbezogen werden" (NRW.ProjektSoziales 2017, S. 28). Der Begriff „Akteur*innen" sollte per se die Fachkräfte – zum Beispiel aus dem Bildungs- und Gesundheitssystem – umfassen, die in einem Sozialraum verortet sind sowie solche, die von außerhalb kommen, aber hineinwirken können. Außerdem sollten die in einem Sozialraum anderweitig tätigen Menschen wie beispielsweise Unternehmer*innen und natürlich die in einem Sozialraum lebenden Menschen inkludiert sein.

Sozialräumliche Strategieentwicklung

Die Intention des Konzeptes sozialräumlicher Strategieentwicklung der Stadt Gelsenkirchen besteht daher vor allem darin,

- die vor Ort beziehungsweise für den Sozialraum tätigen Fachakteur*innen unabhängig von ihrer institutionellen Zuordnung zusammenzubringen,
- Synergien aus ihren fachlichen Kompetenzen zu bilden,
- vorhandene (Sozial-)Daten mit Fachkräftewissen und der Zielgruppenperspektive anzureichern,
- partizipativ Bedarfe zu ermitteln, Handlungserfordernisse zu verstehen, Ideen zu entwickeln und

- die vor Ort vorhandenen Ressourcen und Potenziale bedarfsgerecht zu kanalisieren (nach Stadt Gelsenkirchen 2020b, S. 9).

Die sozialräumliche Strategieentwicklung soll folglich ein partizipatives Planen und Handeln direkt vor Ort, gemeinsam mit Fachakteur*innen und Familien, erwirken.

„Diese Grundgedanken schaffen den Rahmen, um vor Ort schnell Erfolge sichtbar zu machen und unter den zahlreichen Akteuren eine hohe Motivation [und eine lebensweltorientierte Haltung] zu fördern." (ebd.) In einem solchen Prozess werden darüber hinaus nachhaltige und authentische Möglichkeiten zur Mitgestaltung durch die Bewohnerschaft erreicht.

„Die Gestaltung von Lebensraum wird dabei als gemeinschaftliche Aufgabe – also als [...] partizipativer Prozess – und nicht nur als Aufgabe [der Organe] der Kommunalverwaltung verstanden." (ebd.)

Lebenslagen können nur dann nachhaltig verbessert werden, wenn die beteiligten Fachakteur*innen ein annäherndes Verständnis für die Lebenswelten der Bewohnerschaft entwickeln. Sie müssen die Gestaltung ihres Lebensraumes als einen kontinuierlichen, partizipativen Prozess anerkennen, in dem sich die fachlichen Einschätzungen und die Sichtweisen der Zielgruppen nicht immer decken (müssen) (vgl. NRW.ProjektSoziales 2017, S. 27f; vgl. Walther 2010, S. 129-131).

Das Konzept der Stadt Gelsenkirchen zur sozialräumlichen Strategieentwicklung

Die Stadt Gelsenkirchen unternimmt seit Jahren erhebliche sozialraumorientierte Anstrengungen zur Verbesserung der Teilhabechancen von Kindern. In mehreren Projekten wurde gleichzeitig Konkretes entwickelt wie auch geforscht. Dies geschah stets in Sozialräumen, die mithilfe des Partizipationsindex ausgewählt wurden.

Neben dem konkreten Ziel, die Teilhabechancen der Kinder in eben jenen Stadtteilen zu verbessern, wurde angestrebt, eine übertragbare Systematik und Methodik für einen Strategieprozess mit vorhandenen Ressourcen zu entwickeln. Das heißt, eine Strategie soll auch ohne höchst aufwändige, generöse und gegebenenfalls teure, förderungsabhängige Planungen möglich sein und dennoch integriert entwickelt werden, um nachhaltige Verbesserungen der Lebens- und Teilhabechancen bewirken zu können. Diese Entwicklungsprozesse unterlagen einer Logik, die übertragbar ist und sukzessive weiterentwickelt, systematisiert und methodisch-konzeptionell angereichert wurde.

Die Logik dieser sozialräumlichen Strategieentwicklung lässt sich in sechs beziehungsweise sieben Phasen unterteilen, die den ideal-

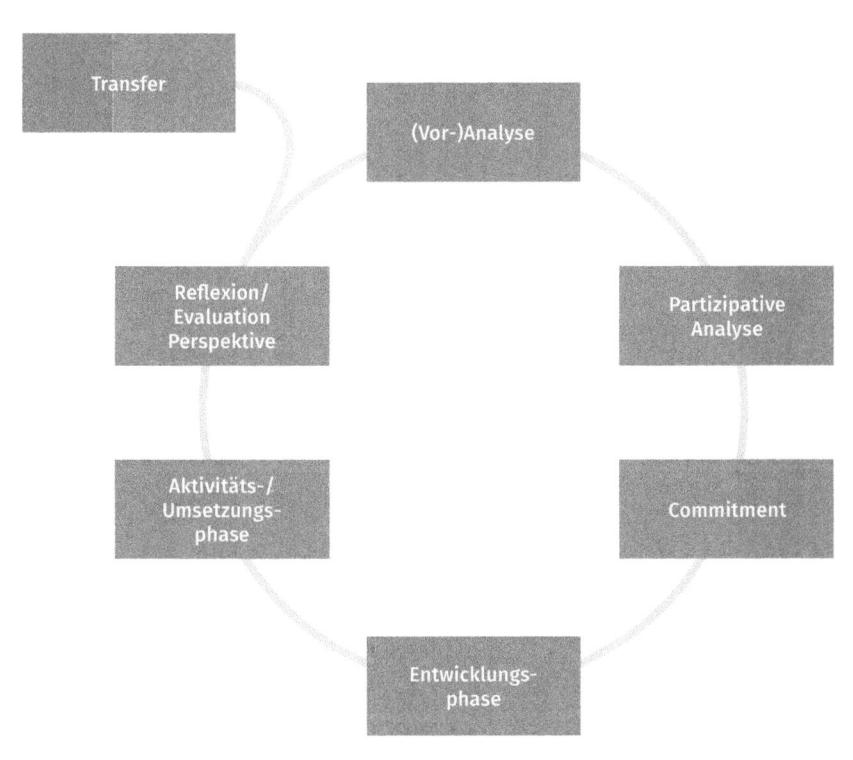

Abbildung 2: Die Prozesslogik der sozialräumlichen Strategieentwicklung (Quelle: Stadt Gelsenkirchen 2020b, S. 15)

typischen Ablauf der Prozessschritte beschreiben (vgl. Abbildung 2).

In der Phase der *Voranalyse* geht es um die Fragen „Wo sind welche Probleme und Potenziale?" und „Warum ist es hier so, wie es ist?". Diese Phase umfasst zum einen die kleinräumigen Analysen der Gesamtstadt, die im Partizipationsindex dargestellt sind und zum anderen auch die jeweilige Sozialraumanalyse zu dem ausgewählten Stadtteil. Die Sozialraumanalyse beinhaltet auch eine Analyse der im Stadtteil tätigen oder für den Stadtteil relevanten Fachakteur*innen. Es wird zudem identifiziert, welche Teilzielgruppen aufgrund der Daten besonders auffallen. In diesem Schritt beginnt der Prozess, in dem sich Fachakteur*innen die Lebenslagen beziehungsweise die Lebensbedingungen der Zielgruppen mithilfe von Daten und Fakten aneignen.

Die Analyseergebnisse aus dem Partizipationsindex und der vertiefenden Sozialraumanalyse begleiten kontinuierlich den weiteren Diskurs unter den Akteur*innen der kindlichen Lebenswelten im Stadtteil. Sie werden angereichert mit den Erfahrungen der Fachakteur*innen (Akteurspartizipation) sowie der Familien (Betroffenenpartizipation). Dieser Schritt bildet den Kern der *partizipativen Analyse* mit den Leitfragen „Wie sehen die Fachkräfte das?" und „Wie sehen die Betroffenen das?". Die Betroffenenpartizipation sollte bestenfalls durch einen Methodenmix erfolgen, um möglichst viele verschiedene Teilzielgruppen aus dem Stadtteil einzubeziehen. Die Methoden müssen über eine Bereitstellung von Räumen und offene Einladungen zur Beteiligung hinausgehen. Sie müssen berücksichtigen, dass die Erfahrung, die Fähigkeit und die Bereitschaft zur Mitgestaltung in der Bewohnerschaft eines Sozialraumes sehr unterschiedlich sind. Ebenso groß muss auch die Diversität der Beteiligungsangebote und -methoden sein.

Diversität der Beteiligungsangebote

Dieser Phase sollte eine besondere Aufmerksamkeit und auch eine besondere Geduld gewidmet werden, denn eine ernst gemeinte Partizipation der Zielgruppen erfordert Zeit. Hier ist es sinnvoll, den Dialog mit den Zielgruppen nicht nur als Gespräch zu verstehen, sondern zum Beispiel auch größere Projekte wie Stadtteilerkundungen mit Kindern und Werkstätten mit Jugendlichen durchzuführen. Dies bietet die Chance, dass sich Fachkräfte und Kinder beziehungsweise Jugendliche gemeinsam den Sozialraum aneignen und direkt im Alltagsgeschehen über ihre Eindrücke diskutieren.

Insbesondere Kinder und Jugendliche sind eine besonders wichtige Zielgruppe, da sie durch das Erleben lernen und der Erfolg eines Lernprozesses über eine längere Zeit anhalten kann. Dabei ist weniger relevant, ob sie sich tatsächlich aktiv in höchster Form in den Prozess eingebracht haben. Wichtig ist vor allem, dass sie die Chance dazu hatten und dass sie erlebt haben, dass ihre Stimme aufrichtig als wertvoll angesehen wird und sie selbst als Bestandteil des Gestaltungsprozesses anerkannt werden. „Sich wahrgenommen fühlen, ist Voraussetzung und Ausdruck sozialer Anerkennung" (Walther 2010, S. 129). Kinder und Jugendliche entwickeln die Motivation zur Teilhabe eben genau durch solche realen Gelegenheiten und Erfahrungen tatsächlicher Teilhabe.

Zielgruppe Kinder und Jugendliche

Diese Phase der partizipativen Analyse erfordert auch deshalb eine besondere Aufmerksamkeit und Geduld, weil hier im Wesentlichen das Verstehen der Lebenswelt der Zielgruppen beginnt. In dieser Phase liegt die große Chance, hinreichend Vertrauen aufzubauen und Motivation zu wecken, sodass die weiteren Schritte in diesem Prozess stets gemeinsam mit Zielgruppen(vertretungen) gegangen werden. Außerdem bietet dies die Chance, den Grundstein für weitere Aktivitäten der Zielgruppen in künftigen Prozessen zu legen.

In der *Commitment-Phase* werden die konkretisierenden Fragen erörtert „Wie und mit wem wollen wir die Probleme gemeinsam angehen?" und „Was wollen wir erreichen?". Kern dieser Phase ist eine gemeinsame Klärung unter allen Prozessbeteiligten. Ein gemeinsames Ziel zu finden und eine gemeinsame Blickrichtung zu formulieren, ist essentiell für den Erfolg des Prozesses. Es darf nicht ausschließlich um fachlich begründete Ziele gehen. Vielmehr ist auch in dieser Phase der Stellenwert von Partizipation – also eine koproduzierte Zielentwicklung – immens. Hier ist auch Aushandlung ein wichtiges Element. Zum einen haben Entwicklungsprozesse stets unveränderliche Grenzen, die offen kommuniziert werden müssen. Zum anderen stehen sich Ziele und Wünsche von Betroffenen in der Realität oftmals gegenüber. Bestenfalls können sie sich ergänzen, schlimmstenfalls stehen sie sich entgegen. Es gilt also, in gewisser Weise Partizipation und Mediation miteinander zu verbinden und ein Gleichgewicht im Gerechtigkeits- und Selbstwirksamkeitsempfinden der Beteiligten herzustellen. Auch hier gilt: Nicht die Fachkräfte sind die Expert*innen der Lebenswelt, also der Problemlagen und ihrer Lösungen, sondern die Betroffenen selbst.

Selbstwirksamkeit

In der *Entwicklungsphase* werden konkrete Maßnahmen und Aktionen entwickelt, erörtert und vorgeplant. Diese Planungen sollten sich eng an den partizipativ erarbeiteten Problemen, Bedarfen und Wünschen sowie an vorhandenen Potenzialen orientieren. In dieser Phase sollen vor allem Maßnahmen gedanklich entwickelt werden, die durch die am Strategieprozess beteiligten Personen kurz- bis mittelfristig eigenständig umgesetzt werden können. Dazu ist erforderlich, dass diese Maßnahmen von der jeweiligen Entscheidungsbefugnis der Beteiligten umfassend gedeckt werden und entsprechende Ressourcen vorhanden sind. Außerdem sollten in dieser Phase auch gezielt Maßnahmen entwickelt werden, die von den Zielgruppen eigenständig umgesetzt werden können.

Die Erfahrung von gemeinsamer Entwicklung, von Selbstwirksamkeit und das unmittelbare Erleben von Teilhabe sind für die bereits beteiligten Zielgruppen wichtig, da es sie bestätigt und weiter motiviert. Für die noch nicht beteiligten Zielgruppen ist die Wahrnehmung/Beobachtung dessen ebenso wichtig, um selbst aktiviert zu werden – jetzt oder später. Die eigene Bereitschaft zur Partizipation zu entwickeln, erfordert für die einen Menschen kürzere, für die anderen längere Zeit und unter Umständen einen Vertrauensaufbau.

In der *Aktivitäts-/Umsetzungsphase* wird konkret definiert „Was tun wir wo, wie mit wem bis wann?". Die gedanklich entwickelten Maßnahmen werden priorisiert, ausgewählt und zur reellen Umsetzung gebracht. Wenn weitere Ressourcen benötigt werden, müssen zum Beispiel Sponsor*innen und Fördergelder akquiriert werden. Bereits in dieser Phase sind eine kontinuierliche Reflexion der einzelnen Maßnahmen und eine Überprüfung der Ziele erforderlich. Die Betroffenen in dieser Phase außen vor zu lassen, wäre fatal. Wenn Ziele nicht erreicht werden, sind das gemeinsame Reflektieren und das Entwickeln eines Problemverständnisses wichtig, damit kein Gefühl der Fremdbestimmung aufkommt.

In der anschließenden Phase *Reflexion beziehungsweise Evaluation und Perspektive* soll der Blick anhand der gewonnenen Erfahrungen in die Zukunft gerichtet werden. Wichtig ist es zudem, klare und fundierte Vorsätze für das weitere Vorgehen zu benennen. Dabei sind folgende Fragen zu klären: „Wie hat das funktioniert?", „Was würden wir künftig genauso und was anders machen?" und „Wie geht es weiter?".

Ein Strategieprozess ist ein Kreislauf. Das bedeutet, dass er nicht endet, wenn Maßnahmen umgesetzt und Ziele erreicht wurden. Vielmehr erfolgt nach einer Reflexion und Evaluation mit der Schaffung der weiteren Perspektive auch die erneute Frage nach den (aktuellen) Problemen und Potenzialen. Hier liegt der Fokus auf den Veränderungen und Entwicklungen. Bestehen Probleme fort, sind sie erneut anzugehen. Haben sich Probleme und Potenziale verändert, ist zu analysieren, wie und warum dies geschehen ist. Während und nach einem Strategieprozess gibt es zahlreiche Lernerfahrungen, die aufbereitet und weitervermittelt werden sollten. Es schließt sich der Reflexionsphase also die erneute *Analysephase* an. Durch die Strategieentwicklung und ihre Resultate haben sich bestenfalls die Lebenslage und somit auch die Lebenswelten im Sozialraum verändert. Es gilt also, den Prozess der Aneignung von Lebenswelten neu zu beginnen respektive fortzuführen. Bestehende Dialoge mit Zielgruppen sollten fortgesetzt werden und neue Zugangswege zu Menschen anhand der bislang gewonnen Erkenntnisse erschlossen werden.

> Strategieprozess als Kreislauf

Der *Transfer* dieser Lernerfahrungen erlaubt es schließlich, methodische Erprobungen und praktische Erkenntnisse in die Arbeit anderer Sozialräume einfließen zu lassen. Zudem können die Ergebnisse eine Planungsgrundlage bei späteren handlungsfeldbezogenen Strategieentwicklungen darstellen.[1]

Fazit

Der Auftrag der Sozialen Arbeit und insgesamt des kommunalen Handelns orientiert sich an den sozialen Problemen und den Bedarfen der Menschen.

Diese zu erfassen, erfordert ein Verstehen der Lebenswelten der Zielgruppen. Diese sind jedoch komplex, kompliziert und individuell. Daher ist es notwendig, die Komplexität zu reduzieren, um einen Überblick zu gewinnen, Prioritäten zu ermöglichen und Handlungsansätze sowie Zugangswege zu gestalten. Bei diesem Schritt helfen Monitoringinstrumente, wie der Partizipationsindex. Sie dürfen aber nicht der einzige Baustein in der Beschreibung von Lebenslagen oder im Aneignungsprozess von Lebenswelten sein. Der essentielle Baustein dafür ist stets der partizipative Dialog mit den Zielgruppen.

Partizipativer Dialog als essentieller Baustein

Der Sozialraum ist besonders in den Planungsfeldern der Kinder- und Jugendarbeit eine wichtige Bezugsgröße, weil Kinder und Jugendliche dort stark prägende Alltagserfahrungen sammeln. Monitoringinstrumente sollten also sozialräumlich ausgerichtet sein und möglichst kleinräumige Analysen ermöglichen. Wenn Problemlagen sehr differenziert lokalisiert werden können, erhöht das die Chance zur Entwicklung nachhaltiger Beteiligungsstrategien. Und dies verschafft Kindern und Jugendlichen wahre Chancen auf Selbstwirksamkeitserfahrungen und letztlich auf gesellschaftliche Teilhabe.

Teilhabe erfordert tatsächliche Beteiligungsmöglichkeiten. Damit Partizipation gelingen kann, braucht es entsprechende strukturelle Rahmenbedingungen, eine offene und reflexive Haltung der Fachakteur*innen und einen fortwährenden Dialogprozess. Ein

Monitoring beziehungsweise eine Sozialberichterstattung unterstützt Fachkräfte dabei, die Lebenslage ihrer Zielgruppen besser zu verstehen und den gemeinsamen Dialog vorzubereiten. Vor allem eine offene Diskussion über die Unterschiede zwischen den Analyseergebnissen und der sozialen Realität der Zielgruppen generiert spannende Erkenntnisse auf beiden Seiten, was wesentlich für den Prozess zum Verstehen der Lebenswelt(en) ist. Damit der Auftakt für eine partizipative Strategieentwicklung gelingt, ist es erforderlich, dass die Art und Weise der Datenaufbereitung – wie im Partizipationsindex – auch für „Nicht-Wissenschaftler*innen" ansprechend und verständlich ist.

Die Lösung von sozialen Problemen ist ein höchst komplexer und komplizierter Auftrag. Dieser kann nur im Zusammenwirken mehrerer Professionen und insbesondere durch eine Kooperation zwischen Fachakteur*innen und Zielgruppen auf Augenhöhe gelingen. Die Reflexionskompetenzen der Fachakteur*innen sollen dabei auch die Risikobereitschaft umfassen, die Lebensweltexpertise der Zielgruppen anzuerkennen.

Zusammenwirken der Professionen

Oftmals stehen in der Sozialraumentwicklung wie auch bei anderen Vorhaben begrenzte Ressourcen zur Verfügung. Transparenz und Offenheit im gesamten Prozess wirken heilsam, denn es geht erfahrungsgemäß weniger um „den großen Wurf", sondern vielmehr darum, sich auf Augenhöhe zu bewegen und die Menschen ernst zu nehmen. Das Gelingen beteiligungsorientierter Verfahren ist dabei nicht abhängig von der Größe des Umsetzungsspielraums.

Zu den wesentlichen Lernerfahrungen aus den Prozessen sozialräumlicher Strategieentwicklung in Gelsenkirchen gehört außerdem, dass Fachakteur*innen der Pluralität der Zielgruppen, ihrer Lebenswelten, ihrer Fähigkeiten und Bereitschaft zur Partizipation Rechnung tragen müssen. Differenzierte Angebote, Anspracheweg und Beteiligungsformate erhöhen die Chance auf einen konstruktiven Diskurs und eine tatsächliche Teilhabe der Zielgruppen. Äußerst wertvoll ist es, vor allem Kinder und Jugendliche bereits bei der Planung und Gestaltung von Partizipationsformaten einzubeziehen.

Ernst gemeinte Partizipation braucht mehr als eine Methode, ein Schema oder ein Monitoringinstrument: Sie benötigt Zeit, Gelegenheit, Geduld, Kreativität und Mut!

Literatur

Dewe, B./Otto, H.-U. (2012): Reflexive Sozialpädagogik. Grundstrukturen eines neuen Typs dienstleistungsorientierten Professionshandelns. In: Thole, W. (Hg.): Grundriss Soziale Arbeit. Ein einführendes Handbuch. 4. Auflage, Wiesbaden 2012. VS Verlag für Sozialwissenschaften. S. 197-217.

König, J. (2009): Wie Organisationen durch Beteiligung und Selbstorganisation lernen. Opladen und Farmington Hills.

Kurz, B./Kubek, D. (2018): Kursbuch Wirkung. Berlin. 5. Auflage.

Landeskoordinierungsstelle „Kommunale Präventionsketten NRW" (Hg.) (2018): Wissensbasiertes Handeln in kommunalen Steuerungsprozessen. Münster.

Lambers, H. (2018): Theorien der Sozialen Arbeit. Opladen und Toronto. 4. Auflage.

NRW.ProjektSoziales GmbH (2017): Armut im Sozialraum. FSA-Infogramm 08. Gelsenkirchen.

Stadt Gelsenkirchen (Hg.) (2018): Gesellschaftliche Teilhabechancen von Gelsenkirchener Kindern. Gelsenkirchen.

Stadt Gelsenkirchen (Hg.) (2020a): Die Präventionskette in Gelsenkirchen – Bausteine einer wirkungsorientierten Strategieentwicklung. Gelsenkirchen.

Stadt Gelsenkirchen (Hg.) (2020b): Das Konzept der sozialräumlichen Strategieentwicklung. Eine Darstellung am Beispiel der kleinräumigen Verbesserung der Teilhabechancen von Kindern in der Stadt Gelsenkirchen. Gelsenkirchen.

Straßburger, G./Rieger, J. (Hg.) (2014): Partizipation kompakt. Weinheim und Basel.

Walther, A. (2010): Partizipation oder Nicht-Partizipation? Sozialpädagogische Vergewisserung eines scheinbar eindeutigen Konzepts zwischen Demokratie, sozialer Integration und Bildung. In: Neue Praxis – Zeitschrift für Sozialarbeit, Sozialpädagogik und Sozialpolitik. 40. Jahrgang 2010/Heft 2. Lahnstein.

Anmerkungen

1 Die Darstellung der Phasen basiert auf Stadt Gelsenkirchen 2020b.

Markus Berchtold Ph. D., René Lohe

Partizipative Garantiesysteme – Qualitätsmanagement und Evaluation durch Beteiligung

Qualitätssicherung durch aktive Stakeholder-Beteiligung. Dies ist das Ziel der Partizipativen Garantiesysteme (PGS). Dabei handelt es sich um „lokal fokussierte Qualitätssicherungssysteme, sie zertifizieren Produzent*innen auf Basis von aktiver Partizipation der Interessenvertreter*innen und sind auf einem Fundament von Vertrauen, sozialen Netzwerken und Wissensaustausch gebaut." (IFOAM, 2008). Doch welche Prinzipien liegen ihnen zugrunde und welches partizipative Momentum wohnt ihnen inne?

Einleitung

Partizipative Garantiesysteme (PGS) führen zu einer Zertifizierung von Produkten und Dienstleistungen. Die Besonderheit ist, dass das „Gütesiegel" nicht von einer alleinstehenden auditierenden Instanz vergeben, sondern durch ein Gremium, bestehend aus Beteiligten der Wertschöpfungskette sowie den Endnutzer*innen, evaluiert und zertifiziert wird. Dabei nimmt dieses Gremium einen unmittelbaren Einfluss auf die Qualität und das Ergebnis der Zertifizierung. Das primäre Anwendungsfeld der PGS ist bis dato der ökologische Landbau, in dem es weltweit mehr als 240 etablierte Partizipative Garantiesysteme gibt.

Zertifizierung als partizipativer Prozess

Ein besonderes Merkmal des Verfahrens ist der Ablauf, denn die Beteiligung beginnt bereits vor der eigentlichen Anwendung des Zertifizierungsprozesses. Die grundlegenden Standards, Werte und Prozessabläufe eines PGS werden gemeinschaftlich mit den Stakeholdern erarbeitet und fortlaufend definiert. Die Teilhabe, der am System beteiligten Akteur*innen findet in jedem Prozessschritt statt und das Wissen, das durch die PGS-Community entwickelt wird, steht allen Akteur*innen zur Verfügung. Klassische PGS werden nicht privatwirtschaftlich verwaltet, sondern durch die PGS-Community getragen und weiterentwickelt. Somit können solche Systeme im Idealfall als Allmende beziehungsweise Gemeingut betrachtet werden.

Ursprung und Abgrenzung zur herkömmlichen Drittparteizertifizierung

Ökologischer Landbau als Vorreiter

Partizipative Garantiesysteme finden ihren Ursprung in den frühen 70er Jahren, in denen sie insbesondere im Kontext des ökologischen Landbaus entwickelt wurden. Ziel der PGS war und ist es, Vertrauen in landwirtschaftliche Produkte zu fördern und Garantien zur Qualität von Bioprodukten zu schaffen. Im Jahr 1972 startete durch die französische Organisation Nature und Progrès die erste PGS-Initiative. Sie etablierte gemeinschaftlich entwickelte Standards für ökologischen Landbau, die durch eine Gütekennzeichnung auf den Produkten sichtbar gemacht wurden.

Im Zuge zunehmend globalisierter Märkte und der fortschreitenden Regulierung der Bedingungen für grenzüberschreitenden Handel von Lebensmitteln wurden vermehrt internationale Standards, wie das Bio-Siegel der EG-Ökoverordnung, eingeführt. Diese Regularien werden meist durch Zertifizierungssysteme von Drittparteien begutachtet und entsprechende Normen von Zertifizierungsstellen organisiert.

Auf der Ebene der Beteiligung gibt es zwischen den beiden Ansätzen grundlegende Unterschiede: Während Zertifizierungen von Drittparteien in der Regel nach dem Top-down-Prinzip organisiert sind und auf die Kontrolle einer dritten beziehungsweise externen Partei setzen, integrieren die PGS sämtliche Beteiligte der Wertschöpfungskette sowie den/die Nutzer*in in das Bewertungssystem. Neben den Produzent*innen und Stakeholdern aus der Wissenschaft sind auch NGOs, unterschiedliche Interessenvertreter*innen des Bio-Sektors sowie Konsument*innen in den Prozess der Qualitätssicherung einbezogen. Im ersten Schritt organisieren sich die Akteur*innen in der Regel als „Grassroots"-Bewegung, die sich mit einer gemeinschaftlichen Vision dazu entschließt, ein PGS aufzubauen. Als Bottom-up-Bewegung einigt man sich auf anvisierte Standards, Prozeduren und Verpflichtungen, die die Weichen für die operative Zusammenarbeit stellen.

Bottom-Up-Bewegung

Ein weiteres Merkmal der PGS ist der starke Fokus auf die lokalen Gegebenheiten. Viele herkömmliche Zertifizierungssysteme legen Standards in Kriterienkatalogen fest, bei denen nicht immer den lokalen Rahmenbedingungen Rechnung getragen wird. So haben Kleinbauern in Guatemala oft nicht vergleichbare Bedingungen, Ressourcen und Kapazitäten wie ein professionalisierter Landwirtschaftsbetrieb in Belgien.

Seit ihrer Entstehung wachsen die PGS kontinuierlich. Im Jahr 2019 gab es weltweit 166 funktionale PGS und weitere 57, die sich im Aufbau befinden. Die insgesamt über 220 PGS-Initiativen involvieren mehr als 565.000 Produzent*innen, von denen bereits über 495.000 zertifizierte Produkte herstellen (IFOAM, Jahresbericht 2019).[1]

Übertragbarkeit des PGS-Ansatzes: partizipative Evaluation von nachhaltiger Bau- und Raumplanung

Ein wesentlicher Erfolgsfaktor der PGS liegt im gemeinschaftlichen Ziel einer Community durch hohe Qualität der Produkte einen positiven Einfluss auf Lebensstandards zu nehmen, und somit zu einer nachhaltigen Entwicklung beizutragen. Um diesen Beitrag zu leisten, versammeln sich die Mitglieder eines PGS unter einer gemeinsamen Vision. Durch ihre aktive Teilhabe und Mitgestaltung tragen sie dazu bei, den Erfolg des Systems zu sichern. Dabei verfolgen die Mitglieder des Systems Prinzipien und Werte, die die Einbindung sämtlicher Akteur*innen begünstigt und echten Mehrwert für die gesamte Wertschöpfungskette – von Erzeuger*innen über die Vertriebswege bis zu den Konsument*innen – schafft.

Basierend auf der Erfolgsgeschichte aus dem ökologischen Landbau stellt sich die Frage, ob dieser Ansatz nicht auch in anderen Bereichen Anwendung finden kann.

Seit etwas mehr als zehn Jahren arbeitet in Frankreich eine Projektgruppe, bestehend aus Expert*innen und Interessenvertreter*innen aus den Bereichen Projektträgerschaft, Projektmanagement, Architektur, Ingenieurwesen, Umweltberatung, Wissenschaft und der Zivilgesellschaft an einem Bewertungsverfahren, das den partizipativen Evaluationsansatz auf die Planung und Beurteilung von nachhaltigen Gebäuden und Nachbarschaften überträgt. Der Arbeit liegt die Absicht zugrunde, die Lebensräume und Bedarfe der Menschen, die solche Räume nutzen, besser in die Planung und Erstellung dieser Räume einzubeziehen. Dies kann von einzelnen Gebäuden bis hin zu nachbarschaftlichen Quartieren und weiterführender Raumplanung reichen. Dabei sollten, gemäß dem Vorbild aus der Landwirtschaft, ebenfalls verschiedene Akteur*innen und Interessenvertreter*innen aus der Wertschöpfungskette eingebunden werden. Statt Lebensmittel werden nun jedoch Gebäude und Raumplanung zertifiziert. Statt der Landwirt*innen sind Bauverantwortliche, Planungsbüros und Lieferant*innen für die Qualität des Ergebnisses verantwortlich. Die Akteur*innen, die von dem Resultat profitieren und demnach eingebunden werden, sind die Gebäudenutzer*innen und Bewohner*innen des Gebietes. Bei der Erstellung des Verfahrens werden die Leitprinzipien der Partizipativen Garantiesysteme als Maßstab genommen. Diese lauten:

1. Partizipation
2. Gemeinsame Vision
3. Transparenz
4. Horizontalität/Dialog
5. Stetiger Lernprozess
6. Zusicherung
7. Vertrauen: auf Integrität basierender Ansatz

In den folgenden Absätzen werden die PGS-Prinzipien als Grundpfeiler für eine gelebte Beteiligung kurz erläutert. Dabei soll die Perspektive auf eine Anwendung eines Partizipativen Garantiesystems zur Förderung nachhaltiger Bau- und Lebensraumkultur gerichtet sein.

1. Partizipation

Das aktive Engagement der Beteiligten bildet die Grundlage für die Gestaltung und die Anwendung von PGS. Ein Stakeholder-Mapping sollte dabei grundlegende Fragen zu potenziellen Interessengruppen sowie deren Motivation beantworten. Während auf der einen Seite die Menschen sind, die Räume nutzen, bewohnen und beleben (Gebäudenutzer*innen, Eigentümer*innen, Investor*innen, Einwohner*innen), stehen auf der anderen Seite die Akteur*innen, die diese Orte planen und entwickeln (zum Beispiel Techniker*innen, Architekt*innen und Ingenieur*innen, Bauunternehmen, Stadtplaner*innen, Politik und Verwaltung). Wie auch in anderen Beteiligungsformen haben unterschiedliche Beteiligte teils komplementäre Interessen. Hier gilt es, die „Brücken" zwischen den verschiedenen Interessen zu schaffen und zu fördern. Im Rahmen des PGS bilden die Beteiligten eine Community, die Wissen zur gebauten Umwelt teilt und ansammelt. Dabei können unterschiedliche Individuen oder Gruppen diverses Know-How zur Community beisteuern. Während einige Mitglieder technisch versiert sind, kennen andere die lokalen Begebenheiten, wiederum andere verfügen beispielsweise über Wissen und Zugang zu Finanzierungsoptionen. Die Beteiligten können in unterschiedlichen Rollen und Ebenen am PGS partizipieren und verschiedene Funktionen in den PGS-Gremien besetzen. Die kollektive Verantwortung, die mit dieser Form der Partizipation einhergeht, unterstützt die allgemeine Vertrauensbasis. Sie fördert die Offenheit der Beteiligten gegenüber der PGS sowie die Bereitschaft, sich mit dem Bewertungsverfahren auseinanderzusetzen.

> Stakeholder Mapping

Bei gut gelebten PGS schafft die Einbindung multipler Stakeholder diverse Vorteile:

- Die Begünstigten eines Bau- oder Planungsvorhaben (Bauherr*innen, Gebäudenutzer*innen oder Einwohner*innen) werden für den Wert nachhaltiger Baupraxis sensibilisiert.

- Die PGS-Community kann die Arbeitslast des Managements eines PGS teilen, zum Beispiel durch die Unterstützung in Peer-Review-Prozessen.

- Zusammenarbeit in nachhaltigen Bauvorhaben erhöht die Glaubwürdigkeit der Projekte und stärkt das Bewusstsein und den Wert erfolgreich umgesetzter und zertifizierter Projekte.

2. Gemeinsame Vision

Die Stakeholder vertreten den Wertekanon des Partizipativen Garantiesystems sowie das zentrale Ziel, das mit dem Bewertungssystem gefördert wird: eine nachhaltige und lebenswerte Umwelt. Hier werden mehrere Nachhaltigkeitsaspekte in der gebauten Umwelt vereint. Dies kann die Verminderung von Umwelt- und Gesundheitsbelastungen, die Optimierung von gebäudebezogenen Lebenszykluskosten, die Anpassung an den Klimawandel oder auch die räumliche und soziale Integration betreffen. Eine gemeinschaftliche Vision wird über das PGS-Label kommuniziert und fließt somit in die spezifische Wertehaltung der beteiligten Stakeholder-Entitäten von der Einzelperson bis zur Organisation ein, sodass die Vision auch öffentlich vertreten und weitergetragen wird. Die gemeinsame Vision der PGS hängt von den geographischen Gegebenheiten sowie der Art und Weise, wie die Stakeholdergruppen engagiert sind, ab. Stakeholder eines PGS-Prozesses können die gemeinsame Vision aktiv formen, indem sie den Entwicklungsprozess des Rahmenwerks (Kriterien und Indikatoren) sowie das Validierungsverfahren (Prozedere der Zertifizierung) mitgestalten. Welche Indikatoren in Bezug auf die Nachhaltigkeitsaspekte wie Energieeffizienz, Umweltfreundlichkeit oder den Einsatz von erneuerbaren Energien zum Tragen kommen, lässt sich dabei aus der Vision der PGS-Community ableiten.

Indikatoren als Ableitung aus der Vision

3. Transparenz

Alle Beteiligten des PGS haben direkten Zugang zu den relevanten Informationen des Garantiesystems. Diese reichen von den definierten Standards über den Bewertungsrahmen mit entsprechenden Kriterien und Indikatoren bis hin zu den Entscheidungsprozessen. Die finale Bewertung findet meist in öffentlich zugänglichen Veranstaltungen statt, bei denen die Projektträger*innen ihre Planungs- und Umsetzungsergebnisse vor sämtlichen Interessierten vorstellen. Dabei werden sowohl von der Jury als auch seitens des Publikums kritische Rückfragen gestellt und Feedback gegeben. Auch die Bewertungsentscheidung wird öffentlich verkündet und soll somit für alle Beteiligten sichtbar und nachvollziehbar sein.

Transparente Informationen und Prozesse

Transparenz kann gestärkt werden durch

- klar definierte und dokumentierte Systeme und Prozesse,
- einfachem Zugang zu Dokumentationen und relevanten Informationen über die PGS, zum Beispiel auf Websites,
- Informationsaustausch bei Treffen und Workshops,
- Teilnahme an Begehungen, Inspektionen und Hospitationen,
- öffentlichen Zertifizierungskommissionen, in denen eine PGS-Jury sowie weitere Interessierte eingeladen sind,
- kollektive Entscheidung in allen Fragen der PGS.

4. Horizontalität/Dialog

Horizontalität bedeutet, dass alle Interessengruppen das Recht haben, an der (Weiter-)Entwicklung und Steuerung des Bewertungssystems teilzunehmen und die verschiedenen Gremien zu besetzen. Dabei werden nicht-hierarchische Strukturen angestrebt, um das Mitspracherecht aller zu sichern und zu verhindern, dass der Einfluss einzelner Interessengruppen überproportional vertreten ist. Ein offener und horizontaler Dialog auf Augenhöhe wird von der gemeinschaftlichen Vision getragen und führt zu kollaborativen Entscheidungen sowie kollektiver Verantwortung. Um den Dialog

Herstellung von Augenhöhe

zu fördern und allen Interessengruppen Mitspracherecht einzuräumen, können sich Steuerungsgruppen mit besonderen Interessen innerhalb der PGS bilden. Jegliche Formen der Kommunikation und der Entscheidungsfindung in den einzelnen Stufen des Bewertungsprozesses werden dabei dokumentiert und der Community zur Verfügung gestellt, sodass jede*r aus der PGS-Community die Möglichkeit hat, Feedback zu geben.

Bereits im Rahmen der Projektplanung und während der Umsetzungsphase kann der Dialog auf Augenhöhe zu positiven Effekten führen. Korrektive Maßnahmen auf Seiten des Projektteams, Lerneffekte sowie Akzeptanz für die anvisierte Baupraxis können hierbei einen Ansatz zur Qualitätssicherung bilden.

5. Stetiger Lernprozess

Um ein hohes Maß an nachhaltigen Lern- und Entwicklungsprozessen zu erreichen, sind PGS bestrebt, Bedingungen zu schaffen, die es allen Beteiligten ermöglicht, sich entsprechend ihrer Interessen, Expertisen und Kapazitäten einzubringen. Das PGS kann so als kollektive Wissensorganisation fungieren, um gemeinschaftlich Methoden und Instrumente im Rahmen der Planung und Umsetzung nachhaltiger Baukultur zu erlernen. Dabei werden Austausch und die Dokumentation der Ergebnisse gefördert. Bereits in der Planungsphase führen Rückmeldungen, Feedbackrunden und praktische Empfehlungen zur Erhöhung des Wissens der Projektbeteiligten. Das hat positive Auswirkungen auf die Umsetzung und letztlich auf die Zertifizierung eines Projektes.

Kontinuierliche Verbesserungen

Wie in jedem Qualitätsmanagementsystem ist ein kontinuierlicher Verbesserungsprozess anvisiert, in dem auch auf sich verändernde Rahmenbedingungen eingegangen wird. Eine auf neue Bedürfnisse angepasste Bauweise, neue Technologien oder auch soziale und politische Änderungen werden durch die Community aufgegriffen und zu Bestandteilen des lernenden Garantie-Systems. Die PGS-Community kann gemeinschaftlich Evaluationskriterien und Indikatoren an sich ändernde Gegebenheiten anpassen. Der stetige Austausch im PGS-Netzwerk und zwischen den Akteursgruppen aus unterschiedlichen Bereichen des nachhaltigen Bauwesens fördert den stetigen Lernprozess und sorgt dafür, dass Wissen und Praktiken schnell verbreitet und umgesetzt werden.

6. Zusicherung

Es muss sichergestellt werden, dass die allgemeinen Ziele der PGS, wie Bewertungsrahmen und Qualitätsansprüche an die Projektvorhaben, erfüllt sind. Um dies zu erreichen, ist die aktive Einbeziehung aller Interessengruppen sowie ein gemeinschaftliches Verständnis der Regeln zur Zusammenarbeit und Bewertung erforderlich. Prozessabläufe, Regeln und Vorschriften werden von der PGS-Community definiert und von den Beteiligten getragen. Die Einhaltung etwaiger Standards der Zusammenarbeit wird in jeder Phase des Projektumsetzungszyklus geprüft und durch Einsicht in Unterlagen, Vor-Ort-Prüfungen und den horizontalen Austausch gefördert. Erst wenn alle Bedingungen des PGS-Prozesses erfüllt, sichergestellt und die gemeinschaftlich definierten Ansprüche an nachhaltige Qualitätskriterien erreicht sind, kann eine Zertifizierung beantragt werden. Die finale Präsentation und Bewertung des Projektes findet durch eine öffentlich zugängliche Veranstaltung statt, die sich durch Transparenz und Austausch zwischen den Projektbeteiligten und den bewertenden Instanzen auszeichnet.

Bei erfolgreicher Zertifizierung wird das positive Ergebnis honoriert und kann öffentlichkeitswirksam genutzt werden. Dies kann durch die Vergabe des Gütesiegels und/oder der Zertifikate geschehen, die sowohl der Projektgruppe als auch dem Zertifizierungssystem selbst zugutekommen. In der Regel stellen die PGS alle zertifizierten Projekte öffentlich dar (zum Beispiel auf Websites) und legen die Bewertungsgrundsätze nachvollziehbar offen.

Kommunikation der Ergebnisse

7. Vertrauens- bzw. integritätsbasierter Ansatz

Das Vertrauen in das Zertifizierungssystem basiert auf der Integrität der PGS, welche sich in der gemeinsamen Vision und den gemeinschaftlich erarbeiteten Prozessschritten und Bewertungsstandards manifestiert. Mechanismen zur Stärkung des Vertrauens sind ebenfalls Teil der Partizipativen Garantiesysteme und werden durch die PGS-Community festgelegt. Sie können durch Absichtserklärungen einzelner Mitglieder oder Gruppen in mündlicher und schriftlicher Form vereinbart werden.

Selbsterhaltende Qualitätssicherung

Da die PGS und der Zertifizierungsprozess transparent und öffentlich abgewickelt werden, stärkt es das Vertrauen in den Prozess und die Integrität, in dem die Teilnehmenden ihre öffentliche Reputation in den Prozess einbringen. Dies hat zur Folge, dass Projekte mit unzureichender Qualität keinen Zuspruch finden, da der Ruf einzelner Beteiligter sowie der gesamten Gemeinschaft Schaden nehmen könnte.

Die Kombination aus intensiver Partizipation, Prüfungsmechanismen durch die PGS-Community und Transparenz resultiert in einer selbst erhaltenden Qualitätssicherung innerhalb der PGS-Community.

Praxisbeispiel in Frankreich: neue Planungskultur im Bauwesen

Pionierarbeit in der Zertifizierung nach PGS-Prinzipien für Gebäude hat die Projektgruppe rund um EnvirobatBDM2 geleistet. EnvirobatBDM ist eine Non-Profit-Organisation mit Sitz in Marseille, die professionelle Stakeholder aus den Bereichen des Bau- und Planungswesens der Region Provence-Alpes-Côte d'Azur in Südostfrankreich zusammenbringt. Die Gruppe ist als Verein organisiert und hat rund 300 Mitglieder, bestehend aus öffentlichen und privaten Eigentümer*innen, Designer*innen, Architekt*innen, Ingenieur*innen, Umweltberater*innen und Baufirmen.

Gemäß der PGS-Prinzipien haben sich die Stakeholder auf eine gemeinschaftliche Vision geeinigt und versammeln sich unter einer Philosophie, die von drei Hauptsäulen getragen wird:

Lokalisierung, das heißt: starke Kontextualisierung auf die örtlichen Begebenheiten, stetiger Lernprozess vor Ort durch gegenseitiges Feedback und Austausch (Peer-to-Peer) mit dem Ziel einer partizipativen Weiterentwicklung.

Der Mensch im Zentrum, das heißt: ein integrativer Ansatz, bei dem durch die Einbindung aller Beteiligten Ergebnisse erzielt werden, die die Community fördern. Dabei gibt es flache Hierarchien und interprofessionelle Rollenverteilung in den Gremien, um Mitsprache auf Augenhöhe und kollektive Intelligenz zu fördern.

Feedback, das heißt: Austausch und Rückmeldung in allen Stufen der Planungsprozesse, um durch das Netzwerk zu lernen und etwaige Fehlplanung frühzeitig zu korrigieren.

Zur Bewertung der Projekte wurden in der Gemeinschaft Kriterienkataloge für verschiedene Planungsvorhaben entwickelt. Diese berücksichtigen die Art der Nutzung (private Gebäude, öffentliche Gebäude, Industriegebäude etc.), die Art des Vorhabens (Neubau, Renovierung), das Bauumfeld (urbaner, suburbaner, ländlicher Raum etc.) sowie die Klimabedingungen (mediterran, Bergland etc.).

Gemeinsame Kriterienentwicklung

Für jedes Vorhaben werden Kriterien in sechs übergeordneten Bereichen geprüft:

- Bauland
- Materialien
- Energie
- Wasser
- Gesundheit
- Soziales

Wenn ein Projekt die Teilnahme am Zertifizierungsverfahren beantragt, wird ein Projektteam gegründet, das aus verschiedenen Stakeholdern des Vorhabens besteht und durch einen erfahrenen Coach von EnvirobatBDM unterstützt wird. Dabei steht das Team während des gesamten Planungs- und Realisierungsprozesses im Austausch, sodass zu jedem Zeitpunkt Feedback und Verbesserungsvorschläge die Qualität des Ergebnisses steigern. Hierbei werden die oben genannten Kriterien vorgeprüft und die zu erwartende Zielerreichung diskutiert.

Durchläuft das Projekt den Prozess erfolgversprechend, kann das Label beantragt werden. Die finale Beurteilung findet im Rahmen einer öffentlichen Veranstaltung (Kommission) statt, bei der die Projektgruppe die Ergebnisse einer Jury sowie weiteren Interessengruppen vorstellt. Der offene Austausch der Werthaltungen zwischen den Beteiligten im Rahmen der Kommission und die Fragen aus dem Publikum helfen den Jurymitgliedern, ein klares Beurteilungsbild zu entwickeln. Das Engagement der Projektträger*innen und die tatsächlichen oder auch vermeintlichen Grenzen der Entwicklung des Projektes werden sichtbar.

Prinzip Selbstregulierung

Die Prinzipien des PGS-Ansatzes werden bei EnvirobatBDM auf unterschiedliche Art integriert: Partizipation der Stakeholder ist in den verschiedenen Gremien möglich. Sie erfolgt sowohl professionell als auch freiwillig und ehrenamtlich. Die gemeinsame Vision drückt sich vor allem in den Rahmenbedingungen und der Kriterienliste der Beurteilung aus. Diese Kriterienliste wird von allen Mitgliedern des Vereins genehmigt. Transparenz wird dadurch gewährleistet, dass alle Beteiligten Zugriff auf die zentrale Webplattform erhalten und die Qualität der Projekte und Erfahrungen auf dieser dokumentiert werden. Entscheidungen werden bei EnvirobatBDM im Dialog unter Einbezug der verschiedenen Gremien getroffen. Dies ermöglicht ein ständiges Lernen als Organisation. Der Austausch findet zwischen Projekteinreichenden und -beurteilenden statt. Die Besonderheit ist, dass diese oftmals Arbeitskolleg*innen sind. Eben diese Wachsamkeit der Kolleg*innen untereinander als Mitglieder der Jury oder Zeug*innen in der Kommission bewirkt eine qualitätssichernde Selbstregulierung. Zur Absicherung der Vertrauensbasis unterzeichnen zudem die Beteiligten eine Charta über die wohlwollende Behandlung der Projekte und die Vermeidung von Interessenkonflikten.

Die PGS-Community in Frankreich hat in zehn Jahren bereits über 500 Objekte zertifiziert. Dies macht sich bemerkbar im vertrauensvollen Umgang der Mitglieder der Community sowie der gegenseitigen Unterstützung in der Verbesserung der Zusammenarbeit. Der Prozess des gemeinsamen Lernens ist zu einem kulturellen Gut geworden. Das Miteinander der verschiedenen Fachdisziplinen und der engagierten Personen führt zu einer zunehmenden Steigerung der Qualität der gebauten Objekte.

Praxisbeispiel in Österreich: PGS stärkt die Vertrauensbasis zwischen Politik und Planung

Auf Basis der Erfahrungen von EnvirobatBDM hat der Co-Autor Markus Berchtold das Planungsverfahren für einen Planungsauftrag zur Erstellung des Regionalen Räumlichen Entwicklungskonzeptes Biosphärenpark Großes Walsertal nach den Prinzipien der Partizipativen Garantiesysteme aufgebaut.

Die Bürger*innen der Region wurde über die Zeitung des Biosphärenparks und der Gemeinden sowie über einen Postwurf zur Beteiligung in den einzelnen Arbeitsgruppen eingeladen. Ein späterer Einstieg im Laufe des Prozesses war möglich.

Es galt, eine gemeinsame Vision über den Planungsprozess und das Planungsergebnis zu entwickeln. Daher erfolgte die Konzeption der Bürgerbeteiligung in enger Abstimmung mit den Bürger*innen selbst. Hierzu wurde eine eigene Steuerungsgruppe mit Vertreter*innen der Gemeinden und Institutionen eingerichtet. Die Partizipation der Bürgerschaft erfolgte bedarfs- und situationsbezogen. Bei der öffentlichen Startveranstaltung wurden die Inhalte und der Bearbeitungsprozess erläutert.

Die Einbindung der Bürgerschaft erfolgte im Rahmen von sechs ortsspezifischen Arbeitsgruppen mit den Themenschwerpunkten Siedlungs- und Baugestaltung sowie Betriebsgebiete. Die Mitarbeit der Bürger*innen auf regionaler Ebene erfolgte im Rahmen einer Steuerungsgruppe sowie von drei unterschiedlichen Arbeitsgruppen, unter anderem zu den Themen Naherholung, Infrastruktur, Wirtschaft, soziale und regionale Zusammenarbeit. Darüber hinaus wurden die Schüler*innen der Region eingeladen, ihre Haltungen zur räumlichen Entwicklung im Rahmen einer Wanderausstellung sowie mittels Zeichnungen einzubringen. Im Zuge der Bearbeitung haben circa 100 Personen (rund 3 Prozent der Bevölkerung) in zehn Arbeitsgruppen an über 70 Sitzungen teilgenommen. Parallel und ergänzend wurden elf öffentliche oder zielgruppenspezifische Veranstaltungen durchgeführt.

Der Austausch zwischen Planungsbüro und Beteiligten erfolgte im laufenden Dialog auf Augenhöhe. Dabei konnten alle Beteiligten voneinander lernen: Die Bürger*innen erlebten, dass Raumplanung eine komplexe, langfristig wirkende und damit sehr verantwortungsvolle Aufgabe ist. Das Planungsbüro erkannte, dass Jahrzehnte zurückliegende Ereignisse noch heute die Entwicklungsvorstellungen der Menschen und Institutionen prägen.

Partizipative Qualitätskontrolle

Gemäß den Prinzipien des PGS erfolgte die Qualitätsbeurteilung des Planungsergebnisses durch die lokale Bevölkerung unter Anleitung von erfahrenen externen Expert*innen. Anfangs war diese Initiative für die Auftraggeber*innen etwas befremdlich, jedoch konnte der Prozess dennoch unter dem Motto „Der Blick von außen dient der Qualitätskontrolle" durchgeführt werden.

Der vorläufige Rohentwurf des Regionalen Räumlichen Entwicklungskonzeptes wurde einem unbefangenen Experten aus dem Bereich Regionalentwicklung und einem Universitätsprofessor für Geografie zur Einsicht und Analyse übergeben. Die erfahrenen, externen Experten unterrichteten die Steuerungsgruppe, die 45 politischen Gemeindevertreter*innen sowie das beauftragte Planungsunternehmen über ihre Bewertung. In einem offenen Dialog wurden die Rückmeldungen untereinander und mit den Experten diskutiert. Gemeinsam wurden Verbesserungsvorschläge für die Planung sowie Werthaltungen zum Umgang mit dem Planungsergebnis entwickelt. Die Resultate des Prüfungsverfahrens wurden komprimiert jedem Haushalt in der Region mitgeteilt, und damit die Transparenz des Prüfungsverfahrens sichergestellt.

Mit der durchgeführten Qualitätskontrolle wurde die Vergemeinschaftlichung der Planungsergebnisse vorangetrieben. Die bis dahin über ein Jahr andauernde intensive Planungstätigkeit wurde durchweg konstruktiv gesehen, die Vertrauensbasis zwischen den Gemeindevertreter*innen und dem Planungsbüro wurde gestärkt. Die Menschen in der Region tragen das Planungsergebnis mit.[3]

Kann der PGS-Ansatz auf andere Bereiche übertragen werden?

PGS im ökologischen Landbau schauen bereits auf eine langjährige Entwicklungsgeschichte zurück. Der Aufbau eines PGS im Landbau kann demnach auf eine Wissensbasis vorhandener Systeme aufbauen und entsprechende Besonderheiten auf jeweilige lokale Kontextbedingungen zuschneiden. Die PGS in der nachhaltigen Bau- und Raumplanung sind im Vergleich dazu noch in einem frühen Entwicklungsstadium. Das Engagement der französischen Projektgruppe EnvirobatBDM kann als ermutigendes Beispiel gesehen werden, dass bereits eine hohe Lernkurve durchlebt hat: Von der Bildung des Netzwerks über die Entwicklung von Rollen und Gremien, bis hin zur Etablierung entsprechender Verfahrens- und Beteiligungsprozesse mit gemeinschaftlich verabschiedeten Bewertungskriterien, wurde ein System geschaffen, welches zu einem anerkannten Gütesiegel führt. Das Label wurde sowohl von der BDM Community bei beantragenden Projektgruppen als auch einer heterogenen Stakeholderschaft in den zertifizierenden Gremien anerkannt. Gleiches gilt auch für die öffentliche Hand, die den positiven Beitrag zur nachhaltigen Entwicklung anerkennt und in verschiedenen Regionen Frankreichs PGS mit öffentlichen Mitteln fördert.

Die Anwendung der Prinzipien des PGS in der Regionalplanung in Österreich zeigt die Übertragbarkeit der Erkenntnisse in Frankreich auf einer größeren Maßstabsebene.

Erfolgsfaktor Engagement

An dieser Stelle ist zu betonen, dass sich ein PGS nicht von selbst verwaltet. Wie bei anderen Partizipationsprozessen hängt der Erfolg der PGS maßgeblich von dem Engagement der Beteiligten ab, die teilweise ehrenamtlich das System unterstützen. Da für die professionelle Organisation der Prozesse, den Austausch sowie die Durchführung von Veranstaltungen Aufwendungen entstehen, sind PGS nicht kostenlos. Hier ist zu prüfen, ob der durch das PGS geschaffene Mehrwert für die Akteur*innen die anfallenden Kosten deckt. Mehrwert auf Seiten der Planungs- und Baubranche entsteht durch Wissenszuwachs, Inspiration für wertgeschätzte Bau- und Planungspraxis und höhere Sichtbarkeit durch die zertifizierten Projekte, die wiederum weitere Aufträge generieren.

Auf Seiten der zertifizierten Projekte entstehen positive Effekte nachhaltiger Planungs- und Baupraxis. So gehen beispielsweise die Verringerung von Gesundheitsrisiken und die Steigerung von Resilienz gegen Klimawandelschäden mit hohem Wertzuwachs einher: Bei Gebäuden führt dies zu höherer Wertigkeit der Immobilien und bei Quartiers- und Raumplanung zu zufriedenen Bewohner*innen, positiver Reputation und etwaigen Zuzug.

Zudem profitieren alle Beteiligten durch Mitspracherecht, Geltung, Empathie und gesellschaftlichem Lernen.

Die Grundpfeiler der PGS „Vertrauen, soziale Netzwerke und Wissensaustausch" lassen sich auch in digitaler Zusammenarbeit realisieren, da webbasierte soziale Netzwerke sowie Plattformen zur Online-Kollaboration Beteiligten standortübergreifend ermöglichen, zu kooperieren und Ideen auszutauschen.

Es ist davon auszugehen, dass die partizipativen Ansätze der PGS nicht nur positive Effekte im ökologischen Landbau und der gebauten Umwelt haben, sondern auf viele weitere Felder ausgeweitet werden können – insbesondere solche, in denen wir uns als Gesellschaft nachhaltiger verhalten können.

Literatur

Hofstadler, Clauda (2013): The perfomance of Participatory Guanrantee Systems in organic farming in South of Brazil, Case study: "Ecovida Agroecology" – network in Vale do Cai, Rio Grande do Sul, Master thesis, Univesrity of Natural Resources and Life Sciences, Wien, Österreich.

IFOAM (2007): Participatory Guarantee Systems, Shared Vision, Shared Ideals, Bonn, Deutschland.

Kallander, Inger (2008): Participatory Guarantee Systems – PGS, Swedish Society for Nature Conservation.

May, Chris (2008): PGS guidelines – How participatory guarantee systems can develop and function, erstellt für IFOAM.

Anmerkungen

1 Eine Übersicht der vorhandenen PGS Systeme, jener in Entwicklung oder der offiziell anerkannten PGS Systeme, sind auf der IFOAM Webseite einsehbar. Online unter: https://pgs.ifoam.bio/pgs_groups/map.

2 BDM steht für Bétiments Durables Méditerranéens das heißt Nachhaltige mediterrane Gebäude.

3 Die Beschlussfassung des ambitionierten Regionalen Räumlichen Entwicklungskonzeptes Biosphärenpark Großes Walsertals samt 45 Umsetzungsmaßnahmen wurde fünf Monate später mit 60:1 Stimmen angenommen.

Anja Neumann, Prof. Dr. Heike Walk

Auf dem Weg zu einer „Kultur der Innovation und Beteiligung" in strukturschwachen Regionen

Die bisherigen vorrangig auf Wachstumsförderung ausgerichteten Strategien der Regionalentwicklung geraten zunehmend an ihre Grenzen. Neue Ansätze berücksichtigen daher auch weitere Komponenten und sehen in der Bürgerbeteiligung einen wichtigen Faktor, um Wandlungsprozesse zu unterstützen und das Vertrauen der breiten Bevölkerung in tragfähige und faire Strukturen herzustellen. Doch welche Beteiligungsformate eignen sich dazu?

Innerhalb Deutschlands bestehen erhebliche regionale sozioökonomische Unterschiede: Vielen strukturschwachen ländlichen Regionen droht die Gefahr, in den nächsten Jahren von Strukturen der Daseinsvorsorge, Digitalisierung, Kulturerlebnissen und wirtschaftlicher Entwicklung abgehängt zu werden. Die bisherigen Ansätze der Regionalentwicklung, die in der Regel auf Wachstumsförderung ausgerichtet sind, geraten an Grenzen (Federwisch 2017). Zielsetzungen auf nationaler und globaler Ebene verdeutlichen, dass quantitatives Wachstum nicht alleiniges Mittel ist, um Wohlfahrt, Zufriedenheit und Lebensglück zu erzeugen (Noack, Federwisch 2018). Stattdessen wird zunehmend auf die Förderung von Bildung, Wissenschaft und Forschung fokussiert, die regionale Potenziale aktivieren und innovative Wandlungsprozesse (zum Beispiel Identifikationsanreize mit der Region) anstoßen soll. Des Weiteren wird in neuen Ansätzen, wie dem der „Open Region" (Schmidt et al. 2018) versucht, durch Offenheit (etwa zu urbanen Kontexten) Wissen regional zu mobilisieren und neue Ideen in der Region zu verankern (Braun 2018). Bürgerbeteiligung wird hierbei als ein wesentlicher Faktor angesehen, um diese Wandlungsprozesse zu

Grenzen der Wachstumsförderung

unterstützen und das Vertrauen der breiten Bevölkerung in tragfähige und faire Strukturen herzustellen.

Doch welche Beteiligungsformate eignen sich speziell für diesen Themenbereich und dieses besondere regionalspezifische Umfeld? Welche Zielgruppen müssen wie aktiviert und unterstützt werden? Mit diesen Fragestellungen beschäftigt sich ein aktuell laufendes Forschungsprojekt „Partizipation" an der Hochschule für nachhaltige Entwicklung Eberswalde (HNEE). Das Projekt konzipiert unterschiedliche Beteiligungsformate für vielfältige Zielgruppen. Diese Formate sollen dazu beitragen, in der Region emotionale Zugänge zu und positive Zuschreibungen für Innovationsideen zu entwickeln.

Emotionale Zugänge

Im nachfolgenden Beitrag sollen zunächst das Förderprogramm und das Forschungsprojekt vorgestellt werden und anschließend eine erste kritische Reflexion der bisherigen Schritte sowie der ausgewählten zielgruppenspezifischen Beteiligungsformate erfolgen. Da das Projekt noch nicht abgeschlossen ist, können lediglich Zwischenergebnisse vorgestellt werden.

Innovationspotenziale für strukturschwache Räume

Das Förderprogramm „WIR! – Wandel durch Innovation in der Region" des Bundesministeriums für Bildung und Forschung wurde im Jahr 2017 mit der Absicht auf den Weg gebracht, neue regionale Bündnisse und einen nachhaltigen innovationsbasierten Strukturwandel in strukturschwachen Regionen Deutschlands zu befördern. Diese neuen Kooperationen zwischen Unternehmen, Hochschulen, Forschungseinrichtungen und zivilgesellschaftlichen Akteur*innen sollen auch Ideen für die Einbindung innovationsunerfahrener Akteur*innen entwickeln. Im Zentrum der Förderung stehen Regionen, die noch kein national sichtbares Profil entwickelt haben und über ungenutzte Innovationspotenziale verfügen. Neben Produktinnovationen sollen vor allem auch alternative Geschäftsmodelle oder soziale Innovationen befördert werden.

Das Programm ist mehrstufig angelegt: In der Konzeptphase erarbeiteten die Forschungsteams regionale Innovationskonzepte und eine übergreifende Forschungsfrage. In einer Umsetzungsphase sollten dann konkrete Projektaktivitäten auf den Weg gebracht werden. Das Forschungsbündnis „region 4.0", an dem sich unter anderem die Hochschule für nachhaltige Entwicklung Eberswalde (HNEE), die Filmuniversität Babelsberg, das Investor Center Uckermark, das Leibniz-Institut für Raumbezogene Sozialforschung (IRS), die Stadtwerke Schwedt sowie das Zentrum für Technik und Gesellschaft der TU Berlin beteiligten, hat sich das Ziel gesetzt, in einer Modellregion identitätsstiftende Innovationskultur, partnerschaftliche Kooperationskultur und neue Wertschöpfungsketten anzustoßen. Die hier vorgestellte Teilforschung der Bündnisarbeit widmet sich dem Themenfeld der Partizipation und hier konkret der Entwicklung zielgruppenspezifischer Formate der Beteiligung, um die genannten Bündnisziele zu erreichen.

Kooperationskultur

Ziel des Vorhabens ist es, durch Bürgerbeteiligung emotionale Identifikationsanreize mit der Region zu befördern und eine „Kultur der Innovation und Beteiligung" anzustoßen. Damit soll ein Beitrag zu einem umfassenden gesellschaftlichen Wandel geleistet werden, der Vertrauen für Innovationen aufbaut, den Gemeinsinn und die gesamtgesellschaftliche Verantwortung stärkt. Demzufolge sollen die Partizipationsformate einerseits hinsichtlich ihres Beitrags für den Aufbau einer Kultur der Innovation und Beteiligung erprobt werden und andererseits ihr Erfolg (beziehungsweise ihre Wirkung) hinsichtlich der Innovationsstrategie bewertet werden.

Die Modellregion, in der diese Beteiligungsformate Anwendung finden sollen, umfasst die Uckermark, den ehemaligen Landkreis Uecker-Randow in Mecklenburg-Vorpommern sowie im Süden den nördlichen Teil des Landkreises Barnim. Diese Region entspricht der typischen Struktur eines ländlichen, peripheren Raums ohne industrielle Vorprägung (mit Ausnahme der Städte Eberswalde und Schwedt/Oder).

Erste Schritte und übergreifende Ideen des Forschungsprojekts

In der Konzeptphase wurden diverse Spannungsfelder herausgearbeitet, auf die sich die Partizipationsformate beziehen sollten. Diese Spannungsfelder beziehen sich beispielsweise auf unterschiedliche Vorstellungen und Erwartungen zwischen Einheimischen und Zugezogenen, zwischen Veränderer*innen und Bewahrer*innen sowie auch zwischen Konsument*innen und Produzent*innen. Als Ergebnis der Konzeptphase wurde festgehalten, dass zwischen unterschiedlichen Zielgruppen in der Region (zwischen innovationsunerfahrenen und innovationsbereiten Bürger*innen, regionalen Erzeuger*innen, Alteingesessenen und Zugezogenen etc.) differenziert und zugleich auch vermittelt werden muss.

Darüber hinaus wurde in der Konzeptphase eine systematische Prüfung vielfältiger Kommunikations- und Partizipationsformen für die unterschiedlichen Zielgruppen vorgenommen. Um die Passfähigkeit der Formate zu systematisieren, wurden einzelne Beteiligungsverfahren und Anwendungsbeispiele vor dem Hintergrund der formulierten Projektideen und Kriterien (Gruppengröße, Zeitaufwand, Ort, Transparenz, Empowerment, Inklusion) zusammengetragen. Diese Systematisierung sollte nicht nur einen Überblick über die Mannigfaltigkeit von Verfahren und konkreten Anwendungsbeispielen geben, sondern auch eine Basis für die Kombination von Formaten für die Umsetzungsphase ermöglichen.

Das Forschungsprojekt baut auf diesen Erkenntnissen der Partizipationsforschung auf. Die Systematisierung der Beteiligungsformate orientierte sich an den verschiedenen Stufenmodellen, die in der Partizipationsforschung entwickelt wurden. Die Bekannteste ist sicherlich die „ladder of participation" von Sherry Arnstein (1969). Sie unterscheidet zwischen Nicht-Partizipation, Quasi-Beteiligung und Partizipation. Innerhalb dieser Dreiteilung werden acht Stufen differenziert. Mittels Wirkungsanalyse werden sowohl Outcomes (Wirkungen bei den Zielgruppen) und Impacts (Wirkung auf Gesellschaft) als auch Outputs (erbrachte Leistungen in Form von Par-

> ladder of participation

tizipationsformaten) hinsichtlich des Innovationsempowerments der unterschiedlichen Beteiligungsformate betrachtet. Hierbei ist angedacht, dass eine Kombination aus quantitativer (Monitoring von Anzahl der Teilnehmenden, Anfragen etc.) und qualitativer Datenerhebung und -auswertung (Fragebögen, Einzelinterviews, Dokumentenanalyse) angewendet wird.

In der Konzeptphase zeigte sich, dass es in der Region an konkreten Vorstellungen darüber fehlt, wie eine Innovationsstrategie in Richtung einer „Partizipationsdemokratie" konkret vorangetrieben werden kann (Walk 2008). Von Seiten der Entscheidungsträger*innen gibt es vielfältige Bemühungen, den Forderungen nach „mehr Bürgerbeteiligung" zu entsprechen (Umweltbundesamt 2019). Neben der Anwendung der in formellen Planungsverfahren vorgesehenen Möglichkeiten werden in verschiedenen Bereichen inzwischen viele andere Dialog- und Beteiligungsverfahren auf freiwilliger Basis durchgeführt wie beispielsweise Planungszellen und öffentliche Diskussionsveranstaltungen. Trotzdem haben die bisherigen Bemühungen in der ausgewählten Region nicht zu durchgreifenden Erfolgen geführt.

Partizipationsdemokratie

Gründe für die geringen Erfolge liegen nach den Erkenntnissen der Konzeptphase vor allem auch in einer mangelnden Planung von zielgruppenspezifischen Partizipationsformaten sowie der geringen Berücksichtigung von Empowermentstrukturen.[1] Die Entscheidung darüber, welches Verfahren für einen konkreten Beteiligungsprozess durchgeführt wird, hängt unter anderem häufig davon ab, welches Beteiligungsverfahren den verantwortlichen Organisator*innen bekannt ist beziehungsweise welche Formate gerade in der aktuellen Diskussion positiv bewertet werden (vgl. Patze-Diordiychuk u. a. 2017, Alcantara u. a. 2015).

Nach der Konzeptphase des Forschungsprojekts wurden für die identifizierten Zielgruppen (politische Entscheidungsträger*innen, Produzent*innen, Konsument*innen, Alteingesessene und Neuzugezogene, etc.) möglichst passfähige Beteiligungsformate konzipiert. Durch die Erprobung der unterschiedlichen Formate sollte exemplarisch herausgearbeitet werden, inwiefern diese Formate dazu beitragen, innovationsferne und -bereite Akteur*innen einzubeziehen und damit insgesamt positive Einstellungen zum eigenen Innovationspotenzial der Teilnehmenden zu befördern. Des Weiteren sollte sondiert werden, welche Beteiligungsformate auf andere Regionen und Unternehmen übertragbar sind.

Darüber hinaus verbindet das Forschungsvorhaben mit den jeweiligen Partizipationsformaten spezifische Forschungsfragen. Sie beziehen sich einerseits auf Merkmale (Vorstellungen, Kompetenzen, Gewohnheiten) der an den Partizipationsformaten beteiligten Akteur*innen in bestimmten Themenbereichen und andererseits auf die besonderen Herausforderungen der Beteiligung und Kooperation in der ländlichen, strukturschwachen Umsetzungsregion.

Wie „misst" man Partizipation im ländlichen Raum? Ein Systematisierungsversuch

Um die ausgewählten Partizipationsformate hinsichtlich ihres Beitrags zum Aufbau einer „Kultur der Innovation und Beteiligung" im ländlichen Raum untersuchen und ihre Wirkung hinsichtlich der Innovationsstrategie des WIR!-Bündnisses „region 4.0" messen zu können, bestand der erste Schritt zu Beginn der Umsetzungsphase darin, eine wissenschaftliche Handreichung mit systematischen Forschungskriterien zu erstellen. Damit wurde ein erster Überblick erstellt, um die Voraussetzungen für erfolgreiche Partizipations- und Empowermentprozesse vorzubereiten, zu unterstützen und zu begleiten. In einer Zusammenarbeit zwischen der Hochschule für nachhaltige Entwicklung Eberswalde (HNEE), dem Zentrum Technik und Gesellschaft der TU Berlin (ZTG) und dem Leibniz-Institut für Raumbezogene Sozialforschung in Erkner (IRS) konnte ein entsprechendes Informationsdokument zu Partizipationsstufen und -formen erstellt werden, das auch eine Steckbriefmaske (Abbildung 1) enthält. Diese soll als verbindliches Werkzeug zur Planung, Vorbereitung und Durchführung der Formate dienen. Mithilfe der Handreichung sollten die angedachten Formate hinsichtlich ihrer

Empowerment

1	Titel des/der Partizipationsformate/s (AP 2.1 - 3.5)	
1	**Verantwortliche** Vorbereitung und Organisation, Durchführung, Nachbereitung	
2	**Handlungsfeld** mit Rückbezug auf die Innovationsstrategie	
3	**Spannungsfelder** laut Antrag 5 Felder möglich/kurze Beschreibung: Wie lässt sich das identifizierte Spannungsfeld in Ihrem Formatkontext konkretisieren? Welchen Beitrag könnte Ihr Format zur "Entspannung" der genannten Spannungsfelder leisten? 1) "Bewahrer/Veränderer", 2) "Einheimische/Zugezogene", 3) "Stadt/Land", 4) "Wirtschaftliche Akteur*innen mit unterschiedlicher Unternehmenskultur und Ressourcenausstattung", 5) "Produzent*innen/Konsument*innen"	
4	**"narrative Stufe" / ex ante-Stand** Fanden bereits vor Beginn des Partizipationsformates Veranstaltungen oder andere Vorbereitungen im Rahmen des konkreten Handlungsfeldes und WIR! statt? Wurden bereits im Vorfeld Zielgruppen identifiziert/ angesprochen/involviert? Wer waren diese? (Auflistung + kurze Beschreibung)	
5	**handlungsfeldorientierte(s) Ziel(e)** bezogen auf die Innovationsstrategie innerhalb des Veranstaltungsrahmens bzw. der einjährigen Erprobungsphase (bis Herbst 2020) – hier sollen unmittelbare mögliche Effekte des Formates aufgeführt werden: Denken Sie bitte an smarte – spezifische, messbare oder erfassbare, attraktive, realistische und terminierte Ziele: Was wird im September 2020 konkret bezogen auf die Innovationsstrategie passiert sein, wenn Sie Ihre Ziele erreicht haben? z. B. Produkte, Dienstleistungen, etablierte Prozesse	
	Forschungsfrage(n) zur Innovation bei querschnittsbezogenen Formaten: siehe Forschungsfragen unter 8)	

Abbildung 1: erste Seite des erstellten Steckbriefs zum systematischen Abgleich und zur einheitlichen Evaluation der geplanten Partizipationsformate

Ziele und intendierten Wirkungen, ihres Designs, ihrer Zielgruppen/Spannungsfelder etc. im Steckbrief systematisiert abgebildet und auf zentrale gemeinsame Forschungsaspekte heruntergebrochen werden. Die Steckbriefe für die vier beschriebenen Formate wurden gemeinsam mit den Verantwortlichen für die Evaluation ausgefüllt. Diese dialogische Vorgehensweise erlaubte eine Reflexion der geplanten Partizipationselemente insbesondere im Hinblick auf ihre geplante Wirksamkeit.

Diese Steckbriefmaske dient der Erfassung des Ist-Zustands der Formatplanungen vor und nach der Durchführung für eine Evaluation der stattfindenden Beteiligungsprozesse. Mittels dieser sollen etwa unvorgesehene Änderungen, Herausforderungen, Verzögerungen oder Anpassungen im Verlauf der Beteiligungsprozesse beobachtet, erfasst, reflektiert und wissenschaftlich ausgewertet werden. Dies ermöglicht es, ein realistisches Abbild von Planung, tatsächlicher Durchführung und erzielten Wirkungen der Beteiligungsformate zu erhalten. Die Evaluation geht davon aus, dass hochwertige (Partizipations-)Prozesse die Weichen für erwünschte Wirkungen stellen können. Eine Voraussetzung hierfür ist die frühzeitige Auseinandersetzung mit den erwünschten Wirkungen unterschiedlicher zeitlicher und räumlicher Reichweite, die ebenfalls ein Bestandteil des Steckbriefes ist.

Evaluation und Wirkung

Hierfür wurden in Ergänzung zu der Handreichung und Steckbriefmaske zentrale Evaluationskriterien zusammengestellt. Die Erfüllung der Kriterien wird durch Befragungen und teilnehmende Beobachtungen während der Formatdurchführungen überprüft. Fragen der Evaluation richten sich beispielsweise auf folgende Aspekte: Fühlen sich die Beteiligten mit ihrem jeweiligen Wissen und ihren Kompetenzen eingebunden, gesehen und wertgeschätzt? Wurden alle relevanten Kanäle zur Einladung der Teilnehmenden berücksichtigt? Erfolgte im Vorfeld eine gezielte Auswahl der zu Beteiligenden und wenn ja, wie ist diese begründet? Wurden soziale Dynamiken während des Beteiligungsformates adäquat gesteuert? Mithilfe dieser Kriterien und Fragen soll ein gesonderter Fokus auf den verschiedenen Faktoren liegen, die einen Beteiligungsprozess in seiner Entwicklung und Wirkung beeinflussen können. Die Evaluation während und nach Durchführung der Beteiligungsformate soll helfen, die stattgefundenen Prozesse hinsichtlich ihrer Wirkungen zu analysieren. Dies ist die Grundlage, um im weiteren Verlauf zu schauen, welche Anpassungen vorgenommen werden müssen, damit Beteiligung und Empowerment in Bezug auf die Umsetzung der Innovationsstrategie in der Projektregion/im ländlichen Raum bedarfsorientiert und zielgruppenspezifisch weiterentwickelt und gefördert werden kann.

Geplante Partizipation in der Praxis: Soll und Ist der ausgewählten Beteiligungsformate

Mit dem Wechsel von der Konzept- in die Umsetzungsphase sowie nach Fertigstellung der Systematisierungsdokumente und Evaluationskriterien begann die Vorbereitung der Formate und die Suche nach geeigneten Orten und Akteur*innen. Hierzu war die offizielle „Kick-off"-Veranstaltung des WIR!-Bündnisses „region 4.0" mit cirka 80 Teilnehmenden aus der Projektregion hilfreich, wo sich interessierte Akteur*innen aus der Region kennenlernen und an Weltcafé-Tischen eine Einschätzung zur Notwendigkeit von Beteiligungsprozessen und Empowerment austauschen konnten. Zudem existierten durch die Arbeit der projektbeteiligten Institutionen, insbesondere der HNEE, bereits vor der Konzeptphase vielfältige und weitreichende Kontakte in die Region, welche die anstehende Auswahl passender Orte und Akteur*innen entscheidend begünstigten.

Format: Stadtspaziergang Oderberg

Dorfspaziergang und BarCamp

Das erste in der Konzeptphase eruierte Partizipationsformat war der „Dorfspaziergang", welcher – ergänzt um ein anschließendes „BarCamp" – in einem ausgewählten Ort der Projektregion mit erkennbarem Innovationsbedarf und -potenzial durchgeführt werden soll. Die mit diesem Format adressierten Zielgruppen wurden hinsichtlich drei der insgesamt fünf für die Projektregion identifizierten Spannungsfelder entworfen:

- Bewahrer*innen und Veränder*innen
- Alteingesessene und Neuzugezogene
- Stadt und Land

Aus dieser Zielgruppenkombination ließen sich folgende Bedarfe ableiten: Sensibilisierung für Innovationspotenziale, voneinander Lernen auf Augenhöhe sowie das Stärken von Identität und Selbstbewusstsein.

Die diesem Format zugeordnete Forschungsfrage lautete: „Wie können unterschiedliche Bedürfnisse, Erfahrungen, Kompetenzen und Vorstellungen einer Dorfgemeinschaft (zum Beispiel von Alteingesessenen und Zugezogenen) in einen positiven und innovationsstimulierenden Zusammenhang gebracht werden?" Das Grundmotiv dieses Formates besteht folglich in der Stiftung lokalen Gemeinsinns und lokaler/regionaler Identität. Dies geschieht mittels eines gemeinsamen Spaziergangs durch den Heimat-/Wohn-/Arbeitsort entlang ausgewählter Stationen oder Wegpunkte, die für das Selbstverständnis des Ortes, seiner Bewohner*innen und seine historische Entwicklung von Belang sind. Hierbei können sowohl positiv belegte Stationen (zum Beispiel beliebte Ausflugsziele, Naturdenkmäler, lokale Errungenschaften und Vorzeigeobjekte) als auch umstrittene oder negativ besetzte Orte (zum Beispiel Brachflächen, neue Läden mit ausgefallenem Angebot, verfallene oder an unbekannte Investor*innen verkaufte Immobilien, geschlossene Geschäfte) ausgewählt werden, sofern diese für die Identität des Ortes kollektiv prägend sind.

Stiftung lokalen Gemeinsinns

Die Auswahl der jeweiligen Stationen in Vorbereitung des Spaziergangs ist bereits Teil des Partizipationsformates: In Abhängigkeit von den Zielgruppen und Akteur*innen, die als lokale Multiplikator*innen in die Entwicklung des Dorfspaziergangs eingebunden werden, verlagert sich auch die inhaltliche Schwerpunktsetzung des Spaziergangs hinsichtlich der lokalen Themen, anzusprechenden Zielgruppen und Fragen. Das sich anschließende BarCamp soll die im Dorfspaziergang aufgeworfenen Themen, Fragen und lokalen Diskussionsbedarfe konstruktiv aufgreifen. Es ermöglicht es, gemeinsam mögliche Innovations- und Entwicklungspotenziale herausstellen, die mit Blick auf die mittelfristige Entwicklung des Ortes gemeinsam diskutiert werden können. Die jeweiligen Themen sollen – frei nach dem Grundsatz: „jede*r kann und soll etwas beitragen" – von den Teilnehmenden selbst unmittelbar zu Beginn der Veranstaltung festgelegt und in Selbstorganisation strukturiert werden. Für beide miteinander ergänzte Formate ist eine mittlere Gruppengröße von jeweils 20 bis 30 Teilnehmenden vorgesehen.

> Innovation folgt Deindustrialisierung

Die Auswahl des Ortes für den Dorfspaziergang erfolgte unmittelbar nach der „Kick-off"-Veranstaltung, bei welcher die Verantwortlichen des Teilprojekts „Partizipation" den Berliner Besitzer einer Immobilienfirma kennenlernten, der mit seinen Geschäftspartnern derzeit die Restauration und Neugestaltung leerstehender Häuser in Oderberg plant. Im gemeinsamen Gespräch entstand der Eindruck eines großen Potenzials in Oderberg hinsichtlich der Ziele der Innovationsstrategie, die der Immobilienbesitzer durch sein eigenes soziales Engagement vor Ort bereits selbst erkannt hatte. Oderberg, mit seinen cirka 2.000 Einwohner*innen im Osten der Projektregion an der Alten Oder und in mittelbarer Nähe zur polnischen Grenze gelegen, hat als Barnimer Kleinstadt in den vergangenen Jahrzehnten eine Reihe von Verlusterfahrungen sammeln müssen: Durch die wirtschaftlichen Umstrukturierungen der Nachwendezeit fielen mit der Schiffswerft und dem LPG-Betrieb wichtige Arbeitgeber weg, der Bahnhof mit Zugverbindungen in die nahe gelegenen Städte Angermünde, Eberswalde und Bad Freienwalde wurde Mitte der 1990er Jahre stillgelegt. Mit der Verlegung des Amtssitzes von Oderberg auf die zusammengeschlossene Kommune Britz-Chorin-Oderberg 2009 entfiel zudem auch ein Teil des lokalen politischen Gestaltungsspielraums. Erst seit einigen Jahren ist ein Zuzug von jungen Familien und Menschen in der zweiten Lebenshälfte zu beobachten.

Durch neue Initiativen wie die Vereine „Perspektive Oderberg e.V." und „KulturLINIEN e.V." sind in diesem Zusammenhang Versuche entstanden, neue Formate des Austauschs und gemeinsamer Aktivitäten zu schaffen und so Alteingesessene und Neuzugezogene zusammenzubringen: Dies geschieht beispielsweise über regelmäßige Freitagnachmittagscafés, ein internationales Mitbringbuffet auf dem Oderberger Marktplatz oder Kulturformate wie die „Offenen Höfe", bei denen neuzugezogene Künstler*innen der Region, aber auch engagierte Akteur*innen vor Ort ihre Höfe für Konzerte und ein geselliges Miteinander öffnen. Ein erstes Gespräch vor Ort, zu dem der Besitzer der Immobilienfirma spontan auch die Vertreterin von „Perspektive Oderberg", die ehrenamtliche Bürgermeisterin und die vom Landkreis angestellte Stadtbeauftragte eingeladen hatte, ergab, dass Oderberg einerseits bereits viel Entwicklungspotenzial besitzt. Andererseits zeigte es auch, dass unter den Bewohner*innen aufgrund negativer Beteiligungserfahrungen verschiedener Alltagsbedürfnisse und mangelnder Orte des gemeinschaftlichen Austauschs Ressentiments gegenüber Veränderungs- und Beteiligungsprozessen vorhanden sind: Längerfristig „ändere sich ja doch nichts". Die Gesprächsteilnehmenden waren der Idee eines Dorfspaziergangs daher abwartend, aber neugierig zugewandt und erklärten sich bereit, sich als Multiplikator*innen in die gemeinsame Organisation des Formats einzubringen. In den darauffolgenden Wochen und Monaten entstand durch regelmäßige Treffen vor Ort, einem gemeinsamen „Proberundgang" durch Oderberg und das Zusammentragen bisheriger Beteiligungserfahrungen und -ergebnisse ein Konzept für einen Stadtspaziergang.

Umgang mit Skepsis und Ressentiments

Das Konzept sollte die bisherigen Beteiligungserfahrungen aufgreifen und den Fokus einerseits auf Machbarkeit, Wertschätzung des Vorhandenen und gemeinsame Visionen legen. Andererseits sollte eine möglichst breite Einbeziehung der Bevölkerung, der lokalen Gewerbetreibenden und Vereinsvertreter*innen im Zentrum stehen, welche die Möglichkeit erhalten sollen, ihr lokales Wissen, ihre Erfahrungen und persönlichen Geschichten als „Stationen" in den Stadtspaziergang einzubringen. Die anschließende Ideenwerkstatt sollte in der historisch bedeutsamen Sporthalle von Oderberg stattfinden, über welche der lokale Sportverein durch sein breites Aktivitätenangebot eine wichtige verbindende Rolle im Ort ausübt.

Format: Machbarschaftstag „Arbeit neu denken: Coworking in und um Prenzlau"

Als zweites Format wurde der Machbarschaftstag „Coworking/RegioBüro" ausgewählt, welcher unter folgenden Forschungsfragen durchgeführt wurde: „Welche innovationsstimulierenden Wirkungen können durch die Etablierung lokaler Innovationsorte geschaffen werden? Wie können Infrastrukturen (Netzwerk, Drucker, Scanner, Telefon, Beamer und Besprechungsräume etc.) und Expertise geteilt sowie Partnerschaften und Kooperationen aufgebaut werden?" Folglich sollte das Thema Coworking, das innerhalb des Handlungsfelds Daseinsvorsorge und Infrastruktur ein zentrales soziales und infrastrukturelles Innovationspotenzial für den ländlichen Raum birgt, als inhaltliche Grundsäule für eine Tagesveranstaltung mit 20 bis 30 Teilnehmenden dienen. Die anvisierten Teilnehmenden sollten entlang vier identifizierter Spannungsfelder angesprochen werden:

Etablierung lokaler Innovationsorte

- Bewahrer*innen und Veränder*innen
- Stadt und Land
- wirtschaftliche Akteur*innen mit unterschiedlicher Unternehmenskultur und Ressourcenausstattung
- Produzent*innen und Konsument*innen

Auf der Suche nach einem geeigneten Ort für den Machbarschaftstag konnte Prenzlau gefunden werden, das über die Regionalbahnverbindung gut an das ÖPNV-Netz angebunden ist und in der deutsch-polnischen Grenzregion Berlin-Szczecin seit einigen Jahren eine zunehmend bedeutsame Rolle für die regionale Wirtschaft spielt. Die Wirtschaftsförderungsbeauftragte der Stadt Prenzlau war bereits während der Konzeptphase auf das „region 4.0"-Netzwerk aufmerksam geworden und hatte Interesse am Thema Coworking für die Stadt Prenzlau geäußert. Sie konnte zu Beginn der Erprobungsphase daher unmittelbar als wertvolle Kooperationspartnerin vor Ort gewonnen werden und brachte mit dem historisch für die Region bedeutsamen Dominikanerkloster Prenzlau auch gleich einen möglichen Veranstaltungsort mit. Durch die gute Vernetzung der Wirtschaftsförderung Prenzlau im Vorfeld war die Recherche potenziell interessierter und/oder relevanter regionaler Unternehmen, Selbstständiger und Gründer*innen unkompliziert und die Einladung zur Veranstaltung erfolgte hauptverantwortlich über die Stadt. Durch die Einbindung des Coworking Spaces „Thinkfarm Eberswalde" sollte bewusst eine Kooperationspartnerin mit Expertenwissen aus der Region eingebunden werden. Sie ist gut vernetzt in den städtischen Coworking-Kontext und spricht auch pendelnde Coworker*innen aus dem Berliner Raum an. Darüber hinaus steht die Gestaltung eines nachhaltigen regionalen Wandels in Brandenburg im Fokus der Thinkfarm Eberswalde. Trotz beruflicher und sozialer Unterschiede, heterogener Bildungshintergründe und Innovationsmotivation eint die Coworker*innen ein gemeinsamer Bezugsrahmen: das Leben, Arbeiten und Wirtschaften in einem ostdeutschen Alltag. Sie verfügen über gemeinsame Erfahrungen hinsichtlich regional üblicher Umgangsregeln, Herausforderungen und Wissen um die Arbeits- und Wirtschaftserfahrungen der Region in den vergangenen Jahr(zehnt)en. Dieser regional bereits erprobte Innovationsort, der die Gegebenheiten der ländlich geprägten Region und ihrer eigenen Geschichte explizit wertschätzt, soll als inspirierendes und identitätsstärkendes Beispiel in die anstehende Veranstaltung einfließen. Auf diese Weise soll der Fokus von Beginn an auf die Bedürfnisse der Region gelenkt werden, die als Grundlage für das Einbinden innovativer Arbeitskonzepte berücksichtigt werden müssen. Der Ablauf des Machbarschaftstags war thematisch zweigeteilt: In einem ersten Teil sollten in einem lockeren Open Space-Setting verschiedene Themen in Kleingruppen diskutiert werden, die für das Thema Coworking relevant sind, und so ein Wissensabgleich unter den Teilnehmenden ermöglicht werden. Im zweiten Teil sollte durch eine Überprüfung (Testing) der im ers-

Coworking als Innovationstreiber

ten Teil zusammengetragenen Ideen und Ansätze gemeinsam geschaut werden, wo und wie sich mithilfe des gesammelten Wissens und der zusammengetragenen Ansätze konkret ein Coworking Space in Prenzlau beziehungsweise im Umland aufbauen und gestalten lässt, der den Bedarfen der regionalen Unternehmer*innen und Arbeitsbereiche entspricht.

Format: Regionalverkostung im Rahmen von „30 Jahre Biosphärenreservat"

Das dritte ausgewählte Beteiligungsformat ist ein „Regionalbuffet" für eine mittelgroße Gruppe mit 20 bis 30 Personen und soll mit Blick auf die folgende Forschungsfrage konzipiert und durchgeführt werden: „Wie können die Bewohner*innen ländlicher Regionen hinsichtlich ihres individuellen Konsumbeitrags für die Stärkung der regionalen Wirtschaftskreisläufe sensibilisiert und unterstützt werden?" Anvisierte Zielgruppen sind hier insbesondere Entscheidungsträger*innen, Unternehmer*innen, Gastronom*innen, Erzeuger*innen und Köch*innen aus der Region. Diese Zielgruppen sollen durch eine gemeinsame Verkostung, die mit Hintergrundinformationen und Geschichten aus der Region unterfüttert wird, in einen Austausch über die Bedarfe der regionalen Versorgungs- und Wertschöpfungsketten kommen. Über dieses Format sollen alle fünf identifizierten Spannungsfelder abgebildet werden:

Regionale Wirtschaftskreisläufe

- Bewahrer*innen und Veränder*innen
- Alteingesessene und Neuzugezogene
- Stadt und Land
- wirtschaftliche Akteur*innen mit unterschiedlicher Unternehmenskultur und Ressourcenausstattung
- Produzent*innen und Konsument*innen

Von den Übergängen zwischen konventioneller und ökologischer Landwirtschaft über neue Formen regionaler Logistik bis hin zu innovativen Ansätzen in der Weiterentwicklung saisonaler, biologischer und regionaler Gastronomieangebote werden innerhalb dieses mehrstündigen Formates verschiedene thematische Ansatzpunkte für Beteiligungs- und Innovationsprozesse geboten.

Das Regionalbuffet war innerhalb der Konzeptphase explizit hinsichtlich der Zielgruppe „Entscheidungsträger*innen" geplant worden, weshalb die Auswahl eines geeigneten Ortes auch mit der Auswahl einer entsprechend guten Akteurs- und Netzwerkstruktur innerhalb der Projektregion zusammenhing. Im Rahmen der „Kick-off"-Veranstaltung des Projektes äußerte der stellvertretende Leiter des Biosphärenreservats Schorfheide-Chorin großes Interesse, in die Aktivitäten von „region 4.0" eingebunden zu werden. Aufgrund seiner guten Vernetzung in die regionale Landwirtschaft, die Gastronomie- und Erzeugerlandschaft sowie langjähriger Erfahrung mit Veranstaltungen zum Thema regionale Lebensmittelerzeugung war er als Kooperationspartner für das Regionalbuffet daher sehr willkommen. Bereits zum ersten Kennenlern- und Ideenfindungsgespräch betonte er das Bedürfnis, keine „konstruierte Top-Down-Veranstaltung" durchzuführen, die den Fokus auf die Entscheidungsträger*innen lenke und die Zivilgesellschaft außen vor lasse, da diese eine zentrale Rolle für die Veränderung der Konsumgewohnheiten in der Region spiele. Deshalb lag es nahe, das Regionalbuffet in die Veranstaltungsplanung des Biosphärenreservates einzubeziehen und in die anstehenden Feierlichkeiten zum 30-jährigen Jubiläum des Biosphärenreservates einzubetten. Dies erschien nicht nur aus Sicht der für das Format vorgesehenen Zielgruppen sinnvoll, die vor Ort sind und damit leichter erreicht werden können. Da die Gründung des Biosphärenreservates im Zuge der deutsch-deutschen Wiedervereinigung 1990 ein sehr positives Beispiel für die geschichtliche Entwicklung der Region in der Nachwendezeit darstellt und damit von vornherein einen einzigartigen gemeinschaftlichen Identifikationsanreiz für viele verschiedene Akteursgruppen bietet, war hier auch die historische Dimension ein Argument für die Einbindung. Die ursprüngliche Idee, Vertreter*innen der verschiedenen Zielgruppen miteinander kochen und somit spielerisch in den Austausch über die Umstände und Bedarfe

Erweiterung der Akteurs- und Netzwerkstruktur

der regionalen Wertschöpfungsketten kommen zu lassen, bedurfte aufgrund des veränderten Rahmens einer Anpassung. So entschieden die Organisator*innen, aus einem Buffet eine Verkostung zu machen und diese mithilfe einer geeigneten Moderation als öffentlichen Programmpunkt innerhalb der Feierlichkeiten des Biosphärenreservates stattfinden zu lassen. Die Verkostung wurde sowohl für die geladenen Stakeholder als auch die Besucher*innen des Tages durchgeführt werden. Damit fand eine Erweiterung der anfangs enger gefassten Zielgruppen statt.

Format: Zukunftstag „Zukunft. Land. Arbeit" am Gymnasium Templin

Als viertes Beteiligungsformat wurde das FutureCamp „Zukunft. Land. Arbeit" ausgewählt. Dieses soll der Erforschung folgender Fragen dienen: „Welche Vorstellungen von einer attraktiven Ausbildung und Beschäftigung im ländlichen Raum existieren bei Jugendlichen und stimmen diese mit den Zielsetzungen der Anbieter von Ausbildungen und Beschäftigungsmöglichkeiten überein?" Zielgruppen für diese Veranstaltung, die für eine große Teilnehmendengruppe ausgelegt ist (mindestens 40 Personen), sind sowohl Jugendliche vor dem Schulabschluss als auch Betriebe aus der Region. Erstere sollen die Möglichkeit bekommen, sich in einem lockeren Rahmen mit den Ausbildungsmöglichkeiten und zukunftsrelevanten Berufsfeldern in der Region auseinanderzusetzen. In einem Dialog auf Augenhöhe mit den teilnehmenden Unternehmen können sie Interessen und Bedarfe äußern. Die diesem Format zugrundeliegenden Spannungsfelder sind:

- Stadt und Land
- wirtschaftliche Akteur*innen mit unterschiedlicher Unternehmenskultur und Ressourcenausstattung

Ziele des Formats sind zum einen ein Realitätsabgleich zwischen den Interessen zukünftiger Schulabgänger*innen und den Gegebenheiten der regionalen Arbeits- und Wirtschaftsinfrastruktur.

Erwartungen junger Menschen

Zum anderen soll die Möglichkeit geschaffen werden, Impulse für zukunftsfähige Ausbildungsstrukturen zusammenzutragen, die die Interessen und Bedarfe der Jugendlichen berücksichtigen und somit Teilantworten auf regionale Herausforderungen, wie zum Beispiel Fachkräftemangel, geben. Der Ablauf der mehrtägigen Veranstaltung besteht aus einer Kombination von Informationsangeboten der Betriebe sowie mehreren interaktiven Workshop-Durchläufen, in denen die Jugendlichen die Möglichkeit haben, eine Auswahl der anwesenden Stellvertreter*innen der jeweiligen Unternehmen und Betriebe persönlich kennenzulernen und zu befragen.

Für die Durchführung des FutureDay, welcher der regionalen Alltagssprache halber in „Zukunftstag" umbenannt wurde, konnte mit der Präsenzstelle Uckermark der Hochschule für nachhaltige Entwicklung in Schwedt eine wertvolle Partnerin gewonnen werden. Sie ist auf das Thema Fachkräfteausbildung im Bereich Nachhaltigkeit in der ländlichen Region spezialisiert und verfügt dementsprechend bereits über Erfahrung und Kontakte in die regionale Unternehmens- und Ausbildungslandschaft. Dank dieser Unterstützung konnte auch ein geeigneter Veranstaltungsort gefunden werden: Templin, am Rand der Projektregion in der Uckermark gelegen, ist Standort eines der vier regionalen Gymnasien und wirtschaftlicher Anlaufpunkt einiger für die Veranstaltung interessanter Unternehmen und Betriebe mit hoher Relevanz für die Innovationsstrategie. Neben dem Gymnasium sagten verschiedene Betriebe aus den Bereichen ökologische Landwirtschaft, regionaler ÖPNV, Gesundheitsvorsorge, Tourismusmarketing, Gründungsberatung sowie eine Beratungsagentur zum Thema Duales Studium ihre Teilnahme zu.

Einbindung regionaler Unternehmen

Diese Zusagen bedurften einer längeren Überzeugungsarbeit, da viele der Betriebe bereits auf zahlreichen Berufs- und Ausbildungsmessen vertreten sind, über wenig zusätzliche Ressourcen verfügten und/oder zunächst keinen besonderen Reiz an der geplanten Veranstaltung erkennen konnten. Erst die Erläuterung der besonderen Beteiligungsabsicht mithilfe spielerischer Workshops auf Augenhöhe zwischen Jugendlichen und Betrieben motivierte die

Partner*innen, sich in die Gestaltung der vorgesehenen Kurz-Workshops mit ihren jeweiligen Unternehmenszielen und -profilen einzubringen. Die Gestaltung der Workshops durch die Unternehmen steht zum Zeitpunkt der Einreichung dieses Beitrags noch aus, geschieht jedoch im Einverständnis auf Basis eines Leitfadens, in dem für „region 4.0" relevante Beteiligungsaspekte zur Realisierung von Augenhöhe benannt sind. Dies sind beispielsweise „duzen", kleine Gesprächsgruppen, Praxis statt Theorie (Experimente statt Vorträge) und eine Haltung der Akteur*innen, die Raum für persönliche Fragen schafft.

Erste Zwischenergebnisse und Ausblick

Die endgültige Durchführung der vorgesehenen Formate steht in allen vier Fällen noch aus. Zudem entstand der Text vor dem Hintergrund der Maßnahmen zum Schutz vor dem Corona-Virus ab März 2020, deren Folgen zum Zeitpunkt der Einreichung dieses Beitrags noch nicht ermessbar sind. Dennoch lassen sich bereits zwei Erkenntnisse aus der Planungsphase als zentral hervorheben.

Erstens erwiesen sich die Steckbriefe als ein wertvolles Instrument in der Planung der Partizipationsformate. Die Fragen im Steckbrief erlaubten den Formatkoordinator*innen, die Kriterien erfolgreicher und Empowerment fördernder Beteiligung am Beispiel ihres Vorhabens zu reflektieren und sie bewusst und akzentuiert in der Planung zu berücksichtigen. Von der gemeinsamen Auseinandersetzung mit den einzelnen Steckbriefen profitierte das Teilprojekt Evaluation ebenfalls: An den konkreten Formatbeispielen konnten die Evaluationskriterien überprüft werden.

Flexibilität als Erfolgsfaktor

Zweitens lässt sich bereits jetzt für alle Formate eine zentrale Gemeinsamkeit feststellen: Je flexibler die Formatplanung und je größer die Bereitschaft der Organisator*innen ist, sich im Rahmen der gesetzten Projektgrenzen auf die regionalen Gegebenheiten, die jeweiligen Zielgruppen und vorhandenen Netzwerke, das Wissen und die Erfahrungen sowie die Kommunikationsebene der regionalen Partner*innen und Multiplikator*innen einzustellen, desto näher kommt die tatsächliche Veranstaltung den wirklichen Innovations- und Beteiligungsbedürfnissen der Region. Sowohl die Vorgespräche mit den Partner*innen vor Ort, die Vermeidung von Sprachbarrieren („Wissenschaftssprache", Anglizismen), die Dokumentation und Transparenz der Planungsschritte durch das Projektteam als auch die immer wieder angepasste Schwerpunktsetzung der Veranstaltungen bringen einen hohen Bedarf an Sensibilität, Zeit und Absprachen sowie die Bereitschaft mit sich, sich auf die unterschiedlichen Arbeitsweisen der Partner*innen einzustellen und ihnen stets mit Wertschätzung, Empathie und Offenheit zu begegnen. Sie selbst sind die Expert*innen ihrer Region und öffnen sich – so ist zu beobachten – gern für neue Impulse für eine „offene Region", sofern sie sich nicht von ihnen „überrollt" fühlen und genug Zeit für einen kooperativen Austausch auf Augenhöhe bleibt. Fehlen die zeitlichen und finanziellen Ressourcen für eine entsprechende Herangehensweise und Planung, ist das Risiko groß, eine „Alibi"-Veranstaltung zu planen, die das wertvolle und erprobte Alltags- und Erfahrungswissen der regionalen Akteur*innen ignoriert. Es wird dann zwar den Ansprüchen eines wissenschaftlichen Projekts, nicht aber den wirklichen Entwicklungspotenzialen einer mit vielfältigen Herausforderungen konfrontierten ländlichen Region gerecht.

> Zeit für kulturelle Anpassung

Literatur

Alcantara, Sophia/ Bach, Nicolas/ Kuhn, Rainer/ Ullrich, Peter (2015): Demokratietheorie und Partizipationspraxis. Analyse und Anwendungspotentiale deliberativer Verfahren. Springer Fachmedien, Wiesbaden.

Arnstein, Sherry (1969): A Ladder of Citizen Participation, in: Journal of the American Institute of Planers, No 4, p. 216-224.

Berlin-Institut für Bevölkerung und Entwicklung (2019): Teilhabeatlas Deutschland. Ungleichwertige Lebensverhältnisse und wie die Menschen sie wahrnehmen. Herausgegeben vom Berlin-Institut für Bevölkerung und Entwicklung & Wüstenrot Stiftung, Berlin/Ludwigsburg.

Boris Braun (2019): Bestimmungsfaktoren der Regionalentwicklung im Zeitablauf: Eine wirtschaftsgeographische Perspektive, in; Joachim Lange & Stefan Krämer: Erfolgreiche metropolenferne Regionen. Lehren für die Regionalentwicklung, Loccumer Kleine Reihe Band 7, 11-21.

Federwisch, Tobias (2017): Wiederbelebung schrumpfender Dörfer: Mit Innovationen gegen die Abwärtsspirale. In E. Innerhofer, & H. Pechlaner (Hrsg.), Schrumpfung und

Rückbau: Perspektiven der Regional- und Destinationsentwicklung. München: Oekom, S. 53-70.

Hebestreit, Ray (2013): Partizipation in der Wissensgesellschaft. Funktion und Bedeutung diskursiver Beteiligungsverfahren, Springer VS, Wiesbaden.

Noack, Annika/ Federwisch, Tobias (2018): Social Innovation in Rural Regions: Urban Impulses and Cross-border Constellations of Actors. Sociologia Ruralis.

Patze-Diordiychuk, Peter/ Smettan, Jürgen/ Renner, Paul/ Föhr, Tanja (2017): Methodenhandbuch Bürgerbeteiligung. Beteiligungsprozesse erfolgreich planen, Band 1&2, oekom.

Schmidt, Suntje/ Müller, Felix C./ Ibert, Oliver/ Brinks, Verena (2018): Open Region:

Creating and exploiting opportunities for innovation at the regional scale. In: European Urban and Regional Studies, Vol. 25 (2), S. 187-205.

Stauffacher, Michael/ Krütli, Pius/ Flüeler, Thomas/Scholz, Roland W. (2012): Learning from the Transdisciplinary Case Study Approach: A Functional Dynamic Approach to Collaboration Among Diverse Actors in Applied Energy Settings, in: Stauffacher, Michael et. al.: Tackling Long-Term Global Energy Problems. The Contribution of Social Science. Environment & Policy, Bd. 52. Springer, S. 227-245.

Umweltbundesamt (2019): Bundesrepublik 3.0. Ein Beitrag zur Weiterentwicklung und Stärkung der parlamentarisch-repräsentativen Demokratie durch mehr Partizipation auf Bundesebene, Umweltbundesamt.

Walk, Heike (2008): Partizipative Governance. Beteiligungsrechte und Beteiligungsformen im Mehrebenensystem der Klimapolitik, Wiesbaden: VS Verlag für Sozialwissenschaften.

Anmerkungen

1 Empowerment wird in dem dargestellten Projekt als langfristige Prozesse definiert, in denen Menschen in Situationen des Mangels, der Benachteiligung oder der gesellschaftlichen Ausgrenzung beginnen, ihre Angelegenheiten selbst in die Hand zu nehmen, in denen sie sich ihrer Fähigkeiten bewusst werden und ihre individuellen und kollektiven Ressourcen nutzen lernen.

Meike Lücke

Partizipationsprinzip LEADER: Wissens- und Entscheidungsnetzwerke in der nachhaltigen ländlichen Entwicklung

Das EU-Förderprogramm LEADER hat sich im Laufe von 30 Jahren zu einem umfassenden Partizipationsprinzip der nachhaltigen Regionalentwicklung des ländlichen Raumes herausgebildet. Erfolgsfaktor ist der integrative und partizipative Ansatz, mit dem die Selbstwirksamkeit regionaler Akteur*innen aus Verwaltung, Wirtschaft und Zivilgesellschaft erhöht wird. Trotz großer bisheriger Erfolge ist das LEADER-Prinzip qualitativ und quantitativ ausbaufähig.

Der ländliche Raum in Deutschland umfasst rund 90 Prozent der Landesfläche und mehr als die Hälfte der Einwohnerschaft in Deutschland. Wenn es um die Mitentscheidung zur Ausgestaltung ihrer Lebenswelt geht, haben die Landbewohner*innen eine gute Chance, sich aktiv einzubringen, unter anderem in den derzeit 321 LEADER-Regionen in Deutschland. „LEADER" ist die Abkürzung des französischen Begriffs „Liaison Entre Actions de Développement de l'Économie Rurale" und bedeutet übersetzt „Verbindung von Aktionen zur Entwicklung der ländlichen Wirtschaft".

Förderprogramm und Partizipationsprinzip

Oft wird LEADER als Förderprogramm bezeichnet – doch es ist weitaus mehr: LEADER ist ein Partizipationsprinzip, welches Interessenvertreter*innen des ländlichen Raumes darin vereint, durch basisdemokratische und transparente Prozesse die Entscheidungshoheit für die Verwendung öffentlicher Fördermittel zu gewähren. Insgesamt sind seit dem Start von LEADER hunderte Millionen Euro zielgerichtet in die nachhaltige ländliche Regionalentwicklung geflossen, denn die lokalen Akteur*innen vor Ort wissen am besten um die Schwächen und Potenziale ihrer eigenen Lebenswelt. Das Kernprinzip und die Erfolgsfaktoren des LEA-

DER-Ansatzes sind auf andere Strukturentwicklungs- und Partizipationsverfahren übertragbar.

Sieben Elemente des LEADER-Prinzips

Angesichts des fortschreitenden und sich zukünftig noch verstärkenden demografischen Wandels sowie des Strukturwandels in der Landwirtschaft und den daraus resultierenden Urbanisierungstendenzen hat es die Europäische Union frühzeitig als notwendig erachtet, die ländliche Entwicklung zu unterstützen. Ländliche Räume leisten unabdingbar wichtige Funktionen der Ressourcengewinnung (Nahrung, Trinkwasser), der Ökosystempufferung (Klimawirkungen, Schadstoffretention Luft und Wasser) und der Naherholung (Freiräume, Landschaftsbild). Neben der Mainstream-Förderung durch den Europäischen Landwirtschaftsfonds ELER existiert seit 1991 der besondere Ansatz des LEADER-Förderprogramms (vgl. Lukesch 2018).

Fokus auf ländlichen Raum

Die LEADER-Methode basiert auf folgenden sieben spezifischen Merkmalen, die – gesamtheitlich angewendet – ihr volles Potenzial als demokratisches und gemeinwohlorientiertes Partizipationsinstrument entfalten (vgl. auch EU-KOM 2006, ENRD 2019).

1. **Bottom-up-Ansatz als grundlegendes Partizipationsprinzip:** „Bottom-up" meint, dass lokale Akteur*innen an der Entscheidungsfindung für die Zukunftsfähigkeit ihrer Region beteiligt sind. Dies gilt sowohl bei der Erstellung der regionalen Entwicklungsstrategie als Konzept, das für eine gesamte EU-Förderperiode gilt, als auch bei der Einbringung und Priorisierung von Themen und Projekten, die für die eigene Region am wichtigsten sind.

2. **Territorialer Ansatz als Identitätsklammer:** Eine LEADER-Region zeichnet sich durch gebietsbezogene Zugehörigkeitskriterien aus. Diese können naturräumliche Einheiten, gemeinsame Traditionen oder eine kollektive lokalbasierte soziale Identität sein. LEADER-Regionen sind daher nicht zwingend deckungsgleich mit administrativen Einheiten.

Um einerseits eine kritische Masse zu erreichen und andererseits einen ausreichenden lokalbezogenen Wirkungsgrad zu entfalten, weisen LEADER-Regionen in der Regel zwischen 10.000 und 100.000 Einwohner*innen auf.

3. **Lokale Aktionsgruppe als demokratisches Steuerungsgremium:** Eine Lokale Aktionsgruppe (LAG) vereint institutionelle und private Interessensvertreter*innen einer LEADER-Region aus dem öffentlichen und zivilgesellschaftlichen Bereich, darunter Kommunalverwaltungen, Vereine, Verbände, Organisationen, Institutionen und Privatleute, die die Charakteristika und Belange ihrer Region repräsentieren. Die Vertreter*innen der Zivilgesellschaft müssen in der Gruppierung einen Anteil von mindestens 50 Prozent halten, damit die LAG beschlussfähig ist.

4. **Multisektorale Entwicklungsstrategie:** Arbeitsgrundlage für die Lokale Aktionsgruppe ist eine gemeinsame regionsspezifische Entwicklungsstrategie. Diese umfasst ökologische, ökonomische und soziale Dimensionen, die sie miteinander vereint, sodass dem integrierten und multisektoralen Ansatz Rechnung getragen wird, der möglichst viele Entwicklungsbedürfnisse der Region berücksichtigt. Für eine strategische Ausrichtung sind konkrete Aktionen und Projekte kohärent miteinander verbunden beziehungsweise aufeinander abgestimmt. Die LAG muss also in der Lage sein, die unterschiedlichen Interessen der Stakeholder konstruktiv miteinander in Einklang zu bringen.

5. **Innovationspotenzial:** Für die sehr unterschiedlich strukturierten ländlichen Räume führen standardisierte Lösungen nicht immer zum Erfolg. Neue, unkonventionelle Maßnahmen sollen bei LEADER ermöglicht werden, auch wenn die LAG beziehungsweise die Fördermittelgeber*innen dafür ein gewisses Maß an Risiko tolerieren müssen. Durch Wissenstransfer und übertragbare Ansätze in Regionen mit ähnli-

chen Ausgangsbedingungen eignen sich innovative Ideen, um neue Lösungswege zu generieren und etablieren.

6. **Vernetzung:** Wissens- und Erfahrungsaustausch findet nicht nur innerhalb einer LAG statt, sondern auch mit anderen Stakeholdern der ländlichen Regionalentwicklung auf lokaler, regionaler, nationaler und internationaler Ebene. Idealerweise entstehen aus der Befassung mit originären LEADER-Themen auf diese Weise langfristige Kooperationsbeziehungen.

7. **Regionsübergreifende Zusammenarbeit:** Projektgebundene Kooperationen mit anderen LEADER-Regionen können Perspektiven eröffnen, die auf lokaler beziehungsweise regionaler Ebene schwer zu erkennen sind. Intranationale oder gar transnationale Kooperationsprojekte können eine kritische Masse erzeugen, die bei intraregionalen Projekten nicht erreicht werden kann.

Beteiligungskoordination durch Regionalmanagements

Professionelles Management

Zur Koordination der Beteiligung benötigt eine Lokale Aktionsgruppe ein professionelles Management, das auf operativer und prozessual-formaler Ebene tätig ist und damit die fachliche und strategische Ebene der LAG ergänzt. Einem solchen Regionalmanagement obliegt maßgeblich die Schnittstellen- und Koordinationsfunktion zwischen der LAG und allen lokalen, regionalen sowie überregionalen Netzwerkpartner*innen – darunter auch die Landesverwaltungsbehörden. Das Aufgabenfeld eines Regionalmanagements ist entsprechend breit gefächert (vgl. REGIOSUISSE 2011, REGIOSUISSE 2014) und umfasst unter anderem

- Gremienunterstützung und -koordination,
- Netzwerkarbeit und Kompetenzaufbau,
- Kooperationsaufbau und -pflege,
- Projektberatung und -begleitung,

- Prozessbegleitung,
- Presse- und Öffentlichkeitsarbeit,
- Finanzverwaltung,
- Monitoring und Evaluierung sowie
- administrative Aufgaben im Rahmen der Geschäftsstellentätigkeit.

Der Leitgedanke bleibt bei allen Aufgaben mit hoher Dienstleistungsmentalität, die lokalen Akteur*innen zu aktivieren und Beteiligungshindernisse aus dem Weg zu räumen.

Entwicklung der Beteiligungskultur

Partizipation birgt die Gefahr von Enttäuschungen. Wenn Partizipient*innen Zeit und Wissen in die Belange der Region einbringen, entsteht schnell ein gewisser Erwartungsdruck hinsichtlich der Umsetzungserfolge. Um eine gemeinwohlorientierte und aktive Beteiligungskultur in der Regionalentwicklung zu etablieren, bedarf es einiger Anstrengungen der koordinierenden Stellen wie des Regionalmanagements oder der Landesverwaltungsbehörden. Ziel muss es sein, einen Informations-, Wissens- und Erfahrungsaustausch – sowohl in horizontaler wie vertikaler Richtung – zu ermöglichen, der von Offenheit, Engagement und Vertrauen geprägt ist. Das Schlüsselelement einer erfolgreichen und möglichst diskriminierungsarmen Beteiligungskultur ist dabei die Wertschätzung, die den sich beteiligenden Akteur*innen entgegengebracht wird. Eine entsprechende organisatorische und inhaltliche Qualität des Beteiligungsprozesses ist hierfür unentbehrlich.

Beteiligung ohne Diskriminierung

Erfolgsfaktoren für gelungene Beteiligungsveranstaltungen

Zum Aufbau von Partizipationsnetzwerken eignen sich vor allem Präsenzveranstaltungen. Durch analoge dialogische Verfahren, die persönliches Kennenlernen der Teilnehmenden und Face-to-Face

Kontakte ermöglichen, können nachhaltige Beteiligungsstrukturen entstehen. Erfolgsfaktoren von Beteiligungsveranstaltungen sind dabei allein solche, die zur Zufriedenheit der Teilnehmer*innen beitragen. Als Gegenleistung für die Zeit und das Wissen, die die Beteiligten in den Prozess geben, sollte ein individueller Mehrwert stehen. Dieser kann vielfältig sein und reicht von einem Informationsgewinn über das Kennenlernen interessanter Akteur*innen bis hin zu dem Gefühl, sein eigenes Wissen oder seine Bedürfnisse eingebracht haben zu können. Maßgeblich ist dafür ein transparentes und authentisches Beteiligungsverfahren, dessen Kernelemente zielgruppengerechte Einladungen, gutes Veranstaltungsmanagement und eine Veranstaltungsevaluierung darstellen. Folgende Faktoren des Beteiligungsmanagements sind dabei ausschlaggebend:

Transparenz und Authentizität

- **Einladung:** Sie enthält alle notwendigen Informationen für die Teilnehmenden (Uhrzeiten, Inhalte, Programmablauf, Anfahrt, Referent*innen etc.) serviceorientiert aufbereitet. Die Ansprache orientiert sich am Zielgruppenniveau. Für Fachveranstaltungen ist sie detaillierter, für offene Bürgerveranstaltungen plakativ und auf die intrinsische Motivation für eine potenzielle Teilnahme abzielend.

- **Veranstaltungsorte:** Sie sollten mindestens mit einem Verkehrsmittel gut erreichbar sein (ÖPNV und/oder ausreichende Parkplätze). Im Sinne der Inklusion ist auf barrierefreie Zugänge zu achten.

- **Veranstaltungszeiten:** Sie müssen an der oder den Zielgruppe(n) (Familien, Jugendliche, Senioren, hauptberuflich Tätige oder Ehrenamtliche) und gegebenenfalls den ÖPNV-Fahrplänen ausgerichtet werden.

- **Veranstaltungsdurchführung:** Wichtige Bestandteile sind eine empathische, professionelle Moderation, gutes Zeitmanagement (planmäßiger Beginn, pünktliches Ende, ausreichende Pausenzeiten bei längeren Veranstaltungen), angenehme Atmosphäre (Getränke, Snacks) sowie verständlich und attraktiv aufbereitete Informationen.

- **Netzwerkaufbau der Akteur*innen:** Es braucht im Programmablauf ausreichend Zeit für Gespräche; entweder vor, während oder nach dem Kernprogramm. Wichtig ist es zudem, ausreichend Gesprächsanlässe zu schaffen. Es bietet sich an, Möglichkeiten eines aktiven Matchings der Akteur*innen durch Veranstalter*innen /Referent*innen zu nutzen. Namensschilder erleichtern den Anwesenden die Gesprächsaufnahme untereinander. Wichtig ist zudem ein glaubwürdiges Interesse der Veranstalter*innen /Referent*innen an Meinungen und Input der einzelnen Teilnehmenden.

- **Evaluation:** Zur Ermittlung der Zufriedenheit der Akteur*innen mit der Veranstaltung bietet sich die Nutzung von (anonymen) Fragebögen an. Die Ergebnisse können zur Verbesserung kommender Veranstaltungen verwendet werden. Im Sinne der Transparenz sollte die Auswertung veröffentlicht werden.

- **Veröffentlichung von Informationen:** Alle relevanten Veranstaltungsinhalte sollten den Teilnehmenden und gegebenenfalls der Öffentlichkeit zügig im Anschluss an die Veranstaltung zugänglich sein. Mögliche Wege dazu sind Direktmailings an die Teilnehmenden und/oder eine öffentliche Publikation auf einer Internetseite. Präsentationen/Fotos sollten nach spätestens fünf Tagen, verschriftliche Ergebnisse nach spätestens zwei Wochen verfügbar sein. Dabei empfiehlt es sich, auf unkommentierte Fotoprotokolle zu verzichten, da diese weiterer Erläuterungen bedürfen. Auf publizierten Dokumenten sollten Ansprechpartner*innen mit Kontaktdaten genannt werden, um – speziell für verhinderte Interessent*innen – die Gelegenheit zur nachträglichen Beteiligung zu geben.

- **Danksagung:** Sowohl während der Veranstaltung als auch im Nachgang ist im Sinne der Wertschätzung eine Danksagung wichtig. Diese kann beispielsweise im Rahmen der Abmoderation, nachträglich per E-Mail oder über die Presse erfolgen.

Eine hohe Qualität von Partizipationsveranstaltungen führt im Laufe der Zeit zu einer deutlichen Verstetigung der Akteursbeteiligung. Diese zeigt sich unter anderem darin, dass zufriedene Akteur*innen bei den kommenden Veranstaltungen weitere Personen mitbringen oder dass auch bei ungünstigen Rahmenbedingungen (zum Beispiel Terminkonkurrenz) die Beteiligung hoch ist. Auch die vielbeschworene „Beteiligungsmüdigkeit" ist nicht selten ein Ausdruck von Enttäuschung über schlecht konzipierte, kommunizierte oder durchgeführte Beteiligungsverfahren (vgl. UBA 2017) – denn warum sollten Partizipient*innen ihrer Einflussnahme überdrüssig werden, wenn diese angenehm und wirkungsvoll ist?

Qualität fördert Verstetigung

Verstetigung der Beteiligung – Beispiel LAG Wesermarsch in Bewegung

Die Lokale Aktionsgruppe „Wesermarsch in Bewegung" der gleichnamigen LEADER-Region in Niedersachsen gründete sich im August 2001 mit 20 Personen, darunter 10 sogenannte „WiSo"-Partner*innen, also Wirtschafts- und Sozialpartner*innen, als Vertreter*innen der Zivilgesellschaft. Definitionsgemäß kann LAG-Mitglied werden, wer in einer LEADER-Region ansässig oder für sie zuständig ist. Im Laufe von knapp 20 Jahren ihres Bestehens zeichnet sich die LAG durch hohe Stetigkeit ihrer Mitglieder bei gleichzeitiger Weiterentwicklung ihrer Strukturen aus. Auch im 20. Arbeitsjahr sind noch fünf Gründungsmitglieder sowie ein knappes Dutzend Personen mit rund 10-jähriger Zugehörigkeit in der LAG aktiv – und zwar freiwillig. Ein Austritt aus der Gruppierung ist jederzeit auch ohne Begründung kurzfristig möglich. Eine Weiterentwicklung der Strukturen fand im Laufe der Zeit durch Erhöhung der Anzahl der WiSo-Partner*innen von 10 auf 16 Mitglieder und die Einführung einer Vertretungsregelung statt, um die strategische Themenabdeckung und das Akteursnetzwerk zu erweitern.

Die LAG-Sitzungen in der Wesermarsch weisen über Jahre hinweg eine hohe Anwesenheitsquote der Mitglieder von durchschnittlich mindestens 75 Prozent auf. Über die Beteiligung an den regulären

Sitzungen hinaus nehmen LAG-Mitglieder an Evaluierungsveranstaltungen, Projekteröffnungen und anderweitigen Beteiligungsformaten wie SWOT-Analysen, Regionalkonferenzen oder Workshops zur Kreis- und Regionalentwicklung teil. Die Zufriedenheit der LAG-Mitglieder mit dem LEADER-Gesamtprozess und einzelnen Vorhaben wird regelmäßig mit – zum Teil anonymen – Fragebögen erhoben. Tiefergehende Erkenntnisse werden durch qualitative Befragungen gewonnen. Beispielsweise befragte das Regionalmanagement am Ende der Förderperiode LEADER 2007-2013 seinerzeit alle 25 LAG-Mitglieder in leitfadengestützten persönlichen Interviews zu ihrer Beteiligungsmotivation und dem Aufwand-Nutzen-Verhältnis des LEADER-Prozesses.

Beteiligungsmotivation durch Mitwirkungserfolge

Einhellig gaben die Mitglieder der LAG „Wesermarsch in Bewegung" im Rahmen der Befragung an, dass es ihnen sehr wichtig sei, an den LAG-Sitzungen – für die es im übrigen keinerlei Aufwandsentschädigung gibt – teilzunehmen. Bezüglich der Bedeutung der LAG äußerten sich alle Mitglieder positiv. Dies betrifft vor allem den wahrgenommenen Mehrwert der Zusammenarbeit zwischen kommunalen und zivilgesellschaftlichen Partner*innen. Stellvertretend steht folgende Aussage eines Befragten: „Insgesamt ist das 'ne dolle Sache, dass Vertreter der Kommunen sich zusammensetzen mit Vereinsvertretern, mit Interessenvertretern, und die gleichberechtigt etwas entscheiden und etwas bewegen, das finde ich vorbildlich." Häufig wurde als direkter eigener Nutzen die Erweiterung des Wissenshorizontes genannt, einerseits durch den geografischen Aspekt („Ecken, die ich sonst nie kennengelernt hätte"), andererseits durch neue Kontakte und Netzwerke: „Man lernt also auch diese Leute durch solche Besprechungen näher kennen […], dass man sagt, ,Mensch, da kennste doch jemanden, ruf den mal an, vielleicht kann der dir helfen'." Über diesen universellen Vorteil hinaus unterscheiden sich die Vorteile der LAG-Mitarbeit aus den Perspektiven der zivilgesellschaftlichen und kommunalen Partner leicht. WiSo-Partner*innen nannten überwiegend, dass sie

Wirksamkeit und Weiterentwicklung

ihre Fachlichkeit einbringen können oder „ein bisschen Einfluss nehmen und mitgestalten" können. Ein kommunales Mitglied der LAG stellte den beiderseitigen Nutzen nach längerer LAG-Arbeit wie folgt gegenüber: „Die WiSo-Partner haben vielleicht ein bisschen mehr nachvollziehen können, warum bestimmte Sachen auch mal in der kommunalen Welt geklärt werden müssen und wie das funktioniert, und umgekehrt hat man mehr Einblick in die Denke von WiSo-Partnern."

Von allen Befragten wurde hervorgehoben, dass die Beteiligung der kommunalen und WiSo-Partner*innen sowohl in der Selbsteinschätzung als auch in der Fremdeinschätzung als gleichberechtigt empfunden wird. Die Befragten äußerten sich hierzu mit „Es ist nie der Eindruck entstanden, dass das so `ne Zweiklassenabteilung ist, dass vorne die Kapitäne sitzen und hinten die Mannschaft." beziehungsweise „Es ist nicht so, dass es LAG-Mitglieder 1. und 2. Klasse gibt." Die Einschätzung bezüglich einer bestehenden Gleichberechtigung wird vor allem an den Redebeiträgen während der LAG-Sitzungen festgemacht: „Es kann sich jeder zu Wort melden, jeder kann das aussprechen von Länge und Ausführlichkeit und Gründlichkeit [...], was ihn bewegt, da ist keine Leitung oder auch keiner, der das dann bremst oder hemmt oder in andere Richtungen lenkt oder so, das ist also sehr offen und freimütig." In die gleiche Kerbe schlägt ein langjähriger zivilgesellschaftlicher Partner mit der Aussage: „Jeder hat ja das gleiche Recht, etwas zu sagen. [...] was ich da immer wirklich positiv empfunden habe, dass die Argumente der WiSo-Partner genauso gehört, diskutiert, verworfen oder dem zugestimmt wurde wie bei den Hauptverwaltungsbeamten oder bei den Vertretern der Gemeinden." Unterschiede wurden von einzelnen LAG-Mitgliedern nicht in der formalen Gleichberechtigung, sondern lediglich in der (vermeintlich) höheren fachlichen Kompetenz der jeweils anderen LAG-Gruppierung zu bestimmten Themen gesehen: Während einzelne WiSo-Partner*innen den kommunalen Partner*innen einen nahezu naturgemäßen Wissensvorsprung in der Gesamtheit der Förderthematik beimaßen (Hinweis auf Alltagsgeschäft), äußerte ein Kommunalvertreter, dass speziell die

Augenhöhe

WiSo-Partner*innen mit ihrer Fachkompetenz „auch mal die eine oder andere Sache etwas kritischer beleuchten."

Alle LAG-Mitglieder bekundeten im Interview, dass sie höchst motiviert sind, am Beteiligungsprozess teilzunehmen und mitzuarbeiten. Neben dem bereits erwähnten Nutzen (einzigartige Möglichkeit des Austausches, Vernetzung, Kontakte, Kooperationsmöglichkeiten) liegt der Motivationshintergrund, der sich speziell durch langjährige Mitarbeit in der LAG ausdrückt, tiefer. Im Interview äußerten viele Mitglieder eine hohe regionale Verbundenheit. Das Heimatgefühl geht in der Regel einher mit der Würdigung der regionalen und oft positiven Besonderheiten (zum Beispiel Natur), aber auch mit stabilen sozialen Beziehungen. Allen LAG-Mitgliedern ist ein hohes Verantwortungsgefühl gemein, nicht nur bezüglich der LEADER-Regionalentwicklung („Das ist natürlich auch 'ne ganz verantwortungsvolle Aufgabe, über letztlich Millionen zu entscheiden'"), sondern oft im gesamtgesellschaftlichen Kontext. Mehrfach wurden altruistische Motive für die Beteiligung in der LAG genannt wie in folgenden Äußerungen dreier Kommunalvertreter:

Motivationshintergründe

- „Wir arbeiten hier in der LAG für die Einwohner und Einwohnerinnen",
- „Das ist ja Wirtschaftsförderung par excellence, was wir da betreiben, das kommt der ganzen Region zugute."
- „Eigentlich geht es ja um Völkerverständigung und Friedensarbeit, das ist ja der tiefere Sinn dieser ganzen Geschichte. Das kommt eben auch meiner Einstellung entgegen."

Vielfach spielt auch der Gestaltungswille eine Rolle, beispielsweise „um eben für die Gemeinschaft was zu tun mit Fördergeldern, die von der EU kommen und die dann so richtig einsetzen, um schwerpunktmäßig etwas zu schaffen."

Insgesamt wurden bezüglich des gesellschaftspolitischen Einflusses mehrfach Vergleiche zur Partizipation in kommunalpolitischen Gremien geäußert, wobei die Zusammenarbeit in der LAG ausnahmslos als sachgeleiteter geschildert worden ist.

„Geteiltes Geld ist doppeltes Geld"

Als Ausdruck der vertrauensvollen solidarischen Zusammenarbeit unterschiedlicher Akteur*innen und Teilgebiete einer LEADER-Region eignen sich kommunale Kofinanzierungsfonds. Aus den übergeordneten Regularien resultierend ist es erforderlich, dass EU-Fördermittel einer gewissen nationalen öffentlichen Kofinanzierung bedürfen, beispielsweise einer Gegenfinanzierung aus kommunalen Finanzmitteln. Da bei LEADER auch private Antragsteller*innen wie Vereine, Verbände, Genossenschaften Zuwendungsempfänger*innen sein können, stellt diese Anforderung in der Regel das Nadelöhr für die Projektfinanzierung dar.

Kofinanzierungsfonds

Die Kommunen der LEADER-Region „Wesermarsch in Bewegung" haben sich bereits im Gründungsjahr der Lokalen Aktionsgruppe dazu entschlossen, einen gemeinsamen Kofinanzierungsfonds aufzulegen. Dieser dient speziell der Gegenfinanzierung von Kooperationsprojekten sowie der Unterstützung privater Antragsteller*innen. Die Besonderheit stellte dabei die nicht unwesentliche Höhe von einer Million Euro pro Förderperiode dar sowie die Tatsache, dass alle 10 Gebietskörperschaften den Fonds paritätisch speisten – unabhängig von ihrer Finanzkraft, ihrer Flächengröße oder Einwohnerzahl. Die Entscheidungsmacht über die Verwendung obliegt, ebenso wie für die Verwendung der EU-Mittel, der Lokalen Aktionsgruppe. Der gemeinsame Regionalfonds hat frühzeitig wesentlich dazu beigetragen, das kommunale Kirchturmdenken zu überwinden und Vertrauen in die gemeinschaftliche Entscheidung zu gewinnen.

Ein nicht unwesentlicher Motivationsgrund ist, dass der kommunale Finanzmitteleinsatz mit der Zuwendung von EU-Fördergeldern belohnt wird und dass die Projektwirkungen über einzelne Städte und Gemeinden hinaus erzielt worden sind. Die Einrichtung kommunaler Kofinanzierungsfonds gelten inzwischen als wesentlicher Erfolgsfaktor bei der partizipativen Regionalentwicklung (vgl. MLU S-A 2013).

Erweiterte Beteiligung durch freiwillige regionale Expert*innen

Um das Partizipationsprinzip weiter zu stärken, hat die LEADER-Region „Wesermarsch in Bewegung" in der für sie dritten LEADER-Förderperiode 2014-2020 ihren Beteiligungsansatz erweitert. Er ist nun breiter als es die europäischen oder länderspezifischen Vorgaben für die Auswahl zur LEADER-Region verlangen. Als zusätzliches informelles Beteiligungs- und Beratungsgremium wurden Projektwerkstätten geschaffen. Dabei kommen Freiwillige unterschiedlicher Couleur (LAG-Mitglieder, Verwaltungsvertreter, Bürgermeister*innen, Vereinsmitglieder, Regionalmanagement etc.) anlassbezogen mit Projektinitiator*innen zusammen, um Verbesserungsvorschläge für deren Projektideen zu erarbeiten. Ein Teil dieser Personen sind freiwillige Projektfachberater*innen, die mit ihrem spezifischen Fach- und Regionswissen bestimmte Themen der regionalen Entwicklungsstrategie repräsentieren. Dazu gehören hauptberufliche Expert*innen, ehemalige Projektträger*innen und Hauptverwaltungsbeamte, die sich mit ihrem Wissen an der Verbesserung von Projektansätzen für die Regionalentwicklung beteiligen.

Der zusätzliche Mehrwert des erweiterten Partizipationssystems besteht darin, eine maximale Transparenz bei den Entscheidungswegen zu erzeugen. Dies ist wichtig, um die Objektivität und Wohlüberlegtheit bei Zuteilung begrenzter Ressourcen nicht nur zu wahren, sondern auch um die Entscheidenden vor ungerechtfertigten Vorwürfen subjektiv-begünstigter Einflussnahme zu schützen. Abbildung 1 veranschaulicht die Schritte von der Realisierung einer Projektidee bis zur Bewilligung durch eine Landesverwaltungsbehörde, bei der im erweiterten Partizipationssystem der LEADER-Region „Wesermarsch in Bewegung" diverse kommunale und zivilgesellschaftliche Akteur*innen beteiligt sind. Bei einem klassischen LEADER-Projektverfahren folgt nach der Erstinformation die LAG-Sitzung, gegebenenfalls mit vorgelagerter Vorstandssitzung. Bei nicht-partizipativen Förderverfahren des Mainstreams

Transparenz durch erweiterte Beteiligung

folgt auf die Erstinformation die Versagung oder Gewährung der Bewilligung als Verwaltungsentscheidung.

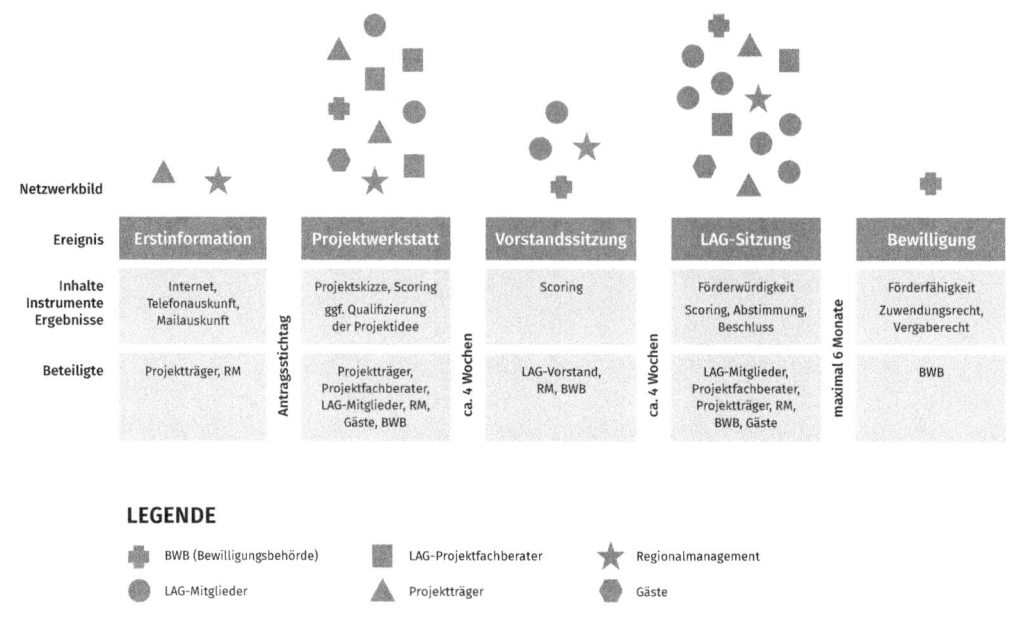

Abbildung 1: Projektphasenverlauf des Partizipationsnetzwerkes mit Beteiligungsschritten und Akteurszusammensetzung in der LEADER-Region „Wesermarsch in Bewegung" (Meike Lücke, eigene Darstellung).

Evaluationsbasierte Fortentwicklung

Die Rahmenbedingungen der LEADER-Förderung haben seit Anbeginn eine Entwicklung vollzogen, die anhand der distinkten Förderperioden unterscheidbar sind. Vom Beginn der ersten sogenannten „Gemeinschaftsinitiative" im Zeitraum von 1991-1993 mit nur 217 Lokalen Aktionsgruppen ist die LEADER-Community auf mehr als 2500 Regionen in ganz Europa in der Förderperiode 2014-2020 gewachsen. Diese Erfolgsgeschichte (vgl. ENRD 2019) ist nicht zuletzt einer engen Evaluierungsbegleitung zu verdanken, die nicht nur kritisch auf Effektivität und Effizienz der eingesetzten Fördermittel blickt, sondern auch bei den lokalen LEADER-Akteur*innen nach Eigenerfahrung, Folgewirkungen und Mehrwert des LEADER-Ansatzes aus Perspektive der Regionen fragt. Die Evaluationserkenntnisse haben dazu geführt, dass der partizipatorische Ansatz gestärkt wurde und die Menschen vor Ort eine höhere Entscheidungsmacht innehaben. Im Laufe von 30 Jahren LEADER zeichnet sich daher ein Paradigmenwechsel von Government- zu Governance-Strukturen in der nachhaltigen Entwicklung des ländlichen Raumes ab. Mit der Ausgestaltung der LEADER-Förderperiode 2014-2020 ist dieser Governance-Ansatz jedoch noch nicht im Zenit seiner Wirksamkeit angelangt. Die Selbstevaluierungen vieler LEADER-Regionen und die Programmevaluationen, die von den Verwaltungsbehörden beauftragt werden, zeigen, dass das Partizipationsprinzip noch ausgeweitet werden kann, um demokratische Ansätze zur Erhöhung der Selbstwirksamkeit der Regionen zu stärken. Vor allem administrative Hürden führen mitunter zu Resignation der Beteiligten bei der Verwendung von Fördermitteln mit partizipativen Ansätzen (vgl. SMUL 2016; Südekum 2019). Für die Zukunft wäre angesichts der Herausforderungen in einer globalisierten Welt wünschenswert, das LEADER-Prinzip würde weiter gestärkt (vgl. BAG LAG 2018). Für den ländlichen Raum wäre eine höhere Finanzmittelausstattung und ein flächendeckender Ansatz erstrebenswert – und urbane Räume könnten die Grundprinzipien von LEADER als langjährig erprobtes und erfolgreiches Beteiligungsinstrument für sich adaptieren.

Erweiterungspotential

Partizipationsangst

Trotz aller über Jahre hinweg objektiv, wissenschaftlich und empirisch belegter Erfolge der LEADER-Förderung mit ihrem hohen partizipativen Ansatz verbleiben einzelne kritische Stimmen. Deren Vorwurf, Entscheidungsverfahren in größerer Runde und mit höherem Abstimmungsbedarf zwischen Stakeholdern mit zum Teil konträren Interessen seien zu langwierig, ist jedoch leicht zu entkräften. Dem längeren zeitlichen Vorlauf steht ein stärkerer Rückhalt bei der endgültigen Entscheidung gegenüber sowie die in der Regel höhere inhaltliche Qualität bei Projekt- und Prozessbeschlüssen, da mehr Fach- und Regionswissen im Vorfeld der Entscheidungsfindung eingebracht wird. Schwieriger ist die Furcht der Kritiker*innen vor ihrem eigenen Machtverlust zu tilgen. Wer gewohnt ist, ohne breite Bürger- oder Akteursbeteiligung Entscheidungen zu treffen und damit Erfolg zu haben – egal ob dieser nur vermeintlich oder tatsächlich ist – wird keinen Antrieb aufbringen, um vom gewohnten Verfahren abzuweichen. Der Verlust alleiniger oder engzirkeliger Entscheidungsmacht ist nicht zu leugnen. Demgegenüber steht jedoch ein weitaus größerer Gewinn:

Furcht vor Machtverlust

- Überprüfung der eigenen Sichtweise und Selbstreflexion,
- Erweiterung des Wissenshorizontes,
- Kennenlernen von anderen Perspektiven,
- Aufnahme neuer Impulse von Akteur*innen, die mit ihrer Kompetenz zu verbesserten Entscheidungsergebnissen beitragen sowie
- eine breitere Multiplikatorenwirkung bei der Nutzung von partizipativ unterstützten Projekten.

Nur durch Beteiligung kann ein Wissens- und Partizipationsnetzwerk entstehen, wachsen und gedeihen – und so eine stabile Basis für eine nachhaltige Entwicklung unter Berücksichtigung ökonomischer, ökologischer und sozialer Interessen bilden.

Fazit

LEADER stellt ein wertvolles Instrument der nachhaltigen Regionalentwicklung dar, das aufgrund seines territorialen, integrativen und partizipativen Ansatzes das endogene Potenzial einer Region und ihrer Akteur*innen erschließt. Im Laufe seiner 30-jährigen Existenz mit stetigen Verbesserungen hat es sich von einem Förderprogramm zu einem Partizipationsprinzip entwickelt, dessen Ansätze mit Modifikationen auch auf urbane Teilräume sowie auf Länder außerhalb der Europäischen Union übertragbar sind. Voraussetzungen zur Verbreitung und Verstetigung des demokratischen Prinzips in Anlehnung an das LEADER-Prinzip sind unterstützende Netzwerk- und Beteiligungsstrukturen, unter anderem in Form einer professionellen und mit ausreichenden Ressourcen ausgestatteten Koordinierungsstelle. Am wichtigsten sind jedoch kommunikations- und konfliktfähige, engagierte Akteur*innen, die zum Wohle der Gemeinschaft handeln und sich für ihre Region engagieren wollen.

Literatur

BAG LAG (2018): Bundesarbeitsgemeinschaft der LEADER-Aktionsgruppen (2018), Europa braucht LEADER. Positionspapier. Online unter:https://www.baglag.de/wp-content/uploads/2018/03/BAG-LAG-Positionspapier-2018.pdf.

ENRD (2019): European Network for Rural Development (2019), Leader Achivements. EU Rural Review 29. Online unter: https://enrd.ec.europa.eu/sites/enrd/files/enrd_publications/publi-enrd-rr-29-leader-2020-en_web.pdf.

EU-KOM (2006): European Commission Directorate-General for Agriculture and Rural Development, The Leader Approch. A basic guide. Online unter: https://enrd.ec.europa.eu/sites/enrd/files/2B953E0A-9045-2198-8B09-ED2F3D2CCED3.pdf.

Lukesch, Robert (2018): Leader reloaded. Keynote paper at the ELARD conference on the heartbeat of the LEADER community (26th-28th September 2018), Evora, Portugal. Online unter: https://leaderconference.minhaterra.pt/rwst/files/I21-20181009XLEADERXRELOADEDXPAPERXROBERTXLUKESCH.PDF.

MLU S-A (2013): Ministerium für Landwirtschaft und Umwelt Sachsen-Anhalt (Hg.), Leitfaden Regionale Kofinanzierungspools. Für mehr Spielräume in der ländlichen Entwicklung. Online unter: https://neulandplus.de/wp-content/uploads/2015/04/Regionale-Kofinanzierungspools.pdf.

RegioSuisse – Netzwerkstelle Regionalmanagement (2011): Regionalmanagement. Praxisblatt, online unter: https://regiosuisse.ch/sites/default/files/2016-08/praxisblatt-rm.pdf.

RegioSuisse – Netzwerkstelle Regionalmanagement (2014): Praxisleitfaden für erfolgreiche Regionalentwicklung, online unter: https://regiosuisse.ch/sites/default/files/2016-08/praxisleitfaden-2014.pdf.

Salchner, Günter (2018): Effective Local Development in the Context of LEADER. A Matter of Management Capacity – A Matter of Management Capacity. European Structural and Investment Funds Journal EStIf, Jahrgang 6, Ausgabe 3, pp. 234 – 240.

SMUL 2016: Staatsministerium für Umwelt und Landwirtschaft des Freistaates Sachsen, Neuausrichtung der ELER-Förderung nach 2020 (ELER-RESET), online unter: https://www.smul.sachsen.de/foerderung/download/NeuausrichtungderELER-Foerderungnach2020_ELER-RESET.pdf.

Südekum, Jens (2019): Europas Regionen besser fördern. Friedrich-Ebert-Stiftung. Online unter: http://library.fes.de/pdf-files/fes/15795.pdf.

UBA (2017): Umweltbundesamt (Hg.), Impulse zur Bürgerbeteiligung vor allem unter Inklusionsaspekten – empirische Befragungen, dialogische Auswertungen, Synthese praxistauglicher Empfehlungen zu Beteiligungsprozessen. Online unter: https://www.umweltbundesamt.de/sites/default/files/medien/1410/publikationen/2017-05-08_texte_36-2017_impulse-buergerbeteiligung_0.pdf.

Matthias Simon Billert, Prof. Dr. Christoph Peters

Gelebte Demokratie in der Stadt der Zukunft – Entwicklung einer digitalen Bürgerbeteiligungsplattform

Um die Lebensverhältnisse der Bürger*innen in Städten zu verbessern, sollen diese als Expert*innen ihres Alltags eingebunden werden. Jedoch finden städtische Angebote oftmals bei Bürger*innen keinen Anklang und umgekehrt kämpfen Bürgerinitiativen um die Aufmerksamkeit und Unterstützung von Städten. Um diese Lücke zu schließen, wurde eine digitale Bürgerbeteiligungsplattform in einer deutschen Großstadt etabliert. Sie unterstützt Bürger*innen bei ihren Anliegen und bietet Städten die Möglichkeit, bürger-initiierte Beiträge niederschwellig zu überprüfen und bereitzustellen. Mit dem anschließenden demokratischen Abstimmungsprozess handelt es sich um ein Stück gelebte Demokratie.

Einleitung

In Zeiten des demographischen Wandels ziehen mehr und mehr Menschen von ländlichen Regionen in Städte. Es wird davon ausgegangen, dass bis 2050 etwa 60 Prozent der Menschen in städtischen Regionen leben (United Nations, Department of Economic and Social Affairs, Population Division 2017). Des Weiteren kommt es zu einer Veränderung der Lebensverhältnisse, der Altersstruktur sowie zu einer steigenden kulturellen Vielfalt. Dabei stehen Städte vor der Herausforderung, der hohen Lebensqualität ihrer zunehmend heterogenen Einwohner*innen (weiterhin) gerecht zu werden und diese sogar zu steigern. Um dies zu gewährleisten, nutzen Städte unterschiedliche Ansätze und Beteiligungsformen, um in den Dialog mit den Bürger*innen zu gehen, die als Expert*innen ihres Alltags und ihrer individuellen Lebensverhältnisse am besten wissen, was sie benötigen. Einer dieser Ansätze ist das Konzept ei-

Zunahme der Stadtbevölkerung

ner Smart City, bei der unter der Verwendung von Informations- und Kommunikationstechnologie die Bürger*innen in die bestehende Erstellung von öffentlichen Dienstleistungen eingebunden werden sollen (Viale Pereira et al. 2017), zum Beispiel zur aktiven Teilnahme beim Melden von Mängeln in der Stadt. In der Praxis sieht es derzeit jedoch noch anders aus. Einerseits bieten Städte den Bürger*innen Dienstleistungen an, die nicht bürger-zentriert entwickelt wurden und deshalb von den Bürger*innen abgelehnt werden (van Waart et al. 2016). So sehen circa 41 Prozent der deutschen Befragten eine fehlende Unterstützung durch Städte (Koptyug 2019). Andererseits kommen Bürger*innen mit Anliegen und Initiativen auf die Städte zu, diese können jedoch aufgrund von unstrukturierten Inhalten oder rechtlich unvereinbaren Beiträgen nicht die gewünschte Unterstützung anbieten (van Waart et al. 2016). Nach der Frage, welches Format die Bürger*innen sich wünschen, um entsprechend mit einem Anliegen an die Stadt herantreten zu können, wurde in einem Beteiligungsworkshop mit 40 Prozent als höchstes Beteiligungsformat eine digitale Beteiligungsplattform gewählt; gefolgt von analogen und digitalen Umfragen (33 Prozent), Workshops (12 Prozent), Informationsveranstaltungen (9 Prozent) sowie Bürgerversammlungen (6 Prozent). Dabei sollen Informations- und Kommunikationstechnologien dafür genutzt werden, um nicht nur den Dialog mit den Bürger*innen zu eröffnen, sondern diese auch aktiv einzubinden (Viale Pereira et al. 2017). Beispielsweise über digitale Plattformen können Bürger*innen so eigene Vorschläge, Projekte etc. einbringen. Um die bestehende Lücke zwischen den Bürger*innen und der Stadt zu schließen, haben wir eine entsprechende digitale Beteiligungsplattform in einer deutschen Großstadt gebaut, die die Bürger*innen durch einen systematischen Einreichungsprozess von Beiträgen unterstützt, und diese an die bestehende Infrastruktur angebunden. Gleichzeitig bietet sie Städten die Möglichkeit, die eingereichten Beiträge vor der Freigabe für die anschließende öffentlich-demokratische Abstimmung zu prüfen.

Hybrides Portfolio an Formaten

Kontext

Wenn Bürger*innen sich auf einer städtischen Webseite informieren oder eine E-Mail mit ihrem Anliegen an die Stadtverwaltung übermitteln, dann spricht man von Beteiligung. Die Beteiligung kann dabei auf unterschiedliche Art und Weise erfolgen. Hierbei bieten Städte auch schon viele verschiedene Formate von Bürgerbeteiligung mit dem Ziel der aktiven Einbindung von Bürger*innen an. Jedoch werden die meisten Beteiligungsverfahren nach den Belangen einzelner Interessenvertreter*innen ausgerichtet und legen nicht den Fokus auf die Einbindung von Bürger*innen in den kontinuierlichen Gestaltungsprozess zur Verbesserung des Lebensumfelds der Bürger*innen und die Steigerung der Lebensqualität in Städten.

Dabei sollte Bürgerbeteiligung als lernendes System ausgerichtet werden. Das bedeutet, dass Politik, Stadtverwaltung und -gesellschaft eine Parallelstruktur zum Dialogformat aufbauen müssen, um die Bürger*innen erfolgreicher erreichen zu können. In diesem Zusammenhang ist es vorteilhaft, von Anfang an die Erkennung von Themen frühzeitig zu planen, Disparitäten auszugleichen und auch Bürger*innen zu einer Stimme zu verhelfen, die sonst nicht in der Lage wären, sich zu artikulieren. Durch die aktive Mitverantwortung von Bürger*innen bei gesellschaftlichen Themen sollen Stadtverwaltungen auf lange Sicht eine Förderung der Vernetzung innerhalb der Stadtverwaltung, -gesellschaft und Politik herstellen. Hierzu bietet die betroffene Stadtverwaltung bereits folgende Formate an:

Lernendes System

- Einsatz von Beteiligungsformaten wie einer Denkwerkstatt, Bürgerversammlung, Online- und Offlinebefragungen sowie Workshops zur Entwicklung von öffentlich wirksamen Konzepten,
- proaktive Beteiligung bei der Entwicklung von langfristigen Konzepten in der Stadtgesellschaft,

- fachlicher konstanter Austausch mit Akteur*innen der Wirtschaft, Wissenschaft und Zivilgesellschaft und über Arbeitsgruppen,
- Einsatz von Arbeitsgemeinschaften, Stadtteiltreffen und Ortsbeiräten mit Einbezug der Öffentlichkeit von einzelnen Stadtteilen oder Quartieren.

Allerdings sind die bestehenden Formate größtenteils nur offline-orientiert. Dies sehen auch 45 Prozent der Befragten so, die der Meinung sind, dass die notwendigen Formate von der Stadtverwaltung nicht online angeboten werden (Koptyug 2019). Ist dennoch ein digitales Format durch die Stadt bereitgestellt, so wurde dieses nicht bürger-zentriert und bürger-orientiert entwickelt. Hinzu kommt, dass es der Stadtverwaltung nicht gelingt, das dauerhafte Interesse innerhalb der Bevölkerung zu wecken, damit diese aktiv mitgestaltet und sich bei Prozessen einbringt. Hier gilt es, den Bürger*innen Selbstwirksamkeit zu ermöglichen, indem sie aktiv an der Entwicklung der Plattform mitwirken und einen eigenen Beitrag leisten. Die Stadtverwaltung sieht dabei im Empowerment von unterschiedlichen Bevölkerungsgruppen einen Gradmesser für die Innovationskraft und Zukunftsfähigkeit ihrer Stadt. Dafür muss allerdings zunächst sichergestellt werden, dass die Bürger*innen aktiv eingebunden werden, bevor ihnen eine endgültige Entscheidung im Beteiligungsprozess vollständig überlassen wird.

Selbstwirksamkeit durch Beteiligung an Formatentwicklung

Beteiligungsintensität und -kategorisierung

Eine Ermittlung der Beteiligungsintensität und -kategorisierung kann mit dem Public Participation Spectrum der Internationalen Vereinigung IAP2 Föderation erfolgen. Das Instrument wurde zur Verbesserung der Beteiligung entwickelt und unterscheidet fünf Ebenen, wobei für jede Stufe ein „Beteiligungsversprechen" der handelnden Institution an die Öffentlichkeit die Grundlage darstellt. Auf der ersten Ebene „Informieren" soll die Öffentlichkeit mit objektiven und ausgewogenen Informationen versorgt werden, damit sie für das jeweilige Anliegen sensibilisiert wird. Die zweite Ebene „Konsultieren" betont die Offenheit für Feedback, die Bereitschaft zuzuhören und den transparenten Umgang mit Inputs der Öffentlichkeit. Die dritte Ebene bedingt, dass die Öffentlichkeit während der gesamten Prozessdauer konstant in die Zusammenarbeit involviert wird. Auf der vierten Ebene „Kollaborieren" wird die Zusammenarbeit dadurch erweitert, dass die Öffentlichkeit aktiv in die Entwicklung von Lösungen und Alternativen eingebunden wird. Bei der fünften und letzten Ebene „Empowern" ist die Öffentlichkeit für die endgültige Entscheidungsfindung verantwortlich.

Die hier vorgestellte Umsetzung einer digitalen Plattform zur Entwicklung städtischer Dienstleistungslösungen ist vorrangig der vierten Stufe zuzuordnen. In Teilen sind jedoch auch Ansätze des „Empowern" vorhanden, da die Bürger*innen als Expert*innen ihrer individuellen Lebensverhältnisse schlussendlich in einem demokratischen Prozess abstimmen, welche Dienstleistungsidee zum Steigern der Lebensqualität beiträgt.

Besonderheiten von Bürgerbeteiligungsplattformen

Bei Bürgerbeteiligung gibt es einige Besonderheiten. So geht es unter anderem darum, diese so zu gestalten, dass sie allen Bürger*innen gerecht wird. Das ist ein großer Unterschied im Vergleich zu anderen Bereichen, bei denen man eine Lösung auf eine sehr enge Zielgruppe zuschneiden würde, beispielsweise wenn es um Dienstleistungen im Bereich des Tourismus für junge Familien oder Entertainmentangebote für ältere, kulturinteressierte Menschen geht. Neue Formate für Bürgerbeteiligung sind also so zu gestalten, dass sie bestehende Formate gekonnt ergänzen, um alle Bevölkerungsgruppen anzusprechen oder auch den Zugang einzelner Gruppen, die sich bisher noch wenig beteiligt haben, zu ermöglichen.

Breites Nutzer*innen-Spektrum

Wichtige Erkenntnisse sind hier:

- Bürger*innen sind Expert*innen ihres Alltags, wissen oft sehr genau, was es wie in ihrem direkten Umfeld und Alltag zu verbessern gäbe.

- Es gibt bereits viele Menschen, die sich in der Gesellschaft auf unterschiedliche Weise einbringen. Sie sind oft in Vereinen etc. und in verschiedenen Rollen aktiv. Diese Kompetenzen zu nutzen und Bürgerbeteiligung systematisch zu gestalten, ist wichtig und wertvoll für jede Stadt.
- Die allermeisten Bürger*innen sind bereits mit digitalen Angeboten durch ihr privates Umfeld oder ihre Arbeit vertraut. Manche mehr, manche weniger.

Je besser neue Angebote, insbesondere digitale Lösungen, diese Erkenntnisse berücksichtigen, desto erfolgreicher werden sie sein.

Systematisches Vorgehen

Um bei der Erstellung der Beteiligungsplattform diesen Erkenntnissen und den daraus resultierenden Herausforderungen gerecht zu werden sowie eine praxisfähige, nutzerzentrierte Plattform zu erstellen, wurde ein gestaltungsorientierter Forschungsansatz gewählt (Hevner 2007).

Zur Gestaltung sieht der Ansatz vor, dass sich gleichermaßen zwei Bereichen bedient wird. Bei dem ersten Bereich handelt es sich um das Anwendungsumfeld, in dem die Entwicklung stattfinden soll und bei dem die involvierten Akteur*innen, vorhandenen Ressourcen und Prozesse analysiert werden müssen. Die Erkenntnisse fließen dann als Input in den Erstellungsprozess. Die Erhebung der Anforderungen kann zum Beispiel in Workshops mit Bürger*innen und/oder der Stadtverwaltung stattfinden. Bei dem zweiten Bereich bedient man sich den Grundlagen der Wissensbasis, deren Input für die Entwicklung ebenfalls übertragen wird. Dies kann zum Beispiel die bestehende Literatur zur Bürgerbeteiligung oder der Dienstleistungsentwicklung sein. Sobald beide Inputs vorhanden sind, wird eine erste Instanz der Plattform gebaut. Im ersten Durchlauf kann es sich dabei zum Beispiel um die prototypische Plattform in einer ersten Version handeln. Zur Verbesserung und Anpassung wird die Plattform evaluiert. Alle gewonnenen Erkenntnisse aus der Evaluierung werden dann zurück an das Anwendungs-

Partizipative Ermittlung der Anforderungen

umfeld und die Wissensbasis übergeben, um in den darauffolgenden Durchläufen zur Erstellung der Plattform einen erweiterten Erkenntnisstand nutzen zu können. In unserem Fall wurden für die Bürgerbeteiligungsplattform vier Iterationen durchlaufen, bevor sie erfolgreich implementiert werden konnte.

Zusammenfassend lässt sich festhalten, dass bei der systematischen Gestaltung von digitalen Lösungen und bei gestaltungsorientierter Forschung generell die folgenden drei Schritte berücksichtigt werden sollten:

- Erhebung von Anforderungen und Bedürfnissen
- Iterative Gestaltung mit Einbezug der Stakeholder
- Evaluation im Sinne einer systematischen Überprüfung der Ergebnisse

Konzeptionierung und Entwicklung der Bürgerbeteiligungsplattform

Die Bürgerbeteiligungsplattform wurde sowohl agil (Billert et al. 2019a) als auch kollaborativ (Billert und Peters 2019) entwickelt. Der Grund für eine agile Entwicklung ist die Dynamik von Veränderungsprozessen, die steigende Innovationsgeschwindigkeit sowie das flexible Reagieren auf Kundenwünsche (Billert et al. 2019a). Agilität greift dabei die Notwendigkeit auf, schnell und flexibel auf die stetig verändernde Umwelt reagieren zu können und die Anforderungen entsprechend kontinuierlich anzupassen. Des Weiteren sollte eine kollaborative Entwicklung erfolgen, da mit der gemeinsamen Wertschöpfung mit den verschiedenen Akteur*innen auch unterschiedliche Erwartungen und Voraussetzungen einhergehen, die es frühzeitig zu identifizieren und berücksichtigen gilt (Billert und Peters 2019). Das Ziel der Kollaboration ist, durch die gemeinsame Zusammenarbeit einen gewünschten Zustand zu erreichen, der zu den zuvor festgelegten, konkreten Ergebnissen führt. Das Ergebnis der agilen und kollaborativen Entwicklung unter Verwendung eines gestaltungsorientierten Ansatzes ist eine Beteiligungs-

Agil und kollaborativ

plattform mit einem systematischen Einreichungsprozess von bürger-initiierten Inhalten auf Basis von drei Schritten. Des Weiteren wurde eine multimediale nutzer-zentrierte Konzeptionierung vorgenommen mit dem Ziel einer gehaltvollen Einreichung durch Bürger*innen. Im ersten Schritt beschreiben die Bürger*innen ihr Projekt in einer Kurzbeschreibung basierend auf fünf Fragen, die während der Konzeptentwicklung mehrfach auf ihre Wirksamkeit hin geprüft wurden. Es handelt sich dabei um die folgenden Fragen:

- Wie lautet der Name des Projekts?
- Was ist das Ziel des Projekts?
- Für wen ist das Projekt wichtig?
- Warum ist das Projekt wichtig?
- Wie sieht die Umsetzung des Projekts aus?

Des Weiteren können die Bürger*innen im ersten Schritt für ihr Projekt Schlagworte vergeben, um ihr Projekt für andere besser zuordbar zu machen. Außerdem dient eine interaktive Karte zur Verortung des Projekts in der Stadt, damit Bürger*innen auf Basis der Karte Aktivitäten in der eigenen Nachbarschaft gezielter ausfindig machen können. Im zweiten Schritt können die Bürger*innen die webbasierte Zeichenumgebung verwenden, um unter Verwendung von verschiedenen Zeichenwerkzeugen, einer umfangreichen Sammlung von Icons und des Uploads eigener Bilder ihr Projekt für andere visuell darzustellen. Im dritten Schritt der Lösungspräsentation können Bürger*innen ein kurzes Video aufnehmen und hochladen, um das Projekt den anderen Bürger*innen zusammengefasst zu präsentieren. In der abschließenden Zusammenfassung können die Bürger*innen nochmals alle Eingaben überprüfen, bevor sie eine Auswahl treffen, ob sie das Projekt anonym, mit ihrem Nutzernamen oder mit ihrem echten Namen einreichen.

Schrittweise Einreichungen

Sobald eine bürger-initiierte Einreichung erfolgt, kann die Stadt den Beitrag prüfen und ihn mit einem direkten Feedback an den oder die Initiator*in entweder annehmen oder ablehnen. Ein angenommener Beitrag wird anschließend zur offenen Abstimmung durch die Öffentlichkeit freigegeben. Innerhalb eines zweimonatigen Rhythmus gewinnt das Projekt, welches am meisten Stimmen hat, vorausgesetzt es sind mehr als 100 Stimmen. Die erfolgreichen Projekte werden anschließend durch den/die Oberbürgermeister*in besucht und durch das jeweilige Fachamt der Stadt weiter begleitet (Billert et al. 2019b).

Transparente Verarbeitung der Einreichungen

Ein weiterer wichtiger Aspekt ist die Transparenz auf der Plattform und während des gesamten Prozesses. Diese wird dadurch sichergestellt, dass jegliche Aktivitäten und Interaktionen von allen Beteiligten offengelegt werden, in dem die erhobenen Daten sowohl für die Bürger*innen als auch für die Stadt zur Verfügung gestellt werden. Dies verhindert einerseits, dass entweder Gruppierungen von Bürger*innen oder Mitarbeiter*innen der Stadt Eigenwillens eine Beeinflussung der Einreichung oder Abstimmung vornehmen können. Andererseits dient es zur kontinuierlichen Verbesserung der Plattform und Optimierung des dahinterliegenden Prozesses.

Wie geht man am besten vor?

Für die Erstellung von bürger-orientierten Beteiligungsplattformen haben Billert et al. (2019b) in diesem Zusammenhang folgende Handlungsempfehlungen zusammengestellt:

- Einbindung von Prosumierenden: Bürger*innen produzieren ihre eigenen Dienstleistungen, die sie im Anschluss selbst konsumieren und werden somit zu Prosumierenden.
- Verfolgung einer agilen und kollaborativen Entwicklung der Plattform mit Einbindung der Bürger*innen in den Entwicklungsprozess.
- Entwicklung von agilen, bürger-zentrierten Methoden und Verwendung von Techniken zur systematischen Konzeptionierung und Realisierung von urbanen Dienstleistungen und Dienstleistungssystemen im Kontext Stadt.

- Verwendung nutzerzentrierter, multimedialer Designelemente, zum Beispiel zielführende Fragen für eine textuelle Kurzbeschreibung mit einer interaktiven Karte zur Lokalisierung der Dienstleistung in der Stadt, eine visuelle Darstellungsmöglichkeit in Form einer webbasierten Zeichenumgebung, eine ansprechende Lösungspräsentation als Video sowie eine intuitive Handhabung durch einen systematischen Einreichungsprozess.

Insgesamt lässt sich festhalten: Das Konzept kann noch so gut und einfach sein, wenn man es nicht umgesetzt und implementiert bekommt, bringt es keinen Nutzen. Deshalb gilt das Motto „Einfach machen!"

Zusammenfassung und Ausblick

Um die Lücke zwischen den Bürger*innen und der Stadt zu schließen und eine neue Beteiligungsform anzubieten, wurde eine bürger-zentrierte Beteiligungsplattform in einer agilen und kollaborativen Entwicklung mit einem gestaltungsorientierten Forschungsansatz entworfen. Dabei hat die Wertschätzung der Beteiligung einen hohen Stellenwert, ebenso wie eine öffentlichkeitswirksame Kommunikation der Beteiligungsoptionen. Durch ein kontinuierliches Monitoring der Plattformaktivitäten zur Erhöhung der User Experience konnten wir feststellen, dass es wichtig ist, dass Projekte einen Namen bekommen, Bilder zur Visualisierung verwendet werden, da diese bekanntlich mehr als tausend Worte sagen und der Einsatz von Videos ermöglicht wird, um eine stärkere Präsenz und Vermittlung des Projekts zu gewährleisten.

Wichtige Visualisierung

Aus vielen Bereichen und Projekten unserer Forschung wissen wir, dass es wichtig ist, bei Plattformen eine „Management-Ready" Version zu haben, die sicherstellt, dass das Potential vollständig entfaltet werden kann. Hierfür sollte die Grundlage von digitalen und analogen Prozessen in der städtischen Struktur geklärt sein, um eine Schnittstelle der Plattform zur Stadt bereitstellen zu können. Hinzu kommt der notwendige Einsatz von sogenannten Community Manager*innen, die durch eine objektive Sichtweise einen transparenten Ablauf gewährleisten müssen. Dabei stellt sich stets auch die Frage, wie Anliegen aufgegriffen und zurückgemeldet werden, falls die Plattform nicht der richtige Ort ist, beispielsweise wenn es sich um Bundes- oder Landesangelegenheiten handelt. Dafür haben wir vier notwendige Grundregeln aufgestellt, die bei der Anbindung in der vorgegebenen Reihenfolge berücksichtigt werden sollten:

1. Einreichung von Beiträgen durch Bürger*innen als Ausgangsbasis
2. Überprüfung von eingereichten Beiträgen und Akzeptanz nach erfolgreicher Prüfung durch die Stadt
3. Offener Abstimmungsprozess durch die Bürger*innen als Expert*innen ihres Lebensumfelds
4. Transparenz für alle Beteiligten durch Bereitstellung jeglicher Interaktionsdaten

Es gibt viele ähnliche Bereiche, die für die Gesellschaft gleichermaßen wichtig sind und in denen Technologien – sinnvoll eingesetzt – ebenfalls unterstützen können.

Gerade in Bereichen der Entwicklung und Weiterentwicklung von Geschäftsmodellen (Simmert et al. 2018) oder in der Telemedizin (Peters et al. 2015), der insbesondere in Zeiten von Covid-19 eine noch größere Bedeutung zuteil wurde, bestehen Möglichkeiten zur Anwendung. Aber auch Unternehmen können bei der Verknüpfung von externen mit internen Mitarbeitenden (Mrass et al. 2021) von den gewonnenen Erkenntnissen profitieren. Unabhängig davon gilt es in Zukunft, die digitale Bürgerbeteiligungsplattform anderen Städten sowie Kommunen skalierbar bereitzustellen (Kleinschmidt et al. 2019).

Im Kontext der Bürgerbeteiligung zeigt es sich: Die Mischung machts – es braucht Technologie und digitale Formen, aber auch bestehende nicht-digitale Angebote. Dieses Zusammenspiel systematisch zu gestalten, ist eine Herausforderung, die es zu meistern gilt und wir sind gespannt, wie sich das in Zukunft entwickelt, wo und wie wir die bisherigen Erkenntnisse auch in anderen Kontexten anwenden und weiterentwickeln können.

Nach dem Go-Live wurde die Bürgerbeteiligungsplattform in der Öffentlichkeit von Bürger*innen, der Stadt und auch seitens der Politik als ein Stück gelebte Demokratie bezeichnet (Hessen-Depesche 2019). Dies sollte allerdings aus ethischer und philosophischer Perspektive betrachtet werden. Dabei ist der demokratische Prozess vergleichbar mit einem Seilläufer, der das Gleichgewicht halten muss, um weiter voranzukommen und nicht in den Abgrund zu stürzen. So muss auch ein Gleichgewicht zwischen den Bürger*innen und der Stadt herrschen, sonst erreicht der Seilläufer nicht das Ende. Ist eine Partei zu stark, stürzt der Seilläufer in den Abgrund. Die Berücksichtigung der Seilläufer-Theorie sorgt auch gleichzeitig für ein gegenseitiges Vertrauen und Akzeptanz beider Akteure auf der bürger-zentrierten Beteiligungsplattform in der städtischen Infrastruktur mit dem Ziel, durch Offenheit und Transparenz die Lebensverhältnisse der einzelnen Bürger*innen der Stadt zu verbessern.

> Balance zwischen den Akteur*innen

Danksagung und weitere Informationen

Dieser Beitrag entstand im Rahmen des vom Bundesministerium für Bildung und Forschung (BMBF) geförderten Projektes „Civitas Digitalis – Digitale und Crowd-basierte Dienstleistungssysteme zur Schaffung zukunftsfähiger und lebenswerter Lebensräume 2020" (Förderkennzeichen: 02K15A050ff, PTKA/Projektträger Karlsruhe).

Link zur digitalen Bürgerbeteiligungsplattform: https://www.weckdenherkulesindir.de

Link zum Forschungs- und Entwicklungsprojekt: https://www.uni-kassel.de/go/civitasdigitalis

Literatur

Billert, Matthias Simon; Peters, Christoph (2019): Die Digitalisierungsstraße für die Stadt der Zukunft – Kollaborative Entwicklung eines Portals für bürger-initiierte Dienstleistungsentwicklung im Kontext einer Smart City. In: HMD. DOI: 10.1365/s40702-018-00490-6.

Billert, Matthias Simon; Peters, Christoph; Leimeister, Jan Marco (2019a): Agile Dienstleistungsentwicklung in einer Smart City – Eine Plattform zur systematischen Erstellung digitaler bürgernaher Dienstleistungen. In: Manfred Bruhn und Karsten Hadwich

(Hg.): Kooperative Dienstleistungen, Bd. 118. Wiesbaden: Springer Fachmedien Wiesbaden (Forum Dienstleistungsmanagement), S. 431–447.

Billert, Matthias Simon; Peters, Christoph; Leimeister, Jan Marco; Niering, Peggy; Hartmann, Christina (2019b): Weck den Herkules in dir – bürger-initiierte Dienstleistungen. Handlungsbroschüre zum Verbundforschungsprojekt Civitas Digitalis - Digitale und Crowd-basierte Dienstleistungssysteme zur Schaffung zukunftsfähiger und lebenswerter Lebensräume 2020. In: ITeG Technical Reports – Wissenschaftlichen Zentrum für Informationstechnik-Gestaltung (ITeG) an der Universität Kassel 2019 (8), S. 12–39.

Hessen-Depesche (2019): Kassel: Patrick Hartmann sieht in „Weck den Herkules in dir" ein Stück gelebte Demokratie. Online verfügbar unter https://hessendepesche.de/regional/kassel-patrick-hartmann-sieht-in-%E2%80%9Eweck-den-herkules-in-dir%E2%80%9C-ein-st%C3%BCck-gelebte-demokratie.html, zuletzt aktualisiert am 01.03.2020.

Hevner, Alan R. (2007): A three cycle view of design science research. In: Scandinavian Journal of Information Systems 19 (2), S. 4.

Kleinschmidt, S.; Peters, C. & Leimeister, J. M. (2019): How to scale up contact-intensive services: ICT-enabled service innovation. In: Journal of Service Management (JOSM).

Koptyug, Evgeniya (2019): Usage barriers of e-government services in Germany 2019. Which of the following aspects would you say are central factors that keep people from using online administration services? Online verfügbar unter https://www.statista.com/statistics/450415/e-government-usage-barriers-germany/.

Mrass, V.; Peters, C. & Leimeister, J. M. (2020): How Companies Can Benefit from Interlinking External Crowds and Internal Employees (accepted for publication). In: Management Information Systems Quarterly Executive (MISQE).

United Nations, Department of Economic and Social Affairs, Population Division (2017): World Population Prospects: The 2017 Revision, Key Findings and Advance Tables. In: Working Paper No. ESA/P/WP/248.

Peters, C.; Blohm, I. & Leimeister, J. M. (2015): Anatomy of Successful Business Models for Complex Services: Insights from the Telemedicine Field. In: Journal of Management Information Systems (JMIS), Ausgabe/Nummer: 3, Vol. 32, Erscheinungsjahr/Year: 2015. pp. 75-104.

Simmert, B.; Ebel, P. A.; Peters, C.; Bittner, E. A. C. & Leimeister, J. M. (2018): Conquering the Challenge of Continuous Business Model Improvement Design of a Repeatable Process. In: Business & Information Systems Engineering (BISE), Ausgabe/Nummer: Online First, Erscheinungsjahr/Year: 2018. pp. 1-18.

van Waart, P.; Mulder, I.; Bont, C. de (2016): A Participatory Approach for Envisioning a Smart City. In: Social Science Computer Review 34 (6), S. 708–723. DOI: 10.1177/0894439315611099.

Viale Pereira, Gabriela; Cunha, Maria Alexandra; Lampoltshammer, Thomas J.; Parycek, Peter; Testa, Maurício Gregianin (2017): Increasing collaboration and participation in smart city governance. A cross-case analysis of smart city initiatives. In: Information Technology for Development 23 (3), S. 526–553. DOI: 10.1080/02681102.2017.1353946.

Jörg Sommer, Bernd Marticke

Bürgerbudgets als Katalysator kommunaler Teilhabe

Bürgerbudgets erfreuen sich als Instrument politischer Teilhabe steigender Beliebtheit in deutschen Kommunen. Richtig ausgestaltet können sie zu einer effizienteren Verwendung kommunaler Finanzmittel beitragen und den Beteiligten politische Wirksamkeit ermöglichen. Keinesfalls sollten sie jedoch dauerhaft als isolierte, einzige Beteiligungsoption in einer Kommune gedacht werden.

Einleitung

Bürgerbudgets und -haushalte als Instrumente politischer Teilhabe erfreuen sich steigender Beliebtheit in deutschen Kommunen. Nachdem diese Angebote bereits in den letzten Jahrzehnten weltweit starke Verbreitung fanden, haben sie sich in jüngerer Zeit in vielen deutschen Städten und Gemeinden etabliert.

Seinen Ausgang nahm die Idee des Bürgerhaushalts Ende des vergangenen Jahrhunderts in der brasilianischen Stadt Porto Alegre. Die Stadt stand damals kurz vor dem Bankrott und war stark von Korruption geprägt – die regierenden Politiker*innen agierten zumeist als Marionetten der Wirtschaft. Schließlich kam es zu einem Regierungswechsel im Rathaus. Es wurden linke Parteien gewählt, die demokratische Prozesse fördern wollten.

Erste Schritte in Brasilien

Die Einführung eines Bürgerhaushaltes sollte den Bürger*innen nicht nur mehr Mitspracherecht ermöglichen, sondern auch Korruption und Verschwendung von Mitteln verhindern. Das Projekt entwickelte sich stetig weiter und inspirierte fortan viele andere Kommunen weltweit zu ähnlichen Vorhaben.

Wesentliches Erfolgsmerkmal bei den südamerikanischen Bürgerhaushalten ist bis heute die Möglichkeit der Bevölkerung, direkt

Vom Bürgerhaushalt zum Bürgerbudget

über die Mittelverwendung zu befinden. In Deutschland hat sich unter dem Begriff Bürgerhaushalt jedoch eine etwas andere Form der Beteiligung etabliert, die Vorschläge zum Kommunalhaushalt in den Fokus rückt. Die dem südamerikanischen Modell entsprechende Ausgestaltung findet sich in jüngerer Zeit allerdings zunehmend auch bei uns – unter dem Namen Bürgerbudget. Insbesondere im Bundesland Brandenburg ist es in den letzten Jahren zu einem sprunghaften Anstieg bei der Umsetzung dieses Beteiligungsangebots gekommen.

Die mit der Einführung von Bürgerbudgets einhergehenden Erwartungen, Chancen und Herausforderungen stehen im Mittelpunkt dieses Beitrags. Dazu werden Bürgerbudgets zunächst von Bürgerhaushalten abgegrenzt, anschließend wird auf die Erwartungen bei der Nutzung des Instrumentes eingegangen. Detailliert wird das Bürgerbudget in der brandenburgischen Stadt Eberswalde vorgestellt und in Beziehung zu anderen Ausprägungen in Deutschland gesetzt. Anhand dieser vergleichenden Betrachtung werden schließlich allgemeine Empfehlungen für die Umsetzung eines Bürgerbudgets gegeben.

Bürgerhaushalt oder -budget?

Im Zuge der Verbreitung haben sich diverse Spielarten der Beteiligung von Bürger*innen an der kommunalen Haushaltsplanung ausgeprägt.

Diese werden nicht immer sprachlich sauber voneinander abgegrenzt. Vorwerk/Gonçalves plädieren daher dafür, grundsätzlich von der partizipativen Budgetplanung zu sprechen, wenn die Bürger*innen an der Verwendung kommunaler Finanzen beteiligt werden (Vorwerk/Gonçalves 2019: 254).

Bislang stellt in Deutschland der Bürgerhaushalt die am weitesten verbreitete Form partizipativer Budgetplanung dar. Dabei steht die Beratungsfunktion der adressierten Bevölkerung bzw. das Vorschlagswesen im Vordergrund: Die Einwohner*innen einer Kommune können dabei Vorschläge für die Verwendung kommunaler Finanzmittel einbringen.

Während bei Bürgerhaushalten mithin der städtische oder kommunale Gesamtetat im Mittelpunkt steht, sind Bürgerbudgets Posten innerhalb eines Haushaltes. Es handelt sich um fixierte Summen, die basierend auf den Vorschlägen der Bevölkerung ausgeschüttet werden. Bürgerhaushalte nehmen teilweise eher größere Gestaltungsfragen in den Fokus, bei Bürgerbudgets stehen überwiegend kleinere Einzelprojekte im Vordergrund. Dies wird häufig auch dadurch erreicht, dass vorab eine maximale Projekthöhe festgelegt wird.

Die Rolle der Verwaltung wandelt sich dabei erheblich: Während sie im Bürgerhaushalt die Umsetzung konkreter Vorhaben verantwortet und dazu Meinungen und Präferenzen abfragt, wird sie bei einem Bürgerbudget zur „Ermöglicherin" von Kleinprojekten und bürgerschaftlichem Engagement. Außerdem kommt ihr in der Regel die Aufgabe zu, die eingereichten Vorschläge vorab auf ihre Umsetzbarkeit bzw. Zulässigkeit zu überprüfen. Der Entscheidungsmodus und die konkrete Ausgestaltung des Formates variieren dabei ebenso stark wie bei Bürgerhaushalten. Am weitreichendsten, im Sinne eines wahrgenommenen Empowerments, ist die Übertragung der finalen Entscheidung bezüglich der Mittelverwendung auf die Einwohner*innen.

Hohe Diversität in den Umsetzungen

Bürgerbudgets zur Stärkung der Demokratie

Mehr denn je wünschen sich Menschen in Deutschland neue Formen der politischen Teilhabe. Drei Viertel der Bürger*innen erachten konsultative Prozesse vor der Entscheidungsfindung durch gewählte Volksvertreter*innen als wichtig, zwei Drittel wünschen sich den Ausbau direktdemokratischer Beteiligungsinstrumente (Allianz Vielfältige Demokratie 2017a: 6). Städte und Kommunen reagieren darauf, indem sie verstärkt demokratische Innovationen erproben und die deliberativen Strukturen ausbauen.

Bürgerhaushalte haben dazu in der Vergangenheit häufig Verwendung gefunden. Gleichwohl standen sie auch oftmals in der Kritik. Diese entzündet sich vor allem an einer fehlenden Wirksamkeit eingebrachter Ideen und Präferenzen in den Entscheidungsprozessen.

Die wachsende Zahl an Bürgerbudgets vermag in Teilen eine Antwort auf diese Kritikpunkte zu sein. Seit der Jahrtausendwende besteht mit Unterbrechungen ein positiver Trend: Während für 2002 lediglich ein Bürgerbudget erfasst wurde, waren es 2012 bereits neun und für 2017 sind 31 Bürgerbudgets dokumentiert (Vorwerk/Gonçalves 2019: 260).

Mit dem Instrument Bürgerbudget wird insbesondere die Herausforderung einer legitimitätsstiftenden Wirkung aufgrund einer breiten Beteiligung vieler Menschen angegangen. Dabei öffnen sich unter Berücksichtigung der vier Dimensionen (Legitimation, Akzeptanz, Qualifizierung und Emanzipation) gelingender Beteiligung nach Sommer (Sommer 2017: 11ff.) eine Reihe positiver Anknüpfungspunkte zur Stärkung der lokalen Demokratie:

Mittel zur Stärkung lokaler Demokratie

Bürgerbudgets ermöglichen den Menschen politische Wirksamkeit. Dies kann beispielsweise unmittelbar der Fall sein, wenn ihr vorgeschlagenes Projekt den Förderzuschlag erhält. Vielleicht haben sie auch bereits im Vorfeld eine Initiative geschaffen und für ihr Ansinnen geworben, mobilisiert und auf diese Weise aktive Willensbildung betrieben. Es entsteht zudem auch das Gefühl der Wirksamkeit, wenn die Einwohner*innen mit ihrer Stimme über die Mittelvergabe entscheiden und transparent nachvollziehen können, welche Vorhaben sich durchgesetzt haben. Dies ist jedoch nicht in allen Bürgerbudgets der Fall.

Bürgerbudgets motivieren und erlauben es den Menschen stärker als vorschlagsorientierte Bürgerhaushalte, ihre Lebenswirklichkeit konkret mitzugestalten. Sie erzeugen eine emanzipatorische Wirkung, indem sie Beteiligte vom Objekt zum Subjekt politischer Gestaltung machen. Dies erklärt auch, dass insbesondere in größeren Städten oder Kommunen die vorgesehenen Gelder stadtteil- bzw.

ortsbezogen vergeben werden, um einen unmittelbaren Alltagsbezug für die beteiligten Personen zu schaffen.

Die unmittelbare Beteiligung der Bevölkerung an der Verwendung kommunaler Mittel trägt zudem dazu bei, die Legitimität und Akzeptanz der Mittelverwendung zu stärken. Entscheidungen, die sich aus einem transparenten Abstimmungsprozess ergeben, stehen nicht unter dem Verdacht, politischen Einzelinteressen zu dienen. Nicht umsonst wurden Bürgerbudgets in Südamerika vor dem Hintergrund anhaltend großer Korruptionsprobleme entwickelt.

Die erfahrene Wirksamkeit kann als Verstärker bzw. Katalysator wirken, der sukzessive dazu beiträgt, eine politische Kultur zu entwickeln. Indem Bürgerbudgets die Informationsgrundlage der Einwohner*innen verbessern und das Wissen um kommunale Haushaltsfragen fördern, tragen sie dazu bei, die Beteiligungskompetenzen schrittweise bei allen Beteiligten zu entwickeln. Zudem können sie die Arbeit von Politik und Verwaltung unterstützen: Anstatt alle Präferenzen der Bevölkerung kennen und berücksichtigen zu müssen, erfolgt die Qualifizierung der Ergebnisse durch die Bevölkerung selbst: Die Einwohner*innen beteiligen sich als Expert*innen in eigener Sache am Verfahren und bringen ihre Positionen direkt in den Prozess ein.

Generierung von Selbstwirksamkeit

Es besteht die Möglichkeit, weitere Bürgerbeteiligungsverfahren mit dem Bürgerbudget zu verzahnen, sodass ein Partizipationssystem entsteht, bei dem alle vorhandenen deliberativen Elemente der Kommune das Bürgerbudget immer besser umrahmen. Die wachsenden Erfahrungen mit erlebter Teilhabe und das nachhaltige Gefühl der Wirksamkeit der eigenen Präferenzen bei der Kommunalgestaltung tragen dann mittelbar auch dazu bei, die kommunalen demokratischen Strukturen insgesamt zu stärken, da sowohl das Interesse an politischen Themen wächst als auch die Kompetenzen bezüglich kommunaler Sachverhalte bei der Bevölkerung zunehmen.

Spielarten von Bürgerbudgets in Deutschland

Die meisten Bürgerbudgets folgen einem ähnlichen Grundmuster, unterscheiden sich jedoch in einzelnen Ausprägungen. Prozessual dominiert die Dreiteilung „Ideen und Vorschläge einbringen, Prüfung auf Zulässigkeit bzw. Machbarkeit durch die Verwaltung und Entscheidungsfindung mit anschließender zeitnaher Umsetzung".

Gemeinsamkeiten und Unterschiede

Unterschiede ergeben sich bei der absoluten und relativen Budgethöhe. Letzteres ist bei der Betrachtung aussagekräftiger, da Kommunen sehr unterschiedlicher Größe verglichen werden. Bei der pro-Kopf-Betrachtung sind erhebliche Unterschiede erkennbar. Auffällig ist, dass Großstädte tendenziell geringere Beträge pro Kopf bereitstellen. Die höchsten Werte finden sich bei kleinen Kommunen. Fast überall bestehen zudem Maßnahmen, um eine hinreichende Streuung bzw. distributive Gerechtigkeit sicherzustellen. Dazu nutzen die Kommunen fast immer die Möglichkeit einer finanziellen Deckelung einzelner Projektvolumen. Diese liegt oft bei 10 bis 20 Prozent des Gesamtbudgets. Für die begünstigten Vorhaben gilt meistens eine Karenz- bzw. Sperrfrist von zwei oder drei Jahren, in der sie nicht erneut Gelder aus dem Bürgerbudget erhalten können. Schließlich nutzen einige Kommunen Verteilungsschlüssel, um das gesamte Budget vorab auf Stadtteile aufzuteilen, sodass einer starken Konzentration der Mittel in einer Region entgegengewirkt wird.

Die bindende Entscheidung über die Verwendung der Finanzmittel überlassen viele Kommunen den Einwohner*innen. Dazu werden etliche Wege genutzt: insb. digitale Plattformen, Postweg, persönliche Stimmabgabe in der Verwaltung und Offline-Events.

Es finden sich jedoch auch abweichende Entscheidungsformen, in denen entweder nur ein kleiner Teil der Bevölkerung über freiwillig oder aleatorisch gebildete Bürgergremien teilweise gemeinsam mit Akteur*innen der Stadtverwaltung entscheidet oder die Auswahl gänzlich durch politische Gremien wie einen Hauptausschuss erfolgt. Eine Mischform stellen Verfahren dar, in denen sich die Einwohner*innen auf eine Bestenliste verständigen, die formale Abstimmung jedoch anschließend durch ein politisches Gremium wie den Stadtrat erfolgt, der faktisch den Wünschen der Bürger*innen folgt. Dieses Vorgehen scheint einerseits im Sinne rechtlicher Korrektheit gewählt zu werden, andererseits reflektiert es vermutlich die verbreitete Mentalität bei Politiker*innen, Entscheidungsmacht nicht wirklich an Bürger*innen abgeben zu wollen – sei es aus Angst vor Machtverlust oder Zweifeln an der fachlichen Kompetenz der Bürger*innen.

Interessant ist, dass Bürgerbudgets offensichtlich als eine Chance begriffen werden, jungen Menschen die Möglichkeit an der kommunalen Mitgestaltung zu geben und erste Erfahrungen zu sammeln. Das Teilnahmealter in den betrachteten Fällen liegt überwiegend bei 14 oder 16 Jahren. So gibt es in Brandenburg mit dem Verein mitMachen e. V. einen Akteur, der sich die Aufgabe gesetzt hat, insbesondere junge Menschen für Bürgerbudgets zu begeistern und ihnen die Potentiale aufzuzeigen.

Teilhabe junger Menschen

Detailbetrachtung: das Bürgerbudget in Eberswalde

Wie bereits eingangs erwähnt, blickt das Bürgerbudget in der brandenburgischen Stadt nördlich von Berlin bereits auf eine beachtliche Tradition zurück. Es hat den Charakter eines Referenzverfahrens und wurde von anderen Kommunen in der Region vielfach adaptiert.[1]

Bereits seit 2008 wurden in Eberswalde Beteiligungsverfahren zur städtischen Mittelverwendung durchgeführt. In den ersten Jahren nutzte die Stadt mit rund 42.000 Einwohner*innen dazu einen vorschlagsbasierten Bürgerhaushalt.

Erst 2012 wurde das bis dato konsultative Verfahren zur Disposition gestellt. Ausschlaggebend für einen methodischen Wechsel war die diagnostizierte Diskrepanz zwischen den eingesetzten Ressourcen der Stadtverwaltung und den marginalen Resultaten der Bürgerhaushalte. So kam es schließlich zur Einrichtung des ersten Bürgerbudgets in Deutschland, bei dem jährlich 100.000 € durch die Bevölkerung vergeben werden.

Umfangreiche Modifikation

Das Verfahren beinhaltet drei aufeinanderfolgende Phasen:

Während der Vorschlagsphase können Einwohner*innen der Stadt, die mind. 14 Jahre alt sind, Ideen ganzjährig bei der Verwaltung einreichen. Zusätzlich gilt ein Stichtag. Vorschläge nach diesem Termin werden in das Bürgerbudgetverfahren des kommenden Jahres übernommen (§4). Anregungen können auf diversen gängigen analogen und digitalen Kommunikationswegen übermittelt werden.

In der anschließenden Prüfungsphase werden alle eingegangenen Vorschläge von der Verwaltung geprüft. Dies erfolgt zunächst mit Blick auf die Zuständigkeit und Einhaltung der Kostengrenzen. Projekte dürfen laut der Satzung in Eberswalde maximal 15.000 € erhalten. Zudem gilt eine dreijährige Karenzzeit: Potentiell Begünstigte dürfen in dieser Zeit nicht bereits Gelder aus dem Bürgerbudget erhalten haben.

Teilhabe als Großveranstaltung

Den Abschluss bildet eine eintägige, öffentliche Veranstaltung, auf der die Abstimmung über die Projekte zelebriert wird. Die Einwohner*innen erhalten gegen Vorlage des Personalausweises fünf Stimmtaler, die sie dann in beliebiger Weise auf die zur Wahl stehenden Projekte verteilen können. Die Ergebnisse sind bindend und sollen zeitnah umgesetzt werden.

Bemerkenswert sind folgende Verfahrenselemente im Prozess:

- **Öffentlichkeitsarbeit:** Die Stadt nutzt diverse Kanäle zur umfangreichen Bewerbung des Verfahrens, um breite Beteiligung zu ermöglichen. Anwendung fanden in der Vergangenheit bereits Werbefilme, Plakate und Flyer, die jedem Haushalt zugestellt wurden.

- **Maßnahmen zur Stärkung der Gemeinwohlorientierung:** Es wurde ein zusätzliches „Herzensgeld" erprobt: Eine Bürgerjury, die sich aus dem/r neuesten, ältesten und jüngsten Teilnehmer*in des Formats zusammensetzte, konnte drei Vorschläge auszeichnen, die aus ihrer Sicht besonders gemeinwohlorientiert waren.

- **Maßnahmen zur Wertschätzung des Engagements:** Alle begünstigten Projekte erhalten einen „Danketaler". Damit soll versinnbildlicht werden, dass es lohnenswert ist, sich in der Stadtentwicklung einzubringen.

- **Transparente Publizität:** Vorschläge werden seit 2017 auf einer digitalen Karte dargestellt. Kommentierungen zur Umsetzung bzw. formale Ablehnungsgründe seitens der Verwaltung werden publiziert, sodass alle Bürger*innen den aktuellen Stand aller Ideen jederzeit einsehen können.

Wichtiges Element ist die stetige und transparente Evaluation des Verfahrens. Auf der städtischen Internetseite zum Bürgerbudget finden sich alle Auswertungen und Verfahrensänderungen übersichtlich dargestellt. Dazu erstellt die das Verfahren durchführende Kämmerei einen fortlaufenden Bericht, sodass ein hohes Maß an Transparenz gewährleistet wird.

Permanente Evaluation

Fördern Bürgerbudgets die gemeinwohlorientierte Mittelverwendung?

In welcher Weise tragen Bürgerbudgets dazu bei, knappe kommunale Finanzressourcen im Sinne eines größtmöglichen Nutzens aller Einwohner*innen einzusetzen? Dies wirft zunächst die Frage auf, ob a priori Interessen oder Präferenzen identifizierbar sind, die im Sinne aller bzw. einer großen Mehrheit sind und folglich als Gemeinwohl interpretiert werden können. In pluralistischen und individualisierten Gesellschaften, in denen Menschen mit unterschiedlichen Interessen und Hintergründen zusammenleben, ist jedoch nicht davon auszugehen, dass ein umfassender und universell gültiger Wertekanon besteht.

Sicherung der Gemeinwohlorientierung

Entsprechend behelfen sich Kommunen daher teilweise, indem sie in positiver oder negativer Hinsicht gemeinnützige Themen abgrenzen. Förderbar sind daher häufig Ideen aus den Bereichen Umwelt- und Tierschutz, Jugend/Pädagogik, Soziales, Sport, Erholung, Kunst/Kultur etc.

Die Einreichung von Vorschlägen erfolgt bei Bürgerbudgets in der Regel durch natürliche Personen (Einwohner*innen der jeweiligen Kommune). Empfänger*innen der Budgetmittel sind demgegenüber überwiegend Vereine und themenbezogene Initiativen. Die Spanne reicht von Sportvereinen, über Lokalgruppen der DLRG bis hin zu Initiativen für die Verschönerung eines Kinderspielplatzes oder der Einrichtung eines Seezuganges. Darüber hinaus können in etlichen Kommunen auch öffentliche Akteur*innen Empfänger*innen von Mitteln sein. Schließlich finden sich Projekte, bei denen die jeweilige Kommune die Umsetzung selbst übernimmt, beispielsweise indem sie Parkbänke installiert.

Ob die geförderten Projekte jeweils tatsächlich gemeinwohlorientiert sind, ob die jeweiligen Mittel vollständig gemeinwohlorientiert verwendet werden bzw. wie hoch der „Gemeinwohlanteil" in jedem Einzelfall ist, ist schwierig bis gar nicht zu ermitteln – zumal, wie eingangs thematisiert, das Gemeinwohl nicht eindeutig zu bestimmen ist.

Gemeinwohl durch Deliberation

Es ist daher letztlich zielführender, deliberative Elemente zur Verständigung der Beteiligten zu implementieren. Diese können im direkten Austausch ein Gemeinwohlverständnis entwickeln und entsprechende Leitplanken setzen. Dieses Vorgehen wurde zum Beispiel 2017 und 2019 in Wuppertal gewählt. Dort wurden alle Einreichungen zunächst in einem Dialogverfahren mit 140 Bürger*innen einem „Gemeinwohlcheck" unterzogen. Über die finale Auswahlliste konnten anschließend die Wuppertaler Einwohner*innen abstimmen (siehe Stabsstelle Bürgerbeteiligung und Bürgerengagement Wuppertal o. J. a./o. J. b.).

Empfehlungen

Bei Bürgerbudgets handelt es sich immer noch um ein junges Feld. Anhand der vorangegangenen Betrachtung sowie auf Grundlage der in Fachkreisen allgemein anerkannten „Grundsätze Guter Beteiligung" (Allianz Vielfältige Demokratie 2017b) lassen sich die erfolgsrelevanten Faktoren bei der Anwendung dieses Beteiligungsverfahrens beschreiben:

- **Verstetigung:** Die Entscheidung für die Einführung eines Bürgerbudgets sollte mit der Absicht getroffen werden, das Verfahren zu verstetigen. Daher empfehlen sich Richtlinien oder Satzungen, die eine glaubhafte Selbstbindung der Verwaltung anzeigen. Zudem braucht es, wie bei anderen demokratischen Innovationen, Geduld und die Bereitschaft bei allen beteiligten Akteur*innen zu einem gemeinsamen Lernprozess.

- **Verteilungsgerechtigkeit:** Insbesondere bei sehr ungleicher Besiedlungsdichte oder stark stadtteilbezogenen differenzierten sozio-strukturellen Merkmalen kann es sinnvoll sein, das kommunale Gesamtbudget auf Stadtteile oder Dörfer einer Gemeinde aufzuteilen. Intertemporal wird die Streuung der Mittel unterstützt, indem Begünstigte aus einem Bürgerbudget in den Folgejahren keine Gelder erhalten können.

- **Budgethöhe:** Das Bürgerbudget muss ausreichend hoch sein, damit die Projektideen spürbaren Einfluss haben können. Ein allgemeingültiger Wert lässt sich an dieser Stelle nicht festlegen, da er im Einklang mit der jeweiligen Haushaltsgröße stehen muss. Auf einzelne Projekte bezogen haben sich Werte zwischen 5.000 und 15.000 € etabliert. Dies kann im Sinne des angesprochenen Streueffektes sein. Die Kehrseite bei einer Deckelung ist jedoch, dass die Option einer Verwendung der gesamten Mittel für ein größeres Vorhaben ausgeschlossen wird.

- **Maßnahmen für eine breite Beteiligung:** Die Informationen zum Ablauf und die Möglichkeiten zum Einreichen von Vorschlägen sollten niederschwellig gestaltet sein. Ziel sollte es sein, eine breite und große Beteiligung zu erreichen. Daher darf sich die Ankündigung nicht bloß im Amtsblatt und auf der städtischen Internetseite finden. Beispielsweise nutzt die

Stadt Eberswalde Informationsflyer mit einem Abreißfeld, auf das direkt eigene Ideen notiert werden können.

Die gezielte Ansprache von Multiplikator*innen kann außerdem dazu beitragen, das Verfahren für neue Zielgruppen aufzuschließen. Die Durchführung einer Abstimmungsveranstaltung am Wochenende ermöglicht es Berufstätigen eher, die Veranstaltung zu besuchen.

- **Transparenz:** Für alle Beteiligten müssen die Prozessabläufe verständlich und nachvollziehbar sein. Dies betrifft beispielsweise die Punkte Ideeneinreichung und -bewertung, Abstimmungsmodus und die anschließende Umsetzung. Es empfiehlt sich zudem eine jährliche Evaluation, um eine Datengrundlage für die Verbesserung des Verfahrens zu schaffen.

- **Selbstwirksamkeitserfahrungen und Demokratieerlebnisse:** Der potentiell große Mehrwert von Bürgerbudgets gegenüber einem rein vorschlagsbasierten Format besteht in der Möglichkeit für die Einwohner*innen, direkt über die Verwendung der finanziellen Mittel zu befinden. Das Instrument Bürgerbudget kann daher Beteiligten Selbstwirksamkeitserlebnisse bieten.

  Daher sollte am Ende stets eine Entscheidung durch die Einwohner*innen stehen, die – soweit kommunalrechtlich möglich – bindende Wirkung hat. Verstärkende Wirkung kann ein Offline-Format mit Fest- bzw. Eventcharakter haben, bei dem die Abstimmung entsprechend zelebriert und Wertschätzung beispielsweise durch die Anwesenheit politischer Mandatsträger*innen ausgedrückt wird.

- **Dialogische Elemente:** Bürgerbudgets können allein mit den drei Prozesselementen Ideeneinreichung, Verwaltungsprüfung und Entscheidungsfindung durchgeführt werden. In diesem Fall wird das Potenzial des Instrumentes jedoch nicht ausgeschöpft. Erfolgversprechender ist ein Verfahren, das den Prozess in deliberative Formate einbettet. Auf diese Weise können Vorschläge weiterentwickelt werden, ehe über sie abgestimmt wird und der gesellschaftliche Mehrwert von Vorschlägen wird deutlich.

- **Verschränkung mit kommunalen Beteiligungsangeboten:** An den vorherigen Punkt schließt sich die letzte Empfehlung an: Bürgerbudgets sollten nicht als entkoppeltes Instrument zur Mittelvergabe begriffen werden. Stattdessen können positive Synergieeffekte mit anderen Beteiligungsangeboten genutzt werden, um sukzessive ein kommunales Beteiligungssystem zu entwickeln. Zum Beispiel können bei Dialogveranstaltungen zur Stadtentwicklung Formate integriert werden, bei denen die Anwesenden gemeinsam über Ideen für das nächste Bürgerbudget nachdenken.

Fazit

Bürgerbudgets sind ein starkes Format, um kommunale Beteiligung zu entwickeln und einem breiten Einwohnerkreis zugänglich zu machen. Sie eignen sich durchaus auch als Einstieg einer Kommune in Beteiligungsprozesse. Sie wirken potentiell positiv auf die Bereitstellung und Akzeptanz weiterer Beteiligungsmöglichkeiten und sind im Idealfall auch damit verzahnt.

Keinesfalls sollten sie dauerhaft als isolierte, einzige Beteiligungsoption in einer Kommune gedacht werden, sonst können sie ihr Potential nicht ausschöpfen. Die in diesem Beitrag entwickelten Empfehlungen stellen eine Ermutigung dar, sich auf neue Formen kommunaler Partizipation einzulassen und in einen gemeinsamen Lern- und Entwicklungsprozess mit der Stadtgesellschaft einzutreten. Der Aufbau einer Beteiligungskultur und neuer Partizipationsangebote mag aufwendig und anstrengend sein, doch er lohnt sich.

Einstieg in Beteiligungskultur

Literatur

Allianz Vielfältige Demokratie (2017a): Mitreden, Mitgestalten, Mitentscheiden. 5 Impulse zur Erneuerung demokratischer Beteiligung. Online: https://allianz-vielfaeltige-demokratie.de/wp-content/uploads/2019/05/171226_Impulspapier_3._Auflage_FINAL.pdf [Abruf: 13. Dezember 2020].

Allianz Vielfältige Demokratie (2017b): Qualität von Bürgerbeteiligung. Zehn Grundsätze mit leifragen und Empfehlungen. Online: https://allianz-vielfaeltige-demokratie.de/wp-content/uploads/2019/05/Qualitaet_von_Buergerbeteiligung_final-2.pdf [Abruf: 13. Dezember 2020].

Sommer, Jörg (2017): Die vier Dimensionen gelingender Beteiligung, in: Sommer, Jörg (Hrsg.): KURSBUCH BÜRGERBETEILIGUNG #1, S. 11-21.

Stabsstelle Bürgerbeteiligung und Bürgerengagement Wuppertal (o. J. a.): Bürgerbudget 2017, online unter: https://www.wuppertal.de/microsite/buergerbeteiligung/content/nachlese-gemeinwohlcheck.php [letztmaliger Aufruf am 23. August 2021].

Stabsstelle Bürgerbeteiligung und Bürgerengagement Wuppertal (o. J. b.): Bürgerbudget 2019, online unter: https://www.wuppertal.de/microsite/buergerbeteiligung/verfahren/content/Buergerbudget-2019.php [letztmaliger Aufruf am 23. August 2021].

Vorwerk, Volker/Gonçalves, Maria (2019): Bürgerhaushalt, Bürgerbudget oder Finanzreferendum, in: Sommer, Jörg (Hrsg.): KURSBUCH BÜRGERBETEILIGUNG #3, S. 250-273.

Anmerkungen

1 Die Darstellung basiert auf den umfangreich von der Stadt Eberswalde zur Verfügung gestellten Informationen zum Verfahren. Diese können online abgerufen werden unter: https://www.eberswalde.de/start/rathaus-ortsrecht/haushalt-finanzen/buergerbudget/buergerbudget-2021 [letztmaliger Aufruf am 23. August 2021].

Dr. Danuta Kneipp, Dr. Dirk Manthey, Dr. Andreas Paust

Neun Jahre frühe Öffentlichkeitsbeteiligung bei 50Hertz für den Umbau des Stromnetzes – eine Zwischenbilanz

Der Stromübertragungsnetzbetreiber 50Hertz setzt seit neun Jahren auf vielfältige Maßnahmen der frühen Öffentlichkeitsbeteiligung. In einer Zwischenbilanz beschreiben die Autor*innen die Besonderheiten der Bürgerbeteiligung in einem stark verrechtlichten Genehmigungsprozess. Sie führen aus, inwiefern das Unternehmen im Akteursviereck „Bürger" – „Verwaltung" – „Politik" – „Vorhabenträger" auf die Dialogbereitschaft der lokalen Verwaltungen und deren konstruktive Begleitung der Beteiligungsmaßnahmen angewiesen ist und legen dar, wie die Kommunen ihre Rollen als „Betroffene", „Wissensträger*innen", „Anwält*innen lokaler Interessen" und „Kommunikator*innen" wahrnehmen.

Fachlich, prozedural und kulturell hat die frühe Öffentlichkeitsbeteiligung die Planung von Höchstspannungsleitungen verändert. Nach neun Jahren ziehen wir eine Zwischenbilanz – wohl wissend, dass wir es mit einem dynamischen System zu tun haben. Denn der Ansatz, die Maßnahmen und deren Umsetzung werden beeinflusst von verschiedenen Akteur*innen, die ihren eigenen Rollen und Rationalitäten verpflichtet sind. Insofern bestimmen die Schnittmengen aus diesen Rollenverständnissen maßgeblich, zu welchen Ergebnissen deliberatives Handeln führt. Unsere These ist: Je weitreichender die Rollen aufeinander eingestimmt sind, desto besser – bessere Planung, weniger Konflikte, nachhaltigere Ergebnisse. Werfen wir einen Blick auf die Stellschrauben, die es vermögen, die Schnittmengen möglichst zu erweitern.

Der Trialog – kein Modell für Infrastrukturvorhaben

Mit Trialog wird im Diskurs zur Bürgerbeteiligung das Zusammenwirken der Akteure Politik, Verwaltung und Zivilgesellschaft bezeichnet, die sich zum Beispiel auf ein Verfahrensmodell bei kommunalen Projekten verständigen. Dieses Modell ist weitverbreitet. Unter anderem arbeitete auch der Arbeitskreis „Integrierte Partizipation" der Allianz Vielfältige Demokratie mit einer von Ruth Beilharz und Sonja Rube entwickelten Form des Modells, die für die folgenden Ausführungen den Bezugsrahmen liefert (vgl. Allianz Vielfältige Demokratie/Bertelsmann Stiftung 2018). Grundprämissen des Modells sind:

Trialoge als Grundlage

- Der Akteur „Politik" will mit seinem Gestaltungswillen Entscheidungen treffen. Sein Handeln wird bestimmt von dem Ziel des Machterhalts. Er fürchtet Machtverlust und sucht nach Möglichkeiten, um Widerstände möglichst aufzulösen.

- Der Akteur „Verwaltung" strebt nach Risikovermeidung. Dies erreicht er, indem er rechtskonform handelt. Er strebt langfristige Lösungen an, rechtfertigt Sachentscheidungen rational sowie formal und wägt Interessen entlang vorgegebener Prozesse sorgfältig ab.

- Die „Zivilgesellschaft" als dritter Akteur will sich wiederum über die gegenwärtigen Möglichkeiten der repräsentativen Demokratie hinaus Mitspracherechte sichern. Dies bedeutet insbesondere, eigene Interessen bei Sach- und Fachentscheidungen einbringen zu können und auf Augenhöhe gehört und verstanden zu werden. Handlungsleitend ist dabei der Wunsch, befürchtete Fehlentscheidungen beziehungsweise nachteilige Entscheidungen abzuwenden.

Bei einem Infrastrukturvorhaben wie dem von der angestrebten Energiewende getriebenen Netzausbau verschieben sich diese Rollenzuschreibungen maßgeblich:

- Die Politik delegiert die Verantwortung für die Umsetzung eines Infrastrukturvorhabens an das ausführende Unternehmen und die Genehmigungsbehörde, die jetzt in die Rolle der „Verwaltung" schlüpft. Letztere wacht über die Rechtmäßigkeit des Verfahrens und arbeitet für eine rechtssichere Abwägung aller planungs- und gerichtsrelevanten Fakten.

- Die kommunalen und regionalen Verwaltungen müssen an dem kleinteilig geregelten (Genehmigungs-)Verfahren teilnehmen, wägen selbst aber nichts mehr ab. Sie werden zum Informationsbeschaffer des Unternehmens sowie der Genehmigungsbehörde und müssen sich kritisch fragen lassen, ob sie die vorgelegten Planungen mittragen. So drohen sie zwischen alle Stühle zu geraten und sehen sich gelegentlich an die Seite der Zivilgesellschaft gedrängt.

- Die „Zivilgesellschaft" formuliert ihre Anliegen jetzt nicht mehr nur Richtung Politik und Verwaltung, sondern auch in Richtung Genehmigungsbehörde und Netzbetreiber.

- Das planende Unternehmen, etwa 50Hertz, erhält von der Politik den Auftrag, das Projekt erfolgreich umzusetzen. Seitens der Genehmigungsbehörde werden ihm dazu alle bestehenden formalen Sachzwänge übermittelt, und von der Verwaltung wird die Erwartung artikuliert, dass eine bürgernahe Planung und ein respektvoller Umgang mit der Zivilgesellschaft (und Politik) erfolgt.

Damit ist abstrakt die Ausgangssituation beschrieben, in der 50Hertz 2012 begann, seine Verfahrensweise umzustellen. Damals waren die ersten Vorhaben aus dem Netzausbaubeschleunigungsgesetz von 2009 in Verzug geraten. Die ersten Klagen vor dem Bundesverwaltungsgericht kündigten sich an. Die Situation war geprägt von Misstrauen und Unverständnis (auf allen Seiten). Wieso gab es Proteste gegen Maßnahmen, die die Energiewende voranbringen sollten? Die Politik reagierte und passte mehrfach den Rechtsrahmen an (vgl. NABEG, EnWG und Bundesbedarfsplangesetz): Mehr Beteiligung in den Verfahren, mehr Transparenz bei der Entscheidung über den Netzausbaubedarf, modifiziertes Genehmigungsverfahren mit neuen Zuständigkeiten – das waren die Ziele.

Proteste forcieren Beteiligung

Der Weg zur frühen Öffentlichkeitsbeteiligung von 50Hertz

Die Konstellation für eine partizipative Vorgehensweise bei einem Infrastrukturvorhaben wird nicht nur geprägt von einem komplexen Gefüge verschiedener Akteur*innen, sondern ist auch rechtlich außerordentlich vorstrukturiert. Abgesehen von der Tatsache, dass über die Notwendigkeit eines Netzausbauvorhabens bereits mit Öffentlichkeitsbeteiligung auf Bundesebene entschieden wurde, gibt das Verfahrensrecht den Takt vor. Hinzu kommen die diversen strikten Normen, die für die Planung eines Leitungsbauvorhabens zu berücksichtigen sind: Planungsrecht des Bundes, der Länder und der Kommunen; Denkmal-, Natur-, Arten-, Landschafts- und Immissionsschutz; Eigentumsrechte. Die vollständige Liste ist noch länger.

Komplexer Rechtsrahmen

Dies alles macht ein konkretes Projekt extrem erklärungsbedürftig, bis die Möglichkeiten für Beteiligung beschrieben sind: Erstens geht es darum zu vermitteln, welchen Handlungsspielraum lokale Verwaltungen und Zivilgesellschaft haben, um auf die Planung einwirken zu können. Zweitens muss herausgearbeitet werden, welche Planungsoptionen aus den vielen Einzelinteressen erwachsen, die anschließend noch einer Abwägung und Ausgestaltung zugänglich sind. Da gibt es inhaltlich gesehen einiges – allerdings kann es eben nur gemeinsam freigelegt werden: Unternehmen, Genehmigungsbehörde und Politik kennen den rechtlichen Spielraum. Die lokale Verwaltung und Zivilgesellschaft steuern inhaltliche Fakten und Interessen bei.

Dieser zu beschreitende Pfad ist eng und verschlungen. Darum ist es nachvollziehbar, dass 50Hertz und auch die anderen Netzbetreiber den Begriff der (Bürger-)Beteiligung oft vermieden haben. Vielmehr sprechen wir von Dialogverfahren oder eben „früher Öffentlichkeitsbeteiligung". Der Zusatz „Frühe" soll dabei deutlich machen, dass die hier zugrundeliegende Haltung, Strategie und Vorgehensweise zu unterscheiden ist von dem verfahrensrechtlichen Schritt der Öffentlichkeitsbeteiligung mit seiner Abfolge von

Auslegung, Stellungnahme und Erörterung. Diese sichert formal die Abwägung von spezifischen Interessen bei der Planung und Entscheidungsfindung. Die „frühe Öffentlichkeitsbeteiligung" wird als Teil des Planungsprozesses den einzelnen Genehmigungsschritten unternehmensseitig systematisch vorgeschaltet und nimmt sich der Einzelinteressen schon zu einem frühen Planungszeitpunkt an. Sie ist angelegt als eine Hinführung zur formal maßgeblichen Öffentlichkeitsbeteiligung. Aus Unternehmenssicht sind dabei die Zielstellung und Motivlage folgende (vgl. Kneipp/Manthey 2019, S. 76):

Frühe Beteiligung prägt das Verfahren

- Das allgemeine Misstrauen gegen Infrastrukturvorhaben (und gegen unternehmerisches Handeln im Allgemeinen) kann nur durch Transparenz und Interaktion verringert werden.
- Es ist notwendig, die Belange der Menschen vor Ort besser zu verstehen und ihre Kenntnisse zu berücksichtigen, um aus technischen Planungen bessere Planungen zu machen.
- Infrastrukturvorhaben berühren vielfältige Interessen, die sich manchmal ausschließen und damit zu Konflikten führen. Beteiligungsverfahren helfen, diese Konfliktlagen früh zu erkennen und daran gemeinsam zu arbeiten, damit Lösungen wahrscheinlicher werden.
- Die Einbeziehung lokaler Kenntnisse und Konfliktbeilegung vermeiden idealerweise Projektstillstand, lange Umplanungen oder gar juristische Auseinandersetzungen und damit überlange Projektlaufzeiten – und unnötige volkswirtschaftliche Kosten.
- Als reguliertes Unternehmen setzt 50Hertz gesetzliche Aufträge um und handelt im Sinne der Gesellschaft. Bürgerbeteiligung ist damit ein Instrument, das aus unternehmerischer Sicht dieses „Auftragsverhältnis" gegenüber dem Gesetzgeber stärkt und schützt.

- Niemand arbeitet gern im Dauerstreit und gegen das Unverständnis anderer Menschen an. Darum sichert frühe Öffentlichkeitsbeteiligung auch die Arbeitsfähigkeit der Mitarbeiter*innen von 50Hertz, stärkt deren Motivation und verbessert die Attraktivität des Unternehmens.

Als Unternehmen bleibt 50Hertz damit zunächst dem Ziel verpflichtet, seinen Auftrag zu erfüllen, kann dies aber doch in einer Art und Weise tun, die dem demokratischen Gemeinwesen dienlich und inhärent ist.

Haltung, Strategie, Maßnahmenbaukasten – und Tastsinn

Das Übertragungsnetz ist ein vermaschtes Geflecht von Leitungen mit Umspannwerken als Knotenpunkten und Umschlagplätzen zu den unteren, regionalen Verteilnetzen. Die Vermaschung sichert die Stromversorgung ab und setzt andererseits die Zielpunkte, zu denen die Höchstspannungsleitungen hingeführt werden müssen. In der Regel sind diese Leitungsabschnitte ungefähr 50 Kilometer lang. Sie überschreiten Gemeinde-, Kreis- und Landesgrenzen. Die Genehmigungsverfahren gliedern das Vorhaben gegebenenfalls in parallele, ungleichzeitige Einzelverfahren. Diese wenigen Hinweise sollen andeuten, dass sich in den Dörfern und Städten des Planungsraumes eine vielgestaltige Klientel versammelt. Wie kann es also gelingen, diesen unterschiedlichen Interessen, Kulturen und Situationen gleichermaßen gerecht zu werden? So verstehen wir jedenfalls die Herausforderung.

Ungleichzeitige Verfahren

Den Orientierungsrahmen setzen für 50Hertz die einschlägigen Publikationen guter Beteiligung wie die Richtlinie 7000 des Vereins Deutscher Ingenieure (2015), die Qualitätskriterien der Allianz Vielfältige Demokratie (2017a) und die Qualitätskriterien des Netzwerks Bürgerbeteiligung (2013).

50Hertz fragt in der frühen Öffentlichkeitsbeteiligung in vier Schritten gezielt nach aktuellen und planungsrelevanten Hinweisen, um diese schon von Anfang an ins formelle Verfahren einbringen zu können. Dazu sammelt das Unternehmen vor Antragstellung in verschiedenen Veranstaltungsformaten Hinweise der Landespolitik, der regionalen sowie lokalen Behörden, von Fachverbänden und Anwohner*innen. 50Hertz bietet allen Anlieger*innen, politisch Verantwortlichen und Behörden die Möglichkeit, Trassierungsvorschläge zu prüfen und mögliche Alternativen vorzuschlagen oder anders zu gewichten. Denn Orts- und Detailkenntnis der lokalen und regionalen Akteur*innen können für wichtige, zum Teil auch gänzlich neue Informationen sorgen. Alle Hinweise werden soweit wie möglich bereits bei der Erstellung der Antragsunterlagen berücksichtigt.

Die Ausgestaltung des Dialogangebotes ist nicht beliebig. Es folgt zunächst im Wesentlichen den Maßstäben, die das Unternehmen seit 2013 in verschiedenen Vereinbarungen mit Landesregierungen in Ost- und Norddeutschland festgeschrieben hat. Ergänzt werden diese Vereinbarungen auf Landesebene durch ein Positionspapier, das 50Hertz (zusammen mit den anderen drei Übertragungsnetzbetreibern) im Diskurs mit den kommunalen Spitzenverbänden 2015 unterzeichnet hat (vgl. 50Hertz 2020). Beide Vorgänge gehen den Weg einer abgestimmten Selbstregulierung. Sie bieten eine Orientierung hinsichtlich der Vorgehensweise und Verlässlichkeit der konkreten Maßnahmen in der Beteiligungsphase. Das Mindestprogramm sichert ab:

Abgestimmte Selbstregulierung

- frühzeitige Information und Dialogangebote an alle Städte, Gemeinden und Bürger*innen im Planungsraum,
- kontinuierlicher Zugang zum Planungsteam und -inhalten
- sowie fortlaufende Information über Ergebnisse und Fortschritte im Planungsprozess, durch Mailings, Informationsmaterialien und digitale Informationskanäle.

Sodann stellt sich aber die Frage, inwiefern der Beteiligungsprozess auf lokale und spezifische Bedingungen zugeschnitten werden kann. Wo möglich, gewünscht oder erforderlich, erfolgt eine individuelle Ausgestaltung. Auf diese Weise ist bei 50Hertz ein Baukasten an Maßnahmen entstanden, der einer verfahrensbegleitenden Strategie folgt. Gleichzeitig bietet er jedoch auch wiedererkennbare Formate, die regional „gelernt" werden können, ohne die Notwendigkeit einer schnellen Umsetzung außer Acht zulassen. Zum Maßnahmenbaukasten gehören auszugsweise:

Baukasten an Formaten

- Länderarbeitsgruppe (insbesondere, wenn mehrere Bundesländer berührt sind)
- Kreis- beziehungsweise Ämterkonferenzen (Vorstellung von Verfahren, Methode, Planungsstand gegenüber Landkreis und Gemeinden beziehungsweise Stadt und Ortsteilen; Abstimmung über Beteiligungsverfahren)
- Planungsforum (regelmäßiges regionales Forum für Politik, Verbände, Verwaltungen, Zivilgesellschaft im weiteren Planungsverlauf)
- Dialogveranstaltungen (Infomärkte, DialogMobil, Workshops)
- Projektwebseite mit aktuellen Informationen zum Verfahren und Genehmigungsunterlagen im Internet
- Einrichtung von weiteren Dialogmöglichkeiten wie beispielsweise Bürgertelefon, Ansprechpartner*in, Newsletter, Online-Hinweisplattform
- Presse- und Medienarbeit
- Informationsmaterialien (Publikationen, digitale Simulationen)
- Webkonferenzen

Diese Maßnahmen werden zielgruppenspezifisch und anlassbezogen ausgesteuert. So wird sichergestellt, dass die Handschrift möglichst einheitlich ist, aber vor Ort doch situativ angemessen gehandelt werden kann. Wichtig ist dabei auch, den Dialogfaden nicht abreißen zu lassen. Das bleibt bei einem Vorhaben von hundert Kilometern Länge und mehr stets eine Herausforderung.

Vor allem die Infomärkte und das DialogMobil sind ein niedrigschwelliges Angebot zur Information. Dies betrifft beispielsweise mögliche Trassenkorridore, Ausgleichs- und Ersatzmaßnahmen, technische Details oder den Fortgang des Planungsverfahrens. Zudem ermöglicht es den Betroffenen, auf einfache Weise mit dem Planungsteam ins Gespräch zu kommen. Auf der angesprochenen digitalen Hinweisplattform werden die Hinweise und Fragen zum Trassenverlauf zusammengetragen. So können sie über ein gesondertes Kapitel im Projektantrag in das formale Verfahren eingebracht werden.

Niedrigschwellige Angebote

Die den Genehmigungsprozess begleitende Vorgehensweise und alle Maßnahmen fußen auf fünf Grundsätzen, die die Haltung bestimmen, mit der 50Hertz von Anfang an die frühe Öffentlichkeitsbeteiligung aufsetzte. Sie lauten:

1. Wir setzen auf Transparenz, weil wir den Bürgerwillen respektieren und weil wir das Verständnis für den notwendigen Netzausbau fördern wollen.
2. Wir wollen in unseren Dialogen nicht nur reagieren, sondern frühzeitig agieren (damit wir Vertrauen gewinnen).
3. Wir bauen den Dialog mit Bürger*innen und Stakeholdern aus.
4. Wir arbeiten partnerschaftlich für die Energiewende mit allen Stakeholdern.
5. Wir arbeiten konstruktiv an Verfahren und Positionen für mehr Akzeptanz beim Netzausbau mit.

Von Anfang an sah 50Hertz in der frühen Öffentlichkeitsbeteiligung einen integralen Bestandteil der Genehmigungssteuerung und -planung. Völlig klar, dass Methoden und Inhalte über die Jahre gereift sind und dass das Unternehmen eine Lernkurve absolviert hat.

Partizipative Planungskultur und ihre Wirkung auf interne Projektabläufe

Nicht alles, was heute selbstverständlicher Teil der Genehmigungsplanung bei 50Hertz ist, war das bereits zu Beginn. Weil damals manche Vorhaben schon auf dem Weg waren und ein solches Genehmigungsverfahren sechs bis zehn Jahre dauern kann, traten manche methodischen und inhaltlichen Fragen erst nach und nach auf. Gleichwohl hat sich das Ziel, über eine klassische Begleitmusik eines Infrastrukturvorhabens hinauszugehen, sehr bald herausgeschält. Aber der Anspruch der frühen Öffentlichkeitsbeteiligung, integraler Bestandteil der Genehmigungssteuerung und -planung zu sein, wollte erst eingeübt und durch interne Überzeugungs- und Schulungsarbeit vermittelt sein.

Langjährige Entwicklung

Mittlerweile hat der Ansatz der frühen Öffentlichkeitsbeteiligung Eingang gefunden in interne Handbücher und Richtlinien und in das Management eines jeden Projektes. Die Projektleitung betrachtet gemäß interner Richtlinie die frühe Öffentlichkeitsbeteiligung als ein eigenständiges Fachprojekt im Gesamtaufbau der Projektstruktur. Die „Fachprojektleiter Öffentlichkeitsbeteiligung" gehören zum Kernteam eines jeden Vorhabens. Sie sind gefordert, in der Vorbereitung eines Projekts einen Dialog- und Beteiligungsfahrplan zu erarbeiten. Dieser wird in den Projektzeitplan integriert. Die Einschätzung der öffentlichen Debatte zu einem Vorhaben fließt systematisch in die Risikobewertung der Projekte mit ein.

Ganz praktisch zeigt sich die Integration der Öffentlichkeitsbeteiligung in die Genehmigungsplanung an folgenden Punkten:

- Maßnahmen der Öffentlichkeitsbeteiligung werden von Beginn an budgetär geplant und eingestellt.
- Der Kick-off-Termin der Projektleitung mit dem Projektteam informiert die Öffentlichkeitsbeteiligung in Bezug auf den Projektverlauf und mögliche besondere Kommunikations- und Beteiligungserfordernisse.

- Die Öffentlichkeitsbeteiligung erstellt regelmäßig einen Statusreport zu den Aktivitäten – dieser ist Bestandteil aller Besprechungen.
- Dialog- und Beteiligungsmaßnahmen fließen je nach Projektstand und Beteiligungsbedarf systematisch in die regelmäßigen Projekt-Jour-Fixe-Termine ein.
- Nach umfangreichen Dialog- und Beteiligungsmaßnahmen erfolgt eine gemeinsame Auswertung der Maßnahmen mit einer Diskussion zum weiteren Vorgehen.
- In einem ressortübergreifenden Beteiligungsausschuss wird die Geschäftsführung eingebunden.

Es macht einen Unterschied, wann spezifische Dialogformate zum Einsatz kommen. In der klassischen Öffentlichkeitsarbeit wird in der Regel nach einzelnen Planungsschritten informiert. Die frühe Öffentlichkeitsbeteiligung kommuniziert hingegen vor dem Abschluss der inhaltlichen Planungsarbeiten.

Formate sind auch phasenabhängig

Deshalb ist es eine wichtige gemeinsame Aufgabe im Projektteam, den inhaltlichen Spielraum für die Beteiligung abzustecken: Zu welchen konkreten Planungsthemen und räumlichen Konflikten benötigen wir Hinweise? Wo ist Raum für Vorschläge alternativer Trassenverläufe? Damit diese Fragen im Projektteam adressiert und für einzelne Dialogformate inhaltlich vorbereitet werden können, ist ein grundsätzlich partizipativer und kollaborativer Arbeitsstil notwendig. So kann aus der Öffentlichkeitsbeteiligung ein inhaltlicher Mehrwert für die Planungsarbeit entstehen. Denn Konfliktpunkte im Planungsraum werden früher als ohne Beteiligung sichtbar. Nunmehr kann das Projektteam rechtzeitig darauf eingehen und prüfen, welche Hinweise planungsrelevant sind und wie damit im weiteren Planungsprozess umgegangen werden kann. Die Projektteams bei 50Hertz gehen so durch einen gemeinsamen Lernprozess. Durch die Integration der frühen Öffentlichkeitsbeteiligung in die Genehmigungsplanung steigen sie in eine partizipative Planungskultur ein.

Organisierte Lernprozesse

Wirkungen auf das lokale Umfeld: Projekte brauchen Dialogbrücken

Der Planungsraum ist groß und für das Projektteam ist das lokale Umfeld unübersichtlich. Eine Stakeholderanalyse und ein Beteiligungsscoping (vgl. Allianz Vielfältige Demokratie/Bertelsmann Stiftung 2017b) helfen bei den ersten Schritten. Aber bei der konkreten Ausgestaltung spielen die lokalen Verwaltungen, die Bürgermeister*innen und Ortsvorsteher*innen eine ganz wichtige Rolle. Sie bieten einen Zugang zu den lokalen Strukturen – oder eben auch nicht. Sie moderieren und vermitteln zu wichtigen Akteur*innen – oder eben auch nicht. Sie formulieren Kompromisse oder Verhandlungsoptionen – oder eben auch nicht.

Wichtige erste Schritte

So steht dann 50Hertz mit seiner partizipativen Planungskultur plötzlich im Rathaus. Vorgestellt wird ein Projekt, das sich „irgendwer woanders ausgedacht" hat. Verfahrenstechnisch wird die Gemeinde als Trägerin öffentlicher Belange irgendwann zu einem Antrag (der mittlerweile in der Regel mehrere tausend Seiten stark ist) eine Stellungnahme abgeben können. Das wäre die puristische Variante.

Natürlich wird man immer ein gewisses Interesse an den Inhalten und Folgen des Projektes für die Gemeinde unterstellen können. Ein planungsbegleitender Dialog jedoch, der kontinuierlich verläuft, der sich in Strukturen vor Ort einpassen will – der erfordert Ressourcen, der bringt Herausforderungen mit sich, der strapaziert das Rollenbild einer Gemeinde, die sich im ersten Moment womöglich als ein Spielball der Energiewende empfindet.

50Hertz ist als Vorhabenträger jedoch auf die Dialogbereitschaft der lokalen Verwaltungen angewiesen, insbesondere auf deren konstruktive Begleitung der Maßnahmen der frühen Öffentlichkeitsbeteiligung. Zielvorstellung ist ein möglichst kontinuierlicher Kontakt: Er dient

- der Vermeidung von Missverständnissen,

- fördert die gemeinsame Verständigung auf Veranstaltungsformen
- und ermöglicht die Rückmeldung, ob zusätzliche Maßnahmen situativ helfen können, Fragen zu klären und Konflikte aufzulösen.

Aus Sicht von 50Hertz sind ein möglichst kontinuierlicher Kontakt und ein kurzer Draht unverzichtbar, wenn dies für das mehrjährige Planungsgeschehen über viele Kilometer mit vielen verschiedenen Gebietskörperschaften gleichzeitig gelingen soll. Dialog kann immer nur als beidseitige Veranstaltung gelingen. Zu dem verwaltungsfachlichen Dialog tritt der Dialog mit den Bürger*innen.

Vertrauensaufbau

Entsprechend groß ist das Interesse von Seiten 50Hertz, den Schritt auf die Städte und Gemeinden für beide Seiten möglichst konstruktiv zu gestalten. Dankenswerterweise war das Deutsche Institut für Urbanistik (difu) 2019 bereit, diesem Thema in Form einer exemplarischen Studie nachzugehen (vgl. Reimann/Bock et. al. 2020). Die Autor*innen stellen die Bürgermeister*innen und Landrät*innen in den Mittelpunkt ihrer Betrachtung. Sie beschreiben sie als wichtige Dialogbrücken und Akteur*innen beim Stromnetzausbau, die dialoggestaltend und prägend auftreten können – bisher in der wissenschaftlichen Analyse aber wenig beachtet worden sind.

Während wir bei 50Hertz die Rolle der Städte und Gemeinden als überaus wichtig einschätzen, verstehen diese sich in der Selbstwahrnehmung und Rollenbeschreibung nur selten als den Prozess mitgestaltende Akteur*innen. In erste Linie sehen sie sich

Unterschiedliche Rollenverständnisse

- als Betroffene, die versuchen müssen, „das Beste" für ihre Gemeinde aus dem Verfahren herauszuholen,
- als Verwaltung aufgefordert, fach- und sachgerechte Informationen zu liefern,
- bei dünner Personaldecke überfordert, der Komplexität eines Vorhabens dieser Größenordnung gerecht zu werden,

- in der ungewollten Zwickmühle zwischen administrativer Pflicht und Vertreterin von Bürgerinteressen.

Dagegen sehen die Autor*innen der Studie die Rolle der Kommunen in einem anderen Licht:

- Betroffene, die als Trägerin öffentlicher Belange in einen mit ungleich verteilten Lasten gestalteten Prozess eingebunden sind,
- Wissensträgerinnen und Zuständige für den Wissenstransfer,
- Anwältinnen lokaler Interessen,
- Kommunikatorinnen und Moderatorinnen mit stellenweise umfangreichen Erfahrungen in der Bürgerbeteiligung.

Kommunikative Lücke

Viel zu selten, heißt es in der Studie, werde das kommunikative und vermittelnde Selbstverständnis der Bürgermeister*innen sowie die in zahlreichen Städten und Gemeinden vorhandenen Erfahrungen und die Expertise der Bürgerbeteiligung mit den Anforderungen an die Öffentlichkeitsbeteiligung vor Ort zusammengedacht und -gebracht. Hier zeichne sich eine kommunikative Lücke ab, die als Stellschraube einer verbesserten Öffentlichkeitsbeteiligung an Bedeutung gewinnen sollte. Weitere Befunde belegen, dass sich für alle eingangs beschriebenen Akteur*innen und Rollen Möglichkeiten zeigen, die Schnittstellen in der gegenseitigen Zusammenarbeit auszubauen. Aus 50Hertz-Sicht bot der projektbegleitende Lenkungskreis des Difu-Projektes dafür einen ersten Schritt. Es entstand in dem Gremium ein reflektierender Dialog, der auf der Basis gemeinsamer Erfahrungen Ansatzpunkte für künftiges Vorgehen offenlegte – auch wenn der Spielraum für einen Übertragungsnetzbetreiber dabei auf die eigene Rolle begrenzt ist.

Ein Fazit zur Zwischenbilanz

50Hertz hat seinen partizipativen Planungsansatz schon sehr früh klar formuliert. In der konkreten Ausgestaltung vor dem Hintergrund praktischer Erfahrungen hat es jedoch seine Zeit gebraucht, bis Maßnahmen für die frühe Öffentlichkeitsbeteiligung entwickelt, mit den anderen Akteur*innen abgestimmt und systematisch angewendet wurden. Auch ist der Aufbau einer internen, partizipativen Planungskultur als ein unbedingter Erfolgsfaktor anzusehen. Heute blicken wir auf einen Maßnahmenbaukasten, der den Dialogangeboten von 50Hertz ein klares Profil gibt und praktisch in allen Projekten angewendet wird. Erfahrungsgesättigt können wir nun die Feinjustierung vorantreiben, neues Terrain erschließen und daran arbeiten, dass diese Planungskultur in den Projekten wirksam sein kann.

In Zeiten der Corona-Pandemie, in der dieser Text entstanden ist, kommen dabei verstärkt digitale Lösungen in den Blick: Den Chancen stehen auch Grenzen gegenüber. Diese sind nicht nur technischer Natur, sondern können auch im Zusammenspiel aller Akteur*innen liegen. Als Dauerbrenner kann dabei gelten, den „Verwaltungsrechtssprech" in allgemeinverständliche Informationen zu übersetzen und den betroffenen Menschen eine Brücke in das „verwaltungsrechtssprechende" Genehmigungsverfahren zu bauen. Wer dort mitmachen will, muss sich darauf einlassen.

Aber der spannendste Aspekt bleibt - offline und online - die Suche nach Möglichkeiten und Plattformen, um alle handelnden Akteur*innen miteinander ins Gespräch zu bringen. Denn nur so wird eine möglichst große Schnittmenge gemeinsamer Sichtweisen erreicht - unsere frühe Öffentlichkeitsbeteiligung entfaltet sich im Miteinander.

Im Fokus bleibt das Gespräch

Literatur

50Hertz Transmission GmbH (2020): Leitlinien der Planung - https://www.50hertz.com/de/Netz/Netzentwicklung/LeitlinienderPlanung (aufgerufen 01.06.2020).

Allianz Vielfältige Demokratie/Bertelsmann Stiftung (2017a): Qualität von Bürgerbeteiligung. Zehn Grundsätze mit Leitfragen und Empfehlungen, Gütersloh - https://www.bertelsmann-stiftung.de/de/publikationen/publikation/did/qualitaet-von-buergerbeteiligung (aufgerufen 01.06.2020).

Allianz Vielfältige Demokratie/Bertelsmann Stiftung (2017b): Frühzeitige Öffentlichkeitsbeteiligung bei Infrastrukturprojekten gut vorbereiten. Eine Handreichung zum Beteiligungs-Scoping am Beispiel von Projekten des Bundesverkehrswegeplans,

Gütersloh - https://www.bertelsmann-stiftung.de/fileadmin/files/Projekte/Vielfaeltige_Demokratie_gestalten/Beteiligungsscoping_final.pdf (aufgerufen 01.06.2020).

Allianz Vielfältige Demokratie/Bertelsmann Stiftung (2018): Bürgerbeteiligung, Volksabstimmungen, Parlamentsentscheidungen. Empfehlungen und Praxisbeispiele für ein gutes Zusammenspiel in der Vielfältigen Demokratie, Gütersloh - https://www.bertelsmann-stiftung.de/de/publikationen/publikation/did/buergerbeteiligung-volksabstimmungen-parlamentsentscheidungen/ (aufgerufen 01.06.2020).

Bundesbedarfsplangesetz: https://www.gesetze-im-internet.de/bbplg/ (aufgerufen 01.06.2020).

Energiewirtschaftsgesetz (EnWG): https://www.gesetze-im-internet.de/enwg_2005/ (aufgerufen 01.06.2020).

Kneipp, Danuta/Manthey, Dirk (2019), Zwischen Skepsis und Misstrauen – Warum 50Hertz auf Dialog und frühe Öffentlichkeitsbeteiligung setzt, in: KommunalPraxis spezial 2/2019, Bürgerbeteiligung und bürgerschaftliches Engagement. S. 76-80.

Netzausbaubeschleunigungsgesetzes (NABEG): https://www.gesetze-im-internet.de/nabeg/BJNR169010011.html (aufgerufen 01.06.2020).

Netzwerk Bürgerbeteiligung (2013): Qualitätskriterien Bürgerbeteiligung - 10 Anforderungen an eine gute Bürgerbeteiligung, Bonn – https://www.netzwerk-buergerbeteiligung.de/kommunale-beteiligungspolitik-gestalten/qualitaetskriterien-buergerbeteiligung/ (aufgerufen 28.05.2020).

Reimann, Bettina/Bock, Stefanie et. al. (2020): Dialogbrücken beim Stromnetzausbau. Die Mitwirkung von Kommunen an der Öffentlichkeitsbeteiligung in Thüringen (erschienen als Difu Paper im Februar 2020) - https://difu.de/publikationen/2020/dialogbruecken-beim-stromnetzausbau (aufgerufen 28.05.2020).

VDI 7000. Frühe Öffentlichkeitsbeteiligung bei Industrie- und Infrastrukturprojekten, Düsseldorf 2015 - https://www.vdi.de/richtlinien/details/vdi-7000-fruehe-oeffentlichkeitsbeteiligung-bei-industrie-und-infrastrukturprojekten (aufgerufen 28.05.2020).

Anna Renkamp, Dr. Dominik Hierlemann

Grenzen überschreiten, Europa vereinen: Chancen, Risiken und Herausforderungen transnationaler Beteiligung

Grenzüberschreitende Bürgerdialoge sind ein neuer Weg des Diskurses über europäische Themen. Menschen verschiedener Staaten denken und diskutieren miteinander. Genau das macht und ist für Europa wertvoll. Die Dialoge tragen nicht nur zu einer Verständigung zwischen EU-Bürger*innen bei. Sie liefern ebenso wertvolle Impulse für die europäische Politik. Wie erreicht man gute Ergebnisse? Durch eine vielfältige Zusammensetzung der Teilnehmenden, interaktive Methoden und ein ausgefeiltes Dolmetsch-System.

Einführung

Bürger*innen erwarten heute mehr Möglichkeiten des offenen Meinungsaustausches und der direkten Einflussnahme auf politische Entscheidungen. Seit einigen Jahren versuchen Kommunen, Bundesländer und Nationalstaaten mehr und mehr, innovative Dialog- und Beteiligungsformen mit regulären politischen Prozessen zu verknüpfen.

Zugleich gewinnen europäische Themen zunehmend an Relevanz. Zentrale politische Weichenstellungen und Entscheidungen werden nicht mehr in Berlin, sondern in Brüssel getroffen. Generell gilt: Mehr Dialog und Bürgerbeteiligung stärkt die Demokratie. Das gilt nicht nur auf lokaler, regionaler und nationaler Ebene, sondern auch auf europäischer Ebene. Europäische Bürger*innen haben nicht nur am Tag der Europawahl etwas zu sagen. Der Diskurs über europäische Themen benötigt eigene Dialog- und Austauschformate.

Europa gewinnt an Relevanz

Grenzüberschreitende Bürgerdialoge mit Teilnehmenden aus mehreren europäischen Ländern sind neu in der Welt der dialogorientierten Bürgerbeteiligung. Die Bertelsmann Stiftung hat gemeinsam mit der EU-Kommission vier grenzüberschreitende Bürgerdialoge durchgeführt sowie mit dem Auswärtigen Amt eine grenzüberschreitende Europawerkstatt veranstaltet.

In diesen fünf transnationalen Bürgerdialogen haben wir neue Konzepte und Formate getestet. Wir wollten wissen, wie diese Dialoge zu europäischen Themen und zur Zukunft Europas gestaltet werden müssen, um erfolgreich zu sein. Bürgerdialoge mit zufällig ausgewählten Bürger*innen, Interaktionen zwischen den Teilnehmenden in mehreren Sprachen, vertiefte Diskussionen zu komplexen Themen – sind diese methodischen Finessen in grenzüberschreitenden Bürgerdialogen mit Bürger*innen aus mehreren europäischen Ländern umsetzbar? Wenn ja, was macht den Erfolg aus und welchen Mehrwert gibt es?

> Bürgerdialoge mit Zufallsauswahl

Dieser Beitrag reflektiert die innovativen Ansätze, die Herausforderungen und die Erkenntnisse aus den fünf grenzüberschreitenden Bürgerdialogen. Die Evaluationsergebnisse aus Sicht der Bürger*innen werden vorgestellt genauso wie die Lehren, die aus unseren Erfahrungen resultieren. Die Erkenntnisse machen Mut, aktiv auf die EU-Bürger*innen zuzugehen und die „Stimme der Bürger" verstärkt im politischen Prozess über europäische Themen einzubeziehen.

Innovationen: Zufallsauswahl, multilinguale Dialoge, Interaktionen – was haben wir erprobt?

Ziel der grenzüberschreitenden Bürgerdialoge war es, Menschen aus mehreren europäischen Ländern über europarelevante Themen miteinander ins Gespräch zu bringen. Die Teilnehmer*innen sollten die Möglichkeit haben, ihre gemeinsam erarbeiteten Vorschläge direkt mit zentralen Entscheidungsträger*innen und hochrangigen Politiker*innen zu diskutieren. Um dieses Ziel zu erreichen, wurden drei innovative Ansätze entwickelt, die in unterschiedlichen Ausprägungen in den fünf Bürgerdialogen erprobt wurden.

- Mehr Vielfalt durch Zufallsauswahl: Um Menschen mit ganz unterschiedlichen Erfahrungen, Meinungen und Perspektiven zusammenzubringen, also Jüngere und Ältere, Akademiker*innen und Auszubildende, EU-Kritiker*innen und EU-Begeisterte aus mehreren EU-Ländern, wurde ein Auswahlverfahren gewählt, das eine vielfältige Zusammensetzung gewährleistet. Die Bürger*innen wurden nach dem Zufallsprinzip aus umfangreichen Personaldatenbanken aus bis zu fünf EU-Ländern ausgewählt und entsprechend der im Vorfeld definierten Vielfaltskriterien zusammengesetzt.

Teilnehmende nach Alter und Bildungsabschluss des EU-Bürgerdialogs in Den Haag

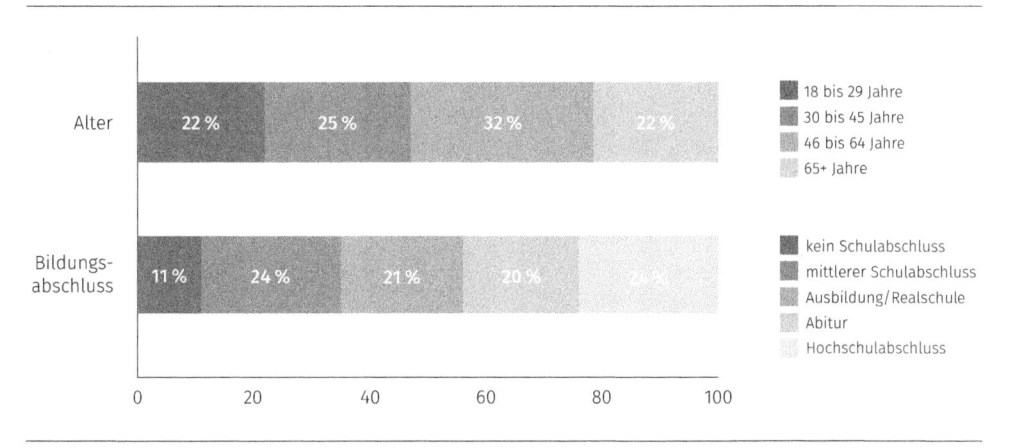

Alter	22 %	25 %	32 %	22 %

Legende Alter:
- 18 bis 29 Jahre
- 30 bis 45 Jahre
- 46 bis 64 Jahre
- 65+ Jahre

Bildungsabschluss	11 %	24 %	21 %	20 %	24 %

Legende Bildungsabschluss:
- kein Schulabschluss
- mittlerer Schulabschluss
- Ausbildung/Realschule
- Abitur
- Hochschulabschluss

Anmerkung: Die Summe aller Kategorien kann aufgrund von Rundungen vom Wert 100 Prozent abweichen.
Quelle: eigene Darstellung

Abbildung 1: Vielfältige Zusammensetzung der Teilnehmenden beim EU-Bürgerdialog am 17.5.2019 in Den Haag

- Intensive Dialoge durch interaktive und konsensorientierte Dialogverfahren: Für die vier grenzüberschreitenden Bürgerdialoge wurde die interaktive Methode „World Café" gewählt.

Die Methode wurde für die Anwendung im grenzüberschreitenden Kontext weiterentwickelt. Jeder Teilnehmende soll zu Wort kommen, ein intensiver Dialog zwischen den Bürger*innen entsteht. Im World Café werden in den Tischgruppen die Themen konsensorientiert diskutiert und Einzelmeinungen fließen in die Erarbeitung gemeinsamer Vorschläge ein. Unterstützt durch Informationsmaterialien und Themenexpert*innen erarbeiten die Bürger*innen Vorschläge von beachtlicher Qualität. So werden in dem anschließenden Dialog mit Politiker*innen Themen behandelt, die für alle Beteiligten relevant sind.

- Multilinguale Verständigung in kleinen Tischgruppen durch ein neues Verfahren des Simultandolmetschens: Aufgrund der Einladung durch Zufallsauswahl nahmen viele Bürger*innen an den grenzüberschreitenden Dialogen teil, die nicht über Fremdsprachenkenntnisse verfügten. Intensive Diskussionen in kleinen Gruppen zwischen Pol*innen, Franzosen und Deutschen oder zwischen Belgier*innen, Niederländer*innen, Französinnen, Ir*innen und Deutschen? Wie soll das gehen ohne eine gemeinsame Sprache? Unser Ziel war es, die Hemmnisse für die Kommunikation der Bürger*innen untereinander möglichst niedrig zu halten. Jeder sollte die Möglichkeit haben, in der eigenen Landessprache miteinander zu sprechen. Deshalb wurde ein neues spezielles Simultandolmetsch-Verfahren entwickelt, sodass sich jeder in den Kleingruppen an den Tischen und in der Großgruppe im Plenum ohne Zeitverluste verständigen konnte.

- Mit jedem transnationalen Bürgerdialog wurde die Dolmetsch-Technik weiterentwickelt. Die ausgereifte Dolmetsch-Technik ermöglicht das Simultandolmetschen an den Tischen und im Plenum. Die Technik und das einfache Handling der Instrumente sorgen für einen automatischen Wechsel zwischen Tisch- und Plenumsdolmetschen. Die Bürger*innen müssen nicht mehr zwischen den Kanälen wechseln. Jede Person am Tisch hat ein Headset mit einem Kopfhö-

Randnotiz: Herausforderung Sprachbarriere

rer und einem Mikro. Jede/r Bürger*in spricht in der eigenen Sprache ins Mikro und hört über den Kopfhörer die Äußerungen der anderen in der eigenen Sprache. Die Dolmetscher*innen sitzen mit den Bürger*innen am Tisch und übersetzen simultan die Bürgeräußerungen. Dolmetscher*innen in den Dolmetsch-Kabinen übersetzen die Kommunikation im Plenum. Die Anzahl der Dolmetscher*innen am Tisch richtet sich nach der Anzahl der Sprachen am Tisch.

- Beim Transnationalen digitalen EU-Bürgerdialog im Oktober 2020 wurde das Simultan-Dolmetsch-Verfahren erstmals in den digitalen Raum übertragen. Das Videokonferenztool Zoom wurde mit speziellen Dolmetschfeatures in fünf Sprachen kombiniert. Simultandolmetscher*innen sorgten dafür, dass alle Teilnehmenden aus fünf Europäischen Ländern in der Muttersprache sprechen und in unterschiedlichen Gruppen- und Sprachkombinationen miteinander kommunizieren konnten.

Übertragung in den digitalen Raum

Abbildung 2: Beispiel für die Zusammensetzung eines Tisches in der Europawerkstatt am 1./2. März 2020 in Berlin

Praxisbeispiele: Methodische Herangehensweisen in fünf grenzüberschreitenden Bürgerdialogen, Programmablauf und Ergebnisse

Die Bertelsmann Stiftung führte gemeinsam mit der EU-Kommission insgesamt vier grenzüberschreitende Bürgerdialoge durch:

- EU-Bürgerdialog am 24. Mai 2018 in Frankfurt (Oder) mit polnischen und deutschen Bürger*innen
- EU-Bürgerdialog am 6. Dezember 2018 in Passau mit tschechischen, österreichischen und deutschen Bürger*innen
- EU-Bürgerdialog am 17. Mai 2019 in Den Haag mit Bürger*innen aus den Niederlanden, Belgien, Frankreich, Irland und Deutschland
- Transnationaler Online Bürgerdialog vom 27. bis 30. Oktober 2020 mit Bürger*innen aus Dänemark, Deutschland, Irland, Italien und Litauen

Gemeinsam mit dem Auswärtigen Amt fand zudem die Europawerkstatt am 1. und 2. März 2020 in Berlin mit Bürger*innen aus Polen, Frankreich und Deutschland statt.

Die grenzüberschreitenden Bürgerdialoge unterschieden sich in der Ausprägung der Innovationen, in der Teilnehmerzusammensetzung sowie in den Themen und im Ablauf.

Bürgerdialog in Frankfurt (Oder)

Unter der Überschrift „Demokratie lebt vom Mitmachen" wurde auf dem Bürgerdialog in Frankfurt (Oder) über den Zusammenhalt in Europa, die Weiterentwicklung der EU und über Möglichkeiten der Bürgerbeteiligung diskutiert. Zunächst diskutierten 33 polnische und 33 deutsche Studierende in einem Workshop miteinander und erarbeiteten Fragen und Lösungsvorschläge, die sie auf mehreren Pinnwänden festhielten. Anschließend fand der große Bürgerdialog mit insgesamt 206 polnischen und deutschen Bürger*innen statt. Die Vorschläge der Studierenden wurden anschließend im Plenum mit den Studierenden, den Bürger*innen und den Politiker*innen diskutiert. Mit dabei waren Frans Timmermans (Erster Vizepräsident der Europäischen Kommission, EU-Kommissar für Migration, Rechtsstaatlichkeit und Grundrechte), Elżbieta Polak (Marschallin der Woiwodschaft Lebus aus Polen), Stefan Ludwig (Minister der Justiz und für Europa und Verbraucherschutz des Landes Brandenburg).

Prominente Beteiligung

In diesem Bürgerdialog wurden verschiedene Übersetzungstools und Sprach-Apps auf Smartphones erprobt. Die deutsch-polnischen Übersetzungen der Sprach-Apps waren teilweise noch fehlerhaft, die Anwendungen benötigten Zeit und erforderten ein sehr strukturiertes Vorgehen von den Beteiligten. Unsere Erfahrungen zeigen, dass die Sprach-Apps für einen Zweier-Dialog, zum Beispiel zum Kennenlernen gut einsetzbar sind, für das inhaltliche Arbeiten und die Diskussion in Kleingruppen jedoch weniger geeignet sind.

Durch verschiedene Methodenwechsel beim Dialog mit der Politik, wie kleine Diskussionsrunden deutsch-polnischer Bürgergruppen mit Studierenden als Übersetzer*innen und durch Meinungsabfragen im Plenum mit Sli.do sowie grün-roten Abstimmungskarten wurden alle Teilnehmenden in den Dialog einbezogen. Die Diskussion im Plenum wurde anhand der im Vorfeld von den Studierenden erarbeiteten Vorschläge zu den drei Themen strukturiert. Dadurch fokussierten sich die Diskussionen und Themen standen im Vordergrund, die von vielen Bürger*innen als relevant angesehen wurden.

Bürgerdialog in Passau

An dem Bürgerdialog in Passau nahmen insgesamt 104 zufällig ausgewählte deutsche, tschechische und österreichische Bürger*innen teil. Nach der Begrüßung fanden sie sich in 12 kleinen Tischgruppen zusammen und diskutierten mit der Unterstützung von Dolmetscher*innen und Tischmoderator*innen über die drei Themen Grenzregionen, Flüchtlingspolitik und Sozialpolitik. Zu diesen Themen formulierten sie Vorschläge und Fragen, die sie an den Tischen mit Europaabgeordneten sowie lokalen und regionalen Politiker*innen aus den drei Grenzregionen diskutierten. Abgeschlossen wurde der Bürgerdialog mit einer Plenumsdiskussion zu den erarbeiteten Vorschlägen und Fragen mit dem damaligen Generalsekretär der Europäischen Kommission Martin Selmayr.

An diesem Bürgerdialog nahmen Bürger*innen aus drei Ländern teil, die nach dem Zufallsprinzip ausgewählt wurden. An zwölf Tischen diskutierten Bürger*innen in gemischten tschechisch-österreichisch-deutschen Gruppen in ihrer eigenen Landessprache. Das war durch eine Simultan-Dolmetschtechnik und Dolmetscher*innen möglich, die an den Tischen simultan in zwei Sprachen übersetzten, ins Tschechische und Deutsche. Äußerungen im Plenum wurden von Dolmetscher*innen aus den Dolmetschkabinen heraus übersetzt.

Bürgerdialog in Den Haag

Insgesamt 120 zufällig ausgewählte Bürger*innen aus Frankreich, Irland, Belgien, den Niederlanden und Deutschland nahmen an dem EU-Bürgerdialog in Den Haag teil. An 12 Tischen wurde im ersten Teil mit der Unterstützung durch Tischmoderator*innen und Simultandolmetscher*innen über die Themen Soziales Europa, Globales Europa und Digitales Europa diskutiert. Im zweiten Teil wurden insgesamt 12 Vertreter*innen der Europäischen Kommission und Botschafter*innen aus den beteiligten fünf Ländern begrüßt, die an den 12 Tischen mit den Bürger*innen die vorher erarbeiteten Themen diskutierten. Im dritten Teil fand die abschließende Plenumsdiskussion mit Ann Mettler statt, der Chefin des EU-eigenen Think Tanks „Europäisches Zentrum für Politische Strategie der EU-Kommission".

An diesem Dialog nahmen Bürger*innen aus fünf Ländern teil, die alle nach dem Zufallsprinzip ausgewählt wurden. Für den Dialog mit den Bürger*innen in vier Sprachen wurde das in Passau erprobte Simultandolmetsch-Verfahren weiterentwickelt, sodass die Diskussion an den Tischen in drei Sprachen möglich wurde. Dafür waren am Tisch zwei Dolmetscher*innen erforderlich, die zusammen über die Kompetenz verfügten, in drei Sprachen zu übersetzen. Factsheets mit Basisinformationen versachlichten die Diskussionen.

Transnationaler Online Bürgerdialog

An dem digitalen EU-Bürgerdialog nahmen 100 zufällig ausgewählte Bürger*innen aus Dänemark, Deutschland, Irland, Italien und Litauen teil. Sie diskutierten online per Videokonferenz mit speziellen Dolmetschfeatures in kleinen und großen Gruppen. In den digitalen Gruppenräumen wurden sie von Moderator*innen und Dolmetscher*innen unterstützt. So konnte jeder in der Muttersprache sprechen. Gemeinsam arbeiteten sie zu einem demokratischeren,

Programmablauf Bürgerdialog in Den Haag

Begrüßung und Einführung

1. Teil: Dialog der Bürger*innen untereinander zum jeweiligen Thema Soziales Europa, Digitales Europa, Globales Europa

- Erste Runde der Tischdiskussion in **internationalen** Gruppen: Erfahrungsaustausch, Information und Ideensammlung
- Zweite Runde der Tischdiskussion in **nationalen** Gruppen: Reflexion und Vertiefung der Ansichten von Bürger*innen verschiedener Nationen
- Dritte Runde der Tischdiskussion in **internationalen** Gruppen: Diskussion und Priorisierung von Ideen, Erarbeitung von Vorschlägen und Fragen

2. Teil: Dialog der Bürger*innen mit EU-Expert*innen – Vertreter*in der EU-Kommission/Botschafter*innen

- Tischdiskussion über die Erfahrungen, Ideen und Vorschläge der Bürger*innen

3. Teil: Dialog der Bürger*innen mit Ann Mettler, damalige Generaldirektorin des „Europäischen Zentrums für Politische Strategie" der EU-Kommission

- Plenumsdiskussion zu den Vorschlägen der Bürger*innen und Einholen von Meinungsbildern anhand von Abstimmungen

Evaluation und Verabschiedung

Abbildung 3: Beispiel für den Programmablauf des Bürgerdialogs in Den Haag

Bürgervorschläge des Bürgerdialogs in Den Haag

Europas Zukunft: Grenzüberschreitender EU-Bürgerdialog

Soziales Europa. Für die Zukunft ist uns wichtig:
- Schaffen von bezahlbarem Wohnraum für alle Bevölkerungsschichten in allen EU-Mitgliedstaaten
- Sichern von Arbeitsplätzen und eine Verbesserung der Bildung
- Verminderung von Armut und der mit ihr zusammenhängenden Diskriminierung

Digitales Europa. Für die Zukunft ist uns wichtig:
- Schaffen eines flächendeckenden und sicheren Internetzugangs für Jung und Alt in allen EU-Mitgliedstaaten
- Verbesserung der Datensicherheit, z.B. Schaffung von Richtlinien und Regulierungen, Kontrolle des freien Handels, Datenschutz
- Vermittlung von Medienkompetenzen und Wissen zu den eigenen Rechten im Bereich der Datensicherheit für alle Internetnutzer

Globales Europa. Für die Zukunft ist uns wichtig:
- Verfolgen einer einheitlichen EU-Strategie bei der Aufnahme von Geflüchteten und bei der Bekämpfung von Fluchtursachen
- Einführung von strengeren Regulierungen bei dem Verkauf von umweltschädlichen Produkten
- Einbeziehung der Bürger*innen in politische Entscheidungen durch die Fortsetzung und Weiterentwicklung von Bürgerdialogen

Abbildung 4: Beispiel für die Bürgervorschläge des Bürgerdialogs in Den Haag

grüneren und digitaleren Europa. Ihre konkreten und gut begründeten Vorschläge diskutierten sie anschließend mit den aus dem Brüsseler Studio zugeschalteten EU-Kommissar*innen Margrethe Vestager und Virginijus Sinkevicius.

In diesem Bürgerdialog wurde erstmals das transnationale analoge Format des Bürgerdialogs in den digitalen Raum übertragen. Die digitale Kommunikation erfolgte in der Muttersprache: Das Videokonferenztool Zoom wurde mit einem speziellen Dolmetschtool verknüpft, das unterschiedliche Sprachkombinationen in unterschiedlichen digitalen Räumen möglich machte. Es wurden 13 digitale „Zoom-Videokonferenz-Räume" geschaffen: 1 Plenum, 3 Themengruppen, 9 Tischgruppen. In diesen Räumen tauschten sich die Europäer*innen in fünf Sprachen bzw. in drei Sprachen aus. 25

Simultandolmetscher*innen sorgten dafür, dass jeder in der Muttersprache sprechen und sich verständigen konnte.

Der digitale und mehrsprachige Dialog forderte eine hohe Konzentration von den Teilnehmenden. Deshalb wurde viel Wert gelegt auf Interaktion, Methodenwechsel und kurze Zeitintervalle. Die Bürgervorschläge wurden in kleinen trinationalen Tischgruppen mit kurzen „Breakouts" in nationalen Gruppen erarbeitet. Im Plenum und in den Themengruppen kamen viele unterschiedliche Methoden wie digitale Meinungsumfragen und Quizfragen zum Einsatz. Expert*innen vermittelten Wissen durch mündliche Impulse und unterstützten bei der Ausarbeitung der Bürgervorschläge in den Tischgruppen. Auf schriftliche Informationen wurde weitgehend verzichtet.

Mehrsprachigkeit erfordert Konzentration

Europawerkstatt in Berlin

An der Europawerkstatt in Berlin nahmen 75 zufällig ausgewählte Bürger*innen aus Polen, Frankreich und Deutschland teil. Sie diskutierten in acht kleinen Tischgruppen mit Unterstützung von Tischmoderator*innen und Dolmetscher*innen und entwickelten Vorschläge zur zukünftigen Gestaltung der Europäischen Union. Im Mittelpunkt standen dabei die Fragen:

- Brauchen wir mehr Solidarität in Europa?
- Wie können das Wertefundament und die Demokratie in Europa gestärkt werden?
- Wie kann die Rolle Europas in der Welt gestärkt werden?
- Wie kann Europa fortschrittlicher und nachhaltiger werden?

In der anschließenden Europakonferenz mit außenpolitischen Expert*innen diskutierten sie ihre Ergebnisse mit dem Bundesaußenminister Heiko Maas und seiner bulgarischen Kollegin Ekaterina Zaharieva.

In dem Bürgerdialog in Berlin kam ein weiter verfeinertes Simultandolmetsch-Verfahren zum Einsatz. Eine spezielle Technik gepaart mit einem einfachen Handling der Instrumente ermöglichte den automatischen Wechsel zwischen Tisch- und Plenumsdolmetschen. An allen acht Tischen konnten trinationale Gruppen gebildet werden. Jeweils zwei Simultandolmetscher*innen übersetzten am Tisch in drei Sprachen. Ergänzend zu den Informationsblättern wurde die Diskussionsqualität gesteigert durch die Mitwirkung von Themenexpert*innen. Diese unterstützten die Bürger*innen am Tisch und auf Zuruf. Sie ordneten Dinge ein und gaben Feedback.

Evaluation: Wie Bürger*innen die grenzüberschreitende Bürgerdialoge bewerten und wie sich ihre Haltung gegenüber der EU verändert

Die Teilnehmenden der vier grenzüberschreitenden analogen Bürgerdialoge konnten anhand von Fragebögen ihr Feedback zu den Veranstaltungen formulieren. Da die Evaluation des Transnationalen digitalen EU-Bürgerdialogs nach Redaktionsschluss erfolgte, sind die Ergebnisse hier nicht berücksichtigt. Neben den Teilnehmenden wurden die Tischmoderator*innen und Dolmetscher*innen um ein Feedback gebeten.

Zusätzlich wurden die Teilnehmenden des Bürgerdialogs in Den Haag vorab und nach der Veranstaltung zu ihren Erwartungen an den Bürgerdialog und zu ihrer Einstellung gegenüber der EU be-

---

Sieben Schritte zur Erarbeitung von Bürgervorschlägen in grenzüberschreitenden Bürgerdialogen

1. Brainstorming in allen Tischgruppen zum Thema, Reflexion über die Ergebnisse
2. Informieren über das Thema und Erfahrungen austauschen
3. Identifikation der größten Herausforderungen zu dem Thema
4. Entwicklung von Ideen zum Umgang mit den Herausforderungen
5. Konkretisierung von Ideen und Vorschlägen
6. Auswahl von Vorschlägen, Auswahl der Tischsprecher*innen
7. Vorbereitung auf die Diskussion mit den Politiker*innen

Abbildung 5: Sieben Arbeitsschritte von der Information zu konkreten Vorschlägen

fragt. Vorab wurden 120 Bürger*innen interviewt, die Nachbefragung umfasste 25 Interviews.

Das Feedback der Bürger*innen über die Bürgerdialoge ist durchweg sehr positiv. Alle vier Bürgerdialoge kamen bei den Teilnehmenden hervorragend an. In Passau beispielsweise bewerten 96 Prozent der Bürger*innen den Bürgerdialog insgesamt mit „sehr gut" oder „gut", in Berlin sind es sogar 100 Prozent, die den Dialog mit „sehr gut" oder „gut" bewerten.

Positives Feedback der Beteiligten

Die in den vier Bürgerdialogen erprobten Innovationen – Vielfalt der Teilnehmenden, Interaktionen, Verständigung durch neue Dolmetsch-Verfahren – wurden von den Teilnehmenden positiv bewertet.

Das besondere Highlight war der grenzüberschreitende Charakter der Bürgerdialoge. Bei allen vier Bürgerdialogen vergaben die Bürger*innen Bestnoten für die transnationale Ausrichtung der Veranstaltung. In den Feedbackbefragungen berichten Teilnehmende über ihre Wissenszuwächse und über ihr größeres Verständnis für die EU-Politik und die komplexen Entscheidungsstrukturen. Die Meinung eines Teilnehmenden aus Den Haag steht stellvertretend für viele andere:

„Ich habe die Möglichkeit, meine Meinung zu äußern, die Meinungen von Menschen anderer Nationalitäten anzuhören und die europäischen Themen besser zu verstehen, sehr geschätzt."

Grenzüberschreitende EU-Bürgerdialoge verändern die Haltung der Bürger*innen gegenüber der EU positiv. Die Bürger*innen sind zufriedener mit der Europäischen Union und mit den Politiker*innen. Dies zeigt ein Vergleich der Haltungen vor und nach dem EU-Bürgerdialog in Den Haag.

Haltungen ändern sich

In der Vorabbefragung wurde ein breites Spektrum unterschiedlicher – auch kritischer – Einstellungen zur Europäischen Union und zu europäischen Politiker*innen sichtbar. Ein Vergleich mit der Nachbefragung zeigt die positiven Haltungsänderungen gegenüber der Europäischen Union deutlich.

Wie bewerten Sie die gesamte Veranstaltung an sich?

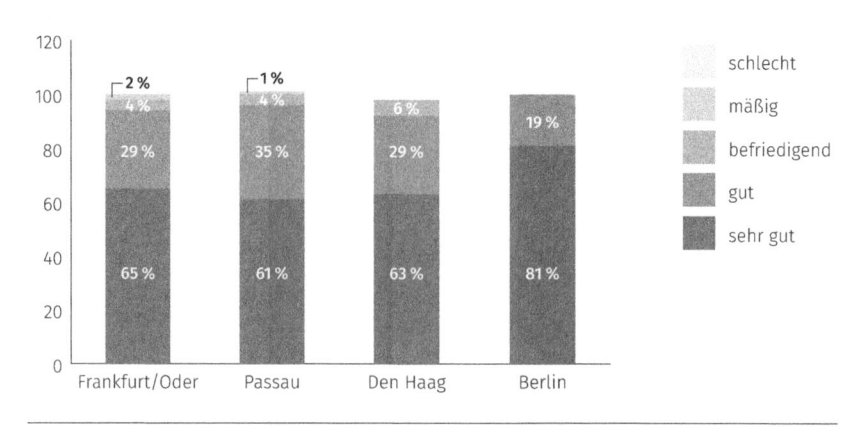

	Frankfurt/Oder	Passau	Den Haag	Berlin
schlecht	2 %	1 %		
mäßig	4 %	4 %	6 %	
befriedigend	29 %	35 %	29 %	19 %
gut				
sehr gut	65 %	61 %	63 %	81 %

Befragung der Teilnehmenden des Bürgerdialogs in Den Haag

Abbildung 6: Gesamtbewertung der grenzüberschreitenden Bürgerdialoge

Viele Bürger*innen identifizieren sich stärker mit der Europäischen Union und ihren demokratischen Strukturen. Bei einigen Teilnehmenden hat der EU-Bürgerdialog in Den Haag dazu geführt, dass sie entgegen ihrer ursprünglichen Absicht bekundeten, nun doch an der Europawahl 2019 teilzunehmen.

Wie bewerten Sie den grenzüberschreitenden Charakter der Veranstaltung?

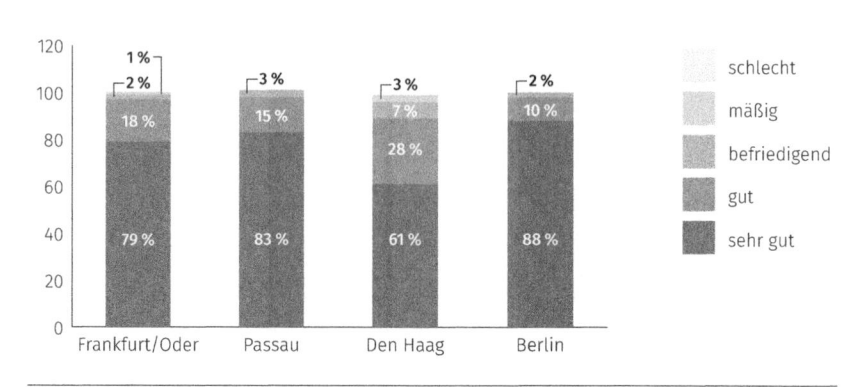

	Frankfurt/Oder	Passau	Den Haag	Berlin
schlecht	1 %			
mäßig	2 %	3 %	3 %	2 %
befriedigend	18 %	15 %	7 %	10 %
gut			28 %	
sehr gut	79 %	83 %	61 %	88 %

Befragung der Teilnehmenden des Bürgerdialogs in Den Haag

Abbildung 7: Bewertung des grenzüberschreitenden Charakters der Bürgerdialoge

Erkenntnisse: Lehren aus grenzüberschreitenden Bürgerdialogen

Grenzüberschreitende EU-Bürgerdialoge sind ein neuer und erfolgversprechender Weg des Diskurses über europäische Themen. Die positiven Erfahrungen der analogen und digitalen Bürgerdialoge zeigen, dass geografische Grenzen und sprachliche Vielfalt keine Hindernisse mehr sind für die Partizipation europäischer Bürger*innen an europäischer Politik. Jenseits des nationalen Rahmens kann das vielfältige Wissen unterschiedlicher Europäer*innen in die gemeinsamen Diskussionen einfließen. Beim Austausch ist den Bürger*innen die europäische Perspektive mindestens genauso wichtig wie die individuelle und die nationale. Die Dialoge tragen nicht nur zu einer Verständigung zwischen Bürger*innen und zum Zusammenhalt in Europa bei. Sie verbessern auch die Verständigung zwischen politischen Eliten und den Bürger*innen und liefern wertvolle Impulse für die europäische Politik. Denn die Qualität der Diskussion zwischen den Bürger*innen und die der entwickelten Bürgervorschläge ist beachtlich. In den folgenden fünf Punkten

Bereitschaft zu europäischer Perspektive

Wie zufrieden sind Sie mit der Europäischen Union?

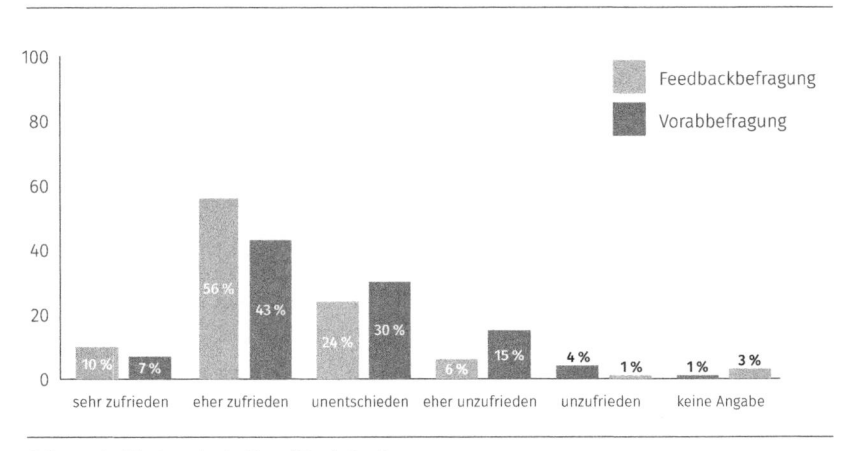

	Feedbackbefragung	Vorabbefragung
sehr zufrieden	10 %	7 %
eher zufrieden	56 %	43 %
unentschieden	24 %	30 %
eher unzufrieden	6 %	15 %
unzufrieden	4 %	1 %
keine Angabe	1 %	3 %

Befragung der Teilnehmenden des Bürgerdialogs in Den Haag

Abbildung 8: Zufriedenheit mit der Europäischen Union

stellen wir die wichtigsten Lehren zur Gestaltung grenzüberschreitender Bürgerdialoge vor.

- Für europäische Themen braucht es grenzüberschreitende Bürgerdialoge. Gerade der transnationale Charakter der Dialoge mit dem Austausch über Grenzen und Kulturen macht den besonderen Wert dieser grenzüberschreitenden Dialoge aus. Für Bürger*innen ist das Aufeinandertreffen mit Bürger*innen anderer Länder und der direkte Austausch in bunt gemischten europäischen Bürgergruppen sehr spannend. Sie lernen aus erster Hand viel über andere europäische Länder, deren Probleme und Perspektiven. Grenzüberschreitende Bürgerdialoge tragen so zu einer besseren Verständigung zwischen Bürger*innen aus den verschiedenen EU-Mitgliedstaaten bei. Die Teilnehmenden erleben hautnah, dass sie ein Teil eines gemeinsamen Europas sind und spüren, wie stark europäische Themen unser Leben beeinflussen.

Mehrwert für die Politik

Auch für die Politik haben diese grenzüberschreitende Bürgerdialoge einen Mehrwert. Die Dialogergebnisse sind mehr als Meinungsumfragen, mehr als die Aneinanderreihung individueller Bürgermeinungen und mehr als die Meinung homogener Gruppen. Ergebnisse, die aus transnationalen Diskussionen in heterogenen Gruppen über europäische Themen resultieren, unterschieden sich substanziell von rein nationalen Themendiskussionen. Deshalb sind diese Dialoge eine so wertvolle Wissensressource für die Politik. Politiker*innen erhalten aus der Bevölkerung Impulse mit Substanz und erfahren direkt aus erster Hand, was den Bürger*innen aus mehreren Ländern gemeinsam wichtig ist.

- Die Zufallsauswahl gewährleistet Inklusion und eine große Bandbreite von Meinungen, Interessen und Perspektiven. Die Auswahl nach dem Zufallsprinzip ist auch auf der europäischen Ebene ein praktikabler Beteiligungsansatz, der den „Normalbürger" mit seinen Interessen, Perspektiven und Ideen adressiert. Diese Auswahl nach vordefinierten Vielfaltskriterien gewährleistet eine gemischte Zusammensetzung der Bürgerdialoge und eine Teilnehmerstruktur, die die Pluralität der Gesellschaft mit ihrer breiten Meinungsvielfalt widerspiegelt. Mit diesem Auswahlverfahren werden Bürger*innen in demokratische Prozesse einbezogen, die sich normalerweise nicht beteiligen würden. Das sind auch Menschen aus benachteiligten Milieus, Menschen mit niedriger formaler Bildung und Menschen, die der Politik kritisch gegenüberstehen.

- Eine klare Struktur ist das A und O. Interaktive und konsensorientierte Methoden wie das World Café können auch in grenzüberschreitenden mehrsprachigen Bürgerdiagen sehr gut eingesetzt werden. Jedoch ist es in diesen Gruppen nötig – mehr noch als in rein nationalen Bürgergruppen – die Diskussionen klar zu strukturieren. Menschen aus ganz unterschiedlichen Milieus und Herkunftsländern sind es nicht gewohnt, miteinander über politische Themen zu diskutieren und gemeinsam konkrete Vorschläge zu erarbeiten, erst recht nicht in unterschiedlichen Sprachen. Diese Dialoge benötigen eine klare und feste Struktur und eine professionelle Moderation. So wird sichergestellt, dass jeder zu Wort kommt, dass die vielfältigen Sichtweisen in die Diskussion einfließen und die Teilnehmenden an gemeinsamen Vorschlägen arbeiten. So wird verhindert, dass Einzelne oder Teilgruppen (zum Beispiel die „Deutschen" aus der Gruppe) die Diskussion dominieren und sich mit ihren Ideen durchsetzen.

Klare Struktur ist essentiell

Allerdings brauchen diese Diskussionsprozesse eine intensive Vorbereitung. Dazu gehören ein Moderationskonzept mit detailliertem Prozessablauf, mit Zeitangaben und angemessenen Zeiträumen sowie vorbereitete Materialien zur Erfassung der Ergebnisse.

- Eine hohe inhaltliche Qualität entsteht dank gemischter Bürgergruppen. Die Teilnehmer*innen bringen unterschiedliche Perspektiven, kulturelle Prägungen und landesspezifische

Prozess- und Ergebnisqualität in grenzüberschreitenden Bürgerdialogen – die wichtigsten Faktoren

- Diversität der Teilnehmenden: Die unterschiedlichen Erfahrungen, Meinungen und Perspektiven bereichern die Inhalte der Diskussion.
- Interaktive und konsensorientierte Dialogmethode: Jeder kommt zu Wort und jeder wird gehört. Es setzen sich keine Einzelmeinungen durch, sondern sie fließen in die Erarbeitung gemeinsamer Vorschläge ein.
- Klare Struktur: ein klar strukturierter Ablauf gibt allen Beteiligten Orientierung und sorgt dafür, dass gemeinschaftlich auf ein Ziel ausgerichtet, gearbeitet wird. So wird gewährleistet, dass Zwischenergebnisse entstehen und ein gemeinsames Ergebnis am Ende erzielt wird.
- Moderation: Professionelle Moderatoren sorgen dafür, dass die Struktur eingehalten wird, dass jeder gleichberechtigt zu Wort kommt und die Diskussionen respektvoll und fair ablaufen. So erlebt jede*r Anerkennung und Wertschätzung.
- Fakten und Expert*innen: Das unterschiedliche Erfahrungswissen der Teilnehmenden ist für die inhaltliche Diskussion sehr bereichernd. Faktenbasierte Informationen und Expertenwissen ergänzen das Wissen der Teilnehmenden und versachlichen die Diskussionen. Sie helfen bei Abwägungen und Priorisierungen und sorgen dafür, dass sich überzeugende Argumente und Vorschläge durchsetzen.
- Verständigung in der eigenen Sprache: In der großen multilingualen Gruppe im Plenum zu sprechen, das trauen sich die wenigsten. Das Simultan-Dolmetsch-Verfahren an den Tischen ermöglicht, dass alle Beteiligten in der eigenen Sprache zu Wort kommen. Das Verfahren unterstützt die strukturierten Dialoge, da die nötige Übersetzung die Diskussion verlangsamt, die Teilnehmenden diszipliniert und die gegenseitige Rücksichtnahme fördert.

Abbildung 9: Überblick über die wichtigsten Qualitäts-Faktoren grenzüberschreitender Bürgerdialoge

Hintergründe in die Diskussion ein. Auch die individuell unterschiedlichen Sichtweisen und Erfahrungen aufgrund unterschiedlichen Alters, Geschlechts und sozio-ökonomischer Hintergründe bereichern die Diskussion.

Dank elaborierter Dolmetsch-Technik – sowohl für analoge als auch für digitale Settings – ist Sprachenvielfalt dabei kein Hindernis. Die Dolmetsch-Verfahren sorgen trotz der Komplexität für eine gute Verständigung der Teilnehmenden untereinander und ermöglichen die gemeinsame Erarbeitung von konkreten Vorschlägen. Wie die Bürgerempfehlungen zeigen, sind die Ergebnisse der Diskussionen von beachtlicher Qualität. Dazu tragen themenspezifische Informationsblätter bei, die Fakten liefern, genauso wie Themenexpert*innen, die vor Ort Sachverhalte erläutern und Ideen einordnen.

- Qualität hat ihren Preis: Es braucht partizipatives Know-how und Ressourcen. Grenzüberschreitende multilinguale interaktive Bürgerdialoge mit zufällig ausgewählten Bürger*innen sind sehr anspruchsvoll. Mehr noch als bei nationalen Bürgerdialogen gibt es eine Reihe logistischer Herausforderungen, wie die Anwendung des Zufallsprinzips bei der Teilnehmerauswahl in mehreren Ländern, die Organisation der Reisen für die Teilnehmenden und den Umgang mit der Sprachenvielfalt. Die Evaluationsergebnisse mit ihren hohen Zufriedenheitswerten der Bürger*innen und die gute Qualität der Bürgerempfehlungen belegen, dass dieses neue Format erfolgreich durchgeführt werden kann. Um diese Qualität zu erreichen und den Erfolg zu gewährleisten, ist jedoch ein hoher Aufwand erforderlich.

Die Erfahrungen zeigen: Es ist vor allem wichtig, dass die initiierenden Organisationen und die politischen Entscheider*innen und Entscheidungsvorbereiter*innen über partizipatives Know-how und Beurteilungskompetenz verfügen. Sie müssen wissen, was gute Bürgerbeteiligung ausmacht und welche Rahmenbedingungen dafür erforderlich sind. Beispielsweise sind Ziele und Rahmenbedingungen vorab zu klären: Was ist das Ziel des grenzüberschreitenden Bürgerdialogs? Welche Themen sind voraussichtlich relevant für Bürger*innen und Politiker*innen? Was passiert mit den Ergebnissen? Was kann mit vorhandenen personellen und finanziellen Ressourcen umgesetzt werden?

Hohe Anforderungen an Kompetenz

Partizipationsexpert*innen stellen eine sorgfältige Prozessplanung und professionelle Durchführung sicher, ebenso wie professionelle Moderator*innen mit expliziter Beteiligungsexpertise. Ein gutes transnationales Projekt benötigt ein gutes Budget. Die Zusammenstellung gemischter transnationaler Bürgergruppen nach dem Zufallsprinzip durch Dienstleistungsunternehmen kostet Geld. Auch die (analogen und digitalen) Übersetzungen an den Tischen mit der entsprechend ausgeklügelten Dolmetsch-Technik verursachen nicht unerhebliche Kosten. Denn bisher gibt es noch keine technischen Übersetzungslösungen, die in dem komplexen Setting der World-Café-Methode ohne Qualitätsverlust eingesetzt werden könnten.

Für die politischen Akteur*innen gilt: Ihr Wille, ihre Offenheit und ihr Mut, sich auf diese neuartige Form des Dialogs einzulassen, sind entscheidend für den Erfolg.

- Die Bürgerempfehlungen sollten in politische Entscheidungsprozesse eingebunden sein. Deshalb sollte bereits am Anfang das Ende mitgedacht werden. Ein Bürgerdialog ist dann nachhaltig und besonders wertvoll, wenn ein wirkliches Interesse von Seiten der Politik an den Bürgervorschlägen vorhanden ist. Und wenn zu Beginn überlegt wird, wie die politischen Akteur*innen mit den Bürgervorschlägen umgehen wollen.

Einbindung in politische Prozesse

Die grenzüberschreitenden Bürgerdialoge haben gezeigt, dass direkter Dialog und Zugang zu hochrangigen Politiker*innen ein wichtiger erster Schritt zur Beachtung der Bürgervorschläge und zur Einflussnahme auf politische Entscheidungen ist. Wichtige Faktoren für einen guten direkten Dialog mit hochrangigen Politiker*innen über die erarbeiteten Vorschläge sind die Auswahl der Tischsprecher*innen durch die Bürger selbst, die Moderation des Gesprächs durch den Bürger*innen bekannten und vertrauten Moderator*innen und ausreichend Zeit für Präsentation und Diskussion.

Demokratische Institutionen zeigen sich vermehrt offen für eine stärkere Partizipation europäischer Bürger*innen an europäischer Politik. Die Beispiele zeigen, dass grenzüberschreitende neue Formate dialogischer Bürgerbeteiligung auch auf der europäischen Ebene eine gute Ergänzung zur gewohnten Politikentwicklung darstellen. Insbesondere Bürgerdialoge, die qualifizierte Bürgervorschläge enthalten, die von gemischten europäischen Bürgergruppen erarbeitet wurden und die vielfältigen Meinungen der Gesellschaft widerspiegeln, beleben die politischen Diskussionen über europäische Themen.

Wir brauchen mehr dieser transnationalen Bürgerdialoge in Europa. Sie stellen eine Bereicherung für die europäische Demokratie dar und sind eine zeitgemäße Antwort auf den Wunsch europäischer Bürger*innen nach mehr Dialog und Beteiligung.

Literatur und weiterführende Informationen

Bertelsmann Stiftung/Allianz Vielfältige Demokratie (2017): Bürgerbeteiligung mit Zufallsauswahl. Online unter: www.bertelsmann-stiftung.de/de/publikationen/publikation/did/buergerbeteiigung-mit-zufallsauswahl/.

Bertelsmann Stiftung/Allianz Vielfältige Demokratie (2017): Qualität von Bürgerbeteiligung. 10 Grundsätze mit Leitfragen und Empfehlungen. Online unter: www.bertelsmann-stiftung.de/de/publikationen/publikation/did/qualitaet-von-buergerbeteiligung/.

Bertelsmann Stiftung (2020): Europäische Demokratie gestalten. Europawerkstatt zur Zukunft Europas mit polnischen, französischen und deutschen Bürgerinnen und Bürgern, Gütersloh.

Bertelsmann Stiftung (2019): Neue Wege für mehr Bürgerpartizipation in Europa. Grenzüberschreitende Bürgerdialoge in Frankfurt/Oder, Passau und Den Haag, Gütersloh.

Bertelsmann Stiftung (2020): Next level EU citizen participation. Transnational digital dialogue with citizens from Denmark, Germany, Ireland, Italy and Lithuania, Gütersloh.

Bertelsmann Stiftung (Hrsg.) (2013): Politik beleben, Bürger beteiligen. Charakteristika neuer Beteiligungsmodelle. Online unter: www.bertelsmann-stiftung.de/de/publikationen/publikation/did/politik-beleben-buerger-beteiligen-1/.

Unter dem folgenden Link finden Sie auch Videos über die grenzüberschreitenden Bürgerdialoge: www.bertelsmann-stiftung.de/de/unsere-projekte/demokratie-und-partizipation-in-europa.

Anhang

Unsere Autor*innen

Markus Berchtold Ph.D. hat Studienabschlüsse in Internationaler Unternehmensführung sowie Raumplanung und ein Doktorat in Geographie. Er ist Gründer und Geschäftsführer von heimaten® 2005 | Ingenieurbüro und allgemein beeideter und gerichtlich zertifizierter Sachverständiger für Raumplanung | Unternehmensberatung | Systemische Prozessbegleitung.

Matthias Simon Billert ist wissenschaftlicher Mitarbeiter am Fachgebiet Wirtschaftsinformatik (Prof. Dr. Jan Marco Leimeister) der Universität Kassel.

Dr. Stephanie Bock hat in Marburg und Frankfurt am Main Geografie studiert und an der Universität Kassel im Fach Planungswissenschaften promoviert. Sie leitet das Team „Stadt und Raum" im Forschungsbereich „Stadtentwicklung, Recht und Soziales" am Deutschen Institut für Urbanistik. Ihre Arbeitsschwerpunkte liegen in den Bereichen Governance und Bürgerbeteiligung, Evaluation und Begleitforschung.

Dr. Michael Bolte arbeitet in der Abteilung Grundsatzangelegenheiten und Gesellschaftspolitik beim DGB-Bundesvorstand. Sein Arbeitsschwerpunkt ist Betriebliche Mitbestimmung.

Prof. Dr. Frank Brettschneider ist seit 2006 Inhaber des Lehrstuhls für Kommunikationswissenschaft, insb. Kommunikationstheorie an der Universität Hohenheim. Seine Forschungsschwerpunkte sind: Kommunikation bei Bau- und Infrastrukturprojekten, politische Kommunikation und Verständlichkeitsforschung. Er ist Mitglied im Wissenschaftlichen Beirat für Zivilgesellschaft und Bürgerbeteiligung der Landesregierung Baden-Württemberg.

Geertje Doering studierte Inklusive Pädagogik, Psychologie und Rechtswissenschaften. Seit 15 Jahren ist sie als Lehrerin und Schulleiterin an reformpädagogischen Schulen tätig, gegenwärtig als Schulleiterin der Weiterdenker-Fachschule tätig. Zudem ist sie Dozentin in der hochschulischen Ausbildung von Sozialpädagogen und begleitet Teams und Einzelpersonen als Organisationsberaterin, Supervisorin und Mediatorin. Für angehende Lehrkräfte veranstaltet sie Quereinsteigerschulungen.

Dr. Christine Dörner ist Senior Expertin an der Führungsakademie Baden-Württemberg und stellvertretende Vorsitzende der Allianz für Beteiligung e.V. Ihre Schwerpunkte sind Organisationsentwicklung, Strategie- und Veränderungsprozesse und Projekte an der Verbindungslinie von Verwaltung und Politik. Sie war als Seniorberaterin für Organisations- und Personalentwicklung bei PWC/KGSt consult tätig und Abteilungsleiterin in einer Stadtverwaltung mit dem Schwerpunkt Kinder- und familienfreundliche Stadtentwicklung.

Martina Eick absolvierte ein Studium der Politikwissenschaft und des Umweltschutzmanagements. Seit 2002 ist sie im Umweltbundesamt tätig. Dort befasst sie sich unter anderem mit Projekten zur lokalen/regionalen Nachhaltigkeit, Bildung für nachhaltige Entwicklung, Kirchen/Religionsgemeinschaften und anwendungsorientierter Partizipationsforschung.

Guy Féaux de la Croix arbeitet – nach seinen letzten Stationen im deutschen diplomatischen Dienst, zuletzt als Gesandter in Athen und schließlich beim Heiligen Stuhl – jetzt als Rechtsanwalt und Publizist. In seinen Schriften beschäftigt er sich unter anderem mit geschichtspolitischen sowie demokratie-theoretischen Zusammenhängen, von den Anfängen der Demokratie im alten Athen bis heute.

Thomas Fischer ist Abteilungsleiter Grundsatzangelegenheiten und Gesellschaftspolitik beim DGB-Bundesvorstand. Seine Arbeitsschwerpunkte sind Demokratie und gewerkschaftliche Gesellschaftspolitik, Zukunft der Erwerbsgesellschaft, Arbeitsbeziehungen und Sozialpartnerschaft.

Dr. Rolf Frankenberger ist Akademischer Rat am Institut für Politikwissenschaft der Eberhard Karls Universität Tübingen. Seine Schwerpunkte in der Forschung sind die Vergleichende Diktatur-

und Extremismusforschung, Demokratie und Partizipation, politische Soziologie und politische Lebenswelten.

Thorsten Frei arbeitete nach seinem Studium der Rechtswissenschaften an der Universität Freiburg als Rechtsanwalt, Regierungsrat im Staatsministerium Baden-Württemberg sowie von 2004 bis 2013 als Oberbürgermeister der Stadt Donaueschingen. Seit 2007 ist er Stellvertretender Landesvorsitzender der CDU Baden-Württemberg und seit 2013 Mitglied des Deutschen Bundestages. Aktuell ist Thorsten Frei Stellvertretender Vorsitzender der CDU/CSU-Bundestagsfraktion für Recht und Verbraucherschutz, Innen und Heimat, Sport und Ehrenamt, Vertriebene, Aussiedler und deutsche Minderheiten.

Prof. Dr. Brigitte Geißel lehrt und forscht am Institut für Politikwissenschaft der Goethe Universität Frankfurt am Main und leitet dort die Forschungsstelle ‚Demokratische Innovationen'. Schwerpunkte ihrer Arbeit sind neue Demokratieformen und die Zukunft der Demokratie.

Vera Grote verantwortet bei Johanssen + Kretschmer Strategische Kommunikation GmbH (JK) als Partnerin das Kompetenzfeld Dialog und Frühe Öffentlichkeitsbeteiligung. Ihr Schwerpunkt liegt auf der Entwicklung und Optimierung des Stakeholder Managements sowie der Konzeption und Implementierung von Akzeptanz-Management- und Beteiligungsprozessen.

Dr. Dominik Hierlemann ist Senior Expert bei der Bertelsmann Stiftung und Co-Leiter des Projekts „Demokratie und Partizipation in Europe". Er war u.a. verantwortlich für das BürgerForum des Bundespräsidenten 2011 mit 10.000 zufällig ausgewählten Bürgerinnen und Bürgern in 25 Städten und Kreisen Deutschlands. Seit mehr als 15 Jahren konzipiert und leitet er Beteiligungsformate und hat selbst Dialoge mit dem Bundespräsidenten, der Bundeskanzlerin und verschiedenen EU-Kommissaren moderiert.

Katharina Hitschfeld ist geschäftsführende Gesellschafterin der Hitschfeld Büro für strategische Beratung GmbH und geschäftsführende Gesellschafterin der Hitschfeld & Gerhard//Mediation und Coaching. An der Schnittstelle von Politik, Wirtschaft, Verwaltung und Gesellschaft ist sie als Beraterin, Mediatorin und Coach seit mehr als 20 Jahren tätig in großen Infrastrukturprojekten, für die öffentliche Hand und den Mittelstand tätig.

Stefan Jung ist Doktorand am Institut für Politikwissenschaft der Goethe Universität Frankfurt am Main. Schwerpunkte seiner Arbeit sind direkte Demokratie, soziale Ungleichheit und lokale Politik.

Dr. Danuta Kneipp arbeitet für die Unternehmensentwicklung von 50Hertz und leitete zuvor das Fachgebiet Öffentlichkeitsbeteiligung. In früheren Tätigkeiten als Moderatorin und Mediatorin konzipierte und begleitete sie Dialog- und Beteiligungsverfahren in den Bereichen Energieversorgung, Verkehr und Klimaschutz. Miteinander anstatt übereinander reden steht bei ihrer täglichen Arbeit im Mittelpunkt.

René Lohe studierte internationale Volks- und Betriebswirtschaft in Maastricht und Barcelona und ist seit 2012 als Berater und Projektmanager in den Bereichen Nachhaltigkeit, Umwelt- und Klimaschutz, Digitalisierung und Partizipation aktiv. Er ist assoziiertes Mitglied des bipar und Vorstandsmitglied der europäischen Initiative CESBA (Common European Built Environment Assessment).

Dr. Dirk Manthey konzipiert seit zwanzig Jahren politische Stakeholder-Dialoge und setzt sie um. Für 50Hertz begleitet der gelernte Journalist seit 2012 als Senior Manager Öffentlichkeitsbeteiligung Genehmigungsprojekte des Netzausbaus für die Energiewende.

Dipl.-Landsch.-ökol. Meike Lücke ist seit 2006 im LEADER-Regionalmanagement „Wesermarsch in Bewegung" tätig und aktuell Vorsitzende des niedersächsischen LEADER-Lenkungsausschusses. Sie hat sich aktiv beim Projekt „Allianz Vielfältige Demokratie" der Bertelsmann-Stiftung beteiligt und ist begeistert davon, wie die sehr unterschiedlichen Akteursgruppen im LEADER-Beteiligungsprozess auf Augenhöhe zusammenarbeiten, um zum Wohle der Allgemeinheit mitzuwirken.

Bernd Marticke M.A. M. sc. absolvierte ein sozialwissenschaftliches Magisterstudium in Halle/Saale und ein wirtschaftswissenschaftliches Studium an der FernUniversität Hagen. Er arbeitet als Referent und wiss. Mitarbeiter seit 2016 bzw. 2017 für die Deutsche Umweltstiftung sowie das Berlin Institut für Partizipation.

Marita Meissner ist Dipl.-Sozialarbeiterin. Sie hat zehn Jahre Erfahrung im Kinderschutz gesammelt und dabei umfassende Einblicke in die Lebenswelten von Familien erlangt. Als Leiterin der Stabsstelle zur Koordinierung der Kommunalen Prävention in der Stadt Gelsenkirchen bringt sie diese Erfahrungen in die kontinuierliche Optimierung der Präventionskette für XY ein.

Oliver Müller M.A. war bis 2020 wissenschaftlicher Mitarbeiter im DFG-Projekt „Partizipative Entwicklung ländlicher Regionen" an der Abteilung für Kulturanthropologie der Universität Bonn. Er promoviert in einer Fallstudie zur ökologischen Nachhaltigkeit zum Thema der Herstellung von Landschaft im LEADER-Programm. Aktuell ist er wissenschaftlicher Mitarbeiter am Institut für ländliche Strukturforschung in Frankfurt a. M.

Anja Neumann ist wissenschaftliche Mitarbeiterin für das Teilvorhaben Partizipation im Projekt „region 4.0" an der Hochschule für nachhaltige Entwicklung Eberswalde. Die studierte Kulturhistorikerin (M.A.) setzt sich 2016 in ihrer Heimatstadt Eberswalde für Graswurzel-Initiativen, Kooperation und Vernetzung im Bereich Wandel, Kultur und Teilhabe ein, z. B. als Projektmitarbeiterin des 2017-2019 vom BMU geförderten Projekts „Transition Thrive" der Barnimer Transition-Initiative wandelBar.

Dr. Andreas Paust ist Fachprojektleiter Öffentlichkeitsbeteiligung bei der 50Hertz Transmission GmbH. Zuvor hat er bei der Bertelsmann Stiftung am Aufbau der Allianz Vielfältige Demokratie mitgewirkt und sich u. a. mit Qualitätskriterien und Kompetenzaufbau für Bürgerbeteiligung beschäftigt. Er hat über Bürgerbegehren und Bürgerentscheide promoviert und war viele Jahre Geschäftsführer kommunaler Ratsfraktionen. Er betreibt den Bürgerbeteiligungs-Blog partizipendium.de.

Monika Ollig ist im Bundeskanzleramt im Referat Bessere Rechtsetzung verantwortlich für die Stärkung der frühen Beteiligung Betroffener bei der Gesetzgebung. Vorher war sie für das Bundesministerium für Umwelt, Naturschutz und nukleare Sicherheit, das Umweltbundesamt und als Rechtsanwältin für eine GmbH tätig. Sie hat internationale Referenzen in der Zusammenarbeit mit der EU-KOM, OECD und der UN.

Thomas Perry ist geschäftsführender Gesellschafter der Q Agentur für Forschung GmbH aus Mannheim. Er forscht seit über 20 Jahren unter anderem über effektive Kommunikation und Bürgerbeteiligung und begleitete zahlreiche Beteiligungsprojekte.

Prof. Dr. Christoph Peters ist Assistenzprofessor am Institut für Wirtschaftsinformatik der Universität St. Gallen, Schweiz und Forschungsgruppen- und Projektleiter am Wissenschaftlichen Zentrum für Informationstechnik-Gestaltung (ITeG) der Universität Kassel.

Dr. Bettina Reimann hat an der Universität Bremen, der Freien Universität Berlin und der Columbia University in New York studiert und an der Humboldt-Universität zu Berlin als Soziologin promoviert. Sie ist Teamleiterin „Stadt und Gesellschaft" im Forschungsbereich „Stadtentwicklung, Recht und Soziales" am Deutschen Institut für Urbanistik. Die Arbeitsschwerpunkte der Soziologin sind Migration, Bürgerbeteiligung, Evaluation und Begleitforschung.

Anna Renkamp ist Senior Project Manager bei der Bertelsmann Stiftung und Co-Leiterin des Projekts „Demokratie und Partizipation in Europa". Zuvor hat sie die „Allianz Vielfältige Demokratie" initiiert und bis 2018 koordiniert. Seit 2010 führt sie Studien und Evaluationen zur Qualität von Bürgerbeteiligung durch und entwickelt innovative Partizipationsformate, unter anderem für Gesetzgebungsverfahren, Infrastrukturprojekte und EU-Bürgerdialoge.

Diana Runge arbeitet als Freie Beraterin für Johanssen + Kretschmer Strategische Kommunikation GmbH (JK). Sie ist Expertin für die Konzeption und Umsetzung von Beteiligungs- und Kommunikationsprozessen für Projekte aus dem Energie- und Mobilitätssektor sowie von Vorhaben im Infrastrukturbereich.

Valentin Sagvosdkin hat Soziale Arbeit (B.A.) an der Alice-Salomon Hochschule und „Ökonomie – Gesellschaftsgestaltung" (M.A.) an der Cusanus-Hochschule studiert. Er ist freier Bildungsreferent der politischen und sozioökonomischen Bildung und forscht momentan für die Otto-Brenner-Stiftung zum Thema Wirtschaftsjournalismus. Er ist Mitglied des Netzwerks Plurale Ökonomik und Assoziierter des Instituts für zukunftsfähige Ökonomien (ZOE).

Thilo Schlüßler ist Schauspieler und Theaterregisseur. Seit 2017 ist er Geschäftsführer der KUBIBE Berlin gGmbH mit derzeit sieben Einrichtungen der Kinder- und Jugendhilfe und seit 2019 Geschäftsführer der Weiterdenker Fachschule für Sozialpädagogik, an der er auch unterrichtet. Seinen Fokus in der Arbeit legt er auf teilhabende und selbstorganisierende Unternehmensstrukturen. Ehrenamtlich entwickelte er ab 2005 das Kulturzentrum ZENTRUM danziger50 in Berlin.

Lena Siepker M.Sc. Mag. theol. ist wissenschaftliche Mitarbeiterin am Lehrstuhl für Internationale Beziehungen und Nachhaltige Entwicklung der Westfälischen Wilhelms-Universität Münster im BMBF-geförderten Forschungsprojekt „ENGAGE – Engagement für nachhaltiges Gemeinwohl" (Förderkennzeichen 01UG1911). Im Forschungsprojekt und in ihrer eigenen Forschung setzt sie sich vor allem mit Fragen der Partizipations-, Nachhaltigkeits- und Gemeinwohlforschung auseinander.

Jörg Sommer ist Direktor des Berlin Institut für Partizipation. Er beschäftigt sich seit über 30 Jahren mit Fragen des gesellschaftlichen Engagements und Zusammenhaltes. Er ist als Gutachter und Berater für Parlamente, Ministerien, Stiftungen und Verbände tätig, Koordinator der Allianz Vielfältige Demokratie sowie Herausgeber des regelmäßig erscheinenden KURSBUCH BÜRGERBETEILIGUNG. Seit 2020 publiziert er einen kostenlosen wöchentlichen Newsletter demokratie.plus zu Fragen der Demokratie und des gesellschaftlichen Zusammenhalts.

Lisa Stoltz hat als Politikwissenschaftlerin die Rolle und den Einfluss von Stakeholdern auf den Verlauf von Großprojekten erforscht. Bei Johanssen + Kretschmer Strategische Kommunikation GmbH (JK) berät sie Unternehmen und Organisationen bei der frühen Öffentlichkeitsbeteiligung.

Barbara Schwarz studierte Kunstgeschichte und Theaterwissenschaft. Sie arbeitet als Dozentin für Ästhetik und Theaterpädagogik an Sozialpädagogischen Fachschulen. In ihrer Firma edumarin UG erarbeitete sie verschiedene Formate zu Fortbildungen für Pädagog*innen, Fundraising hinsichtlich Fördergeldern für Organisationen aus Bildung und Kultur und eine Software, die speziell auf die Bedürfnisse von Bildungsträgern ausgerichtet ist. Ehrenamtlich engagiert sie sich als Richterin am Verwaltungsgericht und betreibt die „Galerie unter der Treppe" seit 2011.

Prof. Dr. Heike Walk ist Vizepräsidentin für Studium und Lehre und Professorin für „Transformation Governance" an der Hochschule für Nachhaltige Entwicklung Eberswalde. Sie ist habilitierte Politikwissenschaftlerin und Mitbegründerin des Berliner Instituts für Protest- und Bewegungsforschung. Seit 2003 ist sie Mitherausgeberin der Buchreihe „Bürgergesellschaft und Demokratie" im Verlag Springer Fachmedien. Darüber hinaus ist sie Projektleiterin Verbundvorhabens „Partizipation und audiovisuelle Kommunikation" des BMBF-Projekts „region 4.0".

Sina Wohlgemuth M.A. ist wissenschaftliche Mitarbeiterin im DFG-Projekt „Partizipative Entwicklung ländlicher Regionen" an der Abteilung für Kulturanthropologie der Universität Bonn. Sie promoviert in einer Fallstudie zum demographischen Wandel zum Thema der Zukunftsgestaltung im Rahmen des LEADER-Programm.

Adressverzeichnis Bürgerbeteiligung

Finden Sie mit wenigen Klicks

- *Forschungseinrichtungen*
- *Förderstiftungen*
- *Projektträger*
- *Bildungsanbieter*
- *Dienstleister*
- *Sonstige Akteure*

der Bürgerbeteiligung

Online auf www.bipar.de

Übrigens: Auch Sie können Ihre Institution eintragen. Die Aufnahme ist dauerhaft kostenfrei.

Berlin Institut für Partizipation

Das Berlin Institut für Partizipation

Das Berlin Institut für Partizipation ist politisch unabhängig und engagiert sich für die partizipative Weiterentwicklung unserer demokratischen Gesellschaft. Es vertritt einen umfassenden Partizipationsbegriff, der neben unterschiedlichen Formen der Bürgerbeteiligung auch Formen direkter Demokratie, eine moderne Ausgestaltung der repräsentativen Willensbildung und eine Belebung der politischen Alltagskultur umfasst.

Ziel des Instituts ist eine Weiterentwicklung der partizipativen Kultur insbesondere in Deutschland. Die Initiator*innen des Instituts sind davon überzeugt, dass die Akzeptanz und Zukunftsfähigkeit der repräsentativen Demokratie entscheidend davon abhängt, wie es dieser gelingt, die Menschen in unserem Land nachhaltig und umfassend an der politischen Willensbildung zu beteiligen.

Die Mitglieder des Instituts gehören verschiedenen politischen Strömungen des demokratischen Spektrums an. Rechtsträgerin des Instituts ist in der Gründungsphase die Deutsche Umweltstiftung, langfristig wird eine unabhängige Rechtsform angestrebt. Interessierte Bürger*innen sind eingeladen, sich als assoziierte Mitglieder an der Arbeit des Institutes zu beteiligen.

Die Arbeitsschwerpunkte

Der Arbeitsschwerpunkt des Instituts liegt zunächst im nationalen Kontext, europäische und internationale Erfahrungen fließen jedoch in dessen Arbeit ein. Mittelfristig wird eine Zusammenarbeit mit vergleichbaren Akteur*innen im internationalen Kontext angestrebt.

Das Berlin Institut für Partizipation versteht sich nicht als Konkurrenz zu etablierten Strukturen in Wissenschaft, Forschung und Beratung, sondern als Ergänzung und Transporteur von Themen, Erkenntnissen und Anliegen. Es pflegt sowohl intern als auch extern eine kollaborative Arbeitsweise und lädt alle Interessierten zu aktiver Mitwirkung sowie alle im Bereich Partizipation tätigen Institutionen und Verbände zu partnerschaftlicher Zusammenarbeit ein.

Seit Juli 2018 ist das Berlin Institut für Partizipation als zentrale Koordination des Netzwerkes Allianz Vielfältige Demokratie tätig.

Das Institut konzentriert seine eigenen Aktivitäten zunächst auf drei Arbeitsschwerpunkte:

Information

Das Institut betreibt umfangreiche Informations- und Öffentlichkeitsarbeit zu allen Fragen der Partizipation. Hierzu gehören u. a.:

- der Betrieb einer frei zugänglichen Online-Plattform für alle, die sich für Partizipation und Bürgerbeteiligung interessieren. Diese Plattform bietet Fachartikel und aktuelle Nachrichten zur Theorie und Praxis der Partizipation, umfangreiche Literaturhinweise sowie eine Methoden- und Dienstleisterdatenbank,
- Publikation von Fachartikeln, Studien und Broschüren zu einzelnen Aspekten der Partizipation,
- Herausgabe eines Fachinformationsdienstes für Beteiligungsmanager*innen in Kommunen sowie auf Länder- und Bundesebene,
- Herausgabe des KURSBUCH BÜRGERBETEILIGUNG als regelmäßige Publikation zur Standortbestimmung der gesellschaftlichen Partizipationskultur,
- Aufbau eines anbieterunabhängigen Branchenportals mit der Möglichkeit, gezielt nach passenden Anbietern für Partizipationsdienstleistungen zu suchen,
- Aufbau einer zentralen Dokumentationsstelle für abgeschlossene Beteiligungsverfahren als Service für Beteiligende und Forschende.

Konsultation

Ein weiterer Schwerpunkt der Arbeit des Instituts wird die unabhängige Politikberatung sein. Sie soll Entscheider*innen in Politik, Verwaltung, Verbänden und Wirtschaft für mehr Beteiligung begeistern und sie dabei unterstützen, diese erfolgreich umzusetzen.

Dazu gehören u. a. folgende Aktivitäten:

- Entwicklung von Argumentationsbausteinen bezüglich des Mehrwerts von umfangreicher gesellschaftlicher Teilhabe,
- Bereitstellung konkreter Beratungsangebote für Kommunen, Ministerien, Ämter und Parteien,
- Aufbau einer Kompetenzstelle Partizipation als Ansprechpartner für recherchierende Medienvertreter*innen inkl. des Angebots medial verwertbarer Informationen, Zusammenfassungen und Darstellungen,
- Lobbyarbeit für gute Partizipation, das heißt Überzeugungsarbeit bei politischen Entscheider*innen für ein Bundesbeteiligungsgesetz (BBG) inkl. der Etablierung entsprechender Strukturen und Institutionen (z. B. Bundesbeauftragte*r für Beteiligung, Bundesamt für Beteiligung, Bundesbeteiligungsbericht) zu leisten,
- Darlegung geeigneter Beteiligungsstrukturen und -prozesse für unterschiedliche Anforderungen,
- Entwicklung von idealtypischen Prozessen konstruktiver Beteiligung,
- Angebot von Fortbildungsveranstaltungen und Werkstattgesprächen,
- Entwicklung von Konzepten für partizipative Kommunalverwaltungen,
- Hilfestellung für Anbieter*innen bei der Aktivierung konkreter Zielgruppen.

Evaluation

Mehr Partizipation ist auf Dauer nur durchsetzbar, wenn die Erfahrungen der Entscheider*innen und Beteiligten überwiegend positiv sind. Dazu ist es notwendig, dass Beteiligung qualitativ hochwertig geplant, durchgeführt und ausgewertet wird.

Hierzu gehören u. a. folgende Angebote des Instituts, die ggf. mit Partner*innen umgesetzt werden:

- Entwicklung von Kriterien und Formaten zur wirkungsorientierten Evaluation von Beteiligungsprozessen,
- Etablierung eines Qualitätslabels für gutes Partizipationsdesign,
- Evaluation von Beteiligungsverfahren sowie einzelner Methoden und Formate,
- Entwicklung von Kriterien zur Erkennung von Scheinbeteiligung,
- Erarbeitung von Kriterien für gelingende E-Partizipation.

Verhältnis zu Akteuren der Partizipation

- Bürger*innen: Aufgabe des Berlin Instituts für Partizipation ist es, Partizipation in allen gesellschaftlichen Bereichen zu fordern und zu fördern. Dazu stellt das Institut Informationen über Beteiligungsangebote und gelungene Beteiligungsprozesse zur Verfügung. Es publiziert niederschwellige und allgemeinverständliche Informationen auch für bestimmte Zielgruppen mit erschwertem Partizipationszugang (z. B. junge Menschen, Senior*innen, Migrant*innen). Zudem ist es Ansprechpartner für Beteiligte bei Fragen, Informationsbedarf und Kritik bzw. Konflikten in Beteiligungsverfahren. Das Institut versteht sich ausdrücklich auch als Serviceeinrichtung für Bürger, die Initiative für mehr Partizipation in ihrem konkreten Umfeld ergreifen wollen.

- Politische Entscheider*innen: Als advokativer Thinktank bemüht sich das Berlin Institut für Partizipation in besonderem Maße darum, das Bewusstsein für die Notwendigkeit einer Weiterentwicklung der repräsentativen Demokratie durch robuste partizipative Strukturen zu fördern und macht dazu konkrete Vorschläge für Initiativen, Gesetze und institutionelle Reformen.

- Wissenschaft: Das Berlin Institut für Partizipation arbeitet nicht in Konkurrenz zu den (bislang noch überschaubaren) Hochschulstrukturen. Es betreibt zwar eigene, insbesondere anwendungsorientierte und evaluative Forschung, sieht seine Hauptaufgabe jedoch darin, grundlegende und aktuelle Forschungsergebnisse in den politischen Prozess zu transportieren und so zu mehr, umfangreicherer und besserer Partizipation in der Gesellschaft beizutragen.

- Öffentliche Träger: Das Berlin Institut für Partizipation berät und unterstützt öffentliche Institutionen als Beteiligerinnen insbesondere bei der Konzeption, Planung und grundsätzlichen Entscheidungsfindung sowie der Auswahl geeigneter Prozesse, Strukturen und Maßnahmen. Es stellt öffentlichen Beteiliger*innen Informationen, Evaluations- und Forschungsergebnisse zur Verfügung.

- Verbände: Deutschland hat eine umfangreiche und differenzierte Verbandskultur. Im Bereich der Stakeholderbeteiligung ist unser politisches System im internationalen Vergleich weit fortgeschritten. Das Berlin Institut für Partizipation versteht sich als Partner der Stakeholder, die mehr und wirkungsvollere Partizipation einfordern und nutzen wollen. Es berät insbesondere bei Fragen effizienter Wahrnehmung von Partizipationsmöglichkeiten, aber auch bei der Entwicklung eigener, interner Beteiligungsstrukturen.

- Unternehmen: Mitentscheidend für die demokratische Kultur einer Gesellschaft ist auch die Frage, wie es um Partizipation in deren Arbeitswelt bestellt ist. Das Berlin Institut für Partizipation will deshalb bei Entscheider*innen in der Wirtschaft dafür werben, sowohl nach außen (Kund*innen, Anlieger*innen, Zulieferer) als auch nach innen (Beschäftigte) partizipative Angebote zu machen. Gerade im Rahmen der Herausforderungen durch eine zunehmend digitalisierte und globalisierte Arbeitswelt ist eine partizipative Unternehmenskultur ein wichtiges Erfolgskriterium im Ringen um besonders qualifizierte und engagierte Mitarbeiter*innen.

- Beteiligungsdienstleister: Das Berlin Institut für Partizipation begrüßt und fördert die Entwicklung einer vielfältigen und kompetenten Dienstleistungsbranche für gelingende Partizipation. Das Institut wird sich ausdrücklich nicht selbst im Bereich der Dienstleistung (z. B. Veranstaltungsmanagement) engagieren, sondern bei Anfragen auf geeignete Dienstleister verweisen. Es entwickelt im Dialog mit Anbieter*innen und Auftraggeber*innen unabhängige und standardisierte Qualitäts-, Auswahl- und Evaluationskriterien.

Arbeitsweise und Struktur

Das Berlin Institut für Partizipation arbeitet gemeinnützig und nicht kommerziell. Es sieht haupt- und ehrenamtliches Engagement als gleichwertig an und integriert es in eine partnerschaftliche Zusammenarbeit.

Grundsätzlich steht eine Mitarbeit allen Interessierten offen, die die Ziele des Instituts teilen.

Kontaktanschrift:

Berlin Institut für Partizipation | bipar

Haus der Demokratie
Greifswalder Straße 4
10405 Berlin

Telefon: 030 120 826 13
www.bipar.de